谭世贵，1962年8月出生于广西蒙山，法学博士，现任海南大学校长，教授，博士生导师，海南省人大常委。兼任教育部高等学校法学学科教学指导委员会委员，中国高等教育学会常务理事，中国法学会理事，中国刑事诉讼法学研究会副会长、海南省法学会副会长。学术领域为刑事诉讼法学和司法制度与改革。主要著作有：《中国司法原理》、《中国司法制度》、《中国司法改革研究》、《中国司法改革理论与制度创新》、《刑事诉讼原理与改革》、《司法改革的理论探索》、《律师法学》、《廉政学》、《司法腐败防治论》等，并在专业刊物上发表论文120多篇。先后获得第四届全国"十大杰出青年法学家"、"2006年中国十大教育英才"、"海南省十大杰出人才"、"国务院政府特殊津贴专家"、"首批新世纪百千万人才工程国家级人选"、"海南省有突出贡献优秀专家"等10多项荣誉称号。

中国十大杰出中青年法学家文丛

国际人权公约与中国法制建设

谭世贵 主编

WUHAN UNIVERSITY PRESS
武汉大学出版社

图书在版编目(CIP)数据

国际人权公约与中国法制建设/谭世贵主编.—武汉:武汉大学出版社,2007.3

中国十大杰出中青年法学家文丛

ISBN 978-7-307-05399-1

Ⅰ.国…　Ⅱ.谭…　Ⅲ.①国际人权公约(1966)—研究　②人权—社会主义法制—研究—中国　Ⅳ.①D815.7　②D923.04

中国版本图书馆 CIP 数据核字(2006)第 153827 号

责任编辑:郭园园　　　责任校对:刘　欣　　　版式设计:支　笛

出版发行:**武汉大学出版社**　　(430072　武昌　珞珈山)
　　　　　(电子邮件:wdp4@whu.edu.cn　网址:www.wdp.com.cn)
印刷:武汉中远印务有限公司
开本:720×980　　1/16　　印张:20.5　字数:314 千字　插页:2
版次:2007 年 3 月第 1 版　　2007 年 3 月第 1 次印刷
ISBN 978-7-307-05399-1/D·714　　　定价:33.00 元

前　言

　　肇始于 1978 年的改革开放，不仅使我国经济社会获得了巨大的发展，而且极大地加速了我国的国际化进程。2001 年 11 月我国获准加入世界贸易组织（WTO），标志着我国融入了国际经济大家庭和世界经济一体化的潮流。1997 年 10 月和 1998 年 10 月，我国政府分别签署《经济、社会和文化权利国际公约》、《公民权利和政治权利国际公约》（即国际人权两公约），标志着我国以更加开放的态势出现在国际舞台上。如果说，加入世界贸易组织是我国经济生活中的一个重大事件，那么可以毫不夸张地说，签署并加入国际人权两公约将成为我国政治发展的一个重要里程碑。

　　2001 年 3 月，九届全国人大常委会正式批准我国加入《经济、社会和文化权利国际公约》。遗憾的是，我国签署《公民权利和政治权利国际公约》至今已过去七年多，但最高国家权力机关尚未批准加入该公约，这不能不引起我们的思索。

　　2003 年 3 月，十届全国人大一次会议通过的宪法修正案明确规定："国家尊重和保障人权。"这表明，尊重和保障人权已成为我国的宪法原则，具有极其重要的政治意义。由此，开展对国际人权公约的研究，必将有助于促进我国人权事业的发展，树立我国尊重和保障人权的良好国际形象。

　　基于以上认识，我在 2001 年就开始了有关国际人权公约与我国法制建设的思考。同年 6 月我在《法学家》杂志发表有关论文后即开始本书的构思并组成了课题组。我们翻译外文，收集资料，认真思考，潜心写作，历经 5 年，数易其稿，终于完成了本课题的研究与写作任务。具体写作分工为：谭世贵，第一、八章；周丽娜，第二章；苏晓龙，第三章；王怡，第四章；曲涛，第五章；陈虹，第六章；黎峰,第七章。

我们深知,国际人权公约与我国法制建设的研究是一个重大而紧迫的课题,我们的研究工作是初步的,研究成果亦不成熟,粗疏与谬误之处在所难免,敬请读者提出宝贵意见,以便日后有机会再版时予以补正。

我们衷心希望,本书的出版能够引起更多的人关注国际人权公约视野下的我国法制建设与人权事业,从而在 13 亿人的中国更好地尊重和保障人权,建设美好的社会主义和谐社会;我们也由衷地希望,本书的出版能对我国最终加入《公民权利和政治权利国际公约》贡献绵薄之力。

本书作为学术性著作,难以产生经济效益。正当我们为出版一筹莫展时,适逢武汉大学出版社推出《中国十大杰出青年法学家文丛》,从而解决了本书的出版问题。本书付梓之际,特向武汉大学出版社的领导和编辑表示衷心的感谢和崇高的敬意!

谭世贵

2006 年 2 月 26 日

目 录

第一章　国际人权公约概述

一、人权的内涵及其发展历程

人权是 17、18 世纪西方资产阶级启蒙思想家为反抗封建君主贵族和教会神权特权而提出的一个政治口号。人权被认为是人的天赋的、基本的和不可剥夺的权利，由此产生了"天赋人权"一说。最初，人权仅指个人人权，其基本内容包括公民个人的人身权、财产权和政治权等，并且这些权利是公民平等享有的。1776 年美国的《独立宣言》宣称：人人生而平等，"造物主"赋予了他们某些不可转让的权利，其中包括生命权、自由权和追求幸福的权利。马克思称之为"第一个人权宣言"。法国 1789 年由国民议会通过的《人权和公民权宣言》宣布：人权是自然的、不可剥夺的和神圣的；在权利方面，人们生来是而且始终是自由平等的；这些权利就是自由、财产、安全和反抗压迫。该宣言的内容后来被载入法国宪法，而且第一次以法律形式确认了"人权"的内容。

17、18 世纪的人权呈现出三个特点：其一，人权的内容限于公民权利和政治权利，很少涉及经济、社会和文化方面的权利。其二，人权观带有浓厚的资产阶级色彩。人权虽然被宣称为"人之作为人所平等享有的权利"，但在当时的西方国家，有色人种、女性、无产者等都无法平等地享受人权保护。人权主体仅限于有一定资产的白色人种。其三，人权仅是一国的内政问题。由最早的人权思想到后来的人权入宪、入法，成为公民的法定权利，这一时期的人权都只是国内法律体系的内容之一，与国际法毫无关系。总之，17、18 世纪的人权受当时个人自由主义思潮的影响，着重于在形式上（法律上）保障个人自由，一般被称为第一代人权（又称第一世界的人权）。①

19世纪中后期，随着西方社会主义思潮的兴起，劳工阶层、女性团体等弱势族群开始争取自己的权利，人权逐渐成为社会各阶层平等享有的权利。同时，人权着重于在实质上为个人自由之实现提供基本的社会和经济条件，人权内容涉及经济、社会和文化等方面，如工作的权利、得到合理报酬的权利、组织和参加工会的权利、休息的权利、享受社会福利和教育的权利等。这一时期的人权被称为第二代人权（又称第二世界的人权）。第二代人权不同于第一代人权的另一个方面是，这一时期的人权问题开始从国内领域走向国际领域，人权问题开始在国际条约中被确定下来。第一次世界大战之后，协约国和参战各国签订的诸和约中，都把保护这些国家的少数民族列为专编。同时，国际社会还签订了保护人权的公约，如1926年的《禁奴公约》、1930年的《禁止强迫劳动公约》等。尽管如此，这一时期的人权并没有获得国际法的公认以及相应的保护。

第二次世界大战之后，人权成为国际社会普遍关注的问题。联合国主持制定、通过了一系列有关人权的公约、宣言和决议，其他国际组织、区域性组织也制定了许多有关人权的国际文件，如1948年的《世界人权宣言》、1966年的《经济、社会和文化权利国际公约》和《公民权利和政治权利国际公约》、1950年的《欧洲人权公约》、1969年的《美洲人权公约》等。联合国还成立了以人权委员会为代表的诸多全球性的人权机构，以履行在世界各地保障人权的职责。同时，随着大批被压迫民族、国家的独立，人权增加了新的内容，即集体人权。第一代人权涉及的公民权利和政治权利以及第二代人权涉及的经济、社会、文化权利主要指个人人权，是每个公民作为个体人，基于其自然属性所享有的权利。而集体人权则把个人放在一个集体如民族、国家之中，是个人作为集体的一分子所共同享有的权利。集体人权包括自决权、发展权、和平权、环境权等。《经济、社会和文化权

---

① "三代人权"说最初由法国法学家瓦萨克（Karel Vasak）提出，以后为学者所广泛采用。瓦萨克将"人权"概念的发展区分为三代：第一代人权涉及公民权利和政治权利；第二代人权涉及经济、社会和文化权利；第三代人权则涉及集体人权。

利国际公约》和《公民权利和政治权利国际公约》的第 1 条都肯定了人民的自决权。1986 年联合国大会通过的《发展权宣言》则把发展权确认为一项不可剥夺的人权。自决权、发展权、和平权、环境权等集体人权代表了"第三世界"的人权观,反映的是"二战"后第三世界国家对于全球资源重新分配的要求。所以"二战"后至今的人权被称为第三世界的人权(第三代人权)。人权发展到第三代人权后,人权问题进入了一个崭新的阶段。它不仅是一个国内问题,同时也是一个国际问题。它既包括公民权利、政治权利和经济、社会、文化权利等个人人权,也包含自决权、发展权、和平权、环境权等集体人权。人权的内涵得到了极大的丰富,从而为诸多国际人权公约的制定提供了理论基础。

二、国际人权公约的概念和特点

(一)国际人权公约的概念

国际人权公约是指国际法主体间缔结的据以确定其相互间在保护人权上的权利义务关系的书面协议。

首先,国际人权公约是国际法主体间缔结的人权文件。国际法主体是指能够直接享受国际法上的权利、承担国际法上的义务的国际法律关系的独立参加者。它包括国家、国际组织和争取独立的民族。在传统国际法上,国际法的主体一般仅指国家。国家的缔约能力被认为是国家主权的固有属性,是国家作为国际法律人格者对外交往的最为重要的表现形式。1969 年《维也纳条约法公约》第 2 条规定,条约是指"国家间缔结而以国际法为准的国际书面协定",从而确认了条约是国际法主体即国家间缔结的协定。然而,随着国际关系和国际社会结构的发展变化,国际法主体的范围也随之改变。现代国际法在承认国家是国际法的基本主体或主要主体的同时,也承认国际组织和争取独立的民族是国际法主体。在现代国际政治、经济、社会、文化等关系中,以联合国及其专门机构为代表的国际组织发挥了越来越重要的作用,它们的国际法主体资格也逐步得到了确认。虽然国际组织不能像主权国家那样参与缔结任何类型的条约,但它们在一定条件下和一定范围内是具备缔结条约能力的。争取独立的民族作为向国家过渡的政治实体,在国际社会中发挥着重要作用。虽然它们欠缺国家的某些要素,还不能像国家那样完全享有国际法上的权利,承担国际法上的义务,但它们在国际关系中确实行使着国家所享有的部分权利,承担着国家所负有的部分义务,所以它们可以也应当成为国际法的主体。综上所述,国际人权公约就是在国家、国际组织、争取独立的民族这些国际法主体间缔结的人权文件。它可以在国家间缔结,也可以在国际组织间或者争取独立的民族间缔结,它还可以在三类国际法主体间相互缔结。当然,国家仍然是国际人权公约的主要缔结主体。

其次,国际人权公约规定了缔约方之间在保护人权上具体的权利义务。国际人权公约为缔约各方规定了具体的人权保护的权利义务,这是国际人权公约的内容,是不可缺少的。国际人权公约规定的权利表现为个人享有的公民权利,政治权利,经济、社会、文化权利以及一些集体权利等。国际人权公约规定的义务则是各缔约方应当采取各种措施保障个人权利和集体权利得到实现的义务。凡是国际人权公约,都规定了权利义务的内容。不少国际人权公约,如《经济、社会和文化权利国际公约》和《公民权利和政治权利国际公约》等还规定了保障公约实施的执行机制等内容。

再次,国际人权公约一般表现为书面形式。国际人权公约是国际法主体间缔结的具有重要意义的协议,涉及的是重大、严肃的人权问题。如果公约不采用书面形式,则很容易在错综复杂的国际关系中产生争端,从而影响公约的履行。相反,以书面形式记载公约的内容,明确规定各缔约方之间的权利义务关系,更有利于公约的顺利实施,所以,国际人权公约一般表现为书面形式。

至于国际人权公约这一书面协议具体包括哪些,即国际人权公约的外延,人们对此有不同理解。一种观点认为,国际人权公约仅指专门规定人权问题或含有人权条款的具有法律约束力的国际公约,如《经济、社会和文化权利国际公约》、《公民权利和政治权利国际公约》、《联合国宪章》等,这是狭义的国际人权公约。还有一种观点认为,国际人权公约不仅包括上述狭义的国际人权公约,还包括《世界人权宣言》。从国际法上看,《世界人权宣言》不是一个条约,它是联合国大会作为一项决议通过的,并无法律效力。正如其序言中

提到的，《世界人权宣言》的目的是提供对《联合国宪章》所提及的
人权和基本自由的一个共同理解，并作为所有人民和所有国家努力实
现的共同标准。然而，经过 50 多年的发展，《世界人权宣言》发生
了巨大的变化。今天，国际法律工作者很少有人否认它是一个可以使
联合国会员国承担法律义务的规范性文件。《世界人权宣言》被认为
是对《联合国宪章》的权威性解释，它详尽说明了"人权和基本自
由"的含义。《世界人权宣言》融合到《联合国宪章》中，成为国际
社会宪法结构的组成部分。作为权威性人权目录，《世界人权宣言》
已成为国际习惯法的基本组成部分。① 现在，《世界人权宣言》不仅
为许多国家的宪法所确认，而且还为许多关于人权问题的国际公约所
确认，更为各国的国际法实践所确认。可以说，该宣言所载的各项主
要原则与规则已经被各国"作为通例之证明而接受为法律"。② 《世
界人权宣言》、《经济、社会和文化权利国际公约》和《公民权利和
政治权利国际公约》一起被誉为"国际人权宪章"，并且成为联合国
此后制定一系列国际人权公约及决议等法律文件的理论和法律依据，
所以，从广义上讲，《世界人权宣言》属于国际人权公约的范畴。

　　为了把更多与人权有关的内容囊括进来，便于本书的编写，我们
主张对国际人权公约的外延作更广泛的理解，③ 即国际人权公约不仅
包括在人权方面具有严格法律约束力的《经济、社会和文化权利国
际公约》及《公民权利和政治权利国际公约》、为各国法律普遍确认
的《世界人权宣言》，而且应当包括联合国大会和其他国际组织通过
的关于人权问题的宣言、原则、规则、准则等，如《囚犯待遇最低
限度标准规则》、《为罪行和滥用权力行为受害者取得公理的基本原

---

① 参见索恩：《联合国人权文件简史》，载《联合国与人权》（和平组织研究
委员会第 18 次报告），第 101 页，转引自 [美] 托马斯·伯根索尔著：《国际人权
法概论》，中国社会科学出版社 1995 年版，第 20 页。
② 董云虎主编：《从国际法看人权》，新华出版社 1998 年版，第 54 页。
③ 本书涉及的某些内容如刑事被害人的基本权利、司法公正与司法独立的基
本准则等虽然在《世界人权宣言》、《经济、社会和文化权利国际公约》和《公民权
利和政治权利国际公约》中有所体现，但更具体地体现在联合国通过的一些宣言、
原则、规则等人权文件中。这些人权文件对我国的法制建设同样影响重大，所以有
必要把这些文件列入国际人权公约。

则宣言》、《关于司法机关独立的基本原则》、《少年司法最低限度标准规则》（北京规则），等。这些宣言、原则、规则虽然不具有严格意义上的法律约束力，但由于它们是联合国大会或其他国际组织通过、批准的国际法律文书，并且对各缔约方指出了具体的权利义务，所以具有一定的约束力，各缔约方应该在本国立法和惯例的范围内予以考虑和遵守。而且，这些宣言、原则、规则、准则中的大部分都是对《世界人权宣言》、《经济、社会和文化权利国际公约》和《公民权利和政治权利国际公约》等人权公约中的某些内容的补充、延伸或具体化，它们所体现的精神是一致的，所以，从更广泛的角度讲，国际人权公约应当包括这些宣言、原则、规则、准则等。

（二）国际人权公约的特点

国际人权公约是国际人权法的主要渊源，而国际人权法又是国际法的一个分支或部门法，所以国际人权公约作为国际法的渊源之一，具备了国际法的某些共有特征。同时，作为以尊重和保障人权为核心内容的国际公约，它又具有自身的特点。从不同的角度出发，国际人权公约可以概括出不同的特点。我们认为，国际人权公约至少具备以下几个特点：

1. 国际人权公约一般以国际组织为制定主体，以国家、国际组织和争取独立的民族为缔结主体，以个人和集体为保障对象

从制定主体来看，国际人权公约绝大部分是由国际组织制定的。当国际组织通过一项制定人权公约的议案后，便成立专门委员会或专门机构来起草公约草案。然后，国际人权公约草案由国际会议进行审议、通过，并开放给有关国家签署。在这些国际组织中，联合国是最主要的制定主体，《世界人权宣言》、《经济、社会和文化权利国际公约》、《公民权利和政治权利国际公约》、《儿童权利公约》、《消除对妇女一切形式歧视公约》等国际人权公约都是由联合国制定的。除联合国外，其他国际组织、区域性国际组织也制定了一定数量的国际人权公约，如国际劳工组织制定的《废止强迫劳动公约》、欧洲委员会制定的《欧洲人权公约》、美洲国家组织制定的《美洲人权公约》，等等。

国际人权公约制定出来后，就开放给有关国家签署。某一国家一

且签署，便成为国际人权公约的缔结方。国际人权公约的缔结主体主要是国家，在少数情况下也可以是国际组织和争取独立的民族，这从国际人权公约的概念也可以看出。国际人权公约是国际法主体间缔结的人权文件，而国际法主体必须具备一项基本的能力即享受国际法权利、承担国际法义务的能力。国家、国际组织和争取独立的民族具备这项能力，所以是国际法主体，也有资格成为国际人权公约的缔结主体。个人和法人由于不具备享受国际法权利、承担国际法义务的能力，所以不是国际法的主体，也不是国际人权公约的缔结主体。这一点可以从个人和法人不能作为国际法院和区域性人权法院的诉讼当事方上清楚看出。《国际法院规约》第 34 条第 1 款明确规定："在法院得为诉讼当事国者，限于国家。"《欧洲人权公约》第 44 条规定："只有缔约各国及委员会才有权将案件提交法院。"根据这些规定，个人和法人不能作为国际法院和区域人权法院的诉讼当事方，说明个人和法人不具备国际法主体资格，不能成为国际人权公约的缔结主体。①

　　个人不是国际人权公约的缔结主体，却是国际人权公约的主要保障对象。保障人权是联合国的神圣职责和宗旨之一。众多国际人权公约都是根据联合国的这一宗旨制定的。《公民权利和政治权利国际公约》在序言中便提到"各国根据联合国宪章负有义务促进对人的权利和自由的普遍尊重和遵行"。前文已提到，人权的主要部分是个人人权，是基于人的属性而具有的个人权利和自由。从国际人权公约的规定来看，其保障的人权主要指个人权利。国际人权公约中多次提到"人人"、"任何人"、"个人"，这些都说明了个人是人权保障的主要对象。《世界人权宣言》第 2 条规定："人人有资格享受本宣言所载的一切权利和自由，不分种族、肤色、性别、语言、宗教、政治或其他见解、国籍或社会出身、财产、出生或其他身份等任何区别。"《公民权利和政治权利国际公约》第 2 条规定："本公约每一缔约国承担和保证在其领土内和受其管辖的一切个人享有本公约所承认的权利……"可以说，国际人权公约中规定的大部分权利是个人权利，国际人权公约以个人为主要保障对象。当然，不能否认，人权中存在

---

　　①　参见富学哲著：《从国际法看人权》，新华出版社 1998 年版，第 55 页。

着一部分集体人权，如自决权、发展权、环境权等，而这些权利的最后享受者仍是个人，但个人是作为国家或民族这个集体的一员而享有这些权利的，脱离了国家、民族，个人便无法享有这些权利，国家、民族是这部分集体人权的直接享受者。所以说集体也是国际人权公约的保障对象。

2. 国际人权公约在保障人权的同时，注重对犯罪的预防

保障人权是国际人权公约的根本宗旨和主要内容，这是毋庸置疑的。《联合国宪章》在"宗旨和原则"中即规定"促成国际合作，以解决国际间属于经济、社会、文化及人类福利性质之国际问题，且不分种族、性别、语言或宗教，增进并激励对于全人类之人权及基本自由之尊重"。《世界人权宣言》、《经济、社会和文化权利国际公约》和《公民权利和政治权利国际公约》正是根据这一宗旨和原则而制定的，它们通篇都体现了对公民权利和政治权利以及经济、社会、文化权利的保障。其他一些专门性的人权公约，如1979年的《消除对妇女一切形式歧视公约》、1965年的《消除一切形式种族歧视公约》、1989年的《儿童权利公约》等也是以保障人权为出发点，促进不同种族、人群的各种权利的全面实现。

国际人权公约在保障人权的同时，也注重对犯罪的预防，这在最近20年来体现得尤为明显。联合国自成立之日起，始终将预防和控制犯罪作为经济和社会领域的重要事务之一，强调在打击犯罪的同时，更要做好预防犯罪的工作。许多国际人权公约所确立的国际刑事司法准则都包含有保障人权和预防犯罪的双重目标。20世纪60年代以来，犯罪问题在全球范围内日趋严重。为了弄清当今世界的犯罪形态，以利于更好地预防犯罪，联合国与各成员国合作，先后进行了六次关于犯罪趋势、刑事司法系统运作和预防犯罪战略的调查。结果表明，全世界的犯罪平均每年以5%的速度在增加，抢劫、强奸、盗窃等常规犯罪有增无减，新形式的犯罪又不断出现。① 总之，从常规犯罪和未成年人犯罪，到有组织犯罪和跨国犯罪，不仅对世界上绝大多

---

① 程味秋、杨宇冠：《联合国人权公约与刑事司法文书概述》，载程味秋、杨诚、杨宇冠编：《联合国人权公约和刑事司法文献汇编》，中国法制出版社2000年版，第16页。

数国家而言是个异常严峻的问题，而且对联合国和平与发展的宗旨而言，也是个巨大的威胁。所以近 20 年来，联合国更加注重对犯罪的预防工作。联合国设立了许多专门以预防和控制犯罪为任务的机构，如犯罪预防和控制委员会（1992 年撤销）、预防犯罪和刑事司法处/司、预防犯罪和刑事司法委员会、预防犯罪和罪犯待遇大会、国际预防犯罪中心等。① 这些机构负责起草、讨论修改、审议和通过有关预防犯罪的国际法律文书，包括国际人权公约。所以许多国际人权公约都包含有预防犯罪的具体内容，有些公约本身即预防犯罪的法律文书，如 1985 年的《少年司法最低限度标准规则（北京规则）》、1990年的《预防少年犯罪准则（利雅得准则）》、1994 年的《城市犯罪预防的建议性指导原则》、2000 年的《关于犯罪与司法：迎接 21 世纪挑战的维也纳宣言》，等等。这些人权公约要求各缔约国在应付全球犯罪问题上开展更加密切的协调与合作，要求缔约国制定进步的政策并采取有效的措施来预防犯罪，特别是强调了对少年犯罪的预防。这些公约为全世界预防犯罪提供了一个良好的法律框架，有助于世界各国联合起来，共同为预防犯罪作出努力。所以，国际人权公约是保障人权的公约，也是预防犯罪的公约。

3. 国际人权公约是实体规范和程序规范的总和

一般来讲，国际人权公约都由实体规范和程序规范组成。② 国际人权公约的实体规范主要指公民（集体）所享有人权的具体内容，是国际人权公约的实质性内容。《经济、社会和文化权利国际公约》和《公民权利和政治权利国际公约》等规定的自决权、生命权、人身自由和安全权、人格权、宗教自由权、婚姻家庭权、工作权等都是国际人权公约的实体规范。国际人权公约规定，个人（集体）享有这些权利，并且缔约国应采取必要的步骤和措施来确保个人享有这些

_____

① 程味秋、杨宇冠：《联合国人权公约与刑事司法文书概述》，载程味秋、杨诚、杨宇冠编：《联合国人权公约和刑事司法文献汇编》，中国法制出版社 2000 年版，第 17 页。

② 《世界人权宣言》制定之初仅作为一个倡导性的人权文件，没有法律约束力，所以它只有实体规范而没有程序规范。但是其实体规范后来被《经济、社会和文化权利国际公约》和《公民权利和政治权利国际公约》等人权公约所确认并规定了相应的程序规范。所以，可以说现在的《世界人权宣言》也有它的程序规范。

权利。国际人权公约的实体规范构成了人权问题的国际标准,在世界上具有普遍的适用价值,对各国的立法、行政、司法等都产生了重大的影响。

国际人权公约的程序规范是为实施和贯彻实体规范而规定的有关程序。这些程序包括:(1)公约实施监督机构的组成。公约实施监督机构负责监督缔约国对公约的实施情况。关于公约实施监督机构的组成,各人权公约有不同规定。有的设立专门人权机构来监督公约的实施,如《公民权利和政治权利国际公约》设立由18名委员组成的人权事务委员会,负责监督该公约的实施情况。有的则直接由联合国系统内设立的人权机构来监督公约的实施,如《经济、社会和文化权利国际公约》就以经济暨社会理事会为实施监督机构。(2)公约实施监督机构审议缔约国递交的报告。如《公民权利和政治权利国际公约》规定,人权事务委员会审议缔约国定期递交的"关于它们已经采取而使本公约所承认的各项权利得以实施的措施和关于在享受这些权利方面所作出的进展的报告"。《经济、社会和文化权利国际公约》规定,经济及社会理事会审议缔约国递交的"关于在遵行本公约所承认的权利方面所采取的措施和所取得的进展的报告"。(3)公约实施监督机构受理缔约国的指控。《公民权利和政治权利国际公约》规定,人权事务委员会"有权接受和审议一缔约国指控另一缔约国不履行它在本公约下的义务的通知"。(4)受理个人来文。《禁止酷刑和其他残忍、不人道或有辱人格的待遇或处罚公约》(以下简称《禁止酷刑公约》)规定,禁止酷刑委员会"有权接受和审议在该国(缔约国)管辖下声称因该缔约国违反本公约条款而受害的个人或其代表所送交的来文"。(5)其他程序。如缔约国可以向实施监督机构提出意见、禁止酷刑委员会有权对境内经常发生酷刑的缔约国进行秘密调查等。

程序规范虽然不规定实质性的人权标准,但它却为实体规范的实施提供程序上的保障。没有这些程序保障,国际人权公约的实体规范将可能永远停留在书面的公约上而无法得到贯彻实施。实体规范是国际人权公约的重要组成部分,是人权公约的核心内容。它是程序规范存在的基础,没有实体规范,程序规范将失去其存在的意义,整个人权公约也将变得毫无意义。所以说,国际人权公约是实体规范和程序规范的总和，两者缺一不可。

4. 国际人权公约的实施机制缺乏强制性

国际人权公约的实施机制包括实施主体采取各种措施履行国际人权公约规定的义务和特定的国际机构监督实施主体履行情况两方面的内容。无论是国际人权公约的实施，还是对国际人权公约实施的监督，都缺乏强制性。

国际人权公约作为国际法的一部分，其实施同国内法的实施有明显的不同。这是由国际法的性质决定的。国际法是国家之间的法而不是国家之上的法，所以国际上没有一个最高立法机关来制定国际法，也不像国内法那样，有一套强制性的机构来保证实施。国际上虽然有联合国国际法院和区域性法院，但它们都是以国家自愿接受其管辖为根本前提的。所以，作为国际法的一部分的国际人权公约，其实施主要靠缔约国单独和集体采取措施来保证。

缔约国是国际人权公约的主要实施主体。诸多国际人权公约都规定了缔约国负有采取措施保证公约实施的义务。如《公民权利和政治权利国际公约》第 2 条第 2 款规定："本公约每一缔约国承担按照其宪法程序和本公约的规定采取必要步骤，以采纳为实施本公约所承认的权利所需的立法或其他措施。"缔约国实施公约义务的主要途径是采取立法、司法、行政等方面的措施以及发展本国经济和政治等措施来保障本国人民的基本人权。然而，缔约国的实施是没有强制力的。各缔约国虽然在制定国际人权公约进而确立一系列人权保障的行为准则时，能够基本达成共识，但一旦涉及设立有效的实施机制问题，它们就面临诸多困难，难以达成一致。这主要是因为各国的政治、经济、文化发展水平不一，在实施公约的能力上有很大差别，所以它们不可能为自己制定一套强制性的实施机制，而只能尽最大能力来逐步达到公约的要求。这一点在《经济、社会和文化权利国际公约》中表现得尤其明显。该公约第 2 条第 1 款规定："每一缔约国承担尽最大能力采取步骤或经由国际援助和合作，特别是经济和技术方面的援助和合作，采取步骤，以便用一切适当方法，尤其包括用立法方法，逐渐达到本公约中所承认的权利的充分实现。"所以，各缔约国作为个体，对国际人权公约的实施基本上是一种自发实施，不具有强制性。

　　由缔约国联合而成的国际组织对国际人权公约的实施也承担了一定的责任，这主要是就人权问题进行国际合作的责任。如《经济、社会和文化权利国际公约》第2条提到了"经由国际援助和合作，特别是经济和技术方面的援助和合作"，"逐渐达到本公约所承认的权利的充分实现"。但是，国际组织的实施主要是为了给缔约国的实施提供一个良好的外部环境，是辅助性的实施，同样不具有强制性。

　　国际人权公约还有一系列保障公约实施的监督机构，主要分为三大类：一类是世界性的人权机构，包括联合国大会设立的人权机构、联合国经济及社会理事会设立的人权机构、联合国难民机构和人权高级专员等；另一类是区域性政府间人权机构，如欧洲人权委员会、欧洲人权法院等；还有一类是根据有关国际人权公约设立的人权机构，如根据《公民权利和政治权利国际公约》设立的人权事务委员会、根据《儿童权利公约》设立的儿童权利委员会等。"由于禁止使用武力或以武力相威胁，而且根据《联合国宪章》第2条第4款和第7款规定，禁止干涉本质上属于各国国内管辖的事情，最重要的是，由于国际法和国际组织目前仍欠完备的性质和结构"，① 所以国际人权公约几乎没有什么强制实施的机制。上述人权机构的监督实施机制大都软弱无力，它们的监督方式主要限于审议缔约国递交的报告、受理缔约国的指控和处理个人来文等。这些方式对督促缔约国履行公约义务所发挥的作用非常有限。如果缔约国不履行义务或者履行义务不力，国际人权公约并没有规定进一步的强制措施。所以说，不仅国际人权公约的实施本身缺乏强制性，监督公约实施的机制也同样缺乏强制性。

三、国际人权公约的制定过程

　　国际条约是两个或两个以上国际法主体之间依照国际法缔结的据以确定相互权利与义务的书面协议。根据缔约方的数量，国际条约可分为双边条约和多边条约。双边条约是两个国际法主体之间缔结的条约，多边条约是三个或三个以上国际法主体缔结的条约。在国际法

---

　　① ［加］约翰·汉弗莱著：《国际人权法》，世界知识出版社1992年版，第92~93页。

中，缔结条约需要履行一定的手续，双边条约的缔结程序主要包括谈判、签字、批准和互换批准书等环节。多边条约的缔结程序与双边条约大致相同，但因为多边条约缔约方多，不易谈判，因此多边条约通常是在有关国家或国际组织召集的国际会议上审议、通过，然后由缔约方签字、批准和加入。

国际人权公约是国际条约的一种形式，它属于多边条约，由于缔约方多，并且公约内容都涉及国际社会的共同利益，因此，一般来说，国际人权公约是由具有保障人权职能的国际组织（如联合国、国际劳工组织和联合国教科文组织等）制定的。国际人权公约的制定过程一般要经过以下步骤：

1. 起草案文。有关国际组织制定国际人权公约的议案经决议通过后，该国际组织将起草国际人权公约案文。国际人权公约的案文由该国际组织的专门委员会、专门机构或各国代表组成的工作组等负责起草。如《公民权利和政治权利国际公约》是由联合国的下属机构人权委员会起草的，《儿童权利公约》是由联合国大会成立的起草工作组起草的。

2. 表决通过。国际人权公约草案完成后，有关国际组织召集国际会议进行审议，审议结束后由参加国际会议的各国代表投票表决，表决规则由该国际组织制定。

3. 签署和加入。国际人权公约草案在国际会议上审议并通过后，将开放给有关国家签署或加入。签署是指缔约国同意接受公约的约束，于规定的期限内在公约上签字，但签字并不表示公约对该缔约国产生法律效力，国际人权公约经缔约国权力机关批准后才对缔约国产生法律效力。加入是指未在公约上签字的国家（或其他国际法主体），在该公约开放签署期结束后参加该公约，并受其约束的法律行为。加入和签署具有相同的法律效果。

4. 交存批准书或加入书。国际人权公约由缔约国权力机关批准签署或同意加入后，缔约国应将批准书或加入书交存国际组织指定的机构，自交存之日起一定期限后，国际人权公约将对缔约国产生约束力。① 如国际劳工组织制定的《关于就业和职业歧视的公约》第 8 条

---

① 周洪钧主编：《国际法论》，同济大学出版社 1992 年版，第 224 页。

第 2 款规定，本公约应于两个成员国将批准书送交局长登记之日起 12 个月后生效；第 3 款规定，此后，本公约应于任何成员国将批准书送交登记之日起 12 个月后对该成员国生效。

在数量众多的国际人权公约中，从制作主体来看，国际人权公约主要是由联合国制定或认可的。除了由联合国制定的国际人权公约以外，一些其他国际组织（如国际劳工组织、世界卫生组织等）、特别是区域性的组织也制定了一些重要的国际人权公约，例如联合国专门机构——国际劳工组织制定了《废止强迫劳动公约》、《关于就业政策公约》，由 21 个欧洲国家组成的地区性政府间组织——欧洲委员会制定了《欧洲人权公约》，由 32 个美洲国家组成的美洲国家组织制定了《美洲人权公约》，都在国际上产生了很重要的影响。

联合国制定国际人权公约主要有三种方式：一是联合国本身成立工作组或者成立特设委员会起草国际人权公约，然后由联合国大会审议并通过。二是联合国国际法委员会起草国际人权公约草案，然后由联合国大会审议并通过。三是联合国下设机构——经济暨社会理事会起草国际人权公约草案，然后由联合国大会审议并通过。很多国际人权公约都是由联合国经济暨社会理事会起草并由联合国大会审议通过的。联合国采用何种方式制定国际人权公约取决于联合国专门机构的法定职能或者联合国大会的决议。

其他国际组织制定国际人权公约的过程一般是由该国际组织先组织有关成员国或有关专家、或者设立委员会等就某议题起草国际人权公约草案，然后由该国际组织的最高权力机关审议并通过。

区域性组织通过的国际人权公约如《欧洲人权公约》、《美洲人权公约》的制定详见本书第四章、第五章，此不赘述。

下面着重介绍联合国制定国际人权公约的具体过程。

1. 联合国成立工作组或特设委员会起草国际人权公约草案

《联合国宪章》第 13 条第 1 款第（二）项规定，联合国大会"应开展研究、并提出建议，且不分种族、性别、语言或宗教，助成全体人类之人权及基本自由之实现"。据此，联合国有权开展有关工作以促进人权的发展。《联合国宪章》第 7 条第 2 款规定，联合国可依宪章设立认为必需之辅助机关。在联合国大会经过研究认为有必要就某议题亲自制定国际人权公约的情况下，联合国大会便通过决议，成立公约的起草工作组或特设委员会起草公约草案，然后由联合国大会审议并通过。

例如，1978 年第三十三届联合国大会通过决议，决定成立《儿童权利公约》起草工作组。起草工作组于 1979 年开始工作，联合国人权委员会的各成员国、许多其他国家和国际组织分别作为正式成员和观察员参与了起草工作，工作组每年召开一次为期两周的会议，历时 10 年，于 1989 年初完成了起草工作，同年 11 月 20 日第四十四届联合国大会以第 44/25 号决议通过了《儿童权利公约》，并向各国开放供签字、批准和加入。

又如，联合国大会属下的一个新的特设委员会在 2003 年举行了成立的第一次会议，讨论起草一项保护残疾人权利的国际公约。这是国际社会首次试图制定一个有法律约束力的保护残疾人的国际公约。这个委员会是根据墨西哥的提议，由联合国大会在 2001 年通过决议责成设立的，它正在考虑起草一项《保护和促进残疾人权利和尊严的全面综合国际公约》。①

2. 联合国经济暨社会理事会起草国际人权公约草案

经济暨社会理事会是联合国的六个主要机构之一，由联合国大会选举产生的 54 个理事国组成，它的作用主要在于促进和协调国际间经济、社会、卫生、文化、教育等方面的发展和合作，维护和增强国际社会对人权和基本自由等方面的尊重和保护，进而促进整个国际社会的经济发展与社会进步。《联合国宪章》第 62 条第 2 款规定，经济暨社会理事会为增进全体人类之人权和尊重及维护人类基本自由起见，得作成建议案。该条第 3 款规定，经济暨社会理事会得拟具关于其职权范围内事项之协约草案，提交大会。经济暨社会理事会准备公约草案的立法项目，有时是自己主动发起的，有时是应其职司委员会、特设委员会或者其他专门机构、具有协商地位的非政府组织的建议进行的，有时是应大会的请求进行的。经济暨社会理事会起草公约草案，有时是亲自起草，有时由其职司委员会起草，有时通过联合国秘书长提出初步草案，有时设立特别委员会或工作组准备草案。例

---

① 《联合国起草保护残疾人权利公约》，载于 http：//www.un.org/chinese/av/radio/transcript/pt34c.htm。

如，经济暨社会理事会根据联合国大会的建议亲自起草了 1948 年《防止和惩治灭绝种族罪公约》草案；其人权委员会起草了 1966 年《公民权利和政治权利国际公约》和《经济、社会和文化权利国际公约》草案；其妇女地位委员会起草了 1953 年《妇女政治权利公约》草案和 1979 年《消除对妇女一切形式歧视公约》草案。

在准备草案的过程中，经济暨社会理事会通常要与联合国的其他机关或机构及有关专门机构进行磋商，有时还请各国政府、各专门机构及其他有关国际机构就有关草案提出评论和意见。《联合国宪章》第 62 条第 4 款规定，经济暨社会理事会有权依照联合国所定的规则召集本理事会职务范围以内事项的国际会议。经济暨社会理事会通常要召集一些国际会议以审议其准备的公约草案。如关于人权问题，经济暨社会理事会曾召集了关于奴隶制、妇女解放、种族主义及种族歧视问题的会议。①

值得一提的是，经济暨社会理事会下属的人权委员会是联合国系统审议人权问题的主要机构之一，许多国际人权公约草案都是由它起草的。《联合国宪章》第 68 条规定，经济暨社会理事会应设立经济与社会部门及以提倡人权为目的之各种委员会，并得设立于行使职务所必需之其他委员会。根据该条规定，联合国经济暨社会理事会成立了联合国人权委员会，该委员会是联合国经济暨社会理事会 8 个职司委员会之一，于 1946 年 2 月成立，其主要职责有：根据《联合国宪章》的宗旨和原则，在人权领域进行专题研究、提出建议和起草国际人权文书并提交联合国大会；就有关国家的人权问题进行公开或秘密的审议，其中包括调查有关侵犯人权的指控，处理有关侵犯人权的来文，就有关国家的人权局势发表意见并通过决议。

联合国人权委员会处理人权问题的机关是联合国人权会议，它是联合国人权委员会召开的全体会议，每年三、四月份在日内瓦举行。至 2005 年已召开了六十届会议。联合国人权会议的主要任务是审议经济、社会和文化权利，公民权利和政治权利，妇女权利，种族主义，国别人权等议题。会议期间，除 53 个成员国外，联合国其他成

① 参见许光建主编：《联合国宪章诠释》，山西教育出版社 1999 年版，第 431 ~ 437 页。

员国、非成员国、各专门机构、区域组织、在经济暨社会理事会具有协商地位的非政府组织和为联合国所承认的民族解放运动组织等，都可派团以观察员身份列席会议。

人权委员会成立后的第一个任务就是起草国际人权法，包括起草《世界人权宣言》、《公民权利和政治权利国际公约》和《经济、社会和文化权利国际公约》以及《公民权利和政治权利国际公约任择议定书》等。在起草《世界人权宣言》的过程中，人权委员会成立了一个由奥地利、智利、中国、法国、黎巴嫩、英国、美国和前苏联等8个国家的代表组成的起草委员会。该委员会主席由美国代表罗斯福夫人担任。人权委员会在审查和修改了《世界人权宣言》草案后，在1948年6月18日人权委员会第三次会议上通过了该草案，后由经济暨社会理事会提交给联合国大会，联合国大会于1948年12月10日通过了该宣言。① 此后，联合国人权委员会又致力于起草《国际人权公约》。起初，人权委员会以公民权利和政治权利为中心拟出草案，并于1950年将公民权利和政治权利公约草案提交第五届联合国大会审议。后根据1952年第六届联合国大会的决定，人权委员会分别起草《经济、社会和文化权利国际公约》及《公民权利和政治权利国际公约》。1954年，《经济、社会和文化权利国际公约草案》及《公民权利和政治权利国际公约草案》完成，人权委员会经由经济暨社会理事会将两个公约草案一并提交第九届联合国大会审议。大会从1955～1966年的11年里，由第三委员会（社会、人道和文化事务委员会）对《经济、社会和文化权利国际公约草案》和《公民权利和政治权利国际公约草案》进行了逐条审议。1966年12月16日，第二十一届联合国大会一致通过了《经济、社会和文化权利国际公约》和《公民权利和政治权利国际公约》。

3. 联合国国际法委员会起草国际人权公约草案

《联合国宪章》第13条第1款第（一）项规定，大会应发动研究，并作成建议，以促进政治上之国际合作，并提倡国际法之逐渐发展与编纂。为此，联合国大会已于1947年通过第174（Ⅱ）号决议，

————————

① 周琪著：《美国对国际人权条约政策的变化及其缘由》，载于《美国研究》2000年第1期。

决定成立国际法委员会作为联合国的辅助机关，并通过了《国际法委员会章程》。根据该章程第15条的规定，为逐步发展国际法，国际法委员会有权起草国际公约草案，在编写公约草案过程中，国际法委员会可以请各国政府提供评论，可以向科学研究机构和个别专家协商，草案形成后由国际法委员会审议，审议通过后的草案将交给联合国大会。在国际人权公约方面，国际法委员会起草了《关于无国籍人地位的公约》、《危害人类和平及安全罪法典》等公约草案。

4. 国际人权公约草案由联合国大会审议和表决

国际人权公约草案形成后，将交由联合国大会审议和表决。联合国大会是联合国主要的审议、监督和审查机构。根据《联合国宪章》第10条的规定，联合国大会"得讨论本宪章范围内之任何问题或事项，或关于本宪章所规定任何机关之职权；并除第12条所规定外，得向联合国会员国或宣传或兼向两者，提出对该问题或事项之建议"。

联合国大会设立以下7个主要委员会：

（1）政治和安全委员会（包括军备管制）（第一委员会）；

（2）特别政治委员会；

（3）经济和财政委员会（第二委员会）；

（4）社会、人道和文化委员会（第三委员会）；

（5）托管委员会（包括非自治领土事务）（第四委员会）；

（6）行政和预算委员会（第五委员会）；

（7）法律委员会（第六委员会）。

关于人权事务的项目通常提交第三委员会。但是，由于各种原因，人权事务项目也经常提交第一委员会、特别政治委员会、第二委员会、第四委员会或第六委员会；或不经主要委员会而直接由大会审议。例如，题为"南非政府的种族隔离政策"的项目好几年里都是由大会直接审议的，而题为"调查以色列侵犯占领区内居民人权行为特别委员会的报告"的项目则是由特别政治委员会审议的。主要委员会关于每一项目的报告通常载有该委员会制作的所有议案的案文及其修正案、进行的各项表决的结果以及交由大会批准的决议草案。这些报告由大会全体会议审议、通过、修正或否决。

联合国大会由联合国全体会员国组成，每一会员国有一个投票权。联合国大会每年举行一届常会，并于必要时举行特别会议。根据《联合国大会议事规则》第83、84、85条的规定，大会对于重要问题的决定，应由出席并参加表决的会员国2/3多数作出。大会对于重要问题提案修正案的决定以及对于此种提案部分表决的决定，应由出席并参加表决的会员国2/3多数作出。大会对于第83条规定以外的其他问题的决定，包括确定另有何种问题应由2/3多数决定，则由出席并参加表决的会员国过半数作出。联合国审议国际人权公约一般由出席并参加表决的会员国2/3多数通过。①

5. 国际人权公约由联合国大会通过后，开放给有关国家签字、批准和加入

国际人权公约由联合国大会通过后，将开放给有关国家签字、批准或加入。国际人权公约一般都规定了签字的期限，缔约国在国际人权公约上签字后，由缔约国的权力机关批准签署国际人权公约，或者缔约国未在签字期限内签字，但其权力机关同意加入国际人权公约的，缔约国政府便将批准书或加入书交存联合国秘书长，自交存之日起达到该公约规定的一定期限后，国际人权公约对该缔约国生效。例如，我国政府于1997年10月27日签署《经济、社会及文化权利国际公约》，2001年2月28日九届全国人大常委会作出决定，批准我国政府签署的《经济、社会和文化权利国际公约》。根据该公约规定，自我国将批准书交存联合国秘书长之日起3个月后，公约开始对我国生效。又如，我国于1980年11月4日采取加入的方式缔结《消除对妇女一切形式歧视国际公约》，该公约于1980年12月4日对我国生效。

缔约国在批准签署或加入国际人权公约时，可以在公约允许的范围内对公约的部分内容进行保留。保留是指缔约国为排除公约中某些条款对其适用的效果而提出的单方面声明。如我国在签署《儿童权利公约》时对公约的第6条（每个儿童有固有的生命权，各国应最大限度地确保儿童的生存与发展）作出保留。

———————

① 《联合国大会议事规则》，载于 http://www.un.org/chinese/ga/rule/rule13.htm。

四、国际人权公约的分类

国际人权运动至今经历了二百多年的时间，特别是第二次世界大战以后，人权已经为绝大多数国家肯定和认可，人权运动发展迅速。自《世界人权宣言》发表至今，联合国通过和制定以及各国缔结的有关人权问题的国际条约、宣言、决议等文件已达 80 多个，基本上奠定了国际人权法的重要基础。① 另外，其他国际组织也制定了为数不少的国际人权公约。为了更加清楚地了解数量众多的国际人权公约，我们有必要对其进行分类。

（一）根据公约制定主体的不同，国际人权公约可分为全球性国际人权公约与区域性国际人权公约

全球性国际人权公约是指全球性国际组织制定的人权公约。全球性国际组织是指对全世界所有国家开放的不受地域限制的国际组织（如联合国、国际劳工组织、世界卫生组织等）。全球性国际人权公约有 1965 年联合国大会通过的《消除一切形式种族歧视国际公约》、1958 年国际劳工组织通过的《关于就业及职业歧视公约》、1960 年联合国教科文组织通过的《取缔教育歧视公约》等。区域性国际人权公约是指由区域性国际组织制定的人权公约。区域性国际组织是指同一地区的若干国家组成的国际组织（如美洲国家组织、非洲统一组织、欧洲联盟等）。区域性国际人权公约有《欧洲人权公约》、《美洲人权公约》等。

（二）根据公约是否对外开放，国际人权公约可分为开放性的国际人权公约和封闭性的国际人权公约

凡是允许制定国际人权公约的国际组织所属成员国以外的国家签署或加入的公约称为开放性的国际人权公约。凡是不允许制定国际人权公约的国际组织所属成员国以外的国家签署或加入的公约称为封

---

① 《联合国简介》，载于 http：//www. un. org/chinese/aboutun/unbrief/right. htm。

闭性的国际人权公约。前者如 1966 年联合国大会通过的《公民权利和政治权利国际公约》，该公约第 48 条第 1 款规定，本公约开放给联合国任何会员国或其专门机构的任何会员国、国际法院规约的任何当事国和经联合国大会邀请为本公约缔约国的任何其他国家签字，因此，该公约是开放性的国际人权公约。联合国制定的国际人权公约基本上是开放性的公约。后者如 1951 年国际劳工大会制定的《男女同工同酬公约》，该公约第 6 条 第 1 款规定，本公约只对曾经把批准书送交局长登记的那些国际劳工组织成员产生拘束力，因此，非国际劳工组织成员国不能签署或加入该公约，该公约属于封闭性的公约。另外，一些区域性国际人权公约也属于封闭性的人权公约，如《欧洲人权公约》、《美洲人权公约》只对成员国开放。

（三）根据公约中人权享有主体的不同，国际人权公约可分为保护个人人权的国际人权公约和保护集体人权的国际人权公约

1. 保护个人人权的国际人权公约

个人人权泛指每个人所享有的基本权利和自由。此类人权最早由《世界人权宣言》系统阐明，以后由 1966 年制定的《公民权利和政治权利国际公约》和《经济、社会和文化权利国际公约》予以规定。个人人权包括以下内容：

（1）公民权利和政治权利。包括：生存权，免受酷刑权，免受奴役权，人身自由及人身安全权，隐私权，思想、信念及宗教自由，和平集会权，自由结社权，发表自由权，婚姻家庭权，选举权和被选举权等。

（2）经济、社会和文化权利。包括：工作权，享受公平良好的工作条件权，休息权，组织与参加工会权，享受适当生活水准和免受饥饿权，受教育权，参加文化生活及享受科学进步及其应用利益权，著作权等。

保护个人人权的公约除《公民权利和政治权利国际公约》和《经济、社会和文化权利国际公约》外，还有 1989 年联合国大会通过的《儿童权利公约》、1952 年联合国大会通过的《妇女政治权利公约》，等等。

2. 保护集体人权的国际人权公约

集体人权泛指每一国家、每一民族以及以每一种族、宗教、语言为特征的少数人团体以全体成员的名义享有的权利。目前,集体人权主要包括以下内容:

(1)民族自决权。民族自决权是指每一民族均享有自由决定其政治地位,自由决定其经济、社会和文化发展的权利。民族自决权是每一民族作为一个整体享有的基本权利,也是每一国家和每一民族实现其他各项人权和基本自由的前提,但是,民族自决权不得解释为授权或鼓励破坏或损害实现了民族平等权和自决权的国家的领土完整和政治统一。

(2)发展权。发展权是指所有国家和民族都有自由谋求本国的经济、社会和文化发展的权利。发展权是为了使获得政治独立但经济上仍然落后的第三世界国家摆脱贫困和落后,平等地发展民族经济、促进社会和文化的发展,提高人民生活水准而提出来的一项权利。有了发展,才能生存,因此,发展权是一项人权,是一项不可剥夺的人权。

(3)天然资源的享有权。每个主权国家都享有永久性占有本国天然资源及财富的权利,其他国家不得占为己有,主权国家认为有必要时可以批准外国资本参加勘探、开发及利用,外国资本的参与活动必须遵守该国的限制性规定及条件,各国必须根据主权平等原则,互相尊重,以促进各民族及各国自由有效行使其对天然资源之主权。

保护集体人权的公约有联合国大会通过的《发展权宣言》(1986年)、《给予殖民地国家和人民独立宣言》(1960年)、《关于天然资源之永久主权宣言》(1962年)、《社会进步和发展宣言》(1969年)、《建立新的国际经济秩序宣言》(1974年),等等。

(四)根据公约的性质不同,国际人权公约可分为人道主义性质的人权公约和权利性质的人权公约

人道主义性质的人权公约是指适用于国际或国内武装冲突的特定情况下保护人权的公约,也即在战争时从人道主义的立场出发,对平民和战争受难者、战俘等提供特殊保护的人权公约。① 如 1949 年

---

① [美]托马斯·伯根索尔著,潘维煌、顾世荣译:《国际人权法概论》,中国社会科学出版社 1995 年版,第 115 页。

日内瓦外交会议通过的日内瓦四公约及两个附加议定书，包括《改善战地武装部队伤者病者待遇的日内瓦公约》、《改善海上武装部队伤者及遇船难者境遇的日内瓦公约》、《关于战俘待遇的日内瓦公约》、《关于战时保护平民的日内瓦公约》和《1949 年 8 月 12 日日内瓦四公约关于保护国际性武装冲突受难者的附加议定书》（第一议定书）、《1949 年 8 月 12 日日内瓦四公约关于保护非国际性武装冲突受难者的附加议定书》（第二议定书），等等。

权利性质的人权公约是适用于非战争时纯粹保护人类的基本权利的公约。如 1952 年联合国大会通过的《妇女政治权利公约》、1960 年联合国教科文组织通过的《取缔教育歧视公约》、1973 年联合国大会通过的《禁止并惩治种族隔离罪行的国际公约》、1989 年联合国大会通过的《儿童权利公约》，等等。

（五）根据公约适用主体自身所处的地位不同，国际人权公约可分为保护少数群体的人权公约和保护普通群体的人权公约

少数群体是指由于具有某些种族、宗教或语言传统的特征或者具有性别、身体残疾等特征而处于劣势地位的人群，例如儿童、妇女、残疾人难民、无国籍人和土著人民等。为了充分保护他们应有的与他人平等的权利，有关国际组织制定了保护少数群体的国际人权公约。如 1989 年联合国大会通过的《儿童权利公约》、1990 年联合国大会通过的《关于保护所有移徙工人及其家属权利的公约》、1980 年联合国大会通过的《消除对妇女一切形式歧视公约》等。值得一提的是，联合国是少数群体（移徙工人、难民、土著人民、处境特别困难的儿童等最易受害群体）的喉舌，为改善他们的困境而不断努力。联合国各机构监测各国遵守关于保护弱势群体权利的人权公约规定义务的情况，并追究各国侵犯人权的责任。联合国还发起国际运动，在全球提高人们对影响弱势群体的问题的认识。最近十几年来，联合国为世界上 3 亿土著人民发起了世界土著人民国际年（1993 年）和世界土著人民国际 10 年（1994 ~ 2004 年）活动，并且正在就土著人民权利的一项宣言举行谈判。①

普通群体是指一般性、具有普遍特征的群体。保护普通群体的国际人权公约有 1966 年联合国大会通过的《公民权利和政治权利国际公约》和《经济、社会和文化权利国际公约》、1964 年国际劳工组织通过的《关于就业政策公约》等。

（六）根据公约所保护人权的种类的不同，国际人权公约可分为一般性的人权公约和具体性的人权公约

一般性的人权公约是指其保护的人权具有普遍性、全局性的公约，而具体性的人权公约是指其保护的人权具有特殊性、局部性的公约。前者如《世界人权宣言》、《公民权利和政治权利国际公约》、《经济、社会和文化权利国际公约》等，这些公约规定了许多种类的权利，包括规定公民的生命权、健康权、平等权、工作权、受教育权以及妇女不受歧视的权利等。后者如 1951 年国际劳工组织通过的《关于男女同工同酬公约》、1973 年联合国大会通过的《禁止并惩治种族隔离罪行的国际公约》、1960 年联合国教科文组织通过的《取缔教育歧视公约》等，这些公约仅就某项权利的确认、赋予、实施或执行等作出具体规定。

（七）根据公约的约束力性质不同，国际人权公约可分为具有国际惯例约束力性质的人权公约和具有国际法律约束力性质的人权公约

国际惯例是指国际法主体在相互交往的长期实践中形成的不成文的行为规范。在国际人权公约中，有些人权公约虽然没有经过正式的公约制定程序，但已经得到缔约国的认可，这些公约对缔约国有约束力，因而被称为具有国际惯例性质的人权公约。例如《世界人权宣言》，它是 1948 年联合国大会通过的人权文件，仅要求缔约国在宣言书上签字，没有经过缔约国签署和加入的程序，也没有将批准书或加入书提交给联合国秘书长的程序，但《世界人权宣言》已经得到

---

① 《世界土著人民国际日》，载于 http: //www. un. org/depts/dhl/dhlchi/indige-nous/。

缔约国的共同认可和接受,缔约国要受此公约的约束。除此以外,1960年联合国大会通过的《给予殖民地国家和人民独立宣言》、1962年联合国大会通过的《关于天然资源之永久性主权宣言》、1986年联合国大会通过的《发展权宣言》等也属于此类公约。

具有国际法律约束力性质的人权公约是指缔约国必须遵守的、具有国际法效力的、规定缔约国权利与义务且经过正式完整的制定程序而形成的有关人权方面的公约。此类公约有1966年联合国大会通过的《公民权利和政治权利国际公约》、1989年联合国大会通过的《儿童权利公约》、1952年联合国大会通过的《妇女政治权利公约》等。

第二章　国际人权公约的主要内容

一、公民的基本权利和自由

公民的基本权利和自由是公民作为自然界和社会生活中的人，基于人的尊严和价值以及人类某些基本的利益和道德需要而享有的权利和自由。它是公民与生俱来的基本人权，不因其种族、肤色、性别、语言、宗教、政见、财产、教育等状况而有所区别。公民的基本权利和自由范围非常广泛，它涉及人身、人格、思想、政治、经济、文化等方面的权利与自由。下面，我们将从人身自由和政治权利、经济社会文化权利两大方面来具体阐述公民的基本权利和自由。

（一）公民的人身自由和政治权利

1. 生命权

人的生命是人以身体为载体进行各种人类活动的能力。生命是人之所以成为人并进而成为法律主体的根本。生命权是人们保障自己生命安全并不受非法剥夺的权利。生命权始于出生，终于死亡，并且只能由个人享有，不能继承，也无法转让。

生命权是所有人权中最重要、最基本的一项权利，因为它是人享有其他一切权利与自由的前提，没有生命权，其他权利与自由都将失去意义，此外，还因为人的生命具有不可替代性。正如康德所说，人的生命"没有什么法律的替换品或代替物"，因为世界上"没有类似生命的东西，也不可能在生命之间进行比较"。① 生命一旦丧失，就不可能再生，生命的价值也无法用金钱或其他物品来衡量。基于生命权的重要意义，世界各国一般都从宪法的高度来保障生命安全。如美国宪法修正案第 5 条规定："未经正当法律手续不得剥夺任何人的生命、自由和财产。"国际人权公约把生命权作为最基本的人权加以规定。《世界人权宣言》第 3 条规定："人人有权享有生命、自由和人身安全。"1966 年联合国大会通过的《公民权利和政治权利国际公约》第 6 条第 1 款规定："人人有固有的生命权。这个权利应受法律保护。不得任意剥夺任何人的生命。"该公约将生命权视为一种固有的权利，强调了生命权的自然性和神圣性，亦即不得人为剥夺的属性。

对生命权的剥夺主要表现在两方面：一是非法剥夺他人生命权的杀人行为；二是有关机关通过合法程序对他人施以死刑的行为。第一种行为基于其非法性，理所当然成为各国法律及人权公约禁止的对象。第二种行为的限制、禁止则经历了一个长期发展的过程。在 19 世纪以前，死刑还是一种十分盛行的刑罚。自 19 世纪中叶开始，世界上掀起了一场限制死刑乃至废除死刑的刑法改革运动，死刑受到越来越猛烈的抨击。时至今日，废除死刑已经成为国际潮流。然而，在特定的国家，死刑的废除还受到两个因素的制约：一是社会存在因素的制约。社会存在包括社会的物质文明程度和社会物质生活水平，它是废除死刑的物质基础。在社会的物质文明程度和社会物质生活水平较高的社会，犯罪所造成的危害与人所能创造的物质价值的反差大，人们比较看重人的生命价值，因而，死刑废除的物质条件较为具备。反之，在一个物质文明程度和生活水平较低的社会，犯罪对社会造成的危害大，人的生命价值相对较低，因而缺乏废除死刑的必要物质条件。二是社会意识因素的制约。社会意识是死刑废除的精神基础。在社会精神文明程度较高的社会，朴素的报应观念逐渐丧失，对待犯罪的态度较为理智，而且，由于人们的文化水平比较高，较为轻缓的刑罚足以制止违法犯罪。反之，在一个精神文明程度较低的社会，杀人

---

① ［德］康德：《法的形而上学原理——权利的科学》，商务印书馆 1991 年版，第 166 页。

偿命的观念十分浓厚，而且，人们的文化水平较低，只有用严厉的刑罚才能制止违法犯罪，因而，一定限度内的保留死刑就显得很有必要。① 正是基于上述两个因素的制约，在废除死刑的国际潮流中，还有相当一部分国家保留了死刑的适用。

在保留死刑的国家里，生命权受到了一定程度的限制。但是，在这些国家，死刑也受到了严格的限制，从而使生命权的限制控制在合法的、最低程度的范围内。《公民权利和政治权利国际公约》第 6 条在保障生命权的同时，明确限制了死刑的适用，从而将生命权与死刑问题紧密联系在一起。联合国于 1984 年 5 月 25 日批准了《关于保护死刑犯权利的保障措施》，对死刑的限制作了进一步的规定。这些限制主要表现在以下几个方面：（1）死刑适用范围的限制。在没有废除死刑的国家里，只有最严重的罪行才可判处死刑。所谓最严重的罪行，其范围只限于蓄意而结果为害命或其他极端严重后果的罪行。（2）死刑适用对象的限制。对 18 岁以下的人所犯的罪不得判处死刑，对孕妇或新生婴儿的母亲或已患精神病者不得执行死刑。（3）死刑追诉时效的限制。确立了死刑不得溯及既往，但轻法溯及死罪的原则。即只有犯罪时法律有明文规定该罪行应判死刑的情况下方可判处死刑，但如果犯罪之后，法律规定可以轻判的，则该罪犯应予轻判。（4）死刑适用程序的限制。判处死刑必须由合格的法庭依照合法的程序进行审理并作出判决；只有根据明确和令人信服的证据才能判处死刑；被判处死刑的人有权向较高级法院提起上诉，并必须经过上诉程序；判处死刑的人有权要求赦免或减刑，所有死刑案件均可给予赦免或减刑。（5）死刑执行方法的限制。执行死刑应尽量以引起最少痛苦的方式为之。现在世界各国一般都采用枪决、绞刑、注射等死刑执行方法。

最后应当指出，虽然一部分国家还保留了死刑的适用，但根据各国对死刑的严格限制以及《公民权利和政治权利国际公约》第 6 条第 6 款的规定即"本公约任何缔约国不得援引本条的任何部分来推迟或阻止死刑的废除"，可以预见，废除死刑不仅仅是一时的国际潮

---

① 参见陈光中、丹尼尔·普瑞方廷主编：《联合国刑事司法准则与中国刑事法制》，法律出版社 1998 年版，第 346～347 页。

流，生命权的发展已呈现了这样一种历史趋势：逐步在世界范围内废除死刑，最终实现绝对的生命权。

2. 人身自由和人身安全权

人身自由和人身安全权是指任何人都不受任何外来非法限制及肉体、精神上的非法威胁、摧残的权利。人身自由和人身安全权是除去生命权之外的最基本的权利。根据国际人权公约的有关规定，人身自由和人身安全权包含以下内容：

（1）不受任意逮捕或拘禁的权利。《世界人权宣言》第 9 条规定："任何人不得加以任意逮捕、拘禁或放逐。"《公民权利和政治权利国际公约》第 9 条第 1 款规定："人人有权享有人身自由和人身安全。任何人不得加以任意逮捕或拘禁。除非依照法律所确定的根据和程序，任何人不得被剥夺自由。"《公民权利和政治权利国际公约》第 11 条规定："任何人不得仅仅由于无力履行约定义务而被监禁。"逮捕和拘禁是剥夺人身自由的两种行为，实施该行为除具备必要的实体根据即法律所确定的逮捕、拘禁条件外，还要符合法定的程序要求，如赋予被剥夺自由者以知悉权、异议权等。

（2）不受酷刑和其他非人道待遇的权利。酷刑是所有国际人权公约都严加禁止的一种国际犯罪行为。《公民权利和政治权利国际公约》第 7 条规定："任何人均不得加以酷刑或施以残忍的、不人道的或侮辱性的待遇或刑罚，特别是对任何人均不得未经其自由同意而施加医药或科学试验。" 1984 年通过的《禁止酷刑公约》对酷刑的定义、酷刑的防止、酷刑犯罪的管辖、酷刑受害者的补偿等作了全面而详尽的规定。

《禁止酷刑公约》第 1 条规定，酷刑行为的构成必须具备三个要素：第一，酷刑行为的目的是为了向某人取得情报或口供，或处以处罚、恐吓、威胁或歧视，主观上存在故意；第二，酷刑实施者是公职人员或以官方身份行使职权的其他人或者是由上述两种人唆使、同意或默许的人；第三，酷刑行为是使某人在肉体或精神上遭受剧烈疼痛或痛苦的行为。应当特别指出的是，根据《公民权利和政治权利国际公约》第 7 条的规定，酷刑行为还应包括对任何人未经其自由同意而施加医药或科学试验的行为。

关于其他非人道待遇，根据《禁止酷刑公约》第 16 条的规定，主要指由公职人员或以官方身份行使职权的其他人所造成的或在其唆使、同意或默许下造成的未达酷刑程度，但同样使他人肉体、精神遭受痛苦的行为。

《禁止酷刑公约》第2条第1款规定："每一缔约国应采取有效的立法、行政、司法或其他措施，防止在其管辖的任何领土内出现酷刑的行为。"该条还规定，任何特殊情况（包括战争状态、战争威胁、国内政局动荡或其他社会紧急状态）以及上级官员或政府当局的命令，都不得作为施行酷刑的理由。此外，该公约还规定了一些具体保护措施，例如保证将一切酷刑行为定为刑事罪行，并规定了对这种罪行的管辖权以及起诉和引渡的原则。

禁止酷刑和其他非人道待遇是公认的国际强行法规则，它为个人享受最低限度的人权提供了国际法律保障，对于缔约国减少酷刑发挥了重要作用。

（3）不受奴役的权利。不受奴役的权利包含三项权利，即：不得使为奴隶或不受类似奴隶制的制度与习俗侵害的权利；不得被强迫役使的权利；不得被强迫劳动的权利。

国际上废除奴隶制的斗争经历了相当长的艰苦过程。从1814～1815年巴黎和平会议到1926年签订的《禁奴公约》，先后经历了一个多世纪的时间才在国际法上明确规定废除奴隶制度。①《禁奴公约》第1、2条明确规定："奴隶制为对一人行使附属于所有权的任何或一切权力的地位或状况"，缔约各国应承担的主要义务是"承允就各自范围内在其主权、管辖、保护、宗主权或监护下各领土内：（甲）防止和惩罚奴隶的贩卖；（乙）逐步地和尽速地促成完全消灭一切形式的奴隶制"。② 1956年通过的《废止奴隶制、奴隶贩卖及类似奴隶制的制度与习俗补充公约》还对废除类似奴隶制的制度和习俗作了规定。除上述专项公约外，《公民权利和政治权利国际公约》第8条也对禁止奴隶制作了一般性规定："任何人不得使为奴隶；一切形式的

① 白桂梅等编著：《国际法上的人权》，北京大学出版社1996年版，第125页。

② 董云虎、刘武萍编著：《世界人权约法总览》，四川人民出版社1990年版，第1103页。

奴隶制度和奴隶买卖均应予以禁止。"

不受奴役的其他两项权利即不得被强迫役使和不得被强迫劳动与不得使为奴隶的权利有很大不同。后者是国际人权公约给予绝对保护的，而前者则受到了一定的限制。《公民权利和政治权利国际公约》第8条第2、3款规定："任何人不应被强迫役使"，"任何人不应被要求从事强迫或强制劳动"，但该公约同时又规定，按照合格的法庭作出的判决而执行的役使不在公约禁止之列。关于强制劳动，下述四项情况亦不属公约禁止之列：（甲）合法拘禁或合法拘禁假释期间的劳动；（乙）军事性质的服务；（丙）紧急状态或灾难情况下的强制服务；（丁）公民的义务劳动。

（4）迁徙自由和选择住所的自由。《公民权利和政治权利国际公约》第12条第1款规定："合法处在一国领土内的每一个人在该领土内有权享受迁徙自由和选择住所的自由。"该条第2、4款对迁徙自由作了进一步阐述。迁徙自由包括：人人有权在本国领土内自由迁移；人人有权自由离开包括其本国在内的任何国家；人人有权自由进入其本国领土。迁徙必然意味着要重新选择住所，所以选择住所自由是迁徙自由的附随自由，是伴随迁徙自由必然有之的自由。而且住所乃是公民身体活动的最自由的物理空间，因而选择住所的自由就构成了人身自由的一种重要的展开形态。

迁徙自由和选择住所自由是人身自由的重要内容，不得任意加以剥夺。但是这两项自由也不是绝对的，具有一定的内容界限。根据《公民权利和政治权利国际公约》第12条第3款的规定，在"法律所规定并为保护国家安全、公共秩序、公共卫生或道德、或他人的权利和自由所必需且与本公约所承认的其他权利不抵触"的情况下，迁徙自由和选择住所的自由是受到一定限制的。

3. 法律面前人人平等权

"平等"一词，依《牛津法律大辞典》下的定义是指"人或事务的地位处于同一标准或水平，都被同等对待"。① 从本质上讲，平等是指任何人在各个方面都受到公平对待，不受任何歧视。不歧视原则是平等权的基本原则。

---

① 《牛津法律大辞典》，光明日报出版社1988年版，第303页。

相应地，法律面前的平等权是指任何人在法律面前都受到公平对待，不受任何歧视。《世界人权宣言》第 7 条规定："法律面前人人平等，并有权享受法律的平等保护，不受任何歧视。人人有权享受平等保护，以免受违反本宣言任何歧视行为以及煽动这种歧视的任何行为之害。"《公民权利和政治权利国际公约》第 24 条规定："所有的人在法律面前平等，并有权受法律的平等保护，无所歧视……"这里的歧视包括基于种族、肤色、性别、语言、宗教、政治或其他见解、国籍或社会出身、财产、出生或其他身份等任何理由的歧视。

法律面前人人平等具体表现在以下两个方面：

（1）人人享有法律面前的人格权。人格权是指主体依法所固有的，以人格利益为客体，为维护主体的独立人格所必备的权利。其中，人格利益分为特指公民的人身自由和人格尊严的一般人格利益和包括生命、健康、姓名、名誉、隐私、肖像等的个别人格利益。① 《公民权利和政治权利国际公约》第 16 条规定："人人在任何地方有权被承认在法律面前的人格。"这项权利是公民享有一切法律权利的基础，也是实现法律面前人人平等的前提。

（2）法律对所有人都平等适用。法律的适用是指法律在社会实际生活中的运用。它一般包括两方面：公民和国家机关的守法行为以及法律在司法活动中的适用。狭义上的法律适用仅指后者。所以，法律的平等适用一般是指所有的人在司法活动中一律平等。为了实现这种平等权，《公民权利和政治权利国际公约》第 14 条提出了具体操作规则：第一，在被指控时，人人有资格由一个合法独立的法庭进行公正的和公开的审讯；第二，任何受刑事指控的人，在未依法证实有罪前，都有权被视为无罪；第三，在受刑事指控时，人人完全平等地有资格享受一些最低限度的保证，如平等的知悉权、平等的辩护权、平等的使用本民族语言文字权等；第四，人人平等地享有上诉、一事不再理的权利；第五，因误审而推翻定罪或赦免者都有权得到赔偿。根据上述操作规则，人人在法庭和裁判所前一律平等，不因种族、肤色、性别等原因而被区别对待。

法律面前人人平等是十分重要的人权。因为任何书面的人权规定

---

① 王利明等主编：《人格权法》，法律出版社 1997 年版，第 5 页。

最终都要落实到实践中的人权尊重，对人权的尊重又取决于适当的司法措施。在司法程序中承认每个人的法律人格权，并保证平等地适用法律，直接关系着其他人权能否真正得到法律的保护。

4. 宗教信仰自由

从完整的意义上说，所谓宗教信仰，指的是对具有超自然的或超人格性质存在（如造物主、绝对者、至高的存在，其中尤其是神、佛、先灵）的确信、敬畏或崇拜的心情和行为。① 宗教信仰自由则是持有或不持有这种心情、实行或不实行这种行为的自由。

宗教信仰自由是一项重要的政治权利。宗教信仰主要属于思想范畴的问题，是关于人们世界观、人生观的问题。对于这种思想领域、精神世界的问题，不能也无法任意加以限制。而且，从信教的地域范围、信教的人数来看，宗教信仰还是一个国际性问题。据统计，全世界信仰宗教的人达 30 亿之多，占世界总人口的 60% 到 70% 。所以，宗教信仰自由被现代多数国家的宪法确认为政治权利与自由，占成文宪法的 89.4% 。②

《世界人权宣言》、《公民权利和政治权利国际公约》等也确认了宗教信仰自由。《世界人权宣言》第 18 条、《公民权利和政治权利国际公约》第 18 条都规定：人人有思想、良心和宗教自由的权利。宗教信仰自由包括：第一，内心的信仰自由。其中包含信仰特定的宗教的自由、改变特定的信仰的自由以及不信仰任何宗教的自由。关于不信仰任何宗教的自由，虽然没有明确表示在公约里，但是"信仰自由"本就包含了信仰与不信仰两种自由。如果只允许信仰而禁止非信仰，那么信仰自由就变成了强制信仰。第二，宗教行为自由。宗教行为包括礼拜、祷告、参加宗教典礼、宗教仪式、宣传教义等各种行为。宗教行为自由就是指人人有权以单独或集体、公开或秘密的方式来实践其宗教行为，从而表达其宗教信仰。第三，宗教结社自由。其中主要包括设立宗教团体并举行团体活动、加入特定的宗教团体以及不加入特定的宗教团体等方面的自由。《公民权利和政治权利国际公

---

① 林来梵：《从宪法规范到规范宪法——规范宪法学的一种前言》，法律出版社 2001 年版，第 155 页。

② 转引自李步云主编：《宪法比较研究》，法律出版社 1998 年版，第 473 页。

约》没有明确写入宗教结社自由，但从该公约第 18 条第 1 款来看，结社自由应包含在公民表明其宗教信仰的途径中。第四，父母和法定监护人有权保证他们的子女能够按照他们自己的信仰接受宗教和道德教育。第五，任何人的宗教或信仰自由受法律保护，不得遭受足以损害其宗教或信仰自由的强迫。

正如众多其他自由权利一样，宗教信仰自由也非绝对的自由，尤其是宗教行为自由和结社自由，在一定情况下需受到限制。《公民权利和政治权利国际公约》第 18 条第 3 款对此作了规定："表明自己的宗教或信仰的自由，仅受法律所规定以及为保障公共安全、秩序、卫生或道德、或他人的基本权利和自由所必需的限制。"

5. 参政权

所谓参政权，是指公民参与公共事务及本国公务的权利。参政权在政治权利中的地位至关重要。一方面，参政权是民众政治权利的直接行使，是民众政治权利的直接体现；另一方面，参政权又是政治民主的重要标志。民众参政权的多少和大小，往往标明了一个国家政治昌明的程度。参政权的法定范围和实现程度对于整个政治权利的法定范围和实现程度都具有根本性的意义。①

鉴于参政权的极端重要性，《公民权利和政治权利国际公约》第25 条对其作了明确规定：每个公民应有权利和机会"（甲）直接或通过自由选择的代表参与公共事务；（乙）在真正的定期的选举中选举和被选举，这种选举应是普遍的和平等的并以无记名投票方式进行，以保证选举人意志的自由表达；（丙）在一般的平等的条件下，参加本国公务"。

根据《公民权利和政治权利国际公约》的规定，对于公民的参政权可以从以下几个方面进行理解：

首先，公民参与管理的内容是公共事务和本国公务。这里的公共事务和公务的含义是不一致的。公共事务是有关医疗、卫生、教育、文化等方面的社会公共事务。而公务则指公共服务，是国家权力机关管理行政事务、为公众服务的活动。

其次，公民参政的形式分直接参政与间接参政两种。前者是指公

---

① 卓泽渊：《法的价值论》，法律出版社 1999 年版，第 470 页。

民本人直接参与公共事务和公务管理，而后者则是公民通过自由选择的代表来参与公共事务和公务管理。划分直接参政与间接参政，必然联系到公民的选举权与被选举权。实际上，行使选举权与被选举权正是公民行使参政权的途径。选举权是公民享有的选举国家机关代表或某些国家机关领导人的权利；被选举权则是公民享有的被选举为国家机关代表或某些国家机关领导人的权利。正是通过这两种权利，公民的参政权才得以真正实现。《公民权利和政治权利国际公约》第 25 条不仅规定了每个公民的选举权和被选举权，而且还规定选举应以定期的、普遍的、平等的原则并以无记名投票的方式进行。

再次，国家保障公民的参政权。一方面，公民的参政权不因"种族、肤色、性别、语言、宗教、政治或其他见解、国籍或社会出身、财产、出生或其他身份"而有所区分，也不受任何不合理的限制。另一方面，公民行使参政权要在"一般平等的条件下"进行。所谓"一般平等的条件"，是允许在诸如年龄、能力等方面规定一些必要条件，但禁止公务被某些特权团体所垄断的现象。①

6. 其他人身自由和政治权利

除了上述诸项人身自由和政治权利以外，国际人权公约还规定了公民享有言论、集会、结社自由、私人生活、家庭、住宅和通信不受非法侵犯等其他权利。

《公民权利和政治权利国际公约》第 19、21、22 条规定了公民的言论、集会、结社自由，即：人人有权持有主张，不受干涉；人人有自由发表意见的权利；和平集会的权利应被承认；人人有权享受与他人结社的自由，包括组织和参加工会以保护他人利益的权利。

《公民权利和政治权利国际公约》第 17 条对私人生活、家庭、住宅和通信不受非法侵犯的权利作了规定，即"任何人的私生活、家庭、住宅或通信不得加以任意或非法干涉，他的荣誉和名誉不得加以非法攻击。人人有权享受法律保护，以免受这种干涉或攻击"。

同时《公民权利和政治权利国际公约》也对以上自由和权利作了一定限制：言论、集会、结社自由不得侵害他人权利和自由，不得妨害国家安全、公共秩序以及公共卫生或道德。对于私人生活、家

---

① 白桂梅等编著：《国际法上的人权》，北京大学出版社 1996 年版，第 92 页。

庭、住宅和通信不受非法侵犯的权利的保护也仅限于"不受非法侵犯",因公务行为或其他行为引起的合法妨碍,不在保护之列。

(二) 经济、社会和文化权利

经济、社会和文化权利,通常被统称为"社会权",是人权发展到 20 世纪后增加的主要内容。它指公民有从社会获得基本生活条件、充分发展个体生产和生活能力的保障和良好地发育个体精神人格和社会人格的权利。① 经济、社会和文化权利最初规定于各国宪法,"二战"后逐渐体现在一些国际人权公约中。如《世界人权宣言》、《经济、社会和文化权利国际公约》、《消除对妇女一切形式歧视公约》、《儿童权利公约》等。其中,《经济、社会和文化权利国际公约》对公民的经济、社会和文化权利作了比较全面、系统的规定,而且要求各缔约国尽最大能力采取步骤和一切适当方法逐步地、充分地实现这些权利。经济、社会和文化权利一般包括工作权、社会保障权、婚姻家庭权、受教育权等内容。

1. 工作权

工作权作为人权之一被提出,始于 1848 年 2 月法国政府的一项命令。虽然它不久就被废除了,但是却开创了工作权逐步发展的历史。后来,1919 年的德国宪法规定:"德国人民应有可能之机会,从事经济劳动,以维持生计。"② 从此,工作权日益受到重视,成为 20 世纪大多数国家宪法规定的公民基本权利之一,并且成为许多国际人权公约明确承认和保护的一项权利。

《世界人权宣言》第 23 条第 1 款规定:"人人有权工作、自由选择职业、享受公正和合适的工作条件并享受免于失业的保障。"《经济、社会和文化权利国际公约》把工作权列为经济、社会和文化权利之首。该公约第 6 条规定:"本公约缔约各国承认工作权,包括人人应有机会凭其自由选择和接受的工作来谋生的权利,并将采取适当步骤来保障这一权利。"第 7 条规定了"人人有权享受公正和良好的

---

① 李步云主编:《宪法比较研究》,法律出版社 1998 年版,第 529 页。
② 刘海年主编:《〈经济、社会和文化权利国际公约〉研究》,中国法制出版社 2000 年版,第 36 页。

工作条件"，并规定了各缔约国为保证这项权利的实现而承担的具体义务。

依据《世界人权宣言》、《经济、社会和文化权利国际公约》的上述规定，工作权主要包括以下内容：

（1）就业权。即人人应有权凭其自由选择和接受的工作来谋生。就业是公民谋生的主要手段，是公民获得基本生活条件的基础，也是公民的基本经济权利。对该项权利，任何人都不得剥夺。

（2）自由选择职业的权利。公民不仅有就业权，而且还有自由选择从事何种工作的权利。任何公民都不得被强迫从事其不愿从事的职业，更不得被施以强制劳动。工作权应是充分体现自由和个人意愿的权利。

（3）组织和参加工会的权利。其内容为：人人有权组织工会和参加他所选择的工会，以促进和保护他的经济和社会利益；这个权利只受有关工会规章的限制。对这一权利的行使，除法律所规定及在民主社会中为了国家或公共秩序的利益或为保护他人的权利或自由所需的限制以外，不得加以任何限制。

（4）各缔约国应采取适当步骤来保障公民就业权和自由择业权的实现。此步骤应包括：技术和职业的指导和训练，在保障个人基本政治和经济自由的条件下达到稳定的经济、社会和文化的发展，充分的生产就业的计划、政策和技术等。

（5）各缔约国应保障公民有权享受公正和良好的工作条件。首先要保障最低的工作报酬，所有的人都享有公平的工资和同工同酬的待遇。要特别保证妇女享受不差于男子所享受的工作条件。对于工作妇女在产前和产后的合理期间，予以特别保护，给以付薪休假或有适当社会保障福利金的休假。其次要保证安全和卫生的工作条件。最后还要保证公民有同等的适当的提级机会以及合理的休息权。

工作权是一项与每个公民都休戚相关的权利，是人们赖以生存的权利，是人权的重要内容之一。同时，工作权也是一项非常具体的权利，它涉及工作环境、工作条件、失业保障等方方面面的问题。工作权的充分实现有赖于国家为社会提供更多的就业机会和更完善的就业条件。这些归根到底都取决于各国经济的不断发展和繁荣。

2. 社会保障权

所谓社会保障权，是指国家通过分配和再分配国民收入以形成社会消费基金，对全体社会成员因退休、失业、疾病、生育、遭到意外事故等造成收入损失或生活困难时给予物质帮助，为其提供生活保障的各种措施的总称。社会保障权也是国际人权公约规定的为每个公民都享有的一项基本权利。《经济、社会和文化权利国际公约》第9条规定："本公约缔约各国承认人人有权享受社会保障，包括社会保险。"《世界人权宣言》第25条规定："人人有权享受为维持他本人和家属的健康和福利所需的生活水准，包括食物、衣着、住房、医疗和必要的社会服务；在遭到失业、疾病、伤残、守寡、衰老或在其他不能控制的情况下丧失谋生能力时，有权享受保障。"

根据国际人权公约规定以及各国的立法和实践，社会保障权一般包括社会救济权、社会保险权和社会福利权。社会救济权是指因遭受意外事件或自然灾害而生活困难的公民有从国家和社会获得物质救助，以维持最低生活水平的权利，是社会保障权的最低层次。社会保险权是指因丧失劳动能力或劳动机会而不能劳动或暂时中断劳动的劳动者有从国家和社会获得一定物质帮助或相应补偿，以维持其基本生活的权利，是社会保障权的中间层次。社会福利权则是指对于国家、地方或社会团体举办的各种福利事业如文化、体育、医疗、卫生等，全体社会成员都能同等享受的权利，是社会保障权的最高层次。上述三方面权利在权利保护的度上呈递增状态，三者相互补充、配合，共同实现对全体社会成员的生活保障。

3. 婚姻家庭权

婚姻是为一定社会制度所确认的男女两性的结合形式，家庭是由于婚姻、血缘或收养而产生的亲属所构成的社会生活单位。婚姻家庭权是公民在婚姻家庭生活中依法享有的权利，它包括婚姻自由权、男女平等权、保护妇女儿童权益等内容。由于婚姻家庭生活是每个公民最基本的生活之一，所以婚姻家庭权是公民最基本的权利之一，对公民具有特别重要的意义。

许多国际人权公约都对婚姻家庭权作出了规定。《世界人权宣言》第16条规定：（1）成年男女，不受种族、国籍或宗教的任何限制，有权婚嫁和成立家庭，他们在婚姻方面，在结婚期间和在解除婚约时，应有平等的权利。（2）只有经男女双方自由的和完全的同意，才能结婚。（3）家庭是天然的和基本的社会单元，并应受社会和国家的保护。《公民权利和政治权利国际公约》第 23 条、《经济、社会和文化权利国际公约》第 10 条也分别就家庭、结婚权、结婚自由和男女平等等问题作出规定。此外，《经济、社会和文化权利国际公约》、《消除对妇女一切形式歧视公约》、《儿童权利公约》还特别规定了妇女在婚姻家庭中以及儿童在家庭中的权利。

综合上述人权公约的规定，婚姻家庭权的内容包含以下几个方面：

（1）家庭受保护权。家庭是天然的和基本的社会单元，应受社会和国家保护。家庭受社会和国家保护主要体现在：一方面，社会和国家要为家庭营造一个良好的存在氛围，并尽量保障家庭获得相当的生活水准；另一方面，社会和国家应尽量保证家庭的物质载体即家庭住宅不受非法侵犯。

（2）结婚权和结婚自由。达到一定生理心理年龄的男女缔结婚姻是人类自然属性发展的必然结果，这一权利应被承认和保护。《公民权利和政治权利国际公约》第 23 条第 2 款规定："已达结婚年龄的男女结婚和成立家庭的权利应被承认。"然而，仅仅拥有结婚权是不够的，现代文明的发展还提出了结婚自由的要求。所谓结婚自由是指结婚的男女双方有权自由选择结婚对象，并基于完全自愿和同意与对方结婚。这种权利不受种族、国籍或宗教的限制，不受对方或者他人干涉。《公民权利和政治权利国际公约》、《经济、社会和文化权利国际公约》都特别强调"结婚必须经男女双方自由同意"。

（3）男女在婚姻家庭中的平等权。该平等权体现在：其一，缔结婚姻上平等，即男女平等地享有上述的婚姻自由权。其二，结婚期间的权利和责任的平等，即在子女事务上、夫妻的个人权利上以及配偶双方在财产的所有、取得、处置方面，男女都有相同的权利和责任。对此，《消除对妇女一切形式歧视公约》第 16 条作了比较具体的规定。其三，解除婚约时男女双方也有平等的权利和责任。

（4）对妇女、儿童的特殊保护。虽然男女双方在婚姻家庭中处于平等地位，但基于男女两性生理上的差异、妇女所承担的社会功能以及历史遗留下来的男女地位不平等、男尊女卑思想的影响，有必要在保证男女平等的基础上对妇女采取一些特别的保护措施。《经济、社会和文化权利国际公约》第 10 条第 2 款规定："对母亲，在产前和产后的合理期间，应给以特别保护。"《消除对妇女一切形式歧视公约》第 12 条也规定应保证妇女取得各种保障服务。此外，对儿童的特殊保护也很重要。儿童是家庭的弱势群体，他们对家庭有很大的依赖性，家庭的破裂、解体将给儿童的健康成长带来直接威胁。因此，《经济、社会和文化权利国际公约》、《公民权利和政治权利国际公约》都要求缔约国为儿童采取特殊的保护和协助措施。父母在婚姻存续期间以及解除婚姻时都应以儿童的利益为重。此外，为了更好地保障儿童的利益，《儿童权利公约》还对儿童的居住、卫生保健、文化教育等权利作了全面细致的规定。

4. 受教育权

受教育权是公民享有的在各类学校、教育机构或通过其他途径学得科学文化知识、培养思想品德、发展智力和体力的权利。接受教育，既是公民个人人格形成和发展的一个必不可少的手段，也是公民为独立营构自己生活而实现、或更有利地实现其所拥有的各种经济、社会权利的重要途径，甚至还是培育作为民主政治具体承担者的健全公民的重要途径。①

基于受教育权的这种重要意义，《世界人权宣言》、《经济、社会和文化权利国际公约》和《儿童权利公约》等都对受教育权作了比较详细的规定。归纳起来主要包括以下几个方面：

第一，受教育权的平等性。《世界人权宣言》第 26 条第 1 款、《经济、社会和文化权利国际公约》第 13 条第 1 款规定，人人都有受教育的权利。《儿童权利公约》确认儿童受教育的权利应建立在"机会均等的基础上"。受教育权的平等性要求任何公民均不得在教育上受到不平等的对待。但是，这并不排斥允许根据不同受教育者的不同的适应能力及不同的身心机能状况施以不同内容的教育。因为只有采取这种"因材施教"的方法，才能保证不同的公民都获得知识和能力，才能真正地实现受教育权。

第二，受教育的目的。根据《经济、社会和文化权利国际公约》

---

① 林来梵：《从宪法规范到规范宪法——规范宪法学的一种前言》，法律出版社 2001 年版，第 223 页。

第 13 条第 1 款的规定，教育应鼓励人的个性和尊严的充分发展，加强对人权和基本自由的尊重，并应使所有的人能有效地参加自由社会，促进各民族之间和各种族、人种或宗教团体之间的了解、容忍和友谊，促进联合国维护和平的各项活动。

第三，受教育的类型。包括初等教育、中等教育（包括中等技术和职业教育）、高等教育。

第四，各类型教育制度的性质及收费情况。初等教育属义务性质，一律免费。中等教育对一切人开放，收取一定费用，但要逐渐做到免费。高等教育以成绩为条件，对一切人平等开放，收取一定费用，但也要逐渐实现免费。可见，免费受教育是教育制度发展的一个趋势。

第五，受教育权的保障措施。具体包括：积极发展各级学校制度，设置适当的奖学金制度，不断完善教员的物质条件；保护个人或团体设立及管理教育机构的自由，但这一自由不得与《经济、社会和文化权利国际公约》确立的受教育目的及各缔约国规定的教育最低标准相抵触；对那些未受到或未完成初等教育的人的基础教育，应尽可能加以鼓励和推进；父母或法定监护人对其子女所受的教育有优先选择权，有权选择符合国家规定的最低教育标准的非公立学校，并保护他们的子女能够按照他们自己的信仰接受宗教和道德教育。

二、刑事被告人的基本权利

刑事被告人是指因涉嫌犯罪而受到刑事追诉的人。被告人有广义和狭义之分。狭义上的被告人即严格意义上的被告人，是指因涉嫌犯罪而被公诉机关提起公诉或者被自诉人提起自诉的人。广义上的被告人除了包括狭义上的被告人外，还包括犯罪嫌疑人，即因涉嫌犯罪而被立案侦查、审查起诉的人。我们认为，从基本权利的角度，将被告人界定为广义上的被告人较为合适。

另外需要说明的是，被告人的基本权利，在这里主要是指被告人作为诉讼参与人所专门享有的基本诉讼权利。至于被告人作为普通公民所享有的基本权利和自由，前已述及，此处不再重复。

被告人诉讼权利的确立和不断丰富发展是现代文明社会的一个显

著标志。《世界人权宣言》、《公民权利和政治权利国际公约》、《禁止酷刑公约》等人权公约以国际性法律的形式确立了被告人的基本权利，深刻反映了国际社会对刑事司法领域中人权保障的特别关注和现代刑事诉讼制度发展的国际化趋势。

根据诸多国际人权公约的规定，归纳起来，被告人的基本权利主要包含以下内容：

1. 给予被羁押者程序保障的权利

被羁押者主要是指刑事诉讼中被暂时剥夺人身自由的被告人，包括审前程序以及审判过程中被羁押的被告人。羁押是刑事强制措施中最严厉的一种，直接关系到公民的人身自由权，其主要目的是防止被告人继续实施危害社会的行为以及防止被告人逃避侦查与审判。羁押运用得当，有利于预防犯罪，打击犯罪，保证刑事诉讼活动的顺利进行。羁押运用不当，则会严重侵犯被羁押者的人身权利。所以世界各国法律在规定羁押的同时，一般都给予被羁押者较充分的程序保障。国际人权公约也不例外。《世界人权宣言》和《公民权利和政治权利国际公约》对被羁押者的程序保障作了原则性规定，《禁止酷刑公约》以及其他的联合国刑事司法规则还对某些具体的权利作了详细规定。根据这些国际公约，被告人在羁押中主要享有以下程序保障：

（1）知悉权。即被告人被剥夺人身自由后有权被及时告知羁押理由及其享有的一些防御性权利，如享有律师帮助的权利。知悉权是被告人的一项法定权利，同时也是有关司法机关的法定义务。司法机关有义务保障被告人知悉权的实现。《公民权利和政治权利国际公约》第9条第2款规定："任何被逮捕的人，在被逮捕时应被告知逮捕他的理由，并应被迅速告知对他提出的任何指控。"

赋予被告人知悉权，有利于被告人及时了解被指控的罪名和理由，从而确保其有效地进行防御准备，并为获得释放而迅速采取一切必要的措施。

（2）限时羁押。即羁押不能无期限地进行，被告人经过合理时间的羁押，有权接受审判或被释放。《公民权利和政治权利国际公约》第9条第3款对此作了规定："任何因刑事指控被逮捕或拘禁的人，应被迅速带见审判官或其他经法律授权行使司法权力的官员，并有权在合理的时间内受审判或被释放。等候审判的人受监禁不应作为一般规则，但可规定释放时应保证在司法程序的任何其他阶段出席审判，并在必要时报到听候执行判决。"

限时羁押的前提要求是被羁押者应被迅速带见审判官或其他经法律授权行使司法权力的官员。这里的审判官及其他官员应当完全独立于实施羁押的机关。关于被羁押者被带见司法机关的期限是弹性的，《公民权利和政治权利国际公约》中表述为"迅速"，多数国家的国内法律规定，被逮捕和拘留的犯罪嫌疑人应在被关押的 24 小时或 48 小时内被带到司法机关。有些国家规定，在某种特殊条件下，这一期限可以被延长。① 被羁押者被带见审判官后，由审判官对羁押是否合法与必要进行审查。如果羁押是任意非法的，应判定马上释放被羁押者。如果羁押是合法必要的，那么被告人应在合理的时间内接受审判，以判定其被指控的罪名是否成立。被告人在合理时间内不被审判，则有权立即被释放，不得以无故拖延审判来延长羁押期限。当然，等候审判的被告人在符合一定条件即"被告人保证在司法程序的任何其他阶段出席审判，并在必要时报到听候执行判决"时也可以不受羁押或被暂时释放。

（3）给予人道待遇。由于被告人在羁押中被剥夺了人身自由，其与外界的联系也受到很大限制，所以他们特别容易受到羁押机关严重侵犯人权的伤害，包括人格侮辱、刑讯逼供和其他残酷、不人道的待遇。鉴于此，国际人权公约对被羁押者的待遇作了一些规定。《公民权利和政治权利国际公约》第 10 条第 1 款原则性地规定了被羁押者的人道待遇，即"所有被剥夺自由的人应给予人道及尊重其固有的人格尊严的待遇"。第 2 款则规定了有关被羁押者隔离拘禁的具体待遇。该款分两种情况：一种情况是在没有特殊情况下被控告的人应与被判罪的人隔离开，并应给予适合未判者身份的分别待遇；另一种情况是被控告的少年应与成年人分隔开，并应尽快予以判决。另外，为防止被羁押者遭受酷刑，《禁止酷刑公约》规定了较为全面的保障措施。该公约第 2 条规定："每一缔约国应采取有效的立法、行政、司法或其他措施，防止在其管辖的任何领土内出现酷刑的行为。"第

---

① 陈光中、丹尼尔·普瑞方廷主编：《联合国刑事司法准则与中国刑事法制》，法律出版社 1998 年版，第 193 页。

15 条规定："每一缔约国应确保在任何诉讼程序中，不得援引任何业经确定是以酷刑取得的口供为证据，但这类口供可用做被控施用酷刑者刑讯逼供的证据。"

（4）羁押异议。即被告人在羁押中有权就羁押的合法性向司法机关提出异议，如果这种羁押被发现是非法的，被告人有权被释放。羁押异议是被告人享有的一种自我救济权利，同时也是对拘禁机关羁押行为的一种有效监督。这种监督不同于专门司法机关对羁押行为的监督。专门司法机关的监督虽然是一种法定义务，但毕竟是有限的。正如联合国人权委员会在对任意逮捕和拘留的研究中指出的：无论是多么有效和不偏不倚的监督机构，也不能期待他们对那些错误地剥夺被拘禁者本人、他的亲属、朋友或代理人自由的案件给予更多的注意。① 所以，当司法机关没有完全尽到监督义务时，被告人的羁押异议为其提供了最后保障，是被告人保障其人身自由的最低限度的救济权利。

《公民权利和政治权利国际公约》第 9 条第 4 款规定了被告人的羁押异议权："任何因逮捕或拘禁被剥夺自由的人，有资格向法庭提起诉讼，以便法庭能不拖延地决定拘禁他是否合法以及如果拘禁不合法时命令予以释放。"根据该条规定，羁押异议包含三层含义：其一，被羁押者应向完全独立于拘禁机关的法庭提出异议，羁押异议程序是由被羁押者启动的；其二，对于被羁押者提出的异议，法庭应"不拖延"地作出决定；其三，一旦发现羁押不合法，法庭应命令马上释放被羁押者。另外，《公民权利和政治权利国际公约》规定提出羁押异议的主体是"任何因逮捕或拘禁被剥夺自由的人"，即被羁押者。应当指出，这里的被羁押者应扩大其外延，即包括被羁押者的近亲属以及其聘请的律师。这有利于保障被告人的羁押异议权在任何情况尤其是其不通晓法律或被秘密拘禁的情况下得到完全实现。

2. 辩护权

辩护权是被告人享有的针对指控进行辩解，以维护自己合法权益的一种诉讼权利。辩护权的确立与发展几乎是与诉讼制度的发展同步

---

① 陈光中、丹尼尔·普瑞方廷主编：《联合国刑事司法准则与中国刑事法制》，法律出版社 1998 年版，第 195 页。

进行的。在早期的古罗马弹劾式诉讼中就存在着辩护权的雏形，被告人不仅可以自己辩护，还可以请律师为其辩护。中世纪推行纠问式诉讼，被告人沦为诉讼客体，不享有任何的辩护权。到了资产阶级革命时期，随着诉讼民主的发展，被告人重新被赋予了辩护权。英国1679年《人身保护法》规定，被告人有答辩权。1791年《美国宪法修正案》第6条规定，被告人有获得律师帮助的权利。1808年法国《刑事诉讼法典》规定了被告人享有辩护权的原则。

随着辩护权在世界许多国家法律中的相继确认，被告人享有辩护权逐渐成为国际社会的共识。联合国迎合了这一趋势，在一系列国际人权公约中确认了辩护权。《世界人权宣言》第11条规定："凡受刑事控告者，在未经获得辩护上所需的一切保证的公开审判而依法证实有罪以前，有权被视为无罪。"《公民权利和政治权利国际公约》第14条规定："……在判定对他提出的任何刑事指控时，人人完全平等地有资格享受以下的最低限度的保证：……（乙）有相当时间和便利准备他的辩护并与他自己选择的律师联络……（丁）出席受审并亲自替自己辩护或经由他自己所选择的法律援助进行辩护；如果他没有法律援助，要通知他享有这种权利；在司法利益有此需要的案件中，为他指定法律援助，而在他没有足够能力偿付法律援助的案件中，不要他自己付费……（巳）如他不懂或不会说法庭上所用的语言，能免费获得译员的援助……"此外，其他一些国际人权文件如1988年《保护所有遭受任何形式拘留或监禁的人的原则》、1990年《关于律师作用的基本原则》也对辩护权作了比较系统的规定。归纳起来，国际人权公约中体现的被告人的辩护权大致包括以下内容：

（1）被告人有权自行辩护和选任律师协助辩护。这是被告人行使辩护权的两种基本方式。自行辩护是被告人自己陈述事实，提供证据，证明自己无罪、罪轻的辩护方式。由于被告人是刑事案件的直接利害关系人之一，他对自己是否实施犯罪行为以及如何实施犯罪行为最为清楚。他的自行辩护有助于司法机关从多个方面来掌握案件事实，并充分注意到被告人的意见，最终作出正确的判决。选任律师协助辩护则是被告人借助于外力进行自我防御的一种方式，它允许被告人任意选择、委托律师协助其辩护。由于被告人往往缺乏法律知识，不懂得运用法律武器捍卫自己的权益，并且被告人一般都被采取了强制措施，人身自由受到不同程度的限制，所以即使他们具备法律知识，也无法深入了解案情，收集有利于自己的证据材料。而律师具有丰富的法律知识，并且拥有调查取证权，因此，律师辩护能使被告人的辩护权得到有力保障，而且还能起到制约司法人员的作用。正是基于这些理由，国际人权公约在规定被告人自行辩护权的同时，还赋予其选任律师协助辩护的权利。

（2）特殊情况下，被告人有权获得刑事法律援助。自行辩护与选任律师协助辩护相结合的辩护制度为被告人充分、有效地实现其辩护权提供了保障。但是，在某些情况下，被告人既没有能力进行自行辩护，也没有能力选任律师协助辩护，怎么办？这时就需要引入另外一种保障制度来弥补被告人的这种不足，从而真正实现人人平等享有辩护权的原则。刑事法律援助就是这样一种制度，它是国家为贯彻法律面前人人平等原则，而对某些贫者、弱者或特殊当事人给予减、免费用提供法律帮助的一项法律制度。刑事法律援助的内容主要是为符合条件的被告人减少费用或完全免费地提供律师帮助。

由于受司法资源、律师队伍以及机构经费等的限制，并非每一个被告人都能获得刑事法律援助。一般各国都规定一些特殊情况或作出一些条件限制。根据《公民权利和政治权利国际公约》第 14 条第 3 款的规定，为被告人指定法律援助，必须"在司法利益有此需要的案件中"。何谓"司法利益需要"？从联合国有关规定及各国实践来看，通常考虑的因素有：案件的严重程度，包括犯罪的性质以及可能判处的刑罚；案件的复杂程度，包括案件事实和法律适用；被告人个人情况，包括年龄、自行辩护能力、经济状况等。

（3）被告人行使辩护权的时间规定。被告人不仅在整个审判过程中享有辩护权，而且在审判前、审判后的各个诉讼阶段也有辩护权，辩护权应贯穿于诉讼过程的始终。另外，《公民权利和政治权利国际公约》第 14 条第 3 款规定，被指控者应"有相当时间和便利准备他的辩护并与他自己选择的律师联络"。这说明被告人在行使辩护权时，应给予一定的时间准备，如果被告人不知道其享有辩护权，有关司法机关应迅速告知。而且被告人有权及时获得律师的帮助，司法机关应保证被告人有一定的时间和便利与律师取得联系。

（4）被告人有权免费获得翻译帮助。通晓法庭上乃至整个诉讼过程中所用的语言是被告人有效行使其辩护权的前提条件。如果被告人不懂或不会说法庭上所用的语言，他就无法了解对他所作的指控以及法庭审理的过程，也无法表达自己的辩护意见，那么所谓的辩护权也只能是一句空话。所以，在被告人不懂或不会说法庭上所用的语言时，司法机关应为其提供翻译帮助。

刑事诉讼中赋予被告人辩护权，具有非常重要的意义：一方面，它改善了被告人在诉讼中的弱势地位，能够促使被告人积极参与诉讼活动，切实保障其合法权益；另一方面，它使得刑事诉讼中的辩护方能够与控诉方平等对抗，并以辩护权监督司法权，从而有助于形成控辩平等对抗、法官居中裁判的合理诉讼结构。

3. 获得无罪推定的权利

无罪推定原则是在否定中世纪纠问式诉讼的基础上逐步形成和发展起来的。在纠问式诉讼中，被告人一开始就被视为有罪，一切诉讼活动都围绕着有罪推定来展开，相应地，刑讯逼供成为合法的取证途径。资产阶级革命时期，启蒙思想家们针对刑事诉讼中的"有罪推定"，提出了"无罪推定"的原则。贝卡利亚率先在《论犯罪与刑罚》一书中提出："在法官判决之前，一个人是不能被称为罪犯的。只要还不能断定他已经侵犯了给予他公共保护的契约，社会就不能取消对他的公共保护。"[①] 但最早在法律上明确规定无罪推定原则的是法国。1789 年法国《人权和公民权宣言》第 9 条规定："任何人在其未被宣告为有罪以前应被推定为无罪。"此后，许多国家纷纷效仿法国，在法律中明确规定了无罪推定原则。即使有些国家在法律中没有明确无罪推定，但在其诉讼理论及司法实践中，均将该原则作为一项诉讼原则加以确认和适用。于是，无罪推定原则逐渐成为国际性的司法原则。《世界人权宣言》第 11 条第 1 款规定："凡受刑事控告者，在未经获得辩护上所需的一切保证的公开审判而依法证实有罪以前，有权被视为无罪。"这是首次以国际法律文件的形式确认无罪推定原则。随后，《公民权利和政治权利国际公约》再次确认了无罪推定原则。该公约第 14 条第 2 款规定"凡受刑事控告者，在未依法证实有

① ［意］贝卡利亚：《论犯罪与刑罚》，中国大百科全书出版社 1993 年版，第 31 页。

罪之前，应有权被视为无罪"。

无罪推定，是指任何人在未经审判机关依法确认其有罪之前，在法律上应推定其为无罪。无罪推定作为被告人的基本权利之一，包含两层含义：第一，在审判机关作出有罪判决之前，被告人被推定为无罪；第二，确定被告人有罪必须由合格的法庭根据确实充分的证据作出判决。具体来说，第一层含义是指被告人不等于罪犯，他只是有犯罪嫌疑，而非肯定犯罪。在这种尚不能确定被告人是否有罪的情况下直接推定其有罪，不仅削弱了被告人的诉讼地位，影响了被告人辩护权的有效行使，而且容易使法官先入为主，在认证、裁判上作出不利于被告人的决定。被告人由于受到各方面的限制，在诉讼中本身就处于一种相对弱势的地位，推定其有罪，无疑会加重被告人的弱势地位，甚至可能使其沦为诉讼客体。相反，对被告人作出无罪推定，则有利于被告人真正成为诉讼主体，在诉讼中与控方平等对抗，法官也能在双方平等对抗的基础上，根据查证属实的证据最终作出被告人有罪与否的公正判决。第二层含义指出了确定被告人有罪的两个前提条件：一是必须有确实充分的证据证明被告人有罪。提出证据证明被告人有罪的责任由控诉方承担，对此被告人有辩护的权利，但没有证明自己无罪的义务。控诉方的举证责任必须达到确实充分并排除任何合理怀疑的程度，否则就应判定被告人无罪，即使"疑罪"也要"从无"。二是必须由合格的法庭以判决的形式作出被告人无罪的决定。所谓法庭合格，是指法庭的组成合法，法庭审理的程序合法。确定被告人有罪只能由合格的法庭作出，其他任何机关都无此权利，而且法庭定罪只能以书面判决的形式作出。

被告人获得无罪推定的权利，相应地，就要求同时具备一些配套的保障性机制，比如被告人享有辩护权；被告人不能被迫自证其罪，即被告人享有沉默权等。这些权利虽然与无罪推定有关，但为了突出这些权利，加强对被告人的保护，所以我们将其作为独立的权利另行阐述。

4. 反对强迫自证其罪的权利

反对强迫自证其罪的权利，是指被告人在刑事诉讼中不得被强迫证明自己有罪，不得被施以刑讯逼供或其他非法的方法获取口供和其他证据的权利。反对强迫自证其罪的权利从观念上来源于英国的古老格言："任何人无义务控告自己。"按照这一格言,如果一人回答政府机构的提问将会暴露于自证其罪所造成的"真实的和可估计到的危险"之中,他有权拒绝提供证据。① 这一权利从制度上则源于17世纪英国的李尔本案件。李尔本以"任何人都不得发誓折磨自己的良心,来回答那些将使自己陷入刑事追诉的提问,哪怕是装模作样也不行"为由,在法院审讯时拒绝宣誓和供述,后来得到国会的认可,反对强迫自证其罪的权利遂成为英国刑事法律原则之一。② 后来该权利为其他国家所确认,并逐渐发展为国际刑事法律原则之一。《公民权利和政治权利国际公约》第14条第3款明确规定:被指控者"不被强迫作不利于他自己的证言或强迫承认犯罪"。

反对强迫自证其罪的具体内涵可以理解为:第一,证明被告人有罪的责任在于控诉方;第二,反对用刑讯逼供或其他非法手段获取被告人的口供和其他证据;在审判过程中,这类非法证据不得作为定案的根据;第三,不得强迫被告人如实供述,即被告人有权拒绝供述和提供其他证据,并且不得因此作出对被告人不利的决定。上述三项内涵所体现的对被告人权益的保障是逐层递进的,前两者属于基本的要求,第三项则进一步要求反对强迫自证其罪的权利还应包含沉默权。沉默权是被告人对司法人员的讯问保持沉默,拒绝作任何供述的权利。实际上,沉默权是被告人以沉默的消极方式来反对被迫作不利于自己的供述的权利,沉默权应包含在反对强迫自证其罪权之中。

赋予被告人反对强迫自证其罪的权利,有其合理性。对此,西方司法和学术界一般从三个方面阐述:一是为了维护刑事诉讼对抗制的构架和机能。对抗制诉讼要求控辩双方处于平等的诉讼地位,拥有对等的权利义务。强迫被告人自证其罪无疑会破坏这种对等性。二是从人道主义的观点出发,认为公共权力强迫被告人承认犯罪,无异于强迫被告人自戴枷锁,属于过于残酷的不人道行为。三是从隐私权和自由意志出发,认为公民享有人格尊严和自由,享有个人生活不受外界

----

① 陈光中、丹尼尔·普瑞方廷主编:《联合国刑事司法准则与中国刑事法制》,法律出版社1998年版,第273页。

② 王以真主编:《外国刑事诉讼法学参考资料》,北京大学出版社1995年版,第427页。

干涉的权利。反对强迫自证其罪体现了对个人人格和个人意志的尊重，也提供给人们在面对刑事指控时的一种自由选择。①

5. 依罪刑法定、罪刑相当原则定罪量刑的权利

罪刑法定、罪刑相当是当今世界各国普遍确认的刑事法律原则，也是联合国以法律文件予以确认的国际刑事司法准则。罪刑法定、罪刑相当原则对于保障被告人的基本权利有着非常重要的意义。首先，它为被告人的定罪量刑提供了一个法律标准，并且这个法律标准具有犯罪与刑罚的内在的合理性关联。其次，它使被告人能够预测自己的行为可能招致的后果，从而积极作好辩护的准备。再次，它体现了对被告人的人道主义精神。尤其是罪刑相当原则，要求被告人所受的刑罚不得重于他所犯的罪行，禁止施以酷刑和其他不人道的刑罚，从而保障了被告人作为人所享有的最基本的权利。

罪刑法定作为一项法律原则，是由 17、18 世纪资产阶级启蒙思想家们提出并使之系统化的。费尔巴哈在 1801 年的刑法教科书中，对罪刑法定的含义作了精辟的表述：Nulla poena sina lege（无法律则无刑罚），Nulla poena sina crime（无犯罪则无刑罚），Nulla crimen sina poena legali（无法律规定的刑罚则无犯罪）。② 现在我们一般把罪刑法定原则表述为：法无明文规定不为罪，法无明文规定不处罚。即某种行为是否构成犯罪以及处以何种刑罚，必须由法律明确规定，如果法律没有作出规定，就不能对其定罪量刑。

《世界人权宣言》第 11 条第 2 款对罪刑法定原则作了明确规定："任何人的任何行为或不行为，在其发生时依国家法或国际法均不构成刑事罪者，不得被判为犯有刑事罪。刑罚不得重于犯罪时适用的法律规定。"《公民权利和政治权利国际公约》第 15 条第 1 款也作了类似规定："任何人的任何行为或不行为，在其发生时依照国家法或国际法均不构成刑事罪者，不得据以认为犯有刑事罪。所加的刑罚也不得重于犯罪时适用的规定。如果在犯罪之后依法规定了应处以较轻的刑罚，犯罪者应予减刑。"根据这些规定，罪刑法定原则包括三层含

---

① 参见龙宗智：《沉默权制度的改革以及给我们的启示》，《法学》2000 年第 2 期。

② 陈兴良著：《刑法的启蒙》，法律出版社 1998 年版，第 102 页。

义：其一，任何行为，法律没有规定为犯罪的，不构成犯罪；其二，任何构成犯罪的行为必须依法律规定来判定罪名；其三，任何构成犯罪的行为必须依法律规定来判处刑罚，所处刑罚不得重于法律的规定，并且要符合法律关于减刑等量刑情节的规定。

罪刑相当原则又称罪刑相适应原则、罪刑均衡原则，是指刑罚的轻重应当与犯罪者的罪行相适应，重罪重刑，轻罪轻刑，罚当其罪。

现代意义上的罪刑相当原则产生于西方资产阶级国家。最初只是各国国内的一项刑法原则，"二战"后，这一原则在一系列国际公约中得到确认，成为世界各国共同遵守的准则。其内容主要包括：

（1）绝对禁止酷刑和其他残忍、不人道或有辱人格的待遇或处罚。反对酷刑是保障人权的最低标准，也是衡量各国刑罚制度是否人道的一个尺度。这一内容在《世界人权宣言》、《公民权利和政治权利国际公约》、《禁止酷刑公约》等文件中均有充分体现。

（2）缔约国应当根据犯罪的严重性和程度规定或处以适当的刑罚。例如1979年《反对劫持人质国际公约》第2条规定："每一个缔约国应按照第1条所称罪行的严重性处以适当的惩罚。"

（3）罪刑相当原则必须与罪刑法定原则相结合。"超越法律限度的刑罚就不再是一种正义的刑罚。"① 所以，司法人员在量刑时，必须严格地执行法律规定，在法律规定模糊不清时应按照有利于被告人的原则加以解释。

6. 上诉权

上诉权是指被告人对未生效之第一审裁判不服，在法定期间内有权提请较高级的审判庭重新进行审理和裁判的权利。现代各国一般都赋予被告人上诉权，并设有审级不同的上诉程序，如日本、法国等实行三审终审制，我国则实行两审终审制。一些国际人权公约也确认了被告人的上诉权。《公民权利和政治权利国际公约》第14条第5款规定："凡被判定有罪者，应有权由一个较高级法庭对其定罪及刑罚依法进行复审。"

上诉权的确立，不仅对被告人合法权益的维护有重要意义，而且

---

① ［意］贝卡利亚：《论犯罪与刑罚》，中国大百科全书出版社1993年版，第11页。

对保证裁判的准确性、公正性、权威性也发挥了巨大作用。就被告人而言，上诉权是其享有的一项救济性权利。赋予被告人上诉权，就使其在不服一审判决时有了救济的途径。如果被告人行使了上诉权，由较高级别的法庭对其定罪量刑进行复审，那么他可以通过提出新的辩护意见或坚持原审存在错误，从而获得无罪或减轻刑罚的可能性。需要指出的是，为了保证被告人毫无顾虑地行使上诉权，保证上诉制度和审级制度的贯彻执行，在赋予被告人上诉权的同时，应确立上诉不加刑原则，即由被告人上诉引起的复审不能作出重于原审判决的定罪量刑决定。《公民权利和政治权利国际公约》对此没作出规定，但世界上大部分国家已采用了这一原则。就审判机关而言，通过上诉审程序，可以对一审裁判进行审查监督，从而弥补一审裁判因法官主观因素及法外特权等客观因素而可能出现的失误，进而为维护司法公正和法制统一构筑坚实的屏障。

7. 免受双重危险的权利

免受双重危险的权利源于古罗马法律精神，在大陆法系国家被称作"一事不再理原则"，是指对被告人的同一行为，一旦作出有罪或无罪的确定判决，就发生了既判力，不得再次予以审判或处罚，也就是被告人有免于承受基于同一行为的两次定罪量刑的危险的权利。目前，许多国家的法律都赋予被告人这一权利。《公民权利和政治权利国际公约》第14条第7款也规定了这项权利："任何人已依一国的法律及刑事程序被最后定罪或宣告无罪者，不得就同一罪名再予以审判或惩罚。"

免受双重危险的权利在具体适用中主要体现在两个方面：一是侦、控机关不得依同一理由重复侦查或起诉已作处理的行为；二是审判机关对上述行为不得再次审理，更不能予以处理。① 其中后一方面的内容是该权利的主要体现，但前一方面的内容也不可缺少，因为重复的侦查或起诉行为同样会使被告人陷于对其不利的诉讼状态中，而且极有可能导致重复审判。

免受双重危险的权利的重要意义在于，一方面，可以尽量避免某一判决推翻另一生效判决的情况发生，从而维护法院裁判的严肃性和

---

① 卞建林主编：《刑事诉讼法学》，法律出版社1997年版，第21页。

稳定性；另一方面，有助于防止被告人的权益因对其不利的诉讼程序的反复启动而长期处于不稳定状态，避免被告人因此受到不公正的对待。

8. 刑事赔偿权

这是被告人享有的一项非常重要的救济性权利，是指被告人在遭受非法羁押或者因错误定罪量刑而承受不该承受的刑罚时，有权依法得到赔偿。《公民权利和政治权利国际公约》第 9 条第 5 款规定："任何遭受非法逮捕或拘禁的受害者，有得到赔偿的权利。"第 14 条第 6 款规定："在一人按照最后决定已被判定犯刑事罪而其后根据新的或新发现的事实确实表明发生误审，他的定罪被推翻或被赦免的情况，因这种定罪而受刑罚的人应依法得到赔偿。除非经证明当时不知道的事实的未被及时揭露完全是或部分是由于他自己的缘故。"

刑事赔偿权是对被告人遭受不公正待遇的一种最低限度的补偿，是实现公正审判的基本要素。它一方面对被羁押者人身自由被剥夺、心理受创伤的状况给予补偿；另一方面也对司法机关的非法、错误行为给予惩罚。如果司法人员超出职权范围、违反职业道德实施了非法羁押行为或是作出了错误定罪量刑，给被告人造成重大损害的，司法人员个人也要承担相应的刑事责任以及对受害者的赔偿责任。这样，将有利于促进公正司法，预防和减少非法或错误的司法行为的发生。

9. 获得独立、公正、公开、及时审判的权利

《世界人权宣言》第 10 条规定："人人完全平等地有权由一个独立而无偏倚的法庭进行公正的和公开的审讯，以确定他的权利和义务并判定对他提出的任何刑事指控。"《公民权利和政治权利国际公约》第 14 条第 1 款规定："……在判定对任何人提出的任何刑事指控或确定他在一件诉讼案中的权利和义务时，人人有资格由一个依法设立的合格的、独立的和无偏倚的法庭进行公正的和公开的审讯。"第 3 款规定："……受审时间不被无故拖延。"

上述规定为被告人确立了获得独立、公正、公开、及时审判的权利。所谓独立审判是指法官审判案件只服从法律，不受任何外来干涉。公正审判是指在审判中，法官始终保持中立，不对控辩双方的任何一方持有偏见，其所作的裁判结论应当建立在经过控辩双方充分辩论与质证的客观事实和证据上。公开审判是指除一些法定的例外情形

外，整个审判过程包括法官最后作出的裁判都要公开。及时审判要求任何审判都应遵循法定审理期限，不得无故拖延。

这些权利是被告人在审判过程中享有的极其重要的程序性权利。它们直接关系到对被告人的定罪量刑，同时也是被告人基本人权是否得到保障的体现。然而，独立、公正、公开、及时不仅仅是对被告人的权利保障要求，还是对整个司法过程的要求。所以我们将在本章第四部分对此作专门论述。

三、刑事被害人的基本权利

刑事被害人是指其正当权益遭受犯罪行为非法侵害的人。关于这一概念，有必要指出三点：第一，这里的被害人是指自然人。一般来讲，被害人在广义上应包括自然人、法人、非法人团体乃至社会、国家。但是，我们从保护人权的角度来研究被害人的权利，为了理论研究的有效性和司法实务的可行性，所以把被害人定义为狭义的自然人。第二，被害人不仅包括直接受害者，某些情况下，还包括"直接受害者的直系亲属或其受养人以及出面干预以援助遭难的受害者或防止受害情况而蒙受损害的人"。第三，被害人遭受的非法侵害包括"身心损伤、感情痛苦、经济损失或基本权利的重大损害"，这些侵害是由于触犯"刑事法律、包括那些禁止非法滥用权力的法律的行为或不行为所造成的"。这使得刑事被害人与民法上民事权益遭受侵害的人相区别。①

历史上，刑事被害人的诉讼地位经历了一个由高至低再升高的变化过程。相应地，刑事被害人的人权保障也经历了一个起伏变化的过程。奴隶社会采用弹劾式诉讼模式，在诉审关系上实行不告不理原则，因此被害人处于起诉者、控告者的地位，享有较大的权利。封建社会实行纠问式诉讼，国家审判机关集侦、控、审职能于一身，逐渐排除了被害人的起诉权。而在国家公诉制度和专门公诉机关建立之后，被害人则完全丧失了对严重犯罪的起诉权，在诉讼关系中，被害

---

① 参见《为罪行和滥用权力行为受害者取得公理的基本原则宣言》第1、2、18条对"受害者"的定义。

人的权利保障同样被忽略。相反，这段时期，被告人的诉讼地位问题成为各国关注的焦点，各国法律大都偏重于保障被告人的基本权利。自从 20 世纪 60 年代开始，被害人的权利才逐渐得到恢复，其在诉讼中的地位也日益受到重视。各国纷纷通过立法加强刑事程序中被害人的权利保障，由政府设立或由民间发起组成的被害人援助机构也相继成立。英国于 1964 年实施了无条件地对犯罪被害人给予国家补偿的制度，之后于 1974 年组成了在物质上和精神上帮助被害人的民间 VSS（Victims Support Schemes，被害人救济协会），并在全国范围内得到迅速发展。美国也于 1982 年制定了《被害人及证人保护法》，确认了被害人以一定形式参加刑事诉讼和在财产方面恢复因犯罪遭受损失的权利。[①] 随着世界各国对被害人人权保障的加强，联合国也开始加强这一方面的立法。1985 年 12 月 29 日，联合国大会通过了关于被害人问题的第一个声明——《为罪行和滥用权力行为受害者取得公理的基本原则宣言》（以下简称《受害者宣言》），标志着被害人问题在国际范围内已从理论研究阶段进入立法实施阶段。

《受害者宣言》从公理与公平待遇、赔偿、补偿、援助等方面全面而具体地规定了被害人的基本权利。此外，《世界人权宣言》、《公民权利和政治权利国际公约》等国际人权公约中也有一些关于被害人基本权利的原则性规定。归纳起来，刑事被害人的基本权利主要包括以下几个方面：

1. 被害人有获得公理和公平待遇的权利

获得公理和公平待遇是一项极具概括性的权利，它包含了被害人享有的许多具体权利。可以说，它是被害人享有其他各项权利的指导性原则。对被害人的公理和公平待遇体现在：

（1）对被害人给予同情并尊重他们的尊严。被害人受犯罪行为侵害，其身心遭受损伤，财产遭受损失，给予他们同情并尊重他们的尊严，是人道主义的基本要求。《世界人权宣言》第 1 条规定："人人生而自由，在尊严和权利上一律平等。"第 3 条规定："人人有权享有生命、自由和人身安全。"第 6 条规定："人人在任何地方有权

---

① 陈光中、丹尼尔·普瑞方廷主编：《联合国刑事司法准则与中国刑事法制》，法律出版社 1998 年版，第 241 页。

被承认在法律前的人格。"《公民权利和政治权利国际公约》也作了类似的规定。所以，当被害人的这种生而有之的权利与尊严被侵害时，理应得到同情与尊重。《受害者宣言》第4条规定："对待罪行受害者时应给予同情并尊重他们的尊严。"

（2）被害人有获得补救的权利。这是为了平衡被害人受害心理、弥补其经济损失而确立的权利。《世界人权宣言》第8条规定："任何人当宪法或法律所赋予他的基本权利遭受侵害时，有权由合格的国家法庭对这种侵害行为作有效的补救。"《受害者宣言》第4条规定："受害者有权就其所受损害迅速获得国家补救。"第5条规定："必要时应设立和加强司法和行政的机构，使受害者能够通过迅速、公平、省钱、方便的正规或非正规程序获得补救。"第7条规定："应当斟酌情况尽可能利用非正规的解决争端办法，包括调解、仲裁、常理公道或地方惯例，以协助调解和向受害者提供补救。"可见，被害人获得补救可以通过两种途径：一种是正规的程序，即诉讼程序；一种是非正规程序，包括调解、仲裁、行政措施等。利用这两种途径时应尽可能地迅速、公平、便利，使被害人真正有效的得到补救。

（3）被害人有获知有关信息的权利。被害人只有获知有关信息，才能有效地行使其应有的权利，维护其合法权益。《受害者宣言》第5条规定，有关司法和行政机构"应告知受害者他们通过这些机构寻求补救的权利"。第6条（a）项规定："让受害者了解他们的作用以及诉讼的范围、时间、进度和对他们案件的处理情况。在涉及严重罪行和他们要求此种资料时尤其如此。"根据这两项规定，被害人有权获知的信息包括：通过司法、行政机构寻求补救的权利，被害人的作用，诉讼的范围、时间、进度和案件的处理情况。被害人获知这些信息，可以自己主动去了解，也可以由司法、行政机关告知。告知被害人有获知信息的权利是司法、行政机关的义务。

（4）被害人有控告、申诉的权利。控告、申诉权是被害人主张其权利的途径和保障。《受害者宣言》没有明确规定被害人的控告权，但世界各国一般都赋予被害人控告对其造成侵害的犯罪行为的权利。被害人的控告也是刑事立案的重要来源。关于申诉权，《受害者宣言》作了明确规定。该宣言第4条规定被害人有权向司法机构申诉。第6条（b）项规定：让受害者在涉及其利益的适当诉讼阶段出庭申诉其观点和关切事项以供考虑。另外，该宣言在保护被害人的申诉权的同时，也作了一些限制，即申诉权的行使不能损害被告人的合法权益，并且要符合有关国家的刑事司法制度。

（5）被害人有隐私及人身安全受保护的权利。《世界人权宣言》、《公民权利和政治权利国际公约》对包括被害人在内每一个人的隐私、人身安全保障作了总则性规定。《受害者宣言》第6条（d）项专门针对被害人的这一权利规定："采取各种措施，尽可能减少对受害者的不便，必要时保护其隐私，并确保他们及其家属和为他们作证的证人的安全而不受威吓和报复。"为被害人提供各种便利，保护其隐私及人身安全，有助于避免对被害人心理及身体造成进一步伤害，是防止所谓"第二次被害人化"的重要前提。

除了上述权利外，被害人获得赔偿权、补偿权、援助权也是对被害人实行公理与公平待遇的体现。但是，由于赔偿权、补偿权、援助权是被害人的基本权利中非常重要的权利，有其独立价值，所以下文中我们将另作专门论述。

2. 被害人有获得赔偿的权利

赋予被害人获得赔偿的权利，一方面可以弥补被害人所遭受的经济损失、身心伤害，使其能迅速地恢复正常生活或生产；另一方面，对被害人的赔偿也是对侵害者的一种有效制裁。通过弥补与制裁，可以适当平衡被害人与侵害者的利害关系，有利于维护社会稳定。《受害者宣言》肯定了对被害人的赔偿制度，对被害人的赔偿问题作了明确规定：

（1）承担赔偿责任的主体非常广泛，包括罪犯、对罪犯行为负责的第三方，还包括国家、政府。《受害者宣言》第8条规定："罪犯或应对其行为负责的第三方应视情况向受害者、他们的家属或受养人作出公平的赔偿。"罪犯和对罪犯行为负责的第三方是赔偿责任的主要主体。同时，该宣言第11条还规定，如果政府官员或其他以官方或半官方身份行事的代理人违反国家刑事法律，造成侵害时，官员或其他代理人所代表的国家应承担赔偿责任。如果致害行为或不行为发生时的政府已不复存在，则赔偿责任由继承该国的国家或政府承担。

（2）赔偿的范围广泛，形式多样。根据《受害者宣言》第8、10条的规定，赔偿应包括归还财产、赔偿伤害或损失、偿还因受害情况产生的费用、提供服务和恢复权利。在严重破坏环境的案件中，赔偿应尽可能包括环境的复原、基本设施的重建、社区设备的更换以及社区迁移时重新安置的费用。

（3）采取各种措施保障被害人获得有效赔偿。各国在规定被害人有权获得赔偿的同时，还应同时在实践中提供保障措施，使被害人获得赔偿的权利得到充分有效的实现。《受害者宣言》第9条规定："各国政府应审查它们的惯例、规章和法律，以保证除其他刑事处分外，还应将赔偿作为刑事案件的一种可能判刑。"把赔偿规定为刑罚的一种，无疑赋予了赔偿很高的法律地位，并使其具有强制执行力。此外，《受害者宣言》第6条（e）项还规定："在处置案件和执行给予受害者赔偿的命令时，避免不必要的拖延。"可见，赔偿除了在立法上赋予其强制执行力外，在司法实践中，还应做到迅速执行赔偿命令，使被害人的权益得到及时保障。

3. 被害人有获得国家补偿的权利

当被害人无法从罪犯或其他来源获得充分赔偿时，许多国家采取了对被害人的国家补偿制度，即由国家出资补偿被害人，以帮助被害人摆脱犯罪给其造成的悲惨状况。建立国家补偿制度的理论根据在于，国家对被害人予以补偿，是增进人民福利的一项重要任务。从社会来看，国家要通过社会政策来改善和关心每个社会成员的生活，这是整个社会的一种责任。如果某个社会成员因遭受犯罪行为侵害而伤残、贫困，社会应当给予适当补偿。①

由于国家财政的有限性，不可能不分情况地为每个被害人提供补偿。所以，被害人获得补偿一般要满足两个条件：其一，只有当被害人无法从罪犯或其他来源得到充分的赔偿时，国家才向其提供补偿。其二，获得补偿的被害人一般仅限于两种：一种是遭受严重罪行造成的重大身体伤害或身心健康损害的受害者；另一种是由于严重罪行致使死亡或身心残障的受害者的家属，特别是其受养人。《受害者宣言》第12条对上述两个条件作了规定。

为使符合条件的受害者能够得到补偿，国家应提供一些必要的保

---

① 孙孝福：《刑事诉讼人权保障的运行机制研究》，法律出版社2001年版，第152~153页。

障机制。《受害者宣言》第 13 条提出了设立专门基金的办法："应鼓励设立、加强和扩大向受害者提供补偿的国家基金的做法。在适当情况下，还应为此目的设立其他基金，包括受害者本国无法为受害者所遭伤害提供补偿的情况。"值得注意的是，该条规定突破了各国传统的补偿对象范围，把他国受害者也列为补偿对象之一。由此可见，补偿受害者已不仅仅是某个国家的责任，而是成为国际社会的一种共同义务。

4. 被害人有获得援助的权利

保护被害人是一项系统的、综合的工程。由于被害人遭受的不仅仅是经济上的损失，还包括肉体上和精神上的伤害，所以保护被害人不应仅仅限于物质上的赔偿、补偿，还应给予被害人其他方面的援助。给予被害人援助的最终目的是为了使被害人从侵害的阴影中走出来，早日恢复正常的工作、学习与生活。

《受害者宣言》第 6 条（c）项规定，司法和行政机构应"在整个法律过程中向受害者提供适当的援助"，从而明确了被害人获得援助的权利。该宣言第 14 条进一步规定了被害人获得援助的途径和内容。被害人获得援助的途径非常广，包括政府、自愿机构、社区以及地方给予的援助。被害人获得援助的内容也非常丰富，包括物质、医疗、心理以及社会等方面的援助。此外，为了使被害人能够主动地行使其获得援助的权利，《受害者宣言》第 15 条还规定了有关机构的义务，即"应使受害者知道可供使用的医疗和社会服务及其他有关的援助，并且能够利用这些服务和援助"。

被害人虽然有获得援助的权利，但如何使该权利得到适当、迅速的实现，还需要援助机构的积极配合。许多国家都有对援助机构人员进行培训的规定，而且还规定了种种注意义务。《受害者宣言》第 16、17 条也作了类似规定："应对警察、司法、医疗保健、社会服务及其他有关人员进行培训，使他们认识到受害者的需要，并使他们对准则有所认识以确保适当和迅速的援助。"向受害者提供服务和援助时，应注意那些由于受伤害的性质或由于种族、肤色、性别、年龄、语言、宗教、国籍、政治或其他见解、文化信仰或经历、财产、出生或家世地位、民族本源或社会出身以及伤残等种种因素而具有特殊需要的受害者。

加强被害人基本权利的保障是人道主义的要求，也是刑事诉讼本身的要求，它对保障被害人合法权益、维护社会稳定、实现诉讼公正有着重要的意义。

首先，有利于切实保障被害人的合法权益和正当要求。被害人遭受犯罪行为或其他非法行为的直接侵害，与案件的处理结果有切身利害关系，因而有着不同于国家和社会的独立利益和要求。但是被害人由于物质、精神或肉体遭受侵害，自我保护能力一般较弱，需要借助于外力来实现其利益和要求。所以，国家、社会对被害人的权利给予保障，就显得非常必要。

其次，有利于保证刑事诉讼顺利进行，维护社会稳定。被害人报案是刑事立案的重要来源。在西方国家，被害人被称作刑事司法制度的"守门人"。在联邦德国，90%以上的暴力犯罪和财产犯罪的刑事诉讼，是由被害人方面提起的。① 另外，被害人作为犯罪行为的直接受害者，对犯罪过程有比较清楚的了解，所以，重视被害人的权利保障，有利于增强被害人对司法制度的信任，进而积极与司法机关合作；有利于司法机关及时发现犯罪、查明犯罪，保证刑事诉讼活动的顺利进行；有利于最终达到控制与预防犯罪、维护社会稳定的目的。

再次，有利于真正实现刑事诉讼的公正。刑事诉讼的公正不仅是对被告人的公正，也是对被害人的公正。只有保持被告人与被害人在诉讼中权利与地位的适当平衡，才能真正体现公正的内涵，因此，必须在立法与实践上加强对被害人的权利保障，努力创造各种条件来确保被害人权利的实现。

四、司法公正与独立的基本准则

（一）司法公正与独立原则的确立

司法公正与独立是世界各国普遍确认的法律原则，也是各国司法审判活动所必须遵循的基本准则。司法公正与独立原则在国际范围内

---

① ［德］汉斯·约阿希姆·施奈德：《国际范围内的被害人》，中国人民公安大学出版社 1992 年版，第 418 页。

的确立经历了一个逐步认识、逐步完善、逐步认同的过程。这一过程同时也是人类司法文明不断前进的过程。

1. 司法公正的内涵与渊源

司法公正是指在司法活动的过程和结果中坚持和体现公平与正义的原则。它是一个国家实现社会公正的最后也是最重要的一道关口。对此，培根曾作过精辟论述："一次不公正的审判比多次不平的举动为祸尤烈。因为这些不平的举动不过弄脏了水流，而不公正的审判则把水源败坏了。"①

司法公正最早产生于古罗马时代的"自然正义"论，其有两项基本含义：（1）任何人不得作自己案件的法官；（2）应当听取双方当事人的意见。但是作为现代意义上的司法公正原则则是产生于英国的法律制度。1215 年的英国《大宪章》第 39 条规定："任何自由人，如未经其同级贵族之依法裁判，或经国会判决，皆不得被逮捕、监禁、没收财产、剥夺法律保护权、流放，或加以任何其他损害。"1345 年的爱德华三世第 28 号法令第 3 条规定："未经法律的正当程序进行答辩，对任何财产和身份的拥有者一律不得剥夺其土地或住所，不得逮捕或监禁，不得剥夺其继承权和生命。"至此，"正当程序"的概念正式出现。② "正当程序"体现了公平、正义的基本理念，是司法公正的主要内涵。司法公正原则在英国产生后，被美国等其他国家所仿效，并得到了很大发展。美国《宪法修正案》第 5 条规定："非经正当的法律程序，不得剥夺任何人的生命、自由和财产。"美国学者戈尔丁把司法公正原则发展为以下 9 条司法准则：（1）与自身相关的人不应该是法官；（2）结果中不应含有纠纷解决者个人利益；（3）纠纷解决者不应有支持或反对某一方的偏见；（4）对各方当事人的诉讼都应给予公平的注意；（5）纠纷解决者应听取双方的论据和证据；（6）纠纷解决者应只在另一方在场的情况下听取一方意见；（7）各方当事人都应得到公平机会来对另一方提出的

---

① ［英］培根：《论司法》，载何新译《培根论说文集》，商务印书馆 1983 年版，第 193 页。

② 参见李游、昌安青著：《走向理性的司法——外国刑事司法制度比较研究》，中国政法大学出版社 2001 年版，第 47~48 页。

论据和证据作出反响；（8）解决的诸项条件应以理性推演为依据；（9）推理应论及所提出的论据和证据。① 可见，随着司法公正原则在各国宪法和法律中的确立，司法公正的内涵也得到了极大丰富。

2. 司法独立的内涵与渊源

司法独立又称为审判独立、法官独立，是指法院、法官独立行使审判权的活动，除服从宪法与法律的规定外，不受其他任何机关、个人的干涉。从历史上看，司法独立原则是与三权分立的政治体制一起在宪法和法律中确立下来的。它经历了一种由政治思想原则到宪法原则，再到司法审判活动准则的演变过程。②

司法独立原则源于法国启蒙思想家孟德斯鸠的三权分立学说。孟德斯鸠把国家权力划分为立法权、行政权和司法权，并认为这三种权力应由不同的机关来行使。他指出："如果司法权不同行政权和立法权分立，自由也就不存在了。如果司法权和立法权合二为一，则将对公民的生命和自由施行专断的权力，因为法官就是立法者。如果司法权和行政权合二为一，法官便将握有压迫者的力量……如果同一个人或是由重要人物、贵族或平民组成的同一机关行使这三种权力，即制定法律权、执行公共决议和裁判私人犯罪或争讼权，则一切便都完了。"③ 孟德斯鸠认为，司法权应该是一种独立的、超然的权力，它不应授予议会，也不能授予君主，而应交给由人民选举出的一些人所组成的法庭，并且应该实行司法独立原则。司法独立是三权分立、以权力制约权力的重要支柱。

"三权分立"学说与司法独立原则对后世产生了深远的影响。资本主义国家纷纷按照该学说建立起新的政治体制，并把司法独立原则上升为宪法原则。例如，美国宪法第 3 条第 1 款规定："合众国的司法权属于最高法院及国会随时制定与设立的下级法院。"法国 1791 年宪法规定："在任何情况下，司法权不得由立法和国王行使之。"德国基本法第 92 条规定："司法权委托给法官；此项权力由联邦宪法法

① ［美］戈尔丁：《法律哲学》，三联书店 1987 年版，第 240 页。

② 陈光中、丹尼尔·普瑞方廷主编：《联合国刑事司法准则与中国刑事法制》，法律出版社 1998 年版，第 83 页。

③ ［法］孟德斯鸠：《论法的精神》上册，商务印书馆 1982 年版，第 156 页。

院、本基本法所规定的各联邦法院和各州法院行使。"德国 1877 年颁布的法院组织法则更明确地规定："审判权只服从法律，由法院独立行使。"根据美、法、德等资本主义国家宪法和有关法律规定以及资产阶级学者的解释，其司法独立包括三个方面的含义：第一，法院与行政机关、立法机关鼎足而立，它依法独立行使审判权，不受行政机关和立法机关的干涉。第二，上下级法院之间、同级法院之间互相独立，彼此的审判活动互不干涉。第三，法官依法律、经验和良知独立行使职权，不受各方面意见的影响。由此可见，在资本主义国家，司法独立实际上就是指法官独立，由负责审理案件的法官自主地对所审理的案件作出处理决定，不受其他任何人的干涉和影响。①

3. 国际社会对司法公正与独立原则的确认

随着司法公正与独立原则逐步为各国宪法和法律所确认，其已成为国际公认的重要司法准则。为了迎合这种趋势，联合国也通过一系列的国际法律文书将司法公正与独立原则确认为国际司法准则。《世界人权宣言》第 10 条规定："人人完全平等地有权由一个独立而无偏倚的法庭进行公正和公开的审讯，以确定他的权利和义务并判定对他提出的任何刑事指控。"这可以说是对司法公正与独立的总则性规定。此外，《世界人权宣言》的其他条款、《公民权利和政治权利国际公约》、《禁止酷刑公约》、1985 年联合国大会通过的《关于司法机关独立的基本原则》等法律文件中都有关于司法公正与独立的规定。《公民权利和政治权利国际公约》第 14 条对司法公正与独立的内容作了具体规定，集中体现了保障被告人基本权益、实现司法公正的思想。《关于司法机关独立的基本原则》吸收了 1982 年通过的《关于司法独立最低标准的规则》和 1983 年通过的《世界司法独立宣言》中的大部分内容，系统规定了司法独立的具体标准及其保障规则。通过上述法律文件，联合国形成了一整套司法公正与独立的国际准则。这些准则反映了现代司法活动的大趋势，也是司法现代化的必备条件，成为世界各国开展司法活动的行为准则和价值取向。

---

① 谭世贵主编：《中国司法改革研究》，法律出版社 2000 年版，第 71～72 页。

（二）司法公正与独立的基本准则

1. 司法权专属于法院行使

司法权是否具有专属性是衡量司法是否公正与独立的一个标准。"三权分立"学说提出立法权、行政权、司法权分属于三个性质不同的机关行使，这是司法权专属性的最早理论依据。同时，实践证明，权力只有分配明确了，才能独立地行使，才能更好地行使。可以说，司法权专属于司法机关行使是司法公正与独立的基本前提。《关于司法机关独立的基本原则》第 3 条明确规定了司法权的专属性："司法机关应对所有司法性质问题享有管辖权，并应拥有绝对权威就某一提交其裁决的问题按照法律是否属于其权利范围作出决定。"司法权的专属性体现在：第一，司法权即审判权只能由法院行使，其他任何机关都无权行使；第二，法院对所有的诉讼案件包括民事、刑事、行政案件都有管辖权，有权对管辖权的归属作出决定；第三，法院有权对其管辖的案件作出终局性的、有强制力的裁判。

要维护司法权的专属性，就必须避免除法院之外的任何其他机关行使审判权或干涉法院的审判活动。对此，《关于司法机关独立的基本原则》确立了以下一些保障规则：其一，向法院提供充足的资源。《关于司法机关独立的基本原则》第 7 条规定："向司法机关提供充足的资源，以使之适当地履行其职责，是每一会员国的义务。"法院要专门独立地行使审判权，必须形成一个完全独立于立法、行政机构的法院系统，必须具备足够的经费和完善的工作条件。如果法院在经济上受制于其他机构，那么其审判权的独立行使也必然受到限制，司法权的专属性也就成为空谈。其二，法官对具体案件的审理权由法院决定。《关于司法机关独立的基本原则》第 14 条强调，"向法院属下的法官分配案件，是司法机关的内部事务。"司法机关的内部事务包括确定具体案件的审理权由哪个法官行使，确定开庭的时间和地点，对法院内受理和审理案件的情况予以统计和上报等事务。这些事务都是法院系统行使审判权的表现。要保障审判权专属于法院行使，就必须确保司法机关的内部事务由法院统一管理。法官对具体案件的审理权由法院决定，有利于保障审判权的统一性、专属性，有利于摆脱其他机关的干预和影响。

2. 法官独立行使审判权

法院的审判权一般都要落实到某一法官或几个法官对具体案件的审判活动。所以法院独立行使审判权集中体现于法官独立行使审判权。

法官行使审判权的独立性表现在：首先，法官判案的惟一根据是事实和法律，除此之外的任何主客观原因都不应成为左右法官判案的因素；其次，法官行使审判权不受其他任何机关的干涉和左右，其他机关也不得对法官施加任何压力。《关于司法机关独立的基本原则》第 2 条规定："司法机关应不偏不倚，以事实为根据并依法律规定来裁决其所受理的案件，而不应有任何约束，也不应为任何直接或间接的影响、怂恿、压力、威胁或干涉所左右，不论其来自何方或出于何种理由。"第 4 条规定："不应对司法程序进行不适当或无根据的干涉……"最后，法官作出的司法裁决不应任意加以修改。法官享有独立审判权，使得其必然享有独立作出司法裁决的权力。而要保证法官司法裁决权的独立性，很重要的一点便是保证司法裁决的确定性和不可更改性。这也是维护司法权威的需要。当然，司法裁决的不可更改性并非绝对的，在一定情况下，可以通过法定途径对司法裁决加以修改，如通过上诉审程序修改原审的裁决或执行过程中根据被执行者的情况改变刑罚的期限。《关于司法机关独立的基本原则》第 4 条规定："……法院作出的司法裁决也不应加以修改，此项原则不影响由有关当局根据法律对司法机关的判决所进行的司法检查或采取的减罪或减刑措施。"

为确保法官独立自主地行使审判权，避免审判活动受到外界的不当干扰和控制，《关于司法机关独立的基本原则》对法官的服务条件和任期、豁免、惩戒等事项作出了保障性的规定。（1）法官的服务条件和任期应受到法律保障。该《基本原则》第 11 条规定："法官的任期、法官的独立性、保障、充分的报酬、服务条件、退休金和退休年龄应当受到法律保障。"第 12 条规定："无论是任命的还是选出的法官，其任期都应当得到保证，直到法定退休年龄或者在有任期情况下直到其任期届满。"现代各国一般都赋予法官崇高的社会地位，给予其较高的薪俸待遇，并且保证其任职期限，目的就是为了确立法官的超然性地位，使法官不为物欲所动，没有任何后顾之忧，从而实现独立、公正的审判。（2）法官享有司法豁免权，即法官在审判中所发表的言论及所作的一切行为均不受法律追究。该《基本原则》第16条规定："在不损害任何纪律惩戒程序或者根据国家法律上诉或要求国家补偿的权利的情况下，法官个人应免于因其在履行司法职责时的不行为的不当行为而受到要求赔偿金钱损失的民事诉讼。"该条规定赋予了法官豁免权，但同时也对豁免权作了范围和条件的限制：第一，豁免权仅限于民事诉讼；第二，豁免权仅限于法官在履行司法职责时的不行为；第三，豁免权必须以法官不损害任何纪律惩戒程序为条件。司法豁免权使法官在一种合理的限度内能够摆脱某种外在的和内在的压力，消除承担责任的顾忌，便于其更放心大胆地独立行使审判权，不受外界的任何影响。（3）对法官的惩戒应依公正程序进行。对法官的不称职行为或不端行为给予纪律处分、停职、撤职的惩戒，是提高审判质量、保证审判公正的必要措施。但是，对法官的惩戒应当依照法定的、公正的程序进行，否则可能出现任意撤换、制裁法官从而影响法官独立审判的不正常现象。为此，该《基本原则》作出了以下几方面的规定：首先，对法官作为司法和专业人员提出的指控或控诉应按照适当的程序迅速而公平地处理。法官应有权利获得公正的申诉机会。在最初阶段所进行的调查应当保密，除非法官要求不予保密。其次，除非法官因不称职或行为不端使其不适于继续任职，否则不得予以停职或撤职。再次，一切纪律处分、停职或撤职程序均应根据业已确立的司法人员行为标准予以实行。最后，有关纪律处分、停职或撤职的程序应受独立审查的约束。但此项原则不适用于最高法院的裁决和那些有关弹劾或类似程序法律的决定。这些规定有效地制约了对法官的任意惩戒行为，有助于保障法官职务的稳固性。

3. 审判公开

审判公开是指审判机关的审判活动应当向社会公众公开。审判公开最初是相对于审判秘密而言的。封建社会实行纠问式诉讼，审判秘密进行。为反对封建司法的专横擅断，资产阶级启蒙思想家提出了审判公开的口号和原则，资产阶级夺取政权后在其制定的法律中先后确立了这一原则。可以说，从秘密审判到公开审判是社会的一大进步，它对于确立和保障司法公正与独立具有十分重要的意义。首先，审判公开增强了审判活动的透明度，有助于防止法官的专横擅断和消除司法腐败现象。通过审判公开，将审判活动置于广大社会公众的监督之下，既可以增强法官的工作责任心，防止其专横擅断，提高办案质量，同时也可以避免金钱案、人情案、关系案等司法腐败现象的发生。所谓"没有公开则无所谓正义"，可以说审判公开是司法最有效的"防腐剂"，可以有效促使司法公正的实现。其次，审判公开有利于实现司法独立。实行审判公开，允许群众旁听和新闻记者报道，将案情公诸于众，提高当庭宣判率，无疑有利于消除其他机关、个人通过各种手段非法干涉审判活动的现象，从而推进司法独立。再次，审判公开有助于当事人维护自己的合法权益和对诉讼结果的接受。一方面，当事人通过公开审判可以充分了解审判的内容和进程，进而正确及时地行使自己的权利，采取一切合法手段维护自己的合法权益；另一方面，当事人对于自己亲眼看见的审判活动以及由此产生的审判结果往往比较容易认同和接受，因而有利于当事人自觉履行诉讼义务，提高司法效率。最后，审判公开还有助于增强公众对司法的信心和支持。通过审判公开，可以保证公众充分了解司法权力及其运作方式，亲眼看见正义的实现过程，从而有助于增强公众对司法的信心，树立司法权威，进而增进对司法制度的认同感，为司法制度的实施提供必要的支持。①

《世界人权宣言》第 10 条规定："人人完全平等地有权由一个独立而无偏倚的法庭进行公正和公开的审讯，以确定他的权利和义务并判定对他提出的任何刑事指控。"该条规定确立了审判公开原则。《公民权利和政治权利国际公约》第 14 条第 1 款也作了类似规定。审判公开的含义包括：第一，审判活动对社会公众公开，即允许公众旁听，允许新闻记者采访和报道。第二，公开的内容一般包括在开庭前公告当事人姓名、案由和开庭时间、地点，开庭过程中向公众公开审理活动，开庭结束时或结束后公开裁判结果和裁判文书。第三，审判公开不是绝对的，存在不公开审理的例外情况。《公民权利和政治权利国际公约》第 14 条第 1 款规定："……由于民主社会中的道德的、公共秩序的或国家安全的理由，或当诉讼当事人的私生活的利益有此

---

① 参见谭世贵主编：《中国司法改革研究》，法律出版社 2000 年版，第 124 页。

需要时，或在特殊情况下法庭认为公开审判会损害司法利益因而严格需要的限度下，可不使记者和公众出席全部或部分审判，但对刑事案件或法律诉讼的任何判决应公开宣布，除非少年的利益另有要求或者诉讼有关儿童监护权或婚姻争端。"可见，在涉及公共道德、秩序、国家安全、个人隐私等问题如有需要时，可以不公开审判。但是，应当指出的是，除了一些极其特殊的案件如有关儿童监护权的婚姻争端外，任何因特殊需要而不公开审理的案件仍要公开判决结果。这是保障这些案件公正审判的最低要求。

4. 审判应当依法进行

审判依法进行是保障司法公正与独立的又一重要原则。《公民权利和政治权利国际公约》第14条第1款规定："……人人有资格由一个依法设立的合格的、独立的和无偏倚的法庭进行公正和公开的审讯……"《关于司法机关独立的基本原则》第2条规定："司法机关应不偏不倚、以事实为根据并依法律规定来裁决其所受理的案件……"第5条规定："人人有权接受普通法院或法庭按照业已确立的法律程序的审讯。不应设立不采用业已确立的正当法律程序的法庭来取代应属于普通法院或法庭的管辖权。"上述国际法律文件对审判的合法性提出了如下要求：首先，法庭应当是依法设立的合格法庭。这体现在：法庭应有审判管辖权；法庭应依照相关的法院组织法设立；审判人员应当具备法官资格，并且不存在应当回避的情形。其次，法庭审理案件的程序要合法，即要依照法律规定的方式、步骤来审理。最后，法庭裁判应当以庭审认定的事实为根据，以实体法规定的权利义务或罪刑为准绳作出。只有保证了上述三个方面的合法性，法庭才能做到不偏不倚，排除一切法外因素的干扰，才能真正实现审判的独立与公正。

应当指出的是，由于法庭的审判主要是法官的审判，所以可以说，审判的合法性关键在于法官能否依法进行审判。为确保法官依法行使审判权，除了保证前述的法官独立审判外，还应保证法官具备良好的伦理道德素质和高水平的法律修养。各国对法官的资格、素养一般都作了严格规定。如在美国，担任联邦法院的法官必须是：美国公民；毕业于美国大学法学院并获得 J·D 学位（法律职业博士）；通过严格的律师资格考试而取得律师资格，并从事律师工作 6 年以上。

《关于司法机关独立的基本原则》对法官的甄选、晋升也作了明确规定。该《基本原则》第 10 条规定："获甄选担任司法职位的人应是受过适当法律训练或在法律方面具有一定资历的正直、有能力的人。任何甄选司法人员的方法，都不应有基于不适当的动机任命司法人员的情形……"第 13 条规定："如有法官晋升制度，法官的晋升应以客观因素特别是能力、操守和经验为基础。"只有经过严格的甄选，具备良好素质的法官，才能正确合法地行使审判权，审判依法进行才能得到实现。

5. 审判应当及时进行

及时审判是指审判活动应在法定的审判期限内进行，不得无故拖延。《公民权利和政治权利国际公约》第 14 条第 3 款（丙）项规定："受审时间不被无故拖延。"受审时间不被无故拖延是及时审判的最低要求，及时审判还应包含另一较高层次的要求，即在保证审判质量的前提下，在法定的审判期限内，应尽量缩短审理时间，尽早作出判决，也就是说要不断提高审判效率。

及时审判是司法公正与独立的必然要求。所谓"迟来的正义为非正义"，无故拖延的审判造成了大量人力、物力、财力的浪费，给当事人带来了不堪负荷的讼累，所以即使最后的裁判是公正的，这种公正也是付出了重大代价的公正，并非当事人真正期望的公正。此外，审判无故拖延，给非法左右、干涉审判活动的行为提供了更大的余地，往往助长了司法不公、司法不独立现象的滋生。可以说，司法公正与独立的内涵中包括了及时审判的基本要求。同时，及时审判又是司法公正的必然补充。及时审判作为一项司法原则有其独立的存在价值，它在节约诉讼资源，减轻当事人负担，提高诉讼效率方面发挥着重要作用。所以从及时审判的独立价值上考虑，它对司法公正有补充作用。"不公正的判断使审判之事变苦，而迟延不决则使之变酸也。"培根的这一睿智比喻非常形象地说明了公正审判与及时审判之间的辩证统一关系。

鉴于及时审判的重要意义，各国法律、国际人权公约一般都规定了及时审判原则。但是，及时审判的实现还有赖于从程序到体制一系列环节的保障。依照各国做法，通常需要注意以下几方面的问题：第一，合理确定审判期限，严格执行审限要求。法定的审判期限是及时审判的前提，及时审判应是在法定期限内的审判。虽然由于案件繁多，情况各异，立法不可能对每一案件的审判期限都作出具体的规定，也不可能作出一致规定，但是根据不同案件复杂程度的差异，确定相应的最低标准的时间界限却是可行的，也是非常必要的。除了立法上的合理确定，实践中也应严格遵守审限要求，并且应遵循集中审理原则，即法庭审判一旦开始，就必须迅速不间断地进行，直到法院作出判决为止。第二，合理确定庭审功能，加快庭审进度。为此，需要建立庭前证据展示制度，即开庭前由双方当事人向对方展示各自掌握的证据。还应强化当事人的举证责任，建立举证时效制度，即证据不能在法定期限内举出的，视为无效。通过这些制度，减少无谓的庭外工作，加快庭审进度。第三，建立多元化的法院体制与审判程序。现代社会关系日趋复杂，争端日趋多元化，单一型的法院体制已难以适应社会需要，因为不能及时解决某些专门性问题而拖延审判的现象时有发生，所以，在普通的刑事法院、民事法院、行政法院之外，设立关税法院、少年法院等专门法院，对于提高审判效率显得十分必要。此外，由于案件的繁简程度不同，单一的审判程序难以缓解日益增加的审判压力，所以，各国一般都采取多种审判程序共存的方式，即在普通程序之外设立不同形式的简易程序，如美国的辩诉交易程序、法国的一般简易程序和意大利的处罚命令程序等。

6. 当事人在审判中平等

当事人在审判中平等是司法公正的固有含义。戈尔丁提出的程序正义标准中就有 5 项是关于当事人在审判中平等的：（1）纠纷解决者不应有支持或反对某一方的偏见；（2）对各方当事人的诉讼都应给予公平的注意；（3）纠纷解决者应听取双方的论据和证据；（4）纠纷解决者应只在另一方在场的情况下听取一方意见；（5）各方当事人都应得到公平机会来对另一方提出的论据和证据作出反响。① 所以，只有确立了当事人的平等地位，保证当事人平等地享有诉讼权利和履行诉讼义务，司法公正才有实现的可能性。

《世界人权宣言》确定任何人在尊严和权利上一律平等（第 1 条），承认任何人在法律前的人格（第 6 条）。这是当事人在审判中

---

① ［美］戈尔丁：《法律哲学》，三联书店 1987 年版，第 240 页。

平等的基本前提。为了使平等权落实到审判活动中,《公民权利和政治权利国际公约》、《关于司法机关独立的基本原则》等国际法律文件还专门规定了当事人在审判中的平等原则和平等权利。《公民权利和政治权利国际公约》第14条第1款规定:"所有的人在法庭和裁判所前一律平等……"《关于司法机关独立的基本原则》第6条规定:"司法机关独立的原则授权并要求司法机关确保司法程序公平进行以及各当事方的权利得到尊重。"当事人在审判中的平等主要体现在三个方面:其一,当事人在审判中的地位平等。地位平等是保证其他一切平等的基础,尤其在刑事审判中,保证控辩双方的平等地位,有助于形成合理的诉讼结构。其二,当事人在审判中平等地享有诉讼权利,履行诉讼义务。这是当事人地位平等的具体表现。需要注意的是,当事人的权利义务平等并不意味着完全相同。有些权利义务是相同的,如提供证据、询问证人等;有些权利义务则是相对等的,如控诉权与辩护权。其三,法官应当保障和便利当事人在审判中实现平等。法官应坚持其中立者的身份,对双方当事人的证据、意见给予公平的注意并毫无偏倚地作出裁判。

确保当事人在审判中的平等具有非常重要的意义。它不仅是司法公正的固有含义,是实现司法公正必不可少的要素,而且还有助于当事人维护自己的合法权益和对诉讼结果的接受,亦有助于形成合理的诉讼结构,从而推进文明司法制度的构建。

7. 少年犯罪的处理应采用特殊程序

少年犯罪的处理采用特殊程序主要基于以下考虑:一方面,少年犯罪的主体年龄较小,一般还不具备完全的识别能力和意志能力,其犯罪的主观恶性相对较小;另一方面,由于少年的身心尤其是心理方面尚未完全成熟,其在诉讼程序中属于弱势一方,对其采用普通程序,不利于保障其合法权益,也容易造成其身心伤害。相反,采用特殊程序,给予一些特殊保护,有利于少年犯重新做人,有利于其以及其家庭重获幸福。

对少年犯罪适用特殊程序,并不违背法律面前人人平等的原则。如前所述,少年在诉讼中属于弱势一方,只有给予其特殊保护,才能拨正原先的不利地位,达到平等状态,而且在特殊程序中,少年本来极易受到侵犯的权益才能得到有效的保护。所以说,少年犯罪的处理采用特殊程序，不仅有利于实现法律面前人人平等，而且还有助于促进司法公正乃至社会公正的实现。

正是基于这些考虑，《公民权利和政治权利国际公约》、《儿童权利公约》都有关于少年犯罪的特别规定。《公民权利和政治权利国际公约》第 14 条第 4 款规定："对少年的案件，在程序上应考虑到他们年龄和帮助他们重新做人的需要。" 1985 年 11 月 29 日联合国大会批准的《少年司法最低限度标准规则》（以下简称《北京规则》）还就少年犯罪的司法作了专门规定。

《北京规则》第 2 条第 2 款规定了与少年司法有关的几个定义：（1）少年系指按照各国法律制度，对其违法行为可以不同于成年人的方式进行处理的儿童或少年人；（2）违法行为系指按照各国法律制度可依法律加以惩处的任何行为或不行为；（3）少年犯系指被指控犯有违法行为或被判定犯有违法行为的儿童或少年人。由于各国的政治、经济、社会、文化和法律制度的不同，对上述定义难免有些差别，但这种差别应符合保障少年重新做人、重获幸福的宗旨。

处理少年犯罪程序的特殊性体现在：（1）对少年犯罪应按照公平合理的审判原则进行处理。《北京规则》第 14 条规定，诉讼程序应按照最有利于少年的方式并在谅解的气氛下进行。（2）司法机关在办理少年犯罪案件时，应当切实保障他们得到充分的法律帮助。《北京规则》第 15 条第 1 款规定："在整个诉讼程序中，少年应有权由一名法律顾问代表，或在提供义务法律援助的国家申请这种法律援助。"（3）办理少年犯罪案件应当迅速进行，尽可能缩短办案时间和简化程序，尽早结束案件的不确定状态。《北京规则》第 20 条规定："每一案件从一开始就应迅速处理，不应有任何不必要的拖延。"（4）少年犯罪案件除涉及轻微违法行为外，应当借助社会调查报告。《北京规则》第 16 条规定："在主管当局作出判决的最后处置之前，应对少年生活的背景和环境或犯罪的条件进行适当的调查，以便主管当局对案件作出明智的审判。"此外，还有其他一些特别程序，这些程序在确保少年获得公正待遇、促进少年的幸福方面发挥了重大作用。

除了上述司法公正与独立的基本准则外，国际人权公约还确立了无罪推定、被告人享有辩护权、反对强迫自证其罪、上诉权、免受双重危险、获得刑事赔偿权等准则（详见本章"被告人的基本权利"

部分）。这些准则从保障被告人基本权利的角度为司法公正与独立设立了衡量标准。这些准则连同上述的其他准则，构成了完整的国际司法公正与独立的准则体系。这套准则体系的形成和认同非一日而成，也不是一帆风顺的。由于各国社会发展程度的不同以及政治、经济、文化等方面的差异，司法公正与独立的国际准则在全世界范围内的认同必然要遇到各种阻力，尤其是思想观念上的阻力。然而，这些准则并非难以实现。因为它们都是司法公正与独立的最基本标准，而且它们具有极大的开放性，完全可以根据各民族的文化传统和习惯，根据各国的社会实际情况，加以具体实施。如今，司法公正与独立在各国已得到不同程度的实现。我们相信，经过各国的共同努力，司法公正与独立的基本准则在世界范围内是可以实现的。

第三章　国际人权公约的实施

一、联合国实施

联合国是目前世界上最大的、最具普遍性的政府间国际组织，其成员国已由建立时的 51 个创始会员国发展到今天的约 190 个国家。在联合国千年首脑分组讨论会上，江泽民主席指出：在人类历史上，从未有过任何一个机构具有像联合国这样广泛的代表性，也没有任何一个组织能够通过国际合作对世界产生如此重大和深远的影响。①

联合国的活动涵盖了人类生活的众多领域。联合国自建立以来，在人权领域也做了大量工作，特别是制定了大量的国际人权文件，建立了一系列的人权机构，为促进和增进全人类的人权作出了贡献。

50 多年来，联合国签署和通过了大量的国际人权文件。这些文件主要包括《联合国宪章》、《世界人权宣言》、《公民权利和政治权利国际公约》、《公民权利和政治权利国际公约任意议定书》、《经济、社会和文化权利国际公约》、《防止及惩治灭绝种族罪公约》、《消除一切形式种族歧视国际公约》、《禁止并惩治种族隔离罪行国际公约》、《消除对妇女一切形式歧视公约》、《禁止酷刑和其他残忍、不人道或有辱人格的待遇或处罚公约》、《儿童权利公约》等。

众所周知，徒法不足以自行，法律只有通过良好的实施才能实现其体现的价值。国际人权公约要真正发挥作用，离不开对国际人权公约不遗余力的实施。由于国际法不同于国内法，要受国家主权原则的限制，所以不存在凌驾于国家之上的国际法实施主体。在这种情况

---

① 参见《人民日报》，2000 年 9 月 8 日第 1 版。

下，联合国作为最具普遍性的政府间国际组织，对实施国际法就具有特别重要的作用。联合国不仅通过了大量的国际人权公约，而且实际上也十分注意发挥其在实施国际人权公约中的作用。

联合国实施国际人权公约的依据主要是《联合国宪章》，同时还包括一些公约的具体授权。《联合国宪章》是联合国的活动准则，联合国实施国际人权公约，不得超越《联合国宪章》规定的范围。在具体授权方面，许多国际人权公约如《防止及惩治灭绝种族罪公约》、《消除一切形式种族歧视国际公约》和《禁止酷刑和其他残忍、不人道或有辱人格的待遇或处罚公约》，均赋予国际法院以管辖权。

根据《联合国宪章》，联合国的主要机构包括安全理事会、国际法院、联合国大会、托管理事会、经济及社会理事会及其秘书处。一般认为，虽然这六个机构在人权事务方面没有被《联合国宪章》赋予任何具体权力，但它们都对人权事务享有管辖权，因而这些机构是国际人权公约的具体实施者。此外，《联合国宪章》第 7 条第 2 款规定："联合国得依本宪章设立认为必需之辅助机关。"据此，联合国设立了人权委员会、防止歧视和保护少数小组委员会、妇女地位委员会等。这些委员会对实施国际人权公约亦发挥着重要作用。

在实施国际人权公约的过程中，由于国际人权公约具有抽象性，并且联合国缺乏真正的强制力，所以联合国对人权公约的实施主要是通过监督、督促、建议、审议等手段来实现的。联合国对国际人权公约的实施不是严格的法的适用，其程序和实体应用都有自己特别的方式。

（一）经济及社会理事会的实施

根据《联合国宪章》第 62 条的规定，经济及社会理事会（以下简称"经社理事会"）的职权是：（1）"得作成或发动关于国际经济、社会、文化、教育、卫生及其他有关事项之研究及报告；并得向大会、联合国会员国及关系专门机关提出关于此种事项之建议案"；（2）"为增进全体人类之人权及基本自由之尊重及维护起见，得作成建议案"；（3）"得拟具关于其职权范围内事项之协议草案，提交大会"；（4）"得依联合国所定之规则召集本理事会职务范围以内事项之国际会议"。根据以上规定，经社理事会实施国际人权公约的方式主要是对有关人权的事项进行研究，提供报告，提出建议案以及召开会议。经社理事会在实施国际人权公约时往往要借助联合国大会、联合国会员国以及关系专门机关的力量。经社理事会对国际人权公约的实施产生的效力具有不确定性，很多情况下公约的实施效果取决于国际舆论的压力、政治力量的对比、缔约国国内的形势等。但毫无疑问，经社理事会对人权公约的实施是必不可少的，因为它至少可以将人权问题提出来，使之受到国际社会的普遍关注。由于它的这一作用，国际人权公约的缔约国考虑到国际压力，一般都会尽力履行公约义务。

《联合国宪章》第 68 条规定："经济及社会理事会应设立经济与社会部门及以提倡人权为目的之各种委员会，并得设立于行使职务所必需之其他委员会。"根据这一规定，经社理事会建立了人权委员会及其下属的防止歧视和保护少数小组委员会、妇女地位委员会、社会发展委员会和人口委员会，以及五个区域委员会和若干常设委员会。这些委员会承担了经社理事会保护人权方面的主要职责。加拿大学者约翰·汉弗莱认为："《联合国宪章》中有关经社理事会的条款与人权有联系。这一点之所以十分重要，不是因为经社理事会本身在发展和实施国际人权法方面发挥的作用，而是因为经社理事会是人权委员会和其他与人权问题有关的职司委员会及附属机构的母机构。"① 可见，各种委员会是实施国际人权公约的真正推动者。美国学者托马斯·伯根索尔甚至认为，联合国的主要人权机构就是人权委员会、防止歧视和保护少数小组委员会以及妇女地位委员会。②

1. 人权委员会的实施

人权委员会是联合国与人权问题关系最为密切的机构。它于 1946 年 6 月 21 日正式建立，其成员国数目最初是 18 个，后来逐渐增加，现在由 43 个委员国组成。人权委员会的组成成员是国家而不是个人，这些国家名额主要按地域公平分配。委员国的任期为 3 年，每

---

① ［加］约翰·汉佛莱著，庞森等译：《国际人权法》，世界知识出版社 1992 年版，第 77 页。

② ［美］托马斯·伯根索尔著，潘维煌、顾世荣译：《国际人权法概论》，中国社会科学出版社 1995 年版，第 37 页。

年改选 1/3。

根据 1946 年 2 月和 6 月经社理事会会议的决议，人权委员会的职权范围，是就下列问题向经社理事会提交建议、提案和报告：（1）人权宪章；（2）关于公民自由、妇女地位、新闻报道自由和类似问题的国际宣言或公约；（3）对少数人群体的保护；（4）防止基于种族、性别、语言或宗教方面的歧视；（5）不属于以上任何一项的有关人权的其他事项。由此我们不难发现，当初设想的人权委员会是一个负责立法前期工作的机构，并没有实施国际人权公约的权力。早在人权委员会的第一届会议上，就有决定认为该委员会"无权就有关人权的起诉采取行动"。但是，到了 1959 年，经社理事会通过一项决议，要求联合国秘书长把联合国收到的对有关各国政府侵犯人权的指控来文汇编后交人权委员会，并请受到指控的国家政府对所受指控作出答复。这项决议突破了之前的限制，实际上开始授权人权委员会对侵犯人权的现象进行处理。人权委员会的职权在 1967 年和 1970 年发生了重大变化。1967 年 6 月，经社理事会通过了第 1235 号决议，授权人权委员会"审议所有国家与大规模侵犯人权和基本自由有关的情况"；人权委员会在合适的情况下，"对一贯的大规模侵犯人权的局势作出深入的研究……向经济及社会理事会报告并提出建议"。[①] 1970 年 5 月 27 日经社理事会通过第 1503 号决议，根据这个决议，可将"一贯的大规模侵犯人权并得到可靠证实的情况"提请人权委员会注意，人权委员会可自行研究并向经社理事会提交报告，提出建议，也可以在征得某国同意的情况下委派一个委员会去调查情况。可见，现今的人权委员会已不再是一个研究机构，它所关心的问题主要是执行人权的标准问题。它已经成了国际人权公约的实施者。

人权委员会实施国际人权公约既以公约本身为依据，也以经社理事会的授权为依据。公约的规定和经社理事会的授权这两方面的有机结合，为人权委员会实施国际人权公约创造了良好的条件。

1973 年 11 月 30 日，联合国通过了《禁止并惩治种族隔离罪行国际公约》。1976 年 7 月 18 日，公约正式生效。该公约规定，缔约

---

① ［加］约翰·汉佛莱著，庞森等译：《国际人权法》，世界知识出版社 1992 年版，第 95 页。

国承诺就其为执行本公约的规定而采取的立法、司法、行政及其他措施，定期提出报告。联合国人权委员会主席从既是人权委员会的成员国又是缔约国的成员中指派 3 人组成小组，负责审议报告。小组通常在人权委员会开会前举行不超过 5 天的会议并将审议报告提交人权委员会。公约缔约国授权联合国人权委员会提供犯有种族隔离罪行的个人、组织、机构或国家代表的清单及其他研究报告。这些规定主要见之于该公约第 7 条、第 9 条和第 10 条。

根据该公约第 10 条第 1 款的规定，人权委员会得到缔约国以下授权：（1）要求联合国各机关根据消除一切形式种族歧视国际公约第 15 条的规定，转送请愿书副本时，注意关于本公约第 2 条所列举的行为的控诉；（2）根据联合国各主管机关的报告和本公约缔约国的定期报告，编写一份清单，列出据称应对触犯本公约第 2 条所列罪行负责的个人、组织、机构或国家代表；（3）要求联合国各主管机构提出关于负责管理托管领土、非自治领土、以及大会 1960 年 12 月 14 日第 1514（ⅩⅤ）号决议所适用的其他领土的当局，对据称触犯本公约第 2 条所列罪行，并相信在其领土和行政管辖权之下的个人所采取的措施的情报。概括起来，人权委员会实施该公约的措施主要包括要求提供情报、提请注意控诉以及根据报告编列清单。该公约授权人权委员会有权要求联合国主管机构提供情报的规定，为人权委员会获取资料、了解事实提供了便利条件，也促使联合国各主管机构履行职权，注意该公约的实施情况。同时，该公约规定人权委员会有权要求联合国各机关转送请愿书时，注意有关违反本公约行为的控诉，对公约的实施也有推动作用。由于联合国各机关被要求对违反本公约的行为的控诉进行关注，这些机关就可能采取一定的措施，解决该控诉或是至少使该控诉受到国际社会的注意。联合国各机关的影响力将决定问题的最终解决方式。人权委员会对实施该公约最有实际效果的方式是审查报告、编列清单。人权委员会的 3 人小组有权审查各缔约国就执行公约的规定而采取的立法、司法、行政及其他措施的定期报告，并向人权委员会提交报告。该公约关于审查报告的规定将缔约国实施公约的行为置于人权委员会的监督之下，是人权委员会实施该公约的重要方式。此外，人权委员会根据报告编写"据称应对触犯公约第 2 条所列罪行负责的个人、组织、机构或国家代表，以及本公约缔约国已对其提起诉讼的个人、组织、机构或国家代表"的清单，实际上对缔约国也有一定的惩戒作用。因为如果被列入清单或列入清单的人数太多，将直接影响该国的国际声誉，甚至引起国际社会的谴责，遭到国际社会的制裁。所以说编列清单是人权委员会实施公约的一种强有力的方式。

在其他国际人权公约中，人权委员会也享有与上述法律规定相类似的权力。人权委员会实施其他国际人权公约也主要采取上述方式。例如，《经济、社会和文化权利国际公约》第 19 条规定："经济及社会理事会得将各国按照第 16 条和第 17 条规定提出的关于人权的报告和各专门机构按照第 18 条规定提出的关于人权的报告转交人权委员会以供研究和提出一般建议或在适当时候参考。"人权委员会在该公约中的权力主要是研究报告和提出建议等。应当指出，由于 1976 年经社理事会专门成立了"经济、社会、文化权利委员会"，负责对公约的遵守情况进行监测并审议各缔约国报告，所以人权委员会实施该公约要与"经济、社会、文化权利委员会"进行协调。

人权委员会除依据公约本身实施国际人权公约外，由于前述经社理事会第 1235 号和第 1503 号决议，人权委员会实际上还建立了一个处理大规模侵犯人权的程序。

根据经社理事会第 1235 号和第 1503 号决议的规定，人权委员会审议各国一贯的大规模侵犯人权问题的方式，分为公开审议（第 1235 号决议）和秘密审议（第 1503 号决议）；审议的问题可以按国家来审议，即"国别人权问题"，也可以按问题来审议，即所谓"专题方式"。"国别方式"的一般程序是：由防止歧视和保护少数小组委员会依照第 1503 程序即秘密程序向人权委员会提交对于某国的指控，并决定依照第 1235 号决议将这种指控提交人权委员会进行公开审议。所谓"专题方式"，是指人权委员会可以就在某些国家发生的同类的某一特定侵犯人权问题进行审议。

经社理事会第 1235 号决议第 2 段授予人权委员会和防止歧视与保护少数小组委员会以下权力："审查有关大规模侵犯人权和基本自由——南非共和国推行的种族隔离政策就是例证……和有关南罗得西明显地推行种族歧视的情报。"该决议第 3 段授权委员会"对暴露出持续不断侵犯人权——种族隔离政策就是例证……以及种族歧视……

的情况进行全面深入的研究，并对上述情势以建议的方式向经社理事会提出报告。"第1503号决议授权防止歧视和保护少数小组委员会建立一个小型工作组审查联合国收到的来文，查明哪些来文中"明显暴露出某种持续不断的大规模的和证据确凿的侵犯了小组委员会职权范围内的人权和基本自由的典型情况"。决议并规定这些来文，连同有关政府的它们的任何相关评论，应由小组委员会"在秘密会议中"审查，"以确定是否将明显暴露出某种持续不断的大规模的和证据确凿的侵犯人权而需要由委员会来进行审查的特别情况送交人权委员会"。人权委员会对小组委员会的来文，有权决定是否按照第1235号决议第3段的规定对来文"深入研究"，或是否把该来文"作为由委员会指派的专门小组委员会调查的对象，但这种程序只有经有关国家同意才能进行"。

审议、调查有关侵犯人权的指控，处理有关侵犯人权的来文，成了人权委员会20世纪70年代以来的主要工作。据统计，从1978年到1985年，人权委员会共处理了智利、赤道几内亚、玻利维亚、萨尔瓦多、危地马拉、波兰、伊朗、阿富汗和海地等29个国家侵犯人权的事件。在处理这些案子时，人权委员会的做法是指派委员会、工作组或报告员调查该国的人权局势，有时还访问这些被审议国。人权委员会在1990年通过决议，对美国公然违反国际法武装干涉巴拿马内政，侵犯巴拿马主权和领土完整表示遗憾。1991年，人权委员会通过决议重申了巴勒斯坦人民返回家园，实现民族自决的权利。在通常情况下，人权委员会主要以秘密程序审议对各国的指控，因为这样可以使各国在不失面子的情况下纠正某些错误。虽然审议程序是秘密的，但这并不妨碍审议的制裁作用，因为自1978年起，人权委员会主席开始定期公布按这种程序被审议的国家的国名。而公布国名本身就是一种制裁。并且，以秘密程序开始的讨论可以发展为人权委员会公开的讨论。例如，在1979年，人权委员会决定对赤道几内亚局势进行研究。1980年，小组委员会将玻利维亚和萨尔瓦多的情况提请人权委员会注意，此后，联大要求人权委员会就这两个国家的人权局势进行研究。此外，秘密程序也不妨碍人权委员会作出公开的决议。

2. 其他委员会的实施

与实施国际人权公约有关的其他委员会主要是防止歧视及保护少

数小组委员会和妇女地位委员会。

防止歧视及保护少数小组委员会是人权委员会的主要附属机构。它是根据经社理事会 1946 年 6 月的授权，由人权委员会在 1947 年的第一届会议上设立的。小组委员会由 26 名成员组成，他们是由人权委员会从联合国会员国所指派的候选人名单中选举产生的。小组委员会成员任期 3 年，可以连选连任，这些成员以个人身份独立工作，不代表其国籍所属国。1947 年人权委员会第一届会议为小组委员会规定的职权主要是以下两项：进行各项研究，尤其是根据《世界人权宣言》进行研究，并就防止任何形式涉及人权和基本自由的歧视和保护在种族、民族、宗教和语言上属于少数人等问题向人权委员会提出建议；履行经社理事会或人权委员会可能委托的任何其他职责。

美国学者托马斯·伯根索尔认为，在实践中，小组委员会的职权范围得到了广泛充分的解释，使小组委员会得以处理在联合国系统内产生的全部人权问题。① 的确，小组委员会的工作不限于防止歧视和保护少数这两个方面。加拿大学者约翰·汉弗莱认为，小组委员会之所以重要，不仅因为防止歧视和保护少数问题内在的重要性，还因为小组委员会的其他重要职能。"小组委员会的职能现在已是如此多种多样，以至于它实际上简直成了小人权委员会了。"②

前文所述的第 1503 号决议对小组委员会的职权影响很大。根据 1503 号决议确定的程序，私人的指控和政府作出的答复，首先要由小组委员会进行讨论，如果小组委员会断定似有"一贯严重侵犯人权而有可靠证据"的情况，它将把这些指控提交人权委员会以便进行调查。这样，这一程序实际上赋予了小组委员会提交人权委员会注意一贯严重侵犯人权的职权，并有权为此审议递交联合国的关于侵犯人权的指控。防止歧视及保护少数小组委员会现在有来文问题工作组、奴役问题工作组和土著居民工作组三个常设工作组。其中来文问题工作组负责执行经社理事会制定的处理有关侵犯人权与基本自由的

---

① 〔美〕托马斯·伯根索尔著，潘维煌、顾世荣译：《国际人权法概论》，中国社会科学出版社 1995 年版，第 40 页。

② 〔加〕约翰·汉佛莱著，庞森等译：《国际人权法》，世界知识出版社 1992 年版，第 103、107 页。

来文程序，其目的是提请小组委员会注意有一贯严重侵犯其职权范围以内的人权与基本自由迹象的来文。奴役问题工作组负责审查奴隶贩卖的一切做法和表现方面的发展，包括种族隔离和殖民主义的类似奴隶制的做法、1926 年《禁奴公约》所规定的贩卖人口及意图营利使人卖淫，等等。土著居民问题工作组负责审查促进和保护土著居民人权和基本自由工作的进展情况，并向小组委员会提出结论。

总的看来，防止歧视及保护少数小组委员会对国际人权公约的实施主要是通过审查和建议手段来实现的。小组委员会审查人权保护的进展情况，讨论一贯严重侵犯人权的问题，是实施国际人权公约的必要步骤。小组委员会在很大程度上是协助人权委员会工作的，但它有时也在人权事件上率先行动，例如在 1974 年，小组委员会是对智利侵犯人权作出反应的第一个联合国机构。

妇女地位委员会是经社理事会建立的六个职司委员会之一，是联合国处理有关妇女问题的主要机构。妇女地位委员会的前身是妇女地位小组委员会。这个小组委员会成立于 1946 年 2 月，附属于人权委员会。同年 6 月，经社理事会将其升格为与人权委员会并列的妇女地位委员会。妇女地位委员会现由 45 名成员组成，任期 4 年，可连选连任，每年改选 1/3 的成员。根据经社理事会 1946 年的规定，妇女地位委员会的职权是：为就促进妇女在政治、经济、公民、社会及教育方面的权利向经社理事会提出建议及报告；委员会为了实施男女应有同等权利的原则，应就妇女权利方面必须注意的迫切问题向理事会提出建议并应拟订实施这些建议的提案。可见，妇女地位委员会实施国际人权公约的方式主要是提出建议及报告、拟订提案等。

由于妇女地位委员会是联合国处理有关妇女问题的主要机构，因而它会经常向联合国其他机构、各国政府和非政府组织提出有关妇女权益方面的建议。它最初的行动之一就是请求联大建议各国给予妇女同男子一样的政治权利。妇女地位委员会还系统地收集和发表有关妇女在不同国家的地位和平等机会的情况。联合国的各专门机构，包括国际劳工组织、联合国教科文组织、粮农组织以及世界卫生组织的代表在委员会举行审议活动时，都要就其具体涉及妇女的活动向委员会的每届会议提交报告。根据《消除对妇女一切形式歧视公约》的规定，"消除对妇女歧视委员会"每年向联合国大会提出的报告、意见和一般性建议应转送妇女地位委员会，供其参考。

按照美国学者托马斯·伯根索尔的说法，一般而言，对委员会来说，从事推动性活动比因妇女权利受到具体侵犯而采取行动要容易得多。在该委员会设立的初期，无论是提出建议还是审议报告，它开展的基本上都是一种推动性活动，而不涉及对具体国家的行动。但到了1980年5月，经社理事会授权妇女地位委员会对指控具体侵犯的来文进行有限的审议，从而扩大了妇女地位委员会的权力。妇女地位委员会的一个工作组在1984年揭露了普遍存在的向妇女施加性暴力的做法。虽然妇女地位委员会并未指责具体的国家，但上述的揭露无疑会促使公约缔约国注意履行其条约义务。

（二）联合国其他主要机构的实施

1. 联合国大会的实施

联合国大会是联合国组织系统内拥有广泛职权的机构，是联合国的主要审议机关和监督机构。《联合国宪章》第15条规定，大会有权收受并审查联合国其他机关包括安全理事会的报告。第10条规定："大会得讨论本宪章范围内之任何问题或事项，或关于本宪章所规定任何机关之职权；并除第12条所规定外，得向联合国会员国或安全理事会或兼向两者，提出对各该问题或事项之建议。"联合国大会实施国际人权公约最主要的方式是审议报告和作出决议。联合国大会往往通过将人权问题列入议程、进行讨论并通过相应的决议，甚至进行谴责的方式，来达到实施国际人权公约的目的。我们知道，虽然联大要求各国尊重人权或谴责他们违反人权的决议不具有法律效力，但联大可以向各国政府施加压力，因为联大是形成世界公众舆论的一个主要因素，而世界公众舆论是国际人权法上最有力的制裁。

联合国大会对于违背《联合国宪章》侵犯人权的事项具有管辖权。《联合国宪章》第14条规定："大会对于其所认为足以妨害国际间公共福利或友好关系之任何情势，不论其起源如何，包括有违反本宪章所载联合国之宗旨及原则而起之情势，得建议和平调整办法，但以不违背第12条之规定为限。"根据该条规定，联合国大会的职权包括了对侵犯人权问题的管辖，因为侵犯人权的行为不仅"妨害国际间公共福利或友好关系"，而且也违反宪章的宗旨和原则。联合国大会在处理人权问题时，还经常引用《世界人权宣言》或以其他有关的人权公约为依据。

智利政府曾援引《联合国宪章》第 14 条，请求联合国大会设立一个议题审议"苏联侵犯基本人权，阻止外国人的苏联籍妻子与其丈夫一起离开苏联或出国与丈夫团聚"。前苏联认为依据《联合国宪章》第 2 条第 7 款，这一问题属于国家的国内管辖事件。但是，联大仍在 1949 年 4 月 25 日通过了一个决议，要求前苏联"停止这一类的行动"。联大在决议里援引了《世界人权宣言》的两个条款，包括关于离开任何国家，包括其本国在内的权利的第 13 条和关于不受种族、国籍或宗教的任何限制而婚嫁的权利的第 16 条。决议案指出："阻止或强迫制止具有其他国籍的公民的妻子同他们的丈夫一起离开其原籍国或离开其原籍国到国外与丈夫团聚的措施不符合《联合国宪章》。"决议最后建议苏联撤销这些措施。

联合国大会还在其第三届会议上讨论了英国和美国提出的关于保加利亚和匈牙利违反战后和平条约中有关人权问题规定的案件。由于这两个国家是和平条约的缔约国，联大通过了一个决议提请它们注意其根据公约应承担的人权方面的义务。在联大第四届会议上，罗马尼亚也受到了同样的谴责。联大在 1957 年 9 月通过决议，认为"匈牙利现任政府侵犯了和平条约所保证的人权和自由"。

联合国大会依据《联合国宪章》和《世界人权宣言》处理人权问题不是一般意义上的对国际人权公约的实施。鉴于《联合国宪章》和《世界人权宣言》对国际人权公约的缔结具有决定性的意义，国际人权公约的内容是对《联合国宪章》和《世界人权宣言》的进一步的具体阐释，依据《联合国宪章》和《世界人权宣言》处理人权问题，完全可以看做是在实施国际人权公约。联大以和平条约为依据来处理人权问题，是因为和平条约本身包含了人权的内容。从这个角度看，这些和平条约也可以视为国际人权公约。

联合国大会在实施国际人权公约时，有直接负责人权事务的机构。首先，根据大会议程，关于人权事务的项目通常提交联大第三委员会即社会、人道和文化委员会。这个委员会通过审议和表决程序，作出报告。这些报告再由大会全体会议审议、通过和修正。其次，大会还设立了一些执行人权事务的附属机构，如《给予殖民地国家和人民独立宣言》执行情况特别委员会、联合国纳米比亚理事会、反对种族隔离特别委员会、调查以色列侵犯占领区居民人权行为特别委员会以及巴勒斯坦人民行使不可剥夺权利委员会。《给予殖民地国家和人民独立宣言》执行情况特别委员会设立于1961年11月，其基本职能之一是监督《给予殖民地国家和人民独立宣言》的实施。通过审议和提交报告的方式，这个委员会保证了上述宣言中保护人权内容的实施。

种族的平等权是国际人权公约保障的一项基本人权。在这方面，南非共和国曾存在严重的种族歧视问题。南非的"种族隔离"政策是对非白人的严重歧视，为此，联大设立了"反对种族隔离特别委员会"。这个委员会最早设立于1962年11月，当时叫南非共和国政府种族隔离政策特别委员会，其职权是"在大会不举行届会时，随时检讨南非的种族隔离政策"，"酌量情形向大会或安全理事会或向两者提具报告"。1970年这个委员会曾改名为"种族隔离问题特别委员会"，它有权经常性地审查南非种族隔离政策的各个方面及其国际影响。到了1974年12月16日，这个委员会才改为现在的名称。特别委员会从1963年开始工作以来，一直不断地注意和公布南非的情况及其国际影响。特别委员会一方面督促国际社会彻底孤立南非种族主义政权，同时增加对南非被压迫人民及其民族解放运动的援助，另一方面监督联合国关于反对种族隔离决议的执行情况并揭发所有同南非进行的勾结行为。1984年，该委员会还举行了关于对南非实行文化抵制、武器禁运以及体育运动方面抵制的听证会。委员会多方面的活动连同国际社会的压力以及国内的斗争，迫使南非政权在1991年2月宣布了《新南非宣言》，并建议废除一些重要的种族主义活动。随后，南非的种族隔离制度逐步被取消。

2. 国际法院的实施

国际法院是联合国的主要司法机构。国际法院由15名不同国籍的独立的法官组成，由大会和安全理事会分别独立选举产生。由于国际法院根据《国际法院规约》行使职能，而该规约是《联合国宪章》的组成部分，所以联合国的会员国是规约的当然当事国。

国际法院的职权主要有两方面：一是诉讼管辖权；二是咨询管辖权。在人权领域，曾有多起有争议的案件被提交到国际法院审理。这些案件涉及庇护权、外国人的权利、儿童权利、西南非洲委任统治存在的问题等。1958 年，国际法院处理了荷兰诉瑞典的"未成年人监护公约案"，这个案件涉及对儿童权利的保护。在审理美国驻伊朗外交与领事人员一案中，国际法院的判决指出："剥夺人的自由以及对其人身加以痛苦限制的不法行为明显违背联合国的各项原则和世界人权宣言的对等原则。"除了审理有关人权案件外，国际法院还向大会或安理会提出咨询意见。这些意见涉及西南非洲和西撒哈拉的国际地位、某些和平条约的解释以及《防止及惩治灭绝种族罪公约》的保留等。

国际人权公约一般不给予国际法院以处理人权问题的强制管辖权，也就是说，通常只有在公约缔约国都同意的情况下国际法院才受理有关人权问题的争议。但是，也有一些公约赋予了国际法院管辖权，如《防止及惩治灭绝种族罪公约》、《消除一切形式种族歧视国际公约》和《禁止酷刑和其他残忍、不人道或有辱人格的待遇或处罚公约》，均赋予国际法院以管辖权。其中，《防止及惩治灭绝种族罪公约》第 9 条规定："缔约国间关于本公约的解释、适用或实施的争端，包括关于某一国家对与灭绝种族罪或第 3 条所列任何其他行为的责任的争端，经争端一方的请求，应提交国际法院。"《消除一切形式种族歧视国际公约》第 22 条规定："两个或两个以上缔约国间关于本公约的解释或适用的任何争端不能以谈判或以本公约所明定的程序解决者，除争端各方商定其他解决方式外，应于争端任何一方请求时提请国际法院裁决"。《禁止酷刑和其他残忍、不人道或有辱人格的待遇或处罚公约》第 30 条规定："两个或两个以上缔约国之间有关本公约的解释或适用的任何争端，如不能通过谈判解决，在其中一方要求下，应提交仲裁。如果自要求仲裁之日起 6 个月内各方不能就仲裁之组织达成一致意见，任何一方均可按照国际法院规约要求将此争端提交国际法院。"可见；如果公约缔约国在实施上述人权公约时产生国际争端，将争端提交国际法院审理是一个有力的和最终的解决方案。因为国际法院的裁决对争端各方是具有法律效力的，缔约国一般不敢冒险不履行国际法院的裁决。

3. 安全理事会、秘书处等的实施

《联合国宪章》第 24 条第 1 款规定："为保证联合国行动迅速有

效起见，各会员国将维持国际和平及安全之主要责任，授予安全理事会，并同意安全理事会于履行此项责任下之职务时，即系代表各会员国。"在和平与安全未受到威胁时，即使国际人权公约的缔约国违反公约，安理会对缔约国的人权事件也没有管辖权。但是，一旦发生了严重的侵犯人权的事件，形成了对和平与安全的威胁，安理会就有了管辖权。安理会将运用其强有力的权力，纠正会员国的不法行为或对其进行各种制裁。

根据《联合国宪章》第 40 条、第 41 条和第 42 条的规定，安全理事会如果断定确实有破坏、威胁和平和侵略行为发生，对由此产生的严重侵犯人权的行为，可以采取非武力办法乃至武力办法予以解决；如果安理会认为严重侵犯人权的行为可能危及国际和平与安全，它也采取以上措施进行处理。虽然安理会在管辖人权问题时，不以实施国际人权公约为直接目的，但客观地说，由于安理会是联合国最有实权的、可以采取直接行动的机关，因而它的介入往往能够保证国际人权公约得到最有效的实施。1960 年，安全理事会对南非"因大规模杀害反对种族歧视和种族分离的手无寸铁的和平示威者而产生的局势"进行了审议。安理会宣称，南非的局势已造成了国际摩擦，如果这种局势继续下去，可能危及国际和平与安全。它直接要求南非政府放弃种族隔离政策。1963 年，安全理事会决定对南非实行自愿性武器禁运。1977 年 11 月 4 日，安理会又决定对南非施行强制性武器禁运。

根据《联合国宪章》第 7 条的规定，秘书处是联合国的一个主要机关。秘书长是联合国的行政首长，任期 5 年，可连选连任。秘书处的主要职责是为联合国的其他机构提供服务，并执行这些机构制定的方案和政策。在实施国际人权公约方面，秘书处主要起一种辅助性的作用。

首先，根据《联合国宪章》的规定，联合国秘书长可以出席联合国主要机构涉及人权问题的会议并可以以秘书长的身份发表意见，受托执行有关人权方面的职务。联合国主要机构涉及人权问题的会议可能直接牵涉到国际人权公约的实施，秘书长在这些会议上发表意见，并受托执行相关职务，实际上就是实施国际人权公约。

其次，根据《联合国宪章》第 99 条的规定，如果在世界任何地区发生严重侵犯人权的事件从而危及国际和平与安全，秘书长可以将此类事件提请安理会注意。秘书长提请注意侵犯人权的事件，实际上就是将违反国际人权公约的行为置于国际社会的关注之下。

再次，联合国大会第三委员会于 1993 年 12 月通过了一项决议，规定在联合国秘书长的授权下，由人权高级专员协调负责联合国人权领域的活动。人权高级专员在实施国际人权公约中，主要起一种协调作用。人权高级专员不仅协调联合国各人权机构的关系，而且与联合国各会员国政府、各国际组织进行接触。

此外，联合国秘书处里有一个人权中心（以前叫人权司）。人权中心的主要作用是为联合国下列机构提供秘书服务：人权委员会、防止歧视及保护少数委员会、根据《公民权利和政治权利国际公约》设立的人权事务委员会、消除种族歧视委员会和根据这些机构的授权而工作的各委员会。另外，人权中心还负责处理联合国收到的许多指控有关国家侵犯人权的来文。人权中心有时根据秘书长的授权或通过秘书长与一些国家政府进行非官方的接触。这些接触对国际人权公约的实施有很大的推动作用。

最后，联合国秘书处还负责处理国际人权公约实施的一些程序上的问题。例如，人权公约的批准书应交存联合国秘书长，加入书也要交联合国秘书长。又如，任何缔约国提出公约修正案时，应提交给联合国秘书长，由秘书长通知缔约国进行表决。此外，联合国秘书长还应接受各国批准或加入公约时提出的保留，并分发给所有国家；缔约国如果请求撤销保留，也应通知联合国秘书长。

（三）联合国专门为监督人权公约的执行而建立的各种机构的实施

联合国并不仅仅以其体系内存在的各种机构和程序来实施国际人权公约。联合国为了监督一些国际人权公约的执行，专门设立了各种执行机构。也就是说，联合国在通过这些公约时，已经在公约中专门设立了执行机构。公约的专门执行机构通常由公约缔约国推荐和选举的国民组成，在执行公约时，这些机构享有广泛的权力。

在联合国通过的国际人权公约中，建立了专门执行机构的公约很多。这些执行机构包括：为实施《公民权利和政治权利国际公约》

而设立的人权事务委员会，为实施《消除一切形式种族歧视国际公约》而设立的消除种族歧视委员会，为实施《消除对妇女一切形式歧视公约》而设立的消除对妇女歧视委员会，为实施《禁止酷刑和其他残忍、不人道或有辱人格的待遇或处罚公约》而设立的禁止酷刑委员会，以及为实施《儿童权利公约》而设立的儿童权利委员会等。虽然这些机构实施公约的权力大小并不统一，但毫无疑问，这些机构对监督公约的执行，保证公约的内容落到实处有重要意义。

1. 人权事务委员会的实施

人权事务委员会是根据《公民权利和政治权利国际公约》设立的监督该公约执行情况的专家机构。根据公约第四部分的规定，人权事务委员会由 18 名委员组成。这些委员必须是公约缔约国国民，并且具有"崇高道义地位"和在人权方面公认的专长。委员中还要有若干具有法律经验的人。委员由公约缔约国提名，通过召开缔约国家会议选举产生。每一缔约国只能提名 2 人，缔约国家会议须有 2/3 以上人数参加，获得绝对多数票的得票最多的提名人当选为委员会委员。在选举时，一个国家只能有 1 人当选，并且要考虑委员会成员的地域分配和各种文化及各主要法系的代表性。委员会的委员任期 4 年，在获得联合国大会的同意时，可以按照大会鉴于委员会责任的重要性而决定的条件从联合国经费中领取薪俸。联合国秘书长为人权事务委员会提供工作人员和其他便利条件。委员会委员有权享受联合国特权和豁免公约内有关各款为因联合国公务出差的专家所规定的各种便利、特权与豁免。

人权事务委员会主要通过三种方式监督公约的执行情况，以达到实施该公约的目的。这三种方式是：审议各公约缔约国的报告；接受和审议一缔约国指控另一缔约国不履行它在公约下的义务的通知；接受并审查个人声称因公约所载任何权利遭受侵害而为受害人的来文。

审议各公约缔约国的报告是人权事务委员会监督公约执行情况的基本方式。根据公约第 44 条的规定，各公约缔约国有义务在公约对其生效后 1 年以内以及此后委员会提出要求时，提交报告。报告的内容主要是该国已经采取而使公约所承认的各项权利得以实施的措施和在享受这些权利方面所作出的进展。报告通过联合国秘书长转交给委员会审议。委员会在研究各公约缔约国提出的报告后，既可以将它自己的报告连同它可能认为适当的一般建议送交各缔约国，也可以把这些意见连同各缔约国报告的副本一起转交经社理事会。各公约缔约国必须向人权事务委员会提交报告的制度使委员会得以随时了解公约在各国的大致执行情况。委员会审议报告后向各缔约国提出一般建议，对推动各缔约国实施公约有重要意义。委员会将其意见转交经社理事会，有利于经社理事会及其下属的各委员会了解该公约的执行情况，使他们有机会采取某些措施。

接受和审议一缔约国指控另一缔约国不履行它在公约下的义务的通知是人权事务委员会的一项特殊职务。由于涉及具体的国与国的纠纷，人权事务委员会显得特别慎重。首先，只有在公约缔约国明确声明它承认委员会有权接受和审议一缔约国指控另一缔约国不履行它在公约下的义务的通知的情况下，这些缔约国才能指控别国或受别国指控，否则委员会不会接受。其次，当某一缔约国认为另一缔约国未执行公约的规定，以书面形式通知该国注意时，这一事项先由缔约国自己解决。只有在第一次通知后6个月里这一事项仍未解决时，委员会才会接受这一事项。再次，委员会处理的必须是已按照普遍公认的国际法原则求助于和用尽了所有现有适用的国内救济措施的事项。也就是说，委员会必须严格遵守"用尽当地救济原则"。最后，委员会在审议通知时，采用秘密会议的方式，尽量避免对缔约国尊严的损害。

人权事务委员会一旦接受和审议缔约国所通知的事项，就有权要求有关缔约国提供任何有关情报。委员会在审议此事项时，有关缔约国有权派代表出席会议并提出口头和书面说明。委员会首先应向有关缔约国提供斡旋，以便在尊重本公约所承认的人权和基本自由的基础上求得此事项的友好解决。如果斡旋成功，委员会在接受此事项的12个月内应提出一项报告，对事实经过和所获解决作一简短陈述；如果斡旋不能成功，委员会在相同的时间内也应提出报告，对事实经过作一简短陈述。委员会应将报告送交各有关缔约国。如果委员会处理的事项未能获得各有关缔约国满意的解决，委员会还可以经各有关缔约国事先同意，指派一专设和解委员会（以下简称和解会）。和解会由有关缔约国接受的委员或委员会用无记名投票方式选出的委员5人组成。和解会委员以个人身份进行工作，委员不得为有关缔约国的国民，或未声明承认委员会审议通知权力的缔约国的国民。和解会的工作主要也是为有关缔约国提供斡旋。和解会在工作时，既可以从委员会获得情报，也可以请有关缔约国提供任何其他有关情报。和解会在详尽审议事项后，应在受理该事项后 12 个月内，向委员会主席提出报告并转送各有关缔约国。如果和解会未能在 12 个月内完成审议，则应对其审议的案件作一简短陈述；如果案件得到友好解决，和解会应对事实经过和所获解决作一简短陈述；如果斡旋不能成功，和解会在其报告中应说明它对于各有关缔约国间争执事件的一切有关事实问题的结论，以及对于就该事件寻求友好解决的各种可能性的意见。对于斡旋不成功的情况下的报告，各缔约国应于收到报告后 3 个月内通知委员会主席是否接受和解会报告的内容。

人权事务委员会接受并审查个人声称因公约所载任何权利遭受侵害而为受害人的来文的职权是由《公民权利和政治权利国际公约任择议定书》专门授予的。处理来文是实施国际人权公约的重要方法，人权事务委员会被授权处理来文对《公民权利和政治权利国际公约》的实施意义重大。这项授权使人权事务委员会得以直接审查发生在缔约国的违反公约的具体事件，有利于人权事务委员会主动开展工作。

根据《任择议定书》的规定，人权事务委员会处理来文是有条件限制的。首先，来文所涉及的公约缔约国必须是《任择议定书》的缔约国，也就是说，只有公约缔约国授权委员会处理来文，委员会才能受理该来文。其次，个人的来文不能同时在另一国际调查或解决程序审查之中，且该个人必须已经用尽了其国内的补救办法或其国内的补救办法的实施有不合理的拖延。再次，任何来文必须是具名的和符合公约规定的。只有符合上述条件，来文才会被人权事务委员会受理。

人权事务委员会受理来文后，首先应将来文提请被控违反公约任何规定的议定书缔约国注意。缔约国收到通知后，应在 6 个月内书面向委员会提出解释或声明，说明原委，如果该国已采取救济办法，也应一并说明。委员会参照个人及关系缔约国所提出的一切书面资料，对来文进行审查。委员会在审查来文时，应举行不公开会议。审查结束，委员会应向关系缔约国及个人提出意见。当委员会经由经济及社会理事会向联合国大会提出关于它的工作的年度报告时，委员会处理来文的工作也要被列入在内。

2. 消除种族歧视委员会的实施

《消除一切形式种族歧视国际公约》是联合国通过的第一个包含国际执行措施的人权文件。公约第 8 条批准设立消除种族歧视委员会。这个委员会是该公约的主要国际执行机构。

消除种族歧视委员会由"德高望重、公认公正"的专家 18 人组成。委员会委员由公约缔约国从其国民中选出，以个人资格任职。选举时须顾及公约地域分配及各种不同文明与各主要法系的代表性。每一缔约国从其本国国民中推荐 1 人，作为委员候选人。委员会委员应以无记名投票自缔约国推荐的人员名单中选出。凡得票最多，且得票占出席及投票缔约国代表绝对多数票者当选为委员会委员。委员任期 4 年，缔约国负责支付委员会委员履行委员会职务时的费用。

根据《消除一切形式种族歧视国际公约》第二部分的规定，消除种族歧视委员会主要采取以下措施实施该公约：

首先，消除种族歧视委员会有权审议各公约缔约国提交的报告。据公约第 9 条的规定，缔约国应在公约对其生效后 1 年内以及之后每两年一次向联合国秘书长提出报告，供委员会审议。遇到委员会请求时，缔约国要随时提出报告，并且委员会可以请求缔约国送达进一步的情报。报告的内容主要是缔约国实施公约内容的立法、司法、行政或其他措施。消除种族歧视委员会将其年度工作报告送请秘书长转送联合国大会时，可以根据审查缔约国所送报告及情报的结果，拟具意见与一般建议。这些意见和建议连同缔约国核具的意见将一并提送联合国大会。委员会审议报告的制度有利于监督各缔约国履行公约义务，也有利于联合国各机关了解该公约在各缔约国的实施情况，以便采取适当的措施。

其次，消除种族歧视委员会有权处理缔约国之间因实施公约而产生的争议事项。该公约第 11 条第 1 款规定："本公约一缔约国如认为另一缔约国未实施本公约的规定，得将此事通知委员会注意。"委员会接到这种通知后，首先应将该项通知转知关系缔约国。收文国应在 3 个月内向委员会提出书面说明或声明，以解释此事，如果其已采取补救办法，应说明所采取的办法。如果在收文国收到通知后 6 个月内，当事双方仍未能由双边谈判或双方可以采取的其他程序达成满意的解决方案，任何一方都有权以分别通知委员会及对方的方法，再将此事提交委员会。如果委员会认为该事项符合"用尽当地救济原则",则委员会可以正式审议该事项。委员会可以请关系缔约国供给任何其他资料,关系缔约国也有权派遣1名代表参加委员会对该事项的讨论。委员会主席在委员会搜集整理认为必需的一切情报后,指派一专设和解委员会(以下简称和解会),为关系各国斡旋。和解会由5人组成,此5人为委员会委员或非委员会委员均可,但不得为争端当事各国的国民,亦不得为非公约缔约国的国民。和解会应当在详尽审议争议事项后,编撰报告书,提交委员会主席。报告书应包括其对于与当事国间争执有关的一切事实问题的意见,并要列述其认为适当的和睦解决争端的建议。委员会主席应将和解会报告书分送争端各当事国,各当事国应在收到报告书后3个月内,通知委员会主席是否接受和解会报告书所载的建议。3个月期满后,委员会主席应将和解会报告书及关系缔约国的宣告分送公约其他缔约国。

再次,消除种族歧视委员会有权处理其收到的个人来文。公约第14条第1款规定:"缔约国得随时声明承认委员会有权接受并审查在其管辖下自称为该缔约国侵犯本公约所载任何权利行为受害人的个人或个人联名提出的来文。"根据该款规定,如果缔约国声明承认委员会处理来文的权利,则委员会可以处理在该缔约国管辖下的个人或个人联名提出的来文。根据该条第2款的规定,作出上述声明的缔约国要在其本国法律制度内设立或指定一主管机关,负责接受并审查"在其管辖下自称为侵犯本公约所载任何权利行为受害者并已用尽其他可用的地方补救办法的个人或个人联名提出之请愿书"。如果上述设立或指定的机关不能解决请愿人的问题,则请愿人有权在6个月内将此事通知消除种族歧视委员会。委员会收到通知后,首先应将来文秘密提请据称违反公约任何条款的缔约国注意。虽然委员会不接受匿名来文,但非经关系个人或联名个人明白表示同意,委员会提请缔约国注意时不得透露其姓名。收文国应当在3个月内向委员会提出书面说明或声明,解释此事,如果已采取补救办法,要一并说明所采取的办法。委员会应参照关系缔约国及请愿人所提供的全部资料,审议来文。如果其有任何意见或建议,应当通知关系缔约国及请愿人。在委员会向联合国大会报告年度工作时,报告书中要列入来文的摘要,并斟酌情形列入关系缔约国之说明与声明及委员会的意见与建议的摘要。

最后，消除种族歧视委员会还有权就联合国各机关所收到的请愿书和报告书向各该机关表示意见及提具建议。根据公约第 15 条的规定，委员会有权从"处理与本公约原则目标直接有关事项而审理托管及非自治领土居民或适用大会第 1514 号决议的一切其他领土居民所递请愿书的联合国各机关"，收受与公约事项有关的请愿书副本，并向各该机关表示意见及提具建议。委员会还有权收受联合国主管机关所递交的有关领土内与公约原则目标直接有关的立法、司法、行政或其他措施的报告书，对其表示意见并提具建议。在委员会向联合国大会提交报告时，上述内容应被列入报告之中。

3. 禁止酷刑委员会的实施

与其他一些国际人权公约一样，《禁止酷刑和其他残忍、不人道或有辱人格的待遇或处罚公约》也设定了一个委员会，这个委员会就是禁止酷刑委员会。根据公约第二部分的规定，禁止酷刑委员会由 10 位具有高尚道德品格和被公认具有处理人权事务能力的专家组成。这些专家由缔约国从其本国国民中各提名 1 人，通过缔约国家会议选举产生。在选举时，要考虑到公平的地域分配和某些具有法律经验的人员参加的益处。缔约国还应优先选用那些愿意在禁止酷刑委员会工作的人权事务委员会委员。委员以个人身份任职，任期 4 年，可以连选连任。禁止酷刑委员会的职责与其他同类委员会的职责相似，主要是审议报告、进行调查、处理国与国的争议来文以及处理个人来文。联合国秘书长为委员会有效履行职责提供必要的人员和设施，缔约各国负担委员会成员履行委员会职责时的费用。

公约第 19 条第 1 款规定："缔约国应在本公约对其生效 1 年内，通过联合国秘书长向委员会提交关于其为履行公约义务所采取措施的报告。随后，缔约国应每 4 年提交关于其所采新措施的补充报告以及委员会可能要求的其他报告。"委员会收到这些报告后，应对报告进行审议，并可以提出它认为适当的一般性评论，转交有关缔约国。该缔约国可以随意向委员会提出任何说明，作为答复。最后，委员会可以将其评论载入其编写的向缔约国和联合国大会提交的年度报告中。

禁止酷刑委员会如果收到可靠的情报，认为其中有确凿迹象显示在某一缔约国内正在经常施行酷刑，它首先应当请该缔约国合作研究该情报，并请该缔约国对情报提出说明。如果委员会认为有正当理由，它可以指派 1 名或几名成员进行秘密调查并立即向委员会提出报告。委员会对其成员所提交的调查结果进行审查后，应将这些结果连同根据情况似乎适当的任何意见或建议一起转交该有关缔约国。委员会在与该有关缔约国协商后，可以将调查程序的结果简要载入其所编写的年度报告中。

公约第 21 条第 1 款规定："本公约缔约国可在任何时候根据本条规定，声明它承认委员会有权接受和审议某一缔约国声称另一缔约国未履行本公约所规定义务的来文。"根据这一规定，如果公约缔约国特别声明承认委员会处理国与国争议的来文，则委员会可以处理这些缔约国的来文。如果某一缔约国认为另一缔约国没有实行公约的规定，它可用书面通知提请后者注意这一问题。收文国应在收到通知后 3 个月内提出解释。收文国收到最初来文 6 个月后，如果双方不能解决争议，一方有权以通知方式将此事提交委员会，并通知另一方。委员会收到通知后，应举行非公开会议审查来文，对有关缔约国进行斡旋。在斡旋时，委员会可以酌情设立特设调解委员会。自收到通知之日起 12 个月内，委员会应提出报告，将有关情况告知有关缔约国。

处理个人来文是禁止酷刑委员会的另外一项重要职责。如果委员会要处理某缔约国的个人来文，首先必须是该缔约国已"声明承认委员会有权接受和审议在其管辖下声称因某缔约国违反公约的规定而受害的个人或其代表所递交的来文"。这一类来文不能采用匿名方式，必须符合公约的规定。委员会收到来文后，首先要提请关系缔约国注意。收文国应在 6 个月内向委员会提出书面解释或声明以澄清问题，如果该国已采取补救办法，也应一并说明。委员会举行非公开会议审查来文后，应将其意见告知有关缔约国和个人。

4. 消除对妇女歧视委员会的实施

为了审查《消除对妇女一切形式歧视公约》的执行情况，该公约第五部分规定设立消除对妇女歧视委员会。根据该公约的规定，消除对妇女歧视委员会由在公约适用领域方面有崇高道德地位和能力的专家组成，其人数在公约开始生效时为 18 人，到第 35 个缔约国批准加入后为 23 人。这些专家应由缔约各国自其国民中选举，以个人资格任职，选举时须顾及公平地域分配原则及不同文明与各主要法系的代表性。鉴于委员会责任的重要性，消除对妇女歧视委员会须经联合国大会批准后，从联合国资源中按照大会可能决定的规定和条件取得报酬。此外，联合国秘书长应提供必需的工作人员和设备，以使委员会按公约规定有效地履行其职责。

消除对妇女歧视委员会实施《消除对妇女一切形式歧视公约》的主要方式是审议报告和提交报告。首先，依据公约规定，缔约国应在公约对该国生效后 1 年内，以及此后每 4 年并随时在委员会的请求下，向联合国秘书长提出报告，供委员会审议。报告的内容包括缔约国为使公约各项规定生效所通过的立法、司法、行政或其他措施以及所取得的进展。报告中要特别指出使公约规定义务的履行受到影响的各种因素和困难。消除对妇女歧视委员会收到报告后，将举行会议，审议报告的内容。其次，根据公约，消除对妇女歧视委员会应就其活动，通过联合国经济及社会理事会，每年向联合国大会提出报告。在报告中，委员会可以根据对所收到缔约各国的报告和资料的审查结果，提出意见和一般性建议。这些报告还应由联合国秘书长转送妇女地位委员会参考。消除对妇女歧视委员会通过审议报告，可以掌握公约在各缔约国实施的基本情况，并可以发现一些一般性的问题。通过提交报告，消除对妇女歧视委员会可以保证公约的实施得到合理的关注，并使一些问题得到恰当的解决。可见，消除对妇女歧视委员会对实施国际人权公约发挥着良好的沟通作用。

5. 儿童权利委员会的实施

根据《儿童权利公约》第 43 条的规定，为审查缔约国在履行根据公约所承担的义务方面取得的进展，设立儿童权利委员会。儿童权利委员会由 10 名品德高尚并在本公约所涉领域具有公认能力的专家组成。这些委员通过缔约国提名，以无记名表决方式选举产生。选举时须考虑公平的地域分配及主要法系的代表性。儿童权利委员会通常每年举行一次会议。委员会的成员应按联合国大会可能决定的条件从联合国资源中领取报酬。

儿童权利委员会的基本职权是审议报告和提交报告。缔约国应在公约对其生效后 2 年内以及此后每 5 年一次向委员会提交报告，供其审议。首先，报告内容应是缔约国为实现公约所确认的权利所采取的措施以及关于这些权利的享有方面的进展情况。其次，公约特别要求报告应指明可能影响公约规定的义务履行程度的任何因素和困难。报告还应载有充分的资料，以使委员会全面了解公约在该国的实施情况。此外，委员会可以要求缔约国进一步提供与公约实施情况有关的资料。委员会在审议报告时，各专门机构、联合国儿童基金会和联合国其他机构应派代表列席公约中属于它们职责范围内的条款的实施情况的审议。委员会可以邀请各专门机构、联合国儿童基金会以及它可能认为合适的其他有关机关就公约在属于它们各自职责范围内的领域的实施问题提供专家意见。委员会也可以邀请上述机关向其提交报告，还可以向上述机关提出意见和建议。儿童权利委员会可以建议联合国大会请联合国秘书长代表委员会对有关儿童权利的具体问题进行研究。最后，根据该公约的规定，儿童权利委员会应通过经济及社会理事会每 2 年向大会提交一次关于其活动的报告。在报告中，委员会可以根据其审议材料和报告的结果提出资料和一般性建议。可见，儿童权利委员会对实施《儿童权利公约》有极为重要的作用，它对于保证《儿童权利公约》规定的各项权利的贯彻实施，并及时发现实施中的问题，找出解决方案具有十分重要的意义。

二、缔约国实施

联合国作为最具普遍性的政府间国际组织，是实施国际人权公约的重要主体，但是由于在国际层次上不存在超越于国家之上的立法、执法和司法权威，所以联合国的作用仍然是有限的。国际人权公约要真正发挥其作用，离不开缔约国的实施。缔约国是国际人权公约最主要的权利和义务主体。缔约国实施国际人权公约的过程也就是实施人权的国际保护的过程，它是指"国家按照国际法，通过条约，承担国际义务，对实现基本人权的某些方面进行合作与保证，并对侵犯这种权利的行为加以防止与惩治"。[①] 缔约国对实施国际人权公约特别重要。首先，国际人权公约的主要约束对象是国家，它主要规定的是一个国家对待其国民的行为，所以缔约国的行为是国际人权公约的主要规范对象；其次，在人权的实现中，国家的所作所为起着关键的作

---

① 王铁崖：《国际法》，法律出版社 1981 年版，第 261 页。

用。缔约国对国际人权公约的态度以及理解的差异,都会直接影响国际人权公约内容的实现程度。

缔约国实施国际人权公约,就是实践自己的缔约诺言。换言之,缔约国实施国际人权公约的过程就是履行公约义务的过程。一般来讲,缔约国根据国际人权公约所承担的义务包括四种类型,即提交报告的义务,接受相关人权委员会监督的义务,成为国家间指控和个人申诉对象的义务,以及出席有关司法诉讼并履行司法判决的义务(只规定在区域性人权公约中)。① 由于国际人权公约之根本目的并非为了保障国家之间的相对应的利益,而是为了实现处于各个国家管辖权之下个人——主要是其国民——的人权,所以一个国家根据公约承担的义务并不仅仅针对其他缔约国,在实质上是对"在其领土内和受其管辖的一切个人"承担的,因此,缔约国在国际人权公约下的义务还可以概括为承认、尊重、保障和促进以及保护人权这几个方面。缔约国必须通过一系列的立法、司法和行政措施,保护公约规定的人权。缔约国首先要以法律形式承认人权,即保证国际人权公约的内容在缔约国内实施时有充足的法律依据而不至于无法可依;其次,缔约国必须尊重人权,即缔约国对一些基本人权的行使要保持不加干涉和不予侵犯的立场;再次,缔约国有义务保障和促进人权,即国家有义务以其当前可资利用的资源,采取一切可能的措施达到人权的充分实现和享有;最后,缔约国对侵犯人权的行为——无论是来自国家自身的公共权威还是来自其他私主体——都要予以制裁。对人权受侵犯的受害者,国家要提供有效的救济。

总的说来,缔约国实施国际人权公约包括履行两个层次的义务:首先,根据公约的规定,缔约国要向各有关国际组织履行一定的义务,如接受一些机构的监督,甚至要受一些机构的管辖。这一类义务可以说成是缔约国国际的程序上的义务。其次,根据公约的规定,缔约国应当保证国际人权公约的具体内容的实施。例如,《公民权利和政治权利国际公约》第 2 条第 1 款规定:"本公约每一缔约国承担尊重和保证在其领土内和受其管辖的一切个人享有本公约所承认的权利。"根据该款规定,缔约国的义务就是采取措施保证其国民享有公

---

① 孙世彦:《论国际人权法下国家的义务》,载《法学评论》2001 年第 2 期。

约规定的公民权利和政治权利。由于公约所涉内容的不同，缔约国要从很多方面作出努力，才能履行这些义务。这些义务可以说成是缔约国国内的实体上的义务。当然，这两个层次的义务不是截然分开的。国内的实体上的义务是更基本的义务，国际的程序上的义务则是实体上的义务得到履行的保障。反过来，国际的程序上的义务对实体义务的履行有促进作用。

（一）缔约国对程序义务的实施

缔约国在实施国际人权公约时，其程序上的义务主要包括四个方面，即：提交报告的义务，接受相关人权委员会监督的义务，成为国家间指控和个人申诉对象的义务，出席有关司法诉讼并履行司法判决的义务。缔约国履行上述义务的程序，前文已有论述，下面主要论述国际人权公约的缔约国履行这些义务的基本情况。

1. 提交报告

提交报告是大多数国际人权公约规定的缔约国必须履行的义务。《公民权利和政治权利国际公约》、《经济、社会和文化权利国际公约》、《消除对妇女一切形式歧视公约》、《消除一切形式种族歧视国际公约》等均规定了提交报告的制度。当公约对缔约国生效以后，缔约国即有义务按照公约的规定提交报告。

一般说来，公约缔约国对提交报告的态度是积极的。这是因为提交报告对于一个国家树立良好的国际形象，展示该国的社会发展状况有重要作用。况且缔约国提交的报告总能最大程度地保护其自身利益。另外，缔约国完全可以用一些抽象空洞的大话来应付报告的内容。所以总的看来，提交报告对缔约国来说不是一件很难的义务，缔约国一般乐意提交报告。我们以加拿大为例。到目前为止，加拿大已经批准了6个"核心"人权公约，即：《公民权利和政治权利国际公约》、《经济、社会和文化权利国际公约》、《消除对妇女一切形式歧视公约》、《消除一切形式种族歧视国际公约》、《儿童权利公约》和《禁止酷刑和其他残忍、不人道或有辱人格的待遇或处罚公约》。加拿大十分积极地参加了这些公约规定的报告过程，并且尽了极大努力来向各个条约组织展示它通过立法、行政、司法实践在国内遵守国际人权义务的各项措施。加拿大对向条约组织定期报告义务所持的严肃态度，可以从加拿大向人权委员会提交的第四份期间报告上反映出来，这份报告涵盖的期间是 1990 年 1 月到 1994 年 12 月（该报告于 1997 年提交，并附有一份更新的资料）。该报告由 820 个段落组成，并且包括关于加拿大政府、各省政府和各领地政府为了实施《公民权利和政治权利国际公约》而采取的措施的报告。[①]

提交报告的义务在缔约国中得到了普遍的履行，这使得国际人权公约至少在形式上得到了较好的执行。同时，由于缔约国履行了提交报告的义务，因此国际人权机构也易于对缔约国进行监督。提交报告无论是对缔约国还是对国际人权机构来说都是实施国际人权公约的基本步骤，对实施国际人权公约的其他步骤和内容来说处于基础地位。提交报告是沟通缔约国与国际人权机构的第一步。同时也要看到，提交报告虽然是实施国际人权公约的步骤之一，但其作用并不大。因为国际人权公约对人权的各种规定具有抽象性，各个国家对人权的理解不尽一致，各国人权方面的国情也有差异，所以缔约国提交了报告并不等于它真正适当地履行了报告中所称的各种义务。缔约国的国内情况完全可能与报告的内容不相符合。

2. 接受相关人权委员会的监督

这里所说的"相关人权委员会"，是指与人权保护有关的各种委员会，既包括根据各个国际人权公约设立的条约组织，也包括联合国设立的与人权有关的委员会。一旦国际人权公约对某一缔约国生效，该缔约国即应接受相关人权委员会的监督。例如，如果一个缔约国加入了《公民权利和政治权利国际公约》并且该公约已经对该缔约国生效，那么该缔约国就要接受人权事务委员会（Human Rights Committee）的监督，同时，由于联合国经社理事会下属的人权委员会（Commission on Human Rights）可以处理与人权有关的任何问题，所以该缔约国还要受人权委员会的监督。所以通常情况下，缔约国受到的监督是多方面的，监督的方式因此也就各不相同。

缔约国履行接受相关人权委员会监督的义务，实质上就是承认相关人权委员会执行公约的权力。缔约国的义务主要是积极支持和配合

---

① 参见联合国人权事务高级专员办事处网页（网址：http//www.unhchr.ch/tbs/doc）。

相关人权委员会的工作，以及听取这些委员会的建议和意见。一般来说，公约缔约国至少在形式上是接受相关人权委员会监督的。这表现在缔约国通常都十分尊重相关人权委员会履行职责的行为，很少有直接的抵制行动。但是从另外一个方面来看，由于相关人权委员会毕竟不是一个超越于国家之上的权威，所以它的监督措施对缔约国并没有强制力，因而即使相关人权委员会提出了建议或者意见，缔约国仍然有可能听之任之，不予理睬。在这一方面，缔约国履行接受相关人权委员会监督的义务，要靠它的自觉行动。事实表明，许多缔约国没有尊重相关人权委员会的自觉性或是更多地考虑了其国内法律的效力。在一个引渡案件中，美国公民金德勒在被宣判一级谋杀罪、意图谋杀和绑架罪之前从羁押场所逃脱，非法进入加拿大，之后被捕。美国要求引渡该公民，但根据加拿大和美国签定的引渡条约，加拿大有权拒绝引渡，除非美国提供不判处死刑或者即使判处死刑也不执行的保证。尽管金德勒已经向人权委员会提出申诉，而且尽管人权委员会要求在审查其申诉时停止执行引渡决定，金德勒还是被加拿大引渡到了美国。对此，加拿大表示，它并不总是要求得到不判处死刑的保证，寻求保证的权利被保留着，但不管怎样，人权委员会对加拿大的行为不能不表示遗憾，因为加拿大没有给人权委员会审查申诉的机会。

3. 成为国家间指控和申诉对象

根据国际人权公约的规定，缔约国可能成为国家间指控的对象和个人申诉的对象。例如，《消除一切形式种族歧视国际公约》规定，消除种族歧视委员会有权受理调解一缔约国对另一缔约国关于违反公约规定的指控，有权根据公约规定的任择条款受理个人来文。《禁止酷刑和其他残忍、不人道或有辱人格的待遇或处罚公约》规定，禁止酷刑委员会有权受理缔约国之间的相互指控和缔约国的个人来文。同样，《公民权利和政治权利公约》规定，人权事务委员会也有权受理缔约国的相互指控和处理缔约国的个人来文。当上述委员会履行职责时，相关缔约国就可能成为国家间指控和个人申诉的对象。此外，根据联合国各机构的职权和经社理事会第 1235 号和第 1503 号决议，联合国各机关可以受理国家间的指控，人权委员会有权审议所有国家与大规模侵犯人权和基本自由有关的情况。

一般来说，一个缔约国不会对另一缔约国提出关于违反公约规定的指控，因为这样通常会损害两国之间的正常关系，所以一般只有在一个缔约国违反公约的行为损害到另一缔约国的利益时，另一缔约国才会提出指控。比如说如果一国国内存在对某一居于少数群体地位的种族的歧视，那么在该种族占多数的另一国家内，民族感情可能会受到伤害。如果两国都是《消除一切形式种族歧视国际公约》的缔约国，那么后者就有可能对前者提出指控。国家之间的指控还有可能向联合国的国际法院提出，因为《防止及惩治灭绝种族罪公约》、《消除一切形式种族歧视国际公约》都赋予国际法院以管辖权。1960 年，埃塞俄比亚和利比里亚向国际法院提交了一个起诉南非的案件，要求国际法院命令南非履行其托管西南非洲的义务，在其所辖领土取消种族隔离。虽然国际法院以起诉国无法律利益为由驳回了起诉，但这最终促进了联合国对该问题的关注。

自《公民权利和政治权利国际公约》等国际人权公约生效以来，缔约国成为个人申诉对象的情况是很多的。但是根据对个人申诉的规定，一项申诉在能够被从是非曲直方面考虑之前，必须首先被认为是可以受理的，因而，个人申诉在很多情况下会不被受理。然而，仍然存在被条约组织宣布为可以受理的并且已经就其是非曲直进行考虑的案例。

加拿大是《公民权利和政治权利国际公约》以及《公民权利和政治权利国际公约任择议定书》的缔约国。根据《任择议定书》的规定，人权事务委员会有权接受并审查个人声称因公约所载任何权利遭受侵害而为受害人的来文。人权事务委员会曾经接受并审查了这么一个来自加拿大的案件。在该案件中，巴兰坦、戴维森和麦金太尔这几位申诉人是住在魁北克的加拿大公民，他们的母语是英语。他们是商人，并且他们的很多顾客也是说英语的。他们宣称，他们是加拿大联邦政府和魁北克省政府违反公约第 2 条、第 19 条、第 26 条和第 27 条的受害者，因为他们被禁止为了广告的目的使用英语，例如在办公楼外的商业标牌上或者在公司的名称中使用英语。申诉人针对的立法中规定，公共标志、海报和商业广告，在室外或者目的是让室外的公众看见的，必须只使用法语。人权事务委员会在审查该案后得出结论，公约第 19 条第 2 款被违反了。该款规定："人人有自由发表意见的权利；此项权利包括寻求、接受和传递各种消息和思想的自由，而不论国界，也不论口头的、书面的、印刷的、采取艺术形式的或通过他们选择的任何其他媒介。"委员会的意见是，对言论自由的任何限制必须同时满足下列条件：它必须由法律进行规定；它必须是属于第19条第3款（a）、（b）中列举的目标之一；并且它必须是达到某个合理的目标所必须的。委员会认为，要达到在加拿大保护说法语的人群的地位的目标，并不必须禁止使用英语做商业广告，而且，"一个国家可以选择一种或几种官方语言，但是在公共生活的范围之外，它不能剥夺以自己选择的语言进行表达的自由"。委员会建议国家一方当事人通过对该法律进行适当修正的方法来纠正对公约第19条的违反，并指出，它希望在6个月内收到有关政府方根据委员会的意见采取的任何相关措施的信息。委员会的意见公布以后，魁北克政府修正了它的立法。这个案例被认为是缔约国遵从委员会意见的极好的例子。

加拿大还是《禁止酷刑和其他残忍、不人道或有辱人格的待遇或处罚国际公约》的缔约国。根据该公约，禁止酷刑委员会有权审议个人的申诉。禁止酷刑委员会曾经审议了一个涉及指控加拿大违反了公约第3条规定（如有充分理由相信任何人在另一国家将有遭受酷刑的危险，任何缔约国不得将该人驱逐、遣返或引渡至该国）的案件。在该案中，卡恩是一个巴基斯坦公民，1990年进入加拿大并主张移民法规定的难民身份。但是加拿大难民处认为其不符合难民身份。1992年联邦法院签发了对卡恩驱逐出境的命令。1993年公民身份和移民部长拒绝了卡恩提出的基于人道主义和给予同情原因的永久居民身份的申请。卡恩向禁止酷刑委员会提出申诉后，加拿大对卡恩的申诉能否被受理没有提出任何异议，并且要求委员会继续对案件本身进行审查。委员会认为它并不是被要求对加拿大现行的制度从总体上进行审查，而是审查在目前的案件里加拿大是否遵守了公约规定的义务。委员会得出结论说，相信像卡恩这样的政治活动者将有遭受酷刑的危险的充分理由是存在的，因而将卡恩驱逐或遣返回巴基斯坦将构成对公约第3条的违反。委员会表达了这样的观点：加拿大有义务不强制将卡恩遣返回巴基斯坦。加拿大曾要求委员会重新考虑其对卡恩案件的意见，但委员会驳回了请求。委员会评论说："国内的法院和法庭具有评断事实和证据，听取证人的陈述并据以作出裁判的首要责任。委员会必须一直给予国内法院和法庭的裁判以应有的分量。同时，它必须保持对受到酷刑的危险进行它自己评价的资格，并且在某些案件中，在这方面作出与国内法院和法庭不同裁决的资格。在这个方面，委员会认为虽然国内法院和法庭在审查难民身份主张方面有获得承认的资格，但是委员会在评断酷刑的危险方面有专业的知识和经验。"我们可以看出，尽管禁止酷刑委员会并没有实施其意见的强制力，但加拿大对其提出的意见仍然是十分关注的。加拿大一直在按照程序表明自己的立场，它在委员会审议时向委员会提出了不少材料，并进行了辩解和说明。可以说，加拿大较为忠实地履行了其成为申诉对象的义务。相比较而言，不少缔约国在履行这方面义务时的态度就不及加拿大。

4. 出席有关司法诉讼并履行司法判决

对于一些区域性人权公约的缔约国来说，其实施公约的一种重要方式就是出席有关司法诉讼并履行司法判决。目前区域性人权公约主要有《欧洲人权公约》、《美洲人权公约》和《非洲人权和民族权宪章》。由于美洲人权机构不像欧洲人权机构那样拥有较为坚实的政治、经济、文化、传统基础，美洲国家间人权法院迄今为止仅仅作出了约 20 件判决。非洲大陆长期以来遭受欧洲列强的殖民统治，其国内的司法体系尚不健全，所以非洲人权法院至今尚未正式建立，因而，我们讨论缔约国出席有关司法诉讼并履行司法判决，主要以《欧洲人权公约》的缔约国为例。

根据《欧洲人权公约》，欧洲人权机构主要是指欧洲人权委员会、欧洲人权法院和欧洲理事会部长委员会。1998 年 11 月 1 日，《欧洲人权公约》第十一议定书正式生效。按照该议定书的规定，欧洲人权委员会被取消，部长委员会处理申诉的职权也被取消，所有申诉案件均由常设的欧洲人权法院审判。

欧洲人权法院是欧洲人权机构通过审判处理申诉的司法机关。截至 1998 年底，人权法院已经作出了 500 件判决，其中 2/3 的判决判定受控国败诉。① 各缔约国在人权保护方面的立法、司法和行政质量

---

① 杨成铭：《人权保护区域化的尝试——欧洲人权机构的视角》，中国法制出版社 2000 年版，第 88 页。

都面临欧洲人权法院在区域人权保护层面上再次的审查和判断。在司法诉讼中，缔约国一般都积极出席并据理力争。在诉讼中，受控国通常要提出初步的答辩意见，进而为自己的行为进行辩护。在不同的案例中，受控国提出了各种各样的理由，其中有不少理由得到了人权法院的确认。例如，受控国可以主张干涉目的的合法性。在贝尔德约蒂诉法国案中，申诉人因其父母丧失法国国籍而非法居留于法国，并在此期间因犯罪而被监禁 10 年。1979 年 11 月 2 日，法国内政部长以申诉人出现在法国领土构成对公共秩序的威胁为由签署命令将其驱逐。案件由欧洲人权法院受理后，法国政府的代表提出的初步答辩意见认为，政府的干涉行为完全是根据《欧洲人权公约》行事的，其目的是"防止混乱"和"预防犯罪"。这一意见最终得到欧洲人权法院的赞同。① 受控国除了积极答辩外，往往还通过与当事人协商的方法，友好地解决问题，提前终结诉讼，以避免败诉的尴尬。在斯科格斯托恩诉瑞典案中，申诉人与瑞典在诉讼中达成协议：瑞典政府采取措施修改其刑事诉讼法中的有关部分以使该法与《欧洲人权公约》第 5 条第 3 款相符合；瑞典政府支付给申诉人 5000 瑞典克朗作为申诉费用补偿。随后，瑞典政府请求人权法院将该案从诉案中勾销。欧洲人权法院认为，该项协议是当事人双方真实意思的表示，就普遍利益而言，它不能延期判决，也不能因为公共政策的原因继续查明该事实，因而，该案件最终从诉案中勾销了。

在履行司法判决方面，缔约国一般都能够遵守公约。人权法院不像国内法院那样，有权执行自己的判决。人权法院的判决只具有宣告性质，它们意在确定公约是否受到违反以及受控国是否应依公约第 50 条给予赔偿。然而，人权法院有机会在后来的判决中对先前的判决是否受到重视或实施作出判断。例如，1991 年 11 月 29 日，欧洲人权法院在对威麦尔案的判决中指出，比利时布鲁塞尔上诉法院和最高法院像一审法院一样都没有遵守它在马克斯案中的裁决。缔约国通常都依照其本国法的规定赋予人权法院判决在国内执行的效力，部分缔约国还通过了特别的立法规则来确保人权法院的判决在其国内法律秩

---

① 杨成铭：《人权保护区域化的尝试——欧洲人权机构的视角》，中国法制出版社 2000 年版，第 238 页。

序中的施行。在国内法律秩序中有效执行人权法院的判决被认为是缔约国应该采取的重要步骤，因为这是确保以给予申诉人安慰的方式遵守和贯彻法制原则的最基本的前提条件。

在古查蒂诉意大利一案中，申诉人古查蒂因被怀疑是意大利黑手党的成员而被意大利有关当局软禁在撒丁尼亚海岸附近的阿森纳拉岛。古氏白天只能在 2.5 平方公里的地面活动。人权法院在处理该案时确认：古氏在岛上处于被剥夺自由的状态，因而意大利当局的行为剥夺了申诉人的人身自由，违反了《欧洲人权公约》第 5 条的规定。该案判决生效后，意大利政府为了避免再次受到指控，被迫从监狱名单中勾销了阿森纳拉岛。可见，缔约国一般都会履行司法判决，并且尽量避免再次受控诉的危险。

（二）缔约国对实体义务的实施

国际人权公约的主要内容就是要求缔约国承担承认、尊重、保障和促进以及保护人权的义务。由于公约的内容各不相同，各国的国内状况也有差别，所以各国实施国际人权公约的义务实际上是有轻重差异的。有些国家成为一项国际人权公约的缔约国意味着要采取许多立法、司法和行政措施，而对另一些国家而言，由于它们认为自己已经达到了公约的要求，所以几乎不采取任何措施。此外，有些国际人权公约对缔约国义务的规定有模糊性，在这种情况下，我们很难形成对缔约国履行这一类义务的评价。在这些公约中，往往使用"一切可能"或是"适当"这一类语言，而这类语言是不易评判的。

无论如何，我们可以将缔约国为尊重、保障和促进人权而采取的一切立法、司法和行政措施视为对国际人权公约的实施。只要缔约国在不断推动其国内状况与公约要求相符合，无论其采取措施的大小，都可以认为缔约国在履行条约义务。

缔约国对实体上义务的实施可以从三个方面来论述，即：立法方面的措施、司法方面的措施和行政方面的措施。实际上，这三个方面的措施有时是浑然一体的。也就是说，缔约国为了保障某项人权的实现，既要采取立法方面的措施，也要采取司法方面的措施，同时还要采取行政方面的措施。有时，为了保障人权，甚至要进行制度上的改革与创新。

1. 立法方面的措施

一个国家成为某个国际人权公约的缔约国以后，首先就要考虑：（1）现存的国内法律和程序是否已经符合该人权公约在法律上的要求；（2）如果存在不一致，新的立法是否应当被制定，或者现存的立法是否应当被修正；（3）如果国内立法与公约的规定不一致，国内的做法是否有可能得到保留。经过这样的考虑，该国就应当决定在立法上是保持原状，还是修正原有立法或是通过新的立法。

由于体制的不同，各国对国际人权公约在国内如何实施的规定是各不相同的。一部分国家将国际人权公约直接视为可以在其国内实施的法律，另外一些国家则坚持国际人权公约不能自动在缔约国执行。前一类国家在遇到国际人权公约与其国内法发生冲突时，往往承认国际人权公约有更高的效力；而后一类国家如加拿大，则坚持国际人权公约不能自动成为加拿大法律的一部分。"如果为了实施一项条约义务要求修改法律，就要由议会或者省的立法机关进行立法活动，这取决于根据宪法的规定哪一级的政府在相关领域有普通的管辖权。"①在这些国家，有一个得到确认的规则，即签署条约是行政行为；而在实施条约义务时，如果这些义务要求修正现存的国内法，则需要立法机关的立法活动。无论是哪种体制的国家，为了实施国际人权公约，并保证法律的协调统一，都需要在立法方面采取一定的措施。事实上，多数国家在加入某一项国际人权公约之前，都会考虑其国内的法律状况，并进行某些修正。

在有些时候，缔约国可能没有发现或是不认为其国内法律是违反公约的。这样，缔约国要等到问题暴露后，才会去审视并修正其法律。例如，加拿大魁北克省曾在《法语宪章》（第101号法案）中规定："公共标志、海报和商业广告，在室外或者目的是让室外的公众看见，则必须只使用法语。"针对这一法律，人权事务委员会曾受理了三个相关案件。在委员会指出加拿大魁北克省的该法律违反《公民权利和政治权利国际公约》后，魁北克政府于1993年修改了该法律。新的立法规定："公共标志、海报和商业广告必须使用法语，但

① 杨成铭：《人权保护区域化的尝试——欧洲人权机构的视角》，中国法制出版社2000年版，第378页。

是也可以共同使用法语和其他一种语言，不过法语要处于主要的地位。"此外，根据新的立法，政府可以通过制定规章来决定在什么情况下广告只能使用法语，在什么情况下法语不必要处于主要地位，以及在什么情况下这种广告可以仅仅使用另一种语言。

除了修正法律，缔约国为了执行国际人权公约，有时还要进行专门的立法。例如《欧洲人权公约》的缔约国为了在国内执行人权法院的判决，都在其国内法中对此作出了规定。为了确保人权法院的判决在其国内法律秩序中的施行，一些缔约国还通过了特别的立法规则。人权保护程序改良专家委员会曾在人权促进委员会的授权下对欧洲人权机构作出违反公约的裁定以后缔约国国内司法制度在多大程度上考虑审查国内司法判决进行了专项研究。在被调查的 6 个缔约国中，有 4 个缔约国通过了立法规则以便在欧洲人权机构作出对违反公约的裁定以后能够对国内司法判决加以审查。

缔约国为实施国际人权公约而采取的立法措施是十分复杂的，它们既要将公约的内容转化为其国内法，又要对其国内立法进行某些修正，有时还要为实施公约而通过一些新的立法或是在国内法律体系中增加一些条款。从整体上看，这些措施是使国际人权公约在国内得到实施的首要的一步。因为缔约国对公约的实施，最终有赖于对这些法律的实施。反过来说，只有国内法体现了国际人权公约的内容和精神，缔约国才算履行了实施国际人权公约义务的实质上的第一步。

2. 司法方面的措施

为实施国际人权公约，缔约国除了采取立法方面的措施外，更重要的还是采取司法方面的措施。司法活动是适用法律的活动，缔约国是否真的履行了公约义务，要根据缔约国具体实施法律的情况来判断，而不能只看是否有符合公约的法律条文。

缔约国采取的司法方面的措施是多方面的，其中最明显、最有说服力的措施是对侵犯公约规定的人权的行为进行制裁。此外，缔约国司法机关有时不仅将公约的具体的硬性规定运用到其国内诉讼中，而且在审判中开始运用公约的一些原则，即从考查公约的精神入手来审理相关的案件。这可以认为是缔约国为忠实履行公约义务而采取的较高层次的司法措施。

司法是一种具有终局性的救济途径。司法的目的主要是为权利受侵害者提供救济。缔约国为履行公约义务，所采取的措施主要就是通过司法机关确认当事人是否享有某项人权、当事人的人权是否受到侵害以及对侵害进行何种补救。在补救措施中，最重要的就是对侵犯人权的主体进行制裁，包括采取刑罚的措施。《禁止并惩治种族隔离罪行国际公约》第 1 条第 2 款规定："本公约缔约国宣布：凡是犯种族隔离罪行的组织、机构或个人即为罪犯。"据此，该公约的缔约国对犯种族隔离罪行的组织、机构或个人，必须进行刑事制裁，惟有如此，才算恰当地履行了公约义务。《公民权利和政治权利国际公约》第 2 条第 3 款（甲）项规定："公约每一缔约国承担保证任何一个被侵犯了本公约所承认的权利或自由的人，能得到有效的补救，尽管此种侵犯是从官方资格行事的人所为。"在（乙）项中，公约特别提到了司法补救。据此，该公约的缔约国有义务通过司法程序保护人权，制裁侵犯人权的行为。由于各公约缔约国的国内立法在许多情况下体现了公约的旨意，符合公约的规定，所以缔约国依据本国法进行的不少司法审判都可以看做是对人权公约的实施。但是毫无疑问，由于缔约国一般不直接适用公约，司法官员对公约的内容不如国内法那样熟悉，所以缔约国国内的裁判与公约的要求可能有这样或那样的差别。当差别过大时，就有可能引起前文所述的个人申诉或国家间的控诉程序。

除了以公约的具体内容作为裁判的根据外，缔约国有时在国内判决中还采纳公约的原则和精神。在加拿大就有这样一个案例。贝克女士是牙买加公民。她以访问者的身份于 1981 年来到加拿大，并从此留在加拿大，在此期间她生育了 4 个现在是加拿大公民的子女。1992 年，贝克女士被驱逐出加拿大，理由是她在加拿大未经许可而工作并且她的访问签证已经过期。这一案件最终上诉到了加拿大最高法院。该案涉及《儿童权利公约》在加拿大是否有法律效力以及对贝克女士的驱逐是否侵害了其子女的儿童权利的问题。加拿大最高法院认为，一个国际条约并不能成为加拿大国内法的一部分，除非它被通过立法程序予以实施，而如果它没有被立法所吸收，就不能在加拿大直接被适用。《儿童权利公约》是由政府行政部门签署的，在根据加拿大移民立法行使自由裁量权时并没有法律效力。但是，就像上诉人提出的那样，加拿大对该条约的签署必然要求它在行使影响家庭特别是儿童权利和利益的自由裁量权时，受公约规定的原则的指导。最高法院在裁决中指出，虽然公约的规定在加拿大不具有直接的适用性，但国际人权法律反映的价值可以在法律解释和司法审查时帮助提供具体情况的解决办法。加拿大对《儿童权利公约》的批准，以及加拿大批准的其他国际公约中对儿童权利和儿童最大利益的重要性的承认，表明加拿大在行使权力时要注意对儿童权益进行特别考虑。最高法院指出："因为移民机构作出决定的根据并没有表明它作出决定时，对贝克女士的子女的利益采取的是觉察的、关怀的或者敏感的态度，并且在作出决定时并没有把这些作为一项重要的因素来考虑，它是对立法授予的权力的不合理的行使，因此，必须被撤销。"最高法院最后裁决这个案件发回国籍和移民部，由另外一个移民官员来重新决定。可见，缔约国实施国际人权公约的司法措施不限于以公约的具体内容进行审判，还可以运用公约的原则和精神进行审判。

3. 行政方面的措施

与立法和司法方面的措施相比，缔约国为实施国际人权公约而采用的行政方面的措施就更加具体、繁杂了。行政权力是国家权力体系中负责执行国家权力机关的意志，维护社会、经济、文化等秩序，增进社会福利，管理社会事务的权力。行政机关可以被看做是一个社会的日常管理者。为了有效地管理社会，行政行为要涉及社会的方方面面，行政机关要做许多细致的工作。不同的国际人权公约涉及的社会生活方面，所体现的人权的具体内容有很大的不同。缔约国为履行公约，必须借助于行政机关在日常生活中的力量。

首先，行政机关可以采取措施促进国际人权公约的实施。例如，《消除一切形式种族歧视国际公约》第7条规定："缔约国承诺立即采取有效措施尤其是在讲授、教育、文化及新闻方面以打击导致种族歧视之偏见，并增进国家间及种族或民族团体间的谅解、容恕与睦谊，同时宣扬联合国宪章之宗旨与原则、世界人权宣言、联合国消除一切形式种族歧视宣言及本公约。"缔约国要履行上述承诺，最简便的方法无疑是采取行政措施。因为一国国内通常都有教育、文化、新闻等行政主管机关，它们可以直接在其管辖内履行公约义务。

其次，行政机关有时为履行一项公约义务要采取许多措施。例如，《经济、社会和文化权利国际公约》第11条第1款规定："本公约缔约国承认人人有权为他自己和家庭获得相当的生活水准，包括足够的食物、衣着和住房，并能不断改进生活条件。各缔约国将采取适当的步骤保证实现这一权利，并承认为此而实行基于自愿同意的国际合作的重要性。"为实现上述目的，缔约国政府必须采取一系列的经济措施，推动国家经济的良好发展，包括进行国际经济合作。该条第2款接着规定了"人人享有免于饥饿的基本权利"。为履行该公约义务，同样要求缔约国政府大力发展经济，特别是在社会生活保障方面采取措施。

再次，行政机关可以通过制裁侵犯人权的行为来保障人权。当一国发生侵犯人权的事件时，司法救济并不是解决问题的惟一途径。与司法救济相比，通过行政措施为人权受侵害者提供救济更加及时，更加有效。这是因为，行政机关在认为有侵犯人权的行为发生时，可以主动直接地对该行为进行处罚，而不需要经过繁杂漫长的司法程序；而且，行政行为是即时生效的，它一旦生效就可以立即执行，而司法救济在最后执行中往往还是要通过行政机关来实现。例如，《消除对妇女一切形式歧视公约》第2条规定，应采取一切适当措施，消除任何个人、组织或企业对妇女的歧视。为此，缔约国通常会采取行政制裁措施，消除来自个人、组织或企业的对妇女的歧视。行政制裁是一种经常性的便利措施，它往往比其他措施要更加有效。

第四章　欧洲人权公约及其实施

一、欧洲人权公约的制定

（一）欧洲人权公约制定的背景

18、19 世纪既是资产阶级革命在欧洲取得胜利的时期，也是近代意义上的人权观念开始形成的重要时期。当时新生的自由资本主义生产方式的发展要求个人有追求资本、利益的自由，要求财产自由、竞争自由、契约自由、买卖自由等，顺应这一历史趋势，资产阶级启蒙思想家鲜明地提出了"天赋人权"的思想，古典自然法学派的自然权利说成为近代西方国家人权概念形成的最主要的理论基础。该学说将独立的、自由的个人看做是社会的基础，把保护个人的自然权利奉为法律的主要目的。在这一思想的影响下，18、19 世纪西方国家的人权立法中对人权的保障主要采取个人保障原则，也即个人享有的"天赋人权"不受任何侵犯，一切与个人的幸福和利益相关的事项由个人自由处理，国家不得加以限制和干涉。如 1689 年英国《权利法案》、1776 年美国《独立宣言》、1789 年法国《人权和公民权宣言》以及 1789 年美国《宪法修正案》都反映了这一原则，尤其是法国的《人权和公民权宣言》的影响极为深远，欧洲各国纷纷效仿，于是对人权的个人保障主义以国内法的形式在欧洲得到了广泛确立。

进入 20 世纪，作为人权思想发源地的欧洲先后爆发了残酷践踏人的生命和自由的两次世界大战。"一战"，欧洲是主战场，卷入战争的人口达 20 亿以上，占当时世界总人口的 3/4，其中阵亡 1000 万，失踪 500 万，在长达 2500 ~ 4000 公里的战场上，枪林弹雨，血肉横飞，"争地以战，杀人盈野；争城以战，杀人盈城"。① "二战"，欧洲是战争策源地之一，挑起这场战争的三个法西斯国家中有两个是欧洲国家（德国和意大利）。据粗略统计，"二战"中有 5000 万人丧生，战争所消耗的资产和造成的损失达 4 万亿美元。在欧洲，法西斯在占领区建立了 10 万多个集中营，在集中营里，炼人炉、毒气、子弹和饥饿使 1200 万人丧生。德军对 600 万犹太人的迫害和屠杀更是令人发指。②

两次身历惨不堪言之战祸的欧洲人民和欧洲社会普遍认识到，要避免战争对人类造成的深重灾难，尤其是要防止第二次世界大战中纳粹独裁统治、种族灭绝的悲剧重演，必须加强对人权的保护并建立保护人权的有效机制，人权保护问题开始从国内法领域进入国际法领域。这一转变又分为以下两个阶段：

1. 国内保护为主，国际保护为辅阶段

第一次世界大战之后，国际关系发生了极大的变化，在国际社会上第一次出现了具有普遍性的国际政治组织——国际联盟，使得某些与人权有关的国际保护得到一定程度的发展。在这段时期里，与人权保护有关的近代国际法的发展主要表现在保护少数者、禁止奴隶和禁止强迫劳动三个方面。保护少数者是国际法中与保护人权相关的最初领域，早在 1606 年匈牙利国王和特兰西瓦尼亚君主缔结的《维也纳条约》中就规定了新教徒宗教礼拜自由的条款。在战后，有关保护少数者的多边条约明显增多，主要体现于协约国与波、捷、希、罗、奥、保、匈、土等国订立的一系列和约中，保护的对象从宗教上的少数者扩展到种族上甚至语言上的少数团体。③ 禁止奴隶主要是规定在 1926 年 9 月 25 日由国际联盟主持制定的《禁奴公约》中，禁止强迫劳动主要是规定在 1930 年 6 月 28 日由国际联盟主持制定的《禁止强迫劳动公约》中。但是在这一时期（"一战"后到"二战"前），从

---

① 王绳祖主编：《国际关系史》（上），法律出版社 1986 年版，第 289～290 页。

② 郑杭生、谷春德主编：《人权史话》，北京出版社 1993 年版，第 310～312 页。

③ 王铁崖主编：《国际法》，法律出版社 1995 年版，第 194 页。

总体上说人权的国际保护仅限于个别方面，且带有非经常的性质，人权概念并未获得国际法的承认，人权问题仍然是属于一国国内管辖的事项，人权的保护仍然以国内法保护为主，尚未进入国际法的一般领域。只是在这一时期，新自然法思想中以耶林、狄骥首创的社会权利说开始取代了自然权利说，也即保护社会利益是法律的目的，个人权利的行使不得损害社会利益和团体公益。这一思想反映在欧洲国家的人权保护立法中则是团体主义原则取代了个人保障原则。

2. 人权保护由国内保护进入国际法的一般保护领域阶段

"二战"中德、意、日三个国家对内实行法西斯垄断统治、实行军国主义，对外实行种族灭绝政策，侵略别国进行大规模的屠杀，这一野蛮行径和惨痛后果引起国际社会的深刻反省，并达成一个共识：践踏人权和独裁暴政是人类苦难的根源，国际社会的和平和国家之间的友好在很大程度上依赖于对基本人权的尊重，自此人权保护问题开始受到国际社会的普遍关注。在这一背景下，1941 年美国总统罗斯福提出了著名的"人类四大基本自由"原则（即言论和表达的自由、宗教信仰自由、免于匮乏的自由和避免恐惧的自由），同年 8 月美英联合公布的《大西洋宪章》重申了这一主张。1942 年，中、美、英、苏等 26 个对法西斯作战的国家共同签署了《联合国宣言》，确认了《大西洋宪章》的宗旨和原则，并宣布"深信为保卫生存、自由、独立与宗教自由，并保全其本国与其他各国中的人权与正义起见，完全战胜敌国，实有必要"。1944 年夏末，由苏、美、英、中四国在美国华盛顿的敦巴顿橡树园会议上通过了《关于建立普遍性的国际组织的建议案》。1945 年 4 月 25 日，在美国旧金山有 50 个国家的代表参加的"联合国国际组织会议"上，对这一建议案进行修改，定名为《联合国宪章》，并于 1945 年 6 月 25 日获得通过，于同年 10 月 24 日开始正式生效。《联合国宪章》是联合国的组织文件，也是第一个将尊重人权作为宗旨之一加以规定的普遍性组织文件。它规定了一些关于人权问题的条款，虽然远未达到预期的构想，但是它为当代国际人权法的发展"奠定了法律上和概念上的基础"。① 尤其是根据《联合

---

① 索恩：《新国际法：对个人权利而不是国家权利的保护》，载于《美利坚大学法律评论》1982 年第 32 期，第 1 页。

国宪章》成立了以"尊重人权和基本自由"为宗旨的国际组织——联合国,为以后进行国际人权立法和国际人权保护活动起到了指导和组织的作用,标志着人权问题开始成为国际社会普遍关心的问题和国际合作的重要事项。

《联合国宪章》虽然将增进并激励对于人权及基本自由的尊重列为联合国的宗旨之一,但并未列举各项具体人权,也未确定其内容。为完成这一未竟事业,联合国于 1946 年 2 月成立了人权委员会,着手制定国际人权宪章。1948 年 12 月 10 日联合国大会通过了《世界人权宣言》,同时还决定把其内容制定成对各缔约国具有法律约束力的国际公约。

联合国的成立,特别是 1948 年《世界人权宣言》的通过,将人权问题正式纳入了国际法的范畴。在《世界人权宣言》的鼓舞下,《欧洲人权公约》的制定被提上了日程。

(二) 欧洲人权公约制定的过程

"二战"后,在欧洲统一运动中纷纷建立了许多以联合欧洲为目标的组织,这些组织联合成立了欧洲联合运动国际委员会。1948 年 5 月,该组织在海牙主持召开了"欧洲大会",会议上发表的《告欧洲人民书》明确宣布:"我们希望有一个联合的欧洲,并在这一整个地区,恢复人员、思想和货物的自由往来;我们希望有一个人权宪章,以保障思想、集会、言论自由以及组成政治对立面的权利;我们希望一个拥有足够强制力的法院对这一宪章加以实施;我们希望一个欧洲议会,其成员应代表我们所有国家的各种力量。"这次会议首次正式公布了西欧各国要在欧洲建立区域性人权保护制度的愿望和如何实施的初步设想:不仅要有保护人权的规范,而且更要建立一个实施机构以实现西欧各国在未来的欧洲联合中对人权的集体保障。

在欧洲大会的倡导下,1949 年 5 月 5 日,英国、法国和意大利等 10 个国家在英国伦敦签署了《欧洲理事会章程》,成立了欧洲理事会。《欧洲理事会章程》明确指出欧洲理事会的宗旨是"在它的会员国之间实现一个更加紧密的团结以便保护和推进它们共同的遗产——理想和原则,和促进它们经济和社会的进步",并且规定成立欧洲理事会的目的,其中有一个就是"维护和发展人权和基本自由"。为实现这一目的，《欧洲理事会章程》第3条进一步规定，欧洲理事会任何会员国应"承认法律至上的原则和在它的管辖下的任何人应享受的人权和基本自由所依据的原则"，并应保证真诚地和积极地为实现欧洲理事会的宗旨而合作。欧洲理事会从一开始起就主张多元化的民主、人权和法治国家的根本原则，并以此为民主的欧洲确立了主导方针，这一超国家机构的成立促使《欧洲人权公约》从理想走向现实。

1949年8月，在欧洲理事会第一届咨询大会上，酝酿已久的人权问题顺理成章地被列为首要议题之一。同年9月，欧洲理事会咨询议会通过了议会下属法律与行政问题委员会提交的一份报告，该报告就如何建立集体保障人权的制度提出了一系列的建议，主要包括：(1) 关于人权内容。建议将1948年《世界人权宣言》中所宣布的10项权利作为应予以集体保护的人权内容；(2) 关于成员国的义务。建议各成员国应承诺尊重各项基本的民主原则，并举行自由选举；(3) 关于实施机构。建议设立欧洲人权委员会和欧洲人权法院，前者主要是接受对违反人权的各种指控和进行调解，后者则负责确定是否发生了违反人权的事实。1949年11月，欧洲理事会部长委员会任命了一个政府专家委员会，由其负责起草公约草案。政府专家委员会提出草案后，欧洲理事会部长委员会又任命一个政府高级官员委员会对该草案作进一步的修改，修改后的草案经欧洲议会和欧洲理事会部长委员会的最终审议后通过，于1950年9月4日在罗马公布并由欧洲理事会各成员国外交部长签署。1953年9月3日《欧洲保护人权与基本自由公约》（简称《欧洲人权公约》）在得到10个国家的批准之后正式生效。到2002年7月12日，随着波斯尼亚和黑塞哥维那成为《欧洲人权公约》的缔约国，使公约的缔约国增加到44个，它们是：阿尔巴尼亚、安道尔、亚美尼亚、奥地利、阿塞拜疆、比利时、保加利亚、塞浦路斯、克罗地亚、捷克、丹麦、爱沙尼亚、芬兰、法国、格鲁吉亚、德国、希腊、匈牙利、冰岛、爱尔兰、意大利、拉脱维亚、列支敦士登、立陶宛、卢森堡、马耳他、摩尔多瓦、荷兰、挪威、波兰、葡萄牙、罗马尼亚、俄罗斯、圣马利诺、斯洛伐克、斯洛文尼亚、西班牙、瑞典、瑞士、前南斯拉夫和马其顿共和国、土耳其、乌克兰、英国、波斯尼亚和黑塞哥维那。2003年4月3日塞尔维亚和黑山共同国正式成为欧洲理事会的一个成员国，该国宣布加入《欧洲人权公约》及其第一、四、六、七、十二、十三议定书，从而成为公约的第45个缔约国。2004年10月5日摩纳哥正式成为欧洲理事会成员国，成为公约的第46个缔约国。

（三）欧洲人权公约制定的意义

1.《欧洲人权公约》的制定是国际人权保护法制化方面的有益尝试和初步探索

虽然联合国的宗旨之一是"激励对全人类的人权及基本自由的尊重"，而且为实现这一宗旨，联合国还通过了《世界人权宣言》，但是如何将其变为对缔约国都有拘束力的国际法律文件，使其在国际层面上得以实施，则是非常困难的。因为各国的人权状况是否属于联合国的管辖范围始终存有争议，而且由于各国的政治传统、价值观念、法律制度甚至于对人权的理解都存在非常大的区别，因而使得全球范围内的国际人权保护进展并不显著。而《欧洲人权公约》是在共同的政治传统、价值观念、法律制度和相近的经济水平基础上制定的，因此缔约国对公约的内容有着较为一致的理解，甚至有的缔约国还将公约的某些条款直接吸收为本国宪法或法律的一部分，即使缔约国未将公约上升为法律的，他们的宪法或法律也不得与公约相违背。因此，《欧洲人权公约》是为欧洲国家所普遍接受的，而且它率先将人权问题以国际公约的形式提到国际高度，并率先将《世界人权宣言》规定的权利具体化和法律化，在欧洲建立了一整套对缔约国内的人权状况进行国际监督甚至审理的有效机制，这不仅为欧洲人民的人权提供了跨国家的制度保障，而且为集体保障和执行《世界人权宣言》中规定的公民权利和政治权利迈出了一大步。

2.《欧洲人权公约》的制定是对国际人权法的一个重大发展

首先，《欧洲人权公约》继承了欧洲传统的以个人权利为中心的人权思想体系，强调的是个人与生俱来的"自然权利"，认为人权就是指个人的不可剥夺和不可让与的基本权利和自由，争取人权的斗争就是个人与政治权威之间的斗争。为了确定这一思想，公约赋予个人以权利主体地位，主要表现在公约一方面继续扩大对个人权利的规定，另一方面又赋予个人在权利受到侵害时的救济方式——个人有权提起诉讼。而全球性公约虽然规定个人能够享有许多权利，但至于如何救济受到侵害的个人，则往往不予规定。《欧洲人权公约》对个人权利主体地位的确认和保护开创了国际人权法的先例。

其次，《欧洲人权公约》所规定的内容是对国际人权法的极大丰富和有益补充。它几乎包括了《世界人权宣言》所载的全部人权和基本自由，但与宣言相比无疑详细得多、丰富得多，而且规定了许多宣言未曾规定的权利。如这次在维尔纽斯签署的《欧洲人权公约第十三议定书》，废除了在战时、战争或其他非常情况的紧急威胁时的死刑。欧洲理事会早在1983年的第六议定书中就规定废除和平时期的死刑。而第十三议定书甚至在所有情况下都废除了这一残酷的刑罚。据此，欧洲成为第一个消灭了死刑的大陆，地球上近60亿人口中的约1/8从此免受这一古老的严厉刑罚的威胁，这对于全球废除死刑是重要的一步。

再次，《欧洲人权公约》建立了一套行之有效的执行和监督机制。修订前的《欧洲人权公约》确定了由欧洲人权委员会、欧洲人权法院和欧洲理事会部长委员会三重结构来具体负责人权保障事宜。简单来说，欧洲人权委员会负责受理人权申诉，以协商方式解决争议；对委员会调解未成的案件，委员会或有关缔约国均有权按照公约的规定，在委员会向欧洲理事会部长委员会提交报告的3个月之内，将案件提交欧洲人权法院；对于因各种原因而未被提交的案件，欧洲理事会部长委员会则有权加以审理，并作出对缔约国具有拘束力的决定。已提交欧洲人权法院的案件，法院将最终对案件作出具有拘束力的判决，但若该判决未能被当事人双方自觉履行，则由欧洲理事会部长委员会进行监督和处理，从而使缔约国最终承担法律上的义务，以服从《欧洲人权公约》。1994年5月11日在斯特拉斯堡签署并于1998年11月1日生效的第十一议定书规定撤销人权委员会，取消欧洲理事会部长委员会处理申诉的职权，建立单一的常设欧洲人权法院来处理个人和成员国的人权申诉。欧洲人权机构的理论和实践的进一步向前发展必将对传统国际法提出更多的挑战并为现代国际法特别是国际人权法注入新的活力和内容。①

3.《欧洲人权公约》的制定对人权的国际保护起到了一个重要

---

① 杨成铭著：《人权保护区域化的尝试——欧洲人权机构的视角》，中国法制出版社2000年版，第296页。

的启示作用

《欧洲人权公约》是在《世界人权宣言》的基础上制定出来的第一个区域性人权公约，其所规定的理论与半个多世纪以来的实践，为其他区域性人权保护的建设提供了借鉴，成为区域性国际人权法的渊源之一。在它的影响下，美洲、非洲先后签订了本区域的人权保护公约。这大大加强了区域性人权机构的建设，为国际人权公约的有效施行和增强人权的国际保护意识以及提高人权的国际保护水平起到了很大的推动作用。

二、欧洲人权公约的内容

（一）体例编排及主要内容

《欧洲人权公约》根据 1998 年 11 月 1 日生效的第十一议定书进行了修订，与修订前的《欧洲人权公约》相比，其在体例编排及内容上发生了一些变化。

修订前的《欧洲人权公约》分序言和正文部分。序言部分主要是明确了公约签字国为欧洲理事会成员，解释了公约出台的原因和目的以及规定了各缔约国应当保证履行尊重人权和负有保障公约所规定的人权的义务。正文分为五章，第一章主要是规定了应当保障的权利和自由以及紧急时期的变通做法及一些限权规定和解释性规定。第二章规定了应当设立欧洲人权委员会和欧洲人权法院。第三章主要是规定了人权委员会的构成、委员的选举、委员的任职资格和任期、委员会的职能与工作程序等。第四章主要是规定了人权法院的构成、法官的选举、法官的任职资格和任期、法院的职权和工作程序等。第五章主要是一些杂项规定，如缔约国国内法实施公约的说明义务的规定、委员会和法院的开支规定、公约的有限解释规定、公约的效力范围规定、公约的批准与生效规定，等等。

根据 1998 年 11 月 1 日生效的第十一议定书修订的《欧洲人权公约》分为序言、第一章、第二章和第三章。序言部分除保留原序言的内容外，还在开头增加了有关公约修改的原因和依据的说明。第一章为"权利与自由"，内容与修改前的公约规定大体一致。变化最大的是第二章，由于第十一议定书规定由统一的独立的人权法院代替现有的欧洲人权委员会和欧洲人权法院进行工作，因此修改后的公约删除了关于欧洲人权委员会的规定，将有关欧洲人权法院的规定进行相应修改和补充后规定在第二章"欧洲人权法院"，主要是规定了法院的建立、法官数量及其任职标准、法官的选举、任期和免职、法院的组成及法庭权力、法院的管辖权、案件的受理及审理程序、判决的作出及其效力、法院咨询意见的作出及咨询管辖权以及法院经费和法官的特权与豁免等内容。第三章"附则"，内容主要是原杂项条款删除了关于欧洲人权委员会和欧洲人权法院相关条款后的内容。

由于公约一开始规定的权利和自由比较有限，为了顺应保障人权的需要，公约通过附加议定书的方式补充规定了各项权利和自由，议定书所规定的权利和自由与公约本身所规定的权利和自由一样受到公约的保护。此外，还通过附加议定书的方式对公约进行修改和补充。截至 2005 年，已经补充了 14 个议定书。

第一议定书在 1952 年 3 月 20 日在巴黎会议上通过并由成员国签署，于 1954 年 5 月 18 日生效。它的主要内容是在公约原有权利的基础上增加了 3 项权利，即：和平享用个人财产权、受教育权和自由选举权。

第二议定书于 1963 年 5 月 6 日在斯特拉斯堡会议上通过并由成员国签署，于 1970 年 9 月 21 日生效。该议定书主要是对人权法院就公约、议定书的适用所作的有关解释提出咨询意见的权能规定。

第三议定书于 1963 年 5 月 6 日在斯特拉斯堡会议上通过并由成员国签署，于 1970 年 9 月 21 日生效。该议定书对公约作了部分修订，取消了小组委员会制度，简化了欧洲人权委员会的工作程序。

第四议定书于 1963 年 9 月 16 日在斯特拉斯堡会议上通过并由成员国签署，于 1968 年 5 月 2 日生效。该议定书进一步规定了个人应当享有的权利和自由，主要包括不被剥夺自由的权利、自由迁徙和自由选择住所权、自由离开任何国家权、不受驱逐权等。

第五议定书于 1966 年 1 月 20 日在斯特拉斯堡会议上通过并由成员国签署，于 1971 年 12 月 21 日生效。该议定书对公约第 22 条和第 40 条进行了修订，以确保对人权委员会和人权法院的成员能进行定期更换和调整。

第六议定书于 1983 年 4 月 28 日在斯特拉斯堡会议上通过并由成员国签署，于 1985 年 3 月 1 日生效。该议定书规定应予废除死刑，但出现下列情形时各缔约国可以自行在法律中规定死刑的适用：如果某人在战争年代或其面临战争威胁时犯罪，可以对其执行死刑。

第七议定书于 1984 年 11 月 22 日在斯特拉斯堡会议上通过并由成员国签署，于 1988 年 11 月 1 日生效。该议定书增加了新的权利规定，包括外国人合法居住权、刑事犯的复审权、错判赔偿权、一事不再审权、夫妻平等权等。

第八议定书于 1985 年 3 月 19 日在维也纳会议上通过并由成员国签署，于 1985 年 3 月 19 日生效。该议定书主要是对人权委员会的运作程序作了进一步的规定。

第九议定书于 1990 年 9 月 6 日在罗马会议上通过并由成员国签署，于 1994 年 10 月 1 日生效。该议定书对公约第 31 条第 2 款、第 45 条、第 48 条作了修正。主要是规定了报告提交的程序、申诉人的资格、法院的管辖权限以及提交案件的主体和程序等。

第十议定书于 1992 年 3 月 25 日在斯特拉斯堡会议上通过并由成员国签署。该议定书旨在改善监督公约实施的程序，它改变了在争端未诉诸欧洲人权法院时，欧洲理事会部长委员会裁决是否发生违反公约情形的投票规则，以简单多数原则取代了公约第 32 条规定的 2/3 多数的规则。

第十一议定书 1994 年 5 月 11 日在斯特拉斯堡会议上通过并由成员国签署，于 1998 年 11 月 1 日生效。该议定书旨在重建监控手段，规定在斯特拉斯堡建立统一的永久性的常设人权法院，代替现有的欧洲人权委员会和欧洲人权法院进行工作。

第十二议定书是欧洲委员会 41 个成员国于 2000 年 11 月 4 日在罗马签署的，其内容主要是反对各种形式的歧视，尤其是种族歧视。

第十三议定书于 2002 年 5 月 3 日在立陶宛首都维尔纽斯举行的欧洲委员会部长理事会第 110 次会议上通过，欧洲委员会 44 个成员国中的 36 个成员国作了签署。①该议定书的内容主要是：签署该议定

---

①　其中阿尔巴尼亚、亚美尼亚、阿塞拜疆、保加利亚、克罗地亚、俄罗斯、斯洛伐克和土耳其等 8 个成员国没有在议定书上签字。

书的国家有义务毫无例外地取消死刑，包括战争时期。该议定书至
2003 年 4 月 30 日，共有 13 个欧洲理事会成员国批准，比生效要求
10 个批准国还多出 3 个，根据议定书的规定，于 2003 年 7 月 1 日起
生效。

第十四议定书于 2004 年 5 月 13 日在斯特拉斯堡会议上通过，目
前尚未生效。由于公约缔约国数目快速增长，个人申诉的案件日益增
多，致使欧洲人权法院无法从容应对。1998 年个人申诉案件为18 164
件，2003 年就新增案件39 000件，至 2003 年底未决案件已达65 000
件。① 为保持和提高管理效率，确保欧洲人权法院能继续发挥主导作
用，第十四议定书主要是对公约第二编"欧洲人权法院"进行了修
订。主要内容有：（1）法官的任期。法官任期由 6 年延至 9 年，且不
能再连选连任。如此修订主要是为了增强法官的独立性和中立性。
（2）设定过滤无价值案件的程序。第十四议定书第 6 条和第 7 条引入
了独任庭制度（single judges formation）。独任法官有权对个人申诉案
件作出不予受理的决定或有权从法院的案件清单中注销该个人申诉登
记记录，且这一决定为终局性的决定，不必经过进一步的审查。独任
法官未作出不予受理或注销决定的案件才能提交给审理委员会或小合
议庭作进一步的审查。为提高独任法官的工作效率及不损害决策的司
法性和中立性，报告法官应当协助独任法官开展工作，由一国选任的
独任法官不得审查涉及该缔约国的申诉。（3）完善对个人申诉案件
的受案标准。除公约第 35 条规定的标准外，第十四议定书第 12 条增
加了申诉人未遭受重大不利的申诉不予受理的规定。至于什么是重大
不利，议定书并未进行解释，这有待于欧洲人权法院日后以判例的形
式予以确认。为了避免滥用此规定以致个人申诉被大量驳回，议定书
设立了三个主要保护措施：一是即使作为个人申诉人没有遭受重大不
利，但出于对公约及其议定书所规定权利的尊重而要求审查案件的，
该申诉就不能被宣布为不可受理；二是未能得到该国国内法院恰当审
查的个人申诉不能宣告为不可受理；三是为了今后以判例的形式逐渐

① Protocol NO. 14 to the European Convention on Human Rights, First Report of
Session 2004-05. http://www.publications.parliament.uk/pa/jt200405/jtselect/jtrights/
8/8.pdf

确立清晰的受案标准，规定在该议定书生效后的两年内只有小合议庭和大合议庭才有权适用新的受理标准，独任法官和审理委员会均无权适用。(4) 增加处理重复性案件的措施。主要是增加了审理委员会的权限。如果涉及公约及其议定书的解释或适用方面的重复性的个人申诉案件，审理委员会可以根据之前欧洲人权法院对相关问题作出的判例对该案直接受理并作出裁决。(5) 加大判决的执行力度。议定书主要是通过强化欧洲理事会部长委员会的应用措施来促进其对判决执行的监督：如果部长委员会认为对判决的解释问题阻碍了判决的执行，在 2/3 多数决议通过的情况下有权将该问题提交欧洲人权法院，要求法院对该判决作出解释；如果部长委员会认为一国存在拒绝履行终局判决的情况，在 2/3 多数决议通过并正式通知该缔约国的情况下，可以将该问题提交欧洲人权法院，由其对该缔约国是否违反公约第 46 条第 1 款作出判断。①如果法院认为的确存在违反义务的情形，其应当将意见反馈给部长委员会，由后者考虑需要进一步采取的措施。(6) 扩大第三方参与。议定书第 13 条对公约第 36 条作出补充，除公约规定的第三方参与的情形外，对于小合议庭和大合议庭审理的所有案件，欧洲理事会人权委员有权提交书面意见并参加庭审。

值得注意的是，自第十一议定书生效后，第二、第三、第五、第八议定书的内容均被第十一议定书所取代，第九议定书被废止，第十议定书亦失去了其意义。而第十四议定书一旦生效，《欧洲人权公约》的实施将进入一个崭新的阶段。

(二) 欧洲人权公约所保障的主要权利

依据《欧洲人权公约》及其议定书的规定，所保障的权利与自由包括：生命权（第 2 条）、免受酷刑与不人道待遇权（第 3 条）、不受奴役和强迫劳动权（第 4 条）、人身自由和安全的权利（第 5 条）、公平审判权（第 6 条）、尊重私人和家庭生活、住宅和通讯权（第 8 条）、思想、良心和宗教自由权（第 9 条）、表达自由权（第 10 条）、和平集会和结社自由权（第 11 条）、结婚及组织家庭权（第 12

---

① 公约第 46 条第 1 款规定：各缔约方承诺在其为当事方的案件中服从法院的终局判决。

条)、有效救济权 (第 13 条)、财产权 (第一议定书第 1 条)、受教育权 (第一议定书第 2 条)、自由选举权 (第一议定书第 3 条)、免于因民事债务而受拘禁之自由权 (第四议定书第 1 条)、迁徙及选择居家自由权 (第四议定书第 2 条)、不受驱逐权 (第四议定书第 3 条、第四议定书第 4 条、第七议定书第 1 条)、刑事上诉权 (第七议定书第 2 条)、错判赔偿权 (第七议定书第 3 条)、一事不再审权 (第七议定书第 4 条)、夫妻平等权 (第七议定书第 5 条),等等。本节仅就其中几项主要权利作具体介绍。

1. 生命权 (生存权, the right to life)

生命权,是指任何人的生命都是神圣不可侵犯的,任何人均享有法律保护其生命的权利,任何人都不得被故意或非法剥夺其生命,这是一项最基本的和首要的人权,是人享有和实现其他各项人权的基础和前提。

《欧洲人权公约》关于该项权利主要体现在公约的第 2 条。该条规定,任何人的生命权应受到法律的保护,不得故意剥夺任何人的生命。其例外情况包括:一是法院的依法判罪,即死刑的适用;二是由于绝对必要使用武力而造成生命的剥夺,包括正当防卫,为实行合法逮捕或防止合法拘留的人脱逃以及为镇压暴动或叛乱而合法采取的行动对他人生命的剥夺。最初的规定虽然保护了公民个人免受合法权力之外的无论是个人还是组织,亦或是国家武断剥夺其生命的权利,但并没有免除死刑,也就是说法院依法定罪执行死刑不在此限。为了弥补这一缺陷,欧洲理事会全体会议 (the Parliamentary Assembly of the Council of Europe) 于 1983 年 4 月 28 日在斯特拉斯堡会议上决定通过一个议定书,也就是第六议定书 (于 1985 年 3 月 1 日生效),规定应予废除和平时期的死刑,但该议定书仍然保留了战时的死刑。鉴于在 1993 年有 59 人被合法执行死刑,至少有 11 个成员国和 7 个观察员国的 575 名囚犯将要被执行死刑的状况,1994 年欧洲理事会全体会议通过了废除死刑的 1246 号建议书,接下来于 2002 年 5 月 3 日在立陶宛首都维尔纽斯举行的欧洲委员会部长理事会第 110 次会议上通过了第十三议定书,欧洲委员会 44 个成员国中的 36 个成员国作了签署。该议定书规定了签署该议定书的国家都有义务毫无例外地取消死刑,包括废除在战时、战争或其他非常情况的紧急威胁时的死刑。与此同时，欧洲理事会全体会议和欧洲委员会部长理事会为了进一步落实这一规定，鼓励那些在事实上或法律上没有废除死刑的成员国暂缓适用死刑。

《欧洲人权公约》及其议定书对生命权的规定，尤其是对死刑的废除举措走在了整个世界的前列，正如旨在促进民主和人权的欧洲理事会秘书长 Walter Schwimmer 所说："欧洲理事会早已取得令人骄傲的成果，在这个 8 亿人居住的大陆废除了和平时期的死刑。"而"第十三议定书在所有情况下废除了这一野蛮的刑罚。我们希望，这对于全球废除死刑是关键性的一步，我们也将为了在全球实现废除死刑这一目标而不遗余力。"① 随着第十三议定书的生效，欧洲大陆成为第一个全面废除死刑的地域，成为生命权保护的典范。

美国的"9·11"事件引起了整个世界对恐怖主义的高度警觉，反恐运动如火如荼地开展起来。在这一趋势下，欧洲范围内废除死刑成为一个有争议的问题，不同的看法认为废除死刑在一定程度上是对恐怖主义的纵容及对恐怖分子的放纵与宽容。但欧洲理事会部长委员会的最后联合公报认为，各国的确应该采取有效措施反对恐怖活动，并在反恐怖主义的过程中更新 1977 年欧洲反恐怖公约；但是"对人权的尊重并不是反恐怖主义的障碍"，反恐怖的措施必须是"合理且合适的"。

与生命权相关并引起争议的是堕胎问题。由于堕胎涉及道德、政治、宗教、风俗以及法律等因素，因此判断堕胎是否侵害了生命权成为一个复杂的问题，这直接关系到法律对生命起始的界定。但《欧洲人权公约》并未对生命起始作出明确规定，使得堕胎案件的审理缺乏法律依据。虽然欧洲人权委员会认为，国家可以对堕胎的权利加以某些限制，但并不承认胎儿的绝对生命权，因为这将与公约的目的和宗旨相违背。② 但其后的《美洲人权公约》规定弥补了这一缺陷，该公约第 4 条第 1 款明确规定："每一个人都有使其生命受到尊重的

---

① http：// www. hrea. org/lists/psychology-humanrights-l/ markup/msg00149. Html.

② Council of Europe, Short Guide to the European Convention on Human Rights, 2000, p. 11.

权利。这种权利一般从胚胎时起就应受到法律保护。"与《欧洲人权公约》在此问题上的模糊性不同，堕胎从一开始就受到《美洲人权公约》的限制。

在现实中，不公正地剥夺公民个人生命的最糟糕的情况主要是出现在战时以及内乱时期，而且这往往也会直接导致国家间纠纷的产生。如在1974年7月和8月土耳其入侵北塞浦路斯事件中，后者向欧洲人权委员会控诉土耳其侵犯了该国公民的生命权，违背了《欧洲人权公约》关于生命权的规定。欧洲人权委员会受理后经调查查明在这期间的确有大规模非法屠杀的行为存在，于是立即作出了一个明确的不利于土耳其的判决，尽管这一判决不可能彻底杜绝这一状况的再次发生，也没有找到有效解决这个问题及国家间纠纷的政治途径，但是我们并不能低估在发生人权纠纷后由一个超国家机构作出清晰判决的作用。

幸运的是，有关违反《欧洲人权公约》生命权规定而向欧洲人权机构申诉的案子很少，最近的一个案例是阿卜杜拉·奥贾兰诉土耳其案（Abdullan Ocalan v. Turkey, 1999）。阿卜杜拉·奥贾兰于1978年11月28日成立了库尔德工人党，并当选为总书记，领导反政府武装活动，试图建立独立的"库尔德斯坦共和国"。在库尔德工人党同土耳其政府长达16年之久的内战中有37 000人丧生。1999年2月16日，他在肯尼亚被土耳其特工和美国中央情报局绑架，同年6月29日由土耳其安卡拉国家安全法院以"从事叛国、屠杀和分裂活动罪"判处死刑。入狱后奥贾兰及其支持者向欧洲人权法院提出申诉，欧洲人权法院遂要求土方暂停执行对其的死刑判决，以便法院对该案进行审理。2000年1月12日土总理宣布同意上述要求。为尽早解决加入欧盟会籍问题，土耳其于2003年1月15日签署了规定在和平时期废除死刑的《欧洲人权公约》第六议定书，奥贾兰成为该法案的第一个受益者，由死刑改判无期徒刑。

2. 免受酷刑和不人道待遇权（freedom from torture and inhuman or degrading treatment or punishment）

《欧洲人权公约》第3条规定："任何人不得被加以酷刑或使受非人道的或侮辱的待遇或惩罚。"免受酷刑和不人道待遇权可以说是生命权的延伸，与个人的人身完整性及人的尊严直接相关，因而也是最基本的人权之一。但该条文仅仅笼统地宣示应当禁止上述行为，并未具体阐释酷刑及不人道行为的内涵、外延及其相互间的联系与区别。为此，欧洲人权法院和欧洲人权委员会曾通过判例确认了严重性原则：由当事人所遭受的待遇或处罚的严重程度来区分其是否在被禁止之列。

在 1969 年的丹麦、法国、挪威、瑞典和荷兰诉希腊案中，欧洲人权委员会认为：酷刑是为了某种目的，如为获得情报或承认，或给予处罚而实施的非人道待遇；非人道待遇或处罚是指在特定状况下，蓄意地使遭受精神的或肉体的严重痛苦的不合理待遇；有辱人格的待遇或处罚是指在他人面前严重羞辱某人，或迫使某人违背自己的愿望或良心而行事的待遇。之后，欧洲人权法院在 1978 年爱尔兰诉英国的案件中对上述概念作了一些修改，认为：酷刑是造成极其严重和残忍痛苦的蓄意的非人道待遇；非人道待遇或处罚是指遭受强烈的肉体和精神痛苦；有辱人格的待遇是指企图激起受害者恐惧感、极度痛苦感和自卑感，能羞辱和贬低他们，并可能击垮他们的肉体和精神抵抗的虐待。①

虽然，随后的一系列判例对酷刑及不人道待遇作出了进一步规定，但由于不可能列举所有情形，在现实中对其认定与把握是相对的，它取决于个案的所有情节如待遇状况、身体或精神因素、受害人的年龄和健康，等等。因此，在对此类案件的处理上也表现得愈来愈具有弹性。例如，欧洲人权法院曾判定：因国家官员对被拘留人的强奸所引起的疼痛或痛苦应当计入"酷刑"。②

由于《欧洲人权公约》关于禁止酷刑和不人道或有辱人格的待遇或处罚的规定实际上是一种事后救济，为了更好地贯彻《欧洲人权公约》的精神，1987 年，欧洲理事会专门制定了《欧洲预防酷刑和其他不人道和有辱人格待遇的公约》，其重要特征之一是：欧洲防止酷刑委员会能在任何时间、在不经任何等待的情况下进入任何公约

---

① Council of Europe, Short Guide to the European Convention on Human Rights, 2000, pp. 12-13.

② David Elliott: Challenging Impunity for Torture, Published by the Redress trust, 2000, p3.

成员国，以接受被拘禁人的投诉或声明；检查被囚者或囚犯的待遇；观察执法官员和另一些工作人员对被剥夺自由者的态度，等等。同时，欧洲防止酷刑委员会有权造访任何监禁场所，诸如监狱，警察局看守所以及审前看守所，等等；该委员会成员还可以私下会见被拘留人或囚犯——在监所听力所及范围之外会见，假如可能，还可在当局视野所及范围之外会见。① 实践证明，《欧洲防止酷刑公约》所建立起来的预防性程序性制度是一个有效的、成功的制度，为国际反酷刑制度的制定与实践树立了一个典范。《欧洲防止酷刑公约》所建立起来的预防性机制为防止酷刑和其他残忍、不人道或有辱人格的待遇或处罚提供了一个崭新的途径。

3. 人身自由和安全的权利（the right to liberty and security of person）

人身自由和安全的权利是指公民有权享有个人的身体自由，不受非法逮捕、拘禁、审讯和惩处的权利。人身自由和安全的权利可以说是生命权的自然延伸，属于基本人权之一，是其他权利如宗教信仰自由、言论自由、集会自由及出版自由等各项权利得以充分行使的保证。

《欧洲人权公约》第 5 条规定了人身自由和安全的权利：人人享有人身自由和安全的权利，任何人不得被剥夺其自由。除了这一原则性的一般规定之外，鉴于自由权在民主社会中的重要地位，《欧洲人权公约》第 5 条第 1 款对自由权剥夺的例外情况作了详尽无遗的列举，从而最大可能地防止缔约国利用自由裁量权另行创设剥夺自由的其他类型。其例外情况有：依照法律规定的程序，（1）经有管辖权的法院判罪而对某人加以合法的拘留；（2）由于不遵守法院的合法命令或为了保证法律所规定的任何义务得以履行而对某人加以合法的逮捕和拘留；（3）在有理由地怀疑某人犯罪或在合理地认为有必要防止某人犯罪或在犯罪后防其脱逃时，为将其送交有管辖权的司法当局而对某人加以合法的逮捕或拘留；（4）为了实行教育性监督的目的而依法命令拘留一个未成年人，或为了将其送交有管辖权的法律当局而加以合法的拘留；（5）为防止传染病的蔓延对某人加以合法的

---

① 蒋小红：建立反酷刑的预防性机制，http：//www. iolaw. org. cn/temp/cn/showarticle. asp？id＝571。

拘留以及对精神失常者、酗酒者或吸毒者或流氓加以合法的拘留；
(6) 为防止某人未经许可进入国境或为押送出境或引渡对某人采取
行动而加以合法的逮捕或拘留。值得注意的是公约的措辞也相当严
谨，一方面着重强调了剥夺自由的"合法性"，从主体、手段、程序
各方面都作了限制性规定；另一方面，针对对象的不同，适用的措施
也不同。如未成年人只适用拘留而不适用逮捕，原因是对未成年人的
拘留其侧重点不在于惩罚，而更是为了保护未成年人脱离有害的环
境，从而有利于对其教育和健康成长。

　　公约第5条除关注公民人身自由权的保护，使公民免于遭受武断
的逮捕和羁押外，还规定了被羁押人应当享有的相关的程序性权利，
概括起来有：告知权，即任何被逮捕的人应以其能理解的语言被迅速
告知其被逮捕的原因和被指控的罪名；及时受审或释放权，即由于涉
嫌犯罪或防止其犯罪或防止其犯罪后脱逃而被逮捕或拘留的任何人，
其在逮捕或拘留后应享有迅速被送交法官或其他经法律授权行使司法
权的官员，在合理的时间内接受法官审查的权利以及要求法院迅速裁
决羁押是否合法或是否要继续羁押的权利从而获得在审判前的释放，
以及其他任何被逮捕或拘留的人都有权运用司法程序要求法院就羁押
作出合法性决定从而要求释放；求偿权，即由于违反该条规定而被逮
捕或拘留的任何人有权获得赔偿。

　　这一条款的重要性很快就在斯特拉斯堡法院早期受理的案件中显
示出来。在最初的一万个案件中有将近1/3是与剥夺公民个人的自由
权有关的。在对成员国例行检查的过程中，欧洲反酷刑委员会（the
Committee for the Prevention of Torture）向各国建议给予被羁押人上述
程序性的权利。在欧洲理事会针对警察、监狱职员、检察人员、律师
以及法官所举办的培训班或研讨会上，其中特别强调公民人身自由和
安全的权利，而且欧洲理事会还经常给那些寻求指导的国家提供专家
建议，为其指明如何使其本国的法律符合斯特拉斯堡法院在此领域所
订立的标准。

　　美国"9·11"事件后，各国相继制定了限制恐怖嫌疑人人身自
由和安全的反恐法案。如"9·11"事件后，英国政府以"特殊环境
需要特殊法律"为由，出台了《反恐怖、犯罪和安全法案》，但是被
英国最高司法机构——议会上院上诉法院2004年12月裁定，反恐法

案中不起诉、不审判情况下无限期拘留外籍恐怖嫌疑人的规定明显违反了《欧洲人权公约》。由于这是一个有效期只到 2005 年 3 月 14 日的临时法案，如果在 3 月 15 日之前，没有新的反恐法案出台的话，所有关押在伦敦贝尔马什监狱中的外籍恐怖嫌疑人都将被无条件释放。为了避免这样的结果，英国下议院试图在它过期之前通过新的反恐法。2005 年 1 月，布莱尔政府紧急起草了新议案，规定内政大臣克拉克有权无限期要求嫌疑犯留在政府机关或自己家中，禁止会客、出行甚至上网和使用手机。经过长时间多次激烈讨论，英国议会下院（众议院）于 2 月 28 日晚以 279 票赞成、219 票反对的表决结果，通过了政府提交的这一新的反恐法案。但这一反恐法案于 3 月 7 日遭遇重大挫折。议会上院（贵族院）投票表决认为，政府大臣不拥有下令对恐怖嫌疑人实施"控制令"的权力。议会上院当天裁定，只有法庭才可以限制恐怖嫌疑人的行动，实行宵禁和其他控制措施。而且，只有在检察部门审查案件后并确认能在法庭成功审判的前提下，"控制令"才能被执行。由于没有新的法案通过，3 月 14 日刚过，警方不得不将所有拘捕的外籍恐怖分子嫌疑犯释放，这些人中还包括素有"基地组织在欧洲的大使"之称的谢赫·阿布·卡塔达。虽然警方也派人对这些释放的恐怖分子进行监控，但是还是有不少人很快就消失在警方视线之外。英国是少数几个没有身份证制度、警察也无权查看行人证件的国家。不仅如此，英国收留难民的政策也是最宽松的。英国一直以自己对人性的宽容和赋予任何人平等的权利而骄傲。但这一切在伦敦爆炸事件后发生了变化。人们开始反思反恐问题，媒体也开始批评上院不食人间烟火，过于注重罪犯的权利而忽视受害者的权利和感受。也许将来，不仅是英国，欧洲其他国家也会通过一系列反恐性质的法案。但这一切都不是问题，如何避免在反恐过程中假借名目侵害无辜人们的人身自由和安全，如何拿捏人权限制的尺度而不违背《欧洲人权公约》的精神或许这才是问题的关键所在。①

————————

① 这一担忧并非杞人忧天，如在英国伦敦爆炸事件后，27 岁的巴西籍青年梅内塞斯 7 月 22 日在伦敦南部斯托克韦尔地铁站被英国警方误认为是恐怖疑犯而被击毙。25 日，英国警方独立调查委员会开始对误杀一案展开调查，该委员会表示，当时追赶梅内塞斯的警察一共向他开了 8 枪。英国首相布莱尔 25 日就梅内塞斯遭误杀一事公开表示了道歉，但同时指出，当时英国警方是在"非常、非常艰苦的情况下"工作。虽然梅内塞斯家人已经表示，可能会将英国警方告上法庭，但在此情势下，结果不容乐观。

4. 公平审判权（the right to a fair trial）

公平审判权是指任何人有权获得一个合法成立的独立的司法机构在合理的诉讼期限内，通过公正的程序决定自己权利、义务事项的处分事宜或决定自己的刑事罪名。

《欧洲人权公约》第6条对公平审判权作了规定：在决定某人的公民权利与义务或在决定对某人的任何刑事罪名时，任何人有权在合理时间内受到依法设立的、独立而无偏袒的法庭之公正与公开的审判。公平审判权是当事人最频繁诉求的一项权利，通观第6条可以发现其规定的公平审判涵盖了以下几方面的内容：

一是司法独立理念。司法独立不仅是司法机关公平、公正司法的制度保障，也是人权得以有效实现的制度保障。虽然司法独立的内涵与外延以及对司法独立概念的表述在各个国家均存在着差异，但各国都相继在国内法中规定了司法独立原则，使得司法独立成为国际人权法上具有普遍意义的一个原则。《欧洲人权公约》第6条对此进行了宣示，从而成为公平审判原则对缔约国的一项基本要求。

二是公开审判理念。作为秘密审判的对立物而出现的公开审判已成为现代各国诉讼制度中的一项重要原则，也成为当事人的一项重要权利。《欧洲人权公约》第6条在确立公开审判的同时，也作了一些限制，其中包括：社会的公序良俗、国家安全、未成年人利益、司法公正保障等。但这些限制是否是必需的，仍然由各缔约国自行决定。

三是诉讼期限理念。《欧洲人权公约》规定任何人有权在合理时间内受到依法设立的、独立而无偏袒的法庭之公正与公开的审判。何为"合理时间"，鉴于各缔约国的具体情况和国内法的规定各不相同，公约并没有作出统一的具体的期限规定，从欧洲人权法院的判例来看，诉讼的合理时间应当根据案件的具体情况加以判断，同时应当综合考虑案件事实和适用法律的复杂程度、缔约国对诉讼期限的规定以及当事人和法官在诉讼活动中的表现。只有法庭在审理活动中无故拖延或非法拖延，才能判定归责于法庭，也才能作出法庭违反公约所规定的"合理时间"的判决。

四是无罪推定原则。《欧洲人权公约》第6条第2款明确规定了无罪推定原则，即："凡受刑事罪控告者在未经依法证明有罪之前，应被推定为无罪。"从欧洲人权法院的判例来看，根据无罪推定原则，控诉方承担举证责任，且其调查取证的过程必须正当与合法，从而使法庭和公众对被指控对象的怀疑达到不被动摇的合理程度。在指控尚未达到合理怀疑的程度，被指控方不能被推定为有罪。虽然公约没有明确规定第 6 条是否包含被指控方享有不自证其罪的权利，但欧洲人权法院在其判例中承认被指控方可以根据无罪推定原则享有不自证其罪的权利。

五是刑事被告人的最低权利保障理念。《欧洲人权公约》第 6 条第 3 款规定了刑事被告人应当享有的最低限度的权利，归纳起来主要有：知情权，即刑事被告人有权要求以其能理解的语言详细告知其被指控的罪名性质和受指控原因，这项权利使得被告在第一时间就能了解控方指控罪行的罪名、所依据的法律和基本证据，从而有利于其准备辩护；辩护权，即刑事被告人有权获得足够的时间和便利为自己准备辩护，同时，享有自己辩护或由他人代理辩护的权利，而且，可以选择法律援助为自己辩护，在无力支付法律援助费用时，可以获得免费辩护；询问证人和要求证人出庭作证的权利，即刑事被告人有权直接询问不利于他的证人，在同等条件下，可以传唤己方证人出庭作证。刑事被告人通过询问控方证人，传唤己方证人出庭作证，可以最大限度地指出对方证言的可疑和矛盾之处，并提供对自己有利的证言，从而获得成功辩护；获得翻译权，即刑事被告人在不懂或不会讲法院所使用的语言时，可以获得免费翻译的帮助。

此外，《欧洲人权公约》还规定了一些与公平审判相关的原则和权利，具体包括：刑事法律不溯及既往原则（《欧洲人权公约》第 7 条）、刑事案件上诉权利（《欧洲人权公约》第七议定书第 2 条）、错判赔偿权(《欧洲人权公约》第七议定书第 3 条)、不因同一罪行受到双重审判或惩罚的权利(《欧洲人权公约》第七议定书第 4 条)等。

5. 思想、良心和宗教自由权（freedom of thought, conscience and religion）

《欧洲人权公约》第 9 条第 1 款规定：人人有思想、良心及宗教自由的权利。此项权利包括改变其宗教或信仰，以及单独地或同别人在一起时，公开地或私自地，在礼拜、传教、实践仪式中表示其对宗教或信仰之自由。这一权利在很大程度上与表达自由相重叠，但很明显，权利人持有思想、良心和宗教信仰的自由比之将它们表达出来的自由更容易获得保护，而且这一保护的程度和范围也更大。如在英国，如果一个雇员被雇主要求实施违背其宗教信仰的行为，但这种要求并非是出于种族歧视的情况，雇员是不受国内法保护的。在此情形下，雇员可以根据公约第9条的规定诉诸欧洲人权法院寻求保护。如在一个案例中，一位拉斯特法里崇拜者（Rastafarian，指崇拜前埃塞俄比亚皇帝 Haile Selassie 为神并信奉黑人终将得到救赎重返非洲的牙买加黑人教派，在宗教仪式中使用大麻，禁止理发）由于其留着骇人的长发绺（牙买加黑人的一种发式）而被雇主解雇。由于英国的种族关系法（Race Relations Act）不认为拉斯特法里派为一种族群，因此其申诉未能获得支持。于是他转而求助于《欧洲人权公约》第9条并获得保护。

但是《欧洲人权公约》第9条规定的思想、良心和宗教自由权要受法律所规定的限制以及在民主社会中为了公共安全的利益，为了保护公共秩序、健康或道德，或为了保护他人的权利与自由所必需的限制。但在现实中，尤其是在雇佣情况下，公约规定的这一权利可能受到更多的限制。如在一个案例中，一位穆斯林教师受雇于内伦敦教育局（Iner London Education Authority，简称ILEA），他要求在每个礼拜五给予参加祈祷的时间，这一要求被拒绝了。欧洲人权委员会在审理该案后作出驳回申请的处理，因为 ILEA 在作出决定时已经考虑到了公约第9条的规定，而且，雇佣合同并没有赋予他缩短工作时间不工作的权利。针对诸如此类的情形，有一种意见认为，当雇员意识到其与雇主签订的雇佣合同与其宗教信仰自由相违背或相冲突时，雇员有辞职的权利。但这一理由并不能让人信服，因为，如果坚持上述理由的话，当雇员迫于实际情形在谈判中不得不放弃其宗教权利时，则是不公正的。国内法院对公约第9条的解释是否采取严格限制原则还有待进一步的观察。

6. 表达自由权（言论自由权，freedom of expression）

《欧洲人权公约》第10条第1款对表达自由权作了规定：人人有表达自由的权利。此项权利应包括持有主张的自由，接受和传播信息和思想的自由，不受公权力干涉和不受疆界影响。

公约所规定的表达自由被视为民主社会的脊梁之一，对于其他权利而言是必不可少的，同时表达自由还是公约第9条所保护的思想、良心和宗教自由的逻辑前提。根据这一规定，权利人有权通过语言、图像、行为等自由地表述自己的思想、信仰、观点及其他信息或自由地与他人交流上述思想、信仰、观点及其他信息。但由于每个案件都取决于个案的实际情况，欧洲人权法院并未能就该权利的范围作出明确的指示。可以说自 Handyside 诉英国案（Handyside v. the United Kingdom，1976）时起对表达自由的范围作了一个初步的界定。

Handyside 诉英国案的案由主要是英国当局根据《淫秽出版物法》取缔了一本名为《小红课本（the Little Red Schoolbook）》的性教育书，该书出版商 Handyside 认为英国当局侵犯了其表达自由的权利而诉诸欧洲人权法院。经过审理，法院判决：鉴于《小红课本》这本有关性教育的书庸俗下流，会对青少年读者的道德观产生影响，因而政府控制这本书的发行是正当的，英国当局的做法不违反公约第10条。虽然没有支持 Handyside 的诉求，但欧洲人权法院在判决中肯定 Handyside 出版的这本书属于公约"表达自由权"的保护范围的一段话成为经典："表达自由是构成民主社会的根基之一，是社会进步和个人发展所必需的，不仅适用于传递人们乐于接受或视为无关紧要的信息和观念，还适用于那些冒犯、震撼或扰乱国家或任何特定人群的言论，这是多元主义宽容和开明的要求，如果没有这些就不可能存在民主社会，这意味着任何强加于此的形式、条件、限制或刑罚都必须与国家所追求的合法性目的相适应。"① 这段话不但明确了表达自由的适用范围以及对表达自由进行干涉的正当性要求，而且揭示了表达自由在民主社会中的极端重要性，因此在欧洲人权法院此后的相关判决及学者对该权利的研究文献中此段话被反复引用。

此后，经过众多的判例，对表达自由还确定了政治讨论批评及其他公共问题的讨论批评的范围可以更广，且保护力度应当更大的原则。欧洲人权法院认为，作为表达自由应有的代价或者说作为民主社会的利益所在，政治家需要容忍对自己的批评，甚至是尖锐的攻击。欧洲人权委员会也认为，对表达自由的限制是必需的，但是，这些限制不得被用于遏制在报刊媒体上对政治家的行为和言论做正当合法的批评。在民主社会中，媒体就官员负责处理的公共问题的争论情况作

---

① http：//hudoc. echr. coe. int/Hudoc2doc/HEJUD/sift/84. txt

出报道，以此参与政治进程，正是其功能所在。一个政治家必须随时准备接受针对其公务活动和言论的批评，甚至是激烈的批评。这种批评不得被认为是毁坏名誉，除非是对他的个人品格和良好声誉造成重大怀疑。①

但另一方面，表达自由伴随着许多义务和责任，而且在一个民主社会中还要受到许多必要的限制。根据《欧洲人权公约》的规定，"为了国家安全、领土完整或公共安全的利益，为了防止混乱或犯罪，维护健康或道德，为了保护他人的名誉或权利，为了防止秘密获得的信息泄露，或者为了维护司法的权威与公正无偏"，表达自由应当受到所必需的约束。从已有的判例来看，欧洲人权机构往往从公权力干涉的正当性、合法性、合目的性以及合比例性方面来考察判断这种干涉或限制是否必需的。②

7. 财产权（the right to peaceful enjoyment of possessions）

《欧洲人权公约》关于财产权的规定主要在第一议定书第 1 条：每一自然人或法人有权和平享有其财产；除出于公共利益并按法律和国际法普遍原则规定的条件外，任何人不得被剥夺其财产。但上述规定无论如何不得损害国家行使它认为了为了依据普遍利益控制财产之使用或为了确保税款或其他特别税或罚款之支付而必须施行之法律权利。

在斯勃朗和兰诺斯诉瑞典案（Sporrong and Lonnroth v. Sweden, 1987）中, 欧洲人权法院将该法条分解为三部分：第 1 款第 1 句为总的原则；第 1 款第 2 句规定任何对财产的剥夺都必须满足一定的条件；第 2 款赋予了国家有权根据普遍利益原则控制财产的使用。鉴于公约规定财产权的实质及宗旨是确保私人财产权不受公权力的非法侵害，从而实现私人财产权与公共利益相均衡的状态，因此，后两项对财产权的限制是有条件的，而且其解释与适用均不能违反前面的原则性规定。

公约及其议定书并未对财产权的客体加以具体规定，对财产的内涵及外延的认识是通过一系列判例确定的。"财产"不应当仅仅局限于有形物如地产、房屋、金钱、货物等，还应当包括：股利（Bramelid and Malmstrom v Sweden, 1982）、商业信誉（Van Marle v The

---

①　张志铭：欧洲人权法院判例法中的表达自由，http://www.law-thinker.com/detail.asp？id＝1736。

②　具体证明标准、内容及审查步骤见张志铭：欧洲人权法院判例中的表达自由，http://www.law-thinker.com/detail.asp？id＝1736。

Netherlands, 1986)、债权（Agneesens v Belgium, 1988)、专利
(Smith Kline and French Laboratories Ltd v The Netherlands, 1990)、酒
业许可证（Tre Traktorer v Sweden, 1991), 等等。尽管"财产"的含
义广泛，但它仅指现实的财产和现实的具有经济价值的法定权利。

根据公约及其议定书的规定，对财产权的限制主要有两种形式，
一是剥夺，二是控制。对财产权的剥夺必须满足三个条件：一是出于
公共利益的目的，即目的正当；二是遵守国际法普遍原则，即有法律
依据；三是必须依法进行，即程序正当。在现实中国家对私人财产权
的剥夺主要有两种形式：一是积极剥夺，指国家在特定条件下采取国
有化、征用、征收、没收等措施而使得权利人在形式上或实质上丧失
对财产的占有控制权；二是消极剥夺，指国家负有保护权利人财产权
的义务，但国家怠于或不愿履行该义务，而导致权利人财产权的丧
失。之所以认为国家消极不作为的行为也给权利人造成了财产权剥夺
的损害，是因为国家对基本人权的保护不仅应承担消极的不作为义
务，即不应采取积极的非法损害基本人权的国家行为，而且还应向权
利人承担积极的作为义务，即对于来自公权力及公权力以外的对基本
人权的损害，国家应主动采取积极的措施予以制止和救济，因此，国
家的消极不作为行为在某种程度上构成了对财产权的"间接"剥
夺。① 同样，对财产权的控制也要具备两个条件：一是国家具有法律
规定的控制之权利，即手段的合法性要求；二是出于普遍利益的目的
或为了确保国家税收或罚款的交纳，即控制目的的正当性要求。

除上述两种法定限制形式外，国家还可以借助公权力的行使对财
产权进行其他形式的限制，主要包括：一是司法机关在刑事诉讼程序
中针对财产采取强制措施给权利人造成的财产损害；二是在城市化进
程中，国家因实施城市规划法令而对不动产权利人造成的财产损害或
不利影响；三是由国家对特殊营业活动的行政许可行为而引起的财产
权损害。②

无论哪种形式的限制，欧洲人权法院在判断它们是否违反了公约
关于剥夺或控制财产权的上述条件外，还要看是否符合比例原则。

---

① 李滨：《财产的人权法保护——欧洲人权法院的实践》，http://
www. hicourt. gov. cn/theory/article_list. asp? id = 1177&1_class = 3。

② 李滨：《财产的人权法保护——欧洲人权法院的实践》，http://
www. hicourt. gov. cn/theory/article_ list. asp? id = 1177&1_ class = 3。

（三）欧洲人权公约规定的主要义务

1. 缔约国的义务

（1）尊重人权的义务。根据《欧洲人权公约》第 1 条的规定，缔约国应保证在它们管辖下的每个人都能获得公约规定的权利与自由。根据公约第 14 条及第十二议定书第 1 条的规定，缔约国应当全面保障法律规定的权利，不得实行因性别、种族、肤色、语言、宗教、政治观点和其他观点、民族或社会出身、与少数民族的联系、财产、出生或者基于其他情势的各种歧视。

（2）维护外国侨民正当权益的义务。根据《欧洲人权公约》第四议定书第 4 条的规定，缔约国不得集体驱逐外侨。而第七议定书第 1 条的规定将该项义务从集体延伸到个人，规定"一国领土境内之合法外侨不应被从该领土逐出"。该条进一步规定，即使根据法律规定作出驱逐外侨的决定，缔约国仍应保障该外侨享有的如下权利："提出反对他被驱逐的理由；使他的案件得到审查；有代表替他为这些目的（指实现上述两项权利）在主管当局面前或在由主管当局指定一人或若干人面前进行申诉。"

（3）提供有效补救的义务。《欧洲人权公约》第 13 条规定的有效补救权一方面是个人享有的权利，另一方面也是缔约国保障权利和自由的义务。从欧洲人权法院的判例可以看出，国家对人权的保护不仅应承担消极的不作为义务，即国家不应采取积极的非法手段或措施实施国家行为来损害人权或妨碍个人在权利受到损害时向欧洲人权法院提出申诉（《欧洲人权公约》第 34 条第 2 款规定了缔约国承诺不以任何方式妨碍个人申诉权的有效行使）；而且，国家还应向权利人承担积极的作为义务，即国家对无论是否为来自公权力的损害人权的行为，均应主动采取积极的措施予以有效救济。由于公约规定，只有在用尽一切国内补救方法后，欧洲人权法院才能依据普遍的国际法规则作出是否审理的决定，因此，缔约国提供有效补救义务还包括任何一个缔约国其国内法必须规定切实有效的救济条款，否则其本身就构成了违反公约的一个事项。

（4）说明义务。《欧洲人权公约》第 52 条规定："在接到欧洲理事会秘书长的请求时，任何缔约国对其国内法保证本公约任何规定的有效实施的方式，应提供说明。"

（5）合理解释公约的义务。《欧洲人权公约》第53条规定："本公约的规定不应被解释为限制或克减根据任何缔约国的法律或根据缔约国参与的任何其他协定所保护的任何人权及基本自由。"这一条规定要求缔约国对公约的解释必须符合公约精神，尤其是对公约的限制或克减解释权作出了禁止规定。

（6）接受欧洲人权法院管辖的义务。《欧洲人权公约》第55条规定："缔约国同意，除依照特别协定外，将不利用它们之间有效的退约、公约或声明，以便通过申诉把因本公约的解释或适用所引起的争端提交给本公约规定以外的其他解决办法。"从而排除了特别协定外的其他争端解决方法的适用，使各缔约国无一例外地接受欧洲人权法院的管辖。

（7）服从判决拘束力的义务。《欧洲人权公约》第46条第1款规定："缔约国保证在其作为当事方的任何案件中遵守法院的终审判决。"

（8）不得滥用权利限制的义务。《欧洲人权公约》第18条规定："根据本公约许可的对上述权利和自由的限制，不应适用于已经规定的目的以外的任何目的。"即禁止缔约国将允许的限制作扩大性适用，从而影响公约规定的权利和自由的实际获得。

2. 个人权利和自由的限制

《欧洲人权公约》及其议定书比较广泛而全面地规定了有关权利和自由，在这些权利和自由中除了不受酷刑和不人道、有辱人格的待遇或处罚权（第3条）、对于行为时国内法或国际法不认为是犯罪的行为不得判罪的权利（第7条第1款）、对犯罪的处罚不得重于犯罪发生时所适用的刑罚的权利（第7条第1款）等一般被视为绝对权利，不得对其进行限制外，绝大多数权利和自由都在一定程度上被予以限制。这些限制主要体现在：

（1）法定限制。《欧洲人权公约》明确规定依照国际法规则或国内法的规定可以对公约规定的一些权利和自由作出一定的限制。受法律限制的权利和自由主要包括：公约第2条第1款中对生命权的一项限制"法院依法对他的罪行定罪后执行判决时，不在此限"。第5条第1款规定"任何人不得被剥夺其自由，但在下列情况下，依照法律规定的程序者除外"。第8条第2款规定"依照法律的干涉"，公共权力机关得干涉私人和家庭生活权。第9条第2款规定"表示个人对宗教或信仰的自由受法律所规定的限制"。第10条第2款规定表达自由"受法律所规定的形式、条件限制或惩罚的约束"。第11条第2款规定可以对集会和结社自由权的行使施加"法律所规定的限制"。第一议定书第1条规定的一项限制是，除"按法律和国际法普遍原则规定的条件外，任何人不得被剥夺其财产"。第四议定书的第2条第3款规定"根据法律施加的限制"可以对公民的自由迁徙权加以限制。第七议定书第1条规定"一国领土境内之合法外侨不应被从该领土逐出，除非根据法律达成的一项决定为之"。

（2）特殊主体限制。由于某些群体的人或组织因其特殊的法律地位而可能被规定不具有享有某些权利的资格。体现这些特殊主体权利限制的有：《欧洲人权公约》第10条第1款对表达自由权的规定中允许缔约国对广播、电视或电影等影视实业进行许可证限制。第11条第2款允许对"国家武装部队、警察或行政机关的成员"的集会和结社自由施加合法的限制。第16条规定对外国人的政治活动的限制不受第10条、第11条及第14条的约束。第七议定书第5条规定"各国为了子女利益"可以对配偶的婚姻权"采取必要措施"。

（3）特殊目的限制。这主要是基于维护国家安全、公共秩序、国家福利、司法权威及保护他人的权利与自由等目的而对一些权利和自由施加的限制。这些措施主要体现在：《欧洲人权公约》第6条第1款对公平审判权的规定中注明："判决应公开宣布，但为了民主社会中的道德、公共秩序或国家安全的利益，而该社会为了少年的利益或保护当事各方的私生活有此要求，或法院在某种特殊情况下公开将有损于公平的利益而坚持有此严格需要，可以拒绝记者与公众旁听全部或部分的审判。"第8条第2款规定"在民主社会中为了国家安全、公共安全或国家经济福利利益，为了防止混乱或犯罪，为了维护健康或道德，或为了保护他人的权利与自由"，公共权力机关可以对私人和家庭生活权进行必需的干涉。第9条第2款规定表达个人对宗教或信仰的自由在民主社会中受"为了公共安全的利益，为了保护公共秩序、健康或道德，或为了保护他人的权利与自由所必需的限制"。第10条第2款规定表达自由在民主社会中受"为了国家安全、领土完整或公共安全的利益，为了防止混乱或犯罪，维护健康或道德，为了保护他人的名誉或权利，为了防止秘密获得的信息泄露，或者为了维护司法的权威与公正无偏所必需的约束"。第11条第2款规定"在民主社会中为了国家安全、领土完整或公共安全的利益，为了防止混乱或犯罪，为了维护健康或道德，或保护他人的权利与自由",可以对集会和结社自由权进行必需的限制。上述这些出于特殊目的而对权利与自由加以的限制并没有详尽列举,这主要是因为各国的政治、宗教等各不相同,公约无法对损害上述特殊利益的情形作出一致的规定,因而赋予了缔约国比较大的自由裁量权。而且,如何为民主社会所必需的约束,在不同的国家约束程度也不尽相同。

(4) 直接例外规定。为严格保障《欧洲人权公约》规定的权利与自由,最大限度地避免国家运用自由裁量权对权利与自由加以损害,公约还直接地详尽地列出了例外情形,包括:第2条第2款规定:"当由于绝对必要使用武力而造成生命的剥夺时,不应该被认为同本条有抵触:(1) 防卫任何人的非法暴力行为;(2) 为实行合法逮捕或防止合法拘留的人脱逃;(3) 为镇压暴动或叛乱而合法采取的行动。"第4条第3款规定:"本条的'强迫或强制劳动'一词不应包括:(1) 在依照本公约第5条的规定而加以拘留的通常过程中,以及在有条件地免予上述拘留期间必须完成的任何工作;(2) 任何军事性质的劳役,或者,遇有某些国家承认良心上反对兵役者,则以强迫劳役代替义务兵役;(3) 遇有紧急情况或威胁社会生活或安宁的灾祸时所要求的任何劳役;(4) 构成通常公民义务的一部分的任何工作或劳役。"

3. 国家和个人都必须遵守的义务

禁止滥用权利的义务。《欧洲人权公约》第17条规定:"本公约任何部分不得解释为暗示任何国家、团体或个人有权从事或实施任何旨在损害本公约所规定的任何权利与自由,或旨在对它们加以较本公约所规定的范围更广的限制的行为。"

三、欧洲人权公约的实施

(一) 欧洲人权公约修订前的实施概况①

在第十一议定书生效之前,《欧洲人权公约》尚未修订时,主要由欧洲人权委员会、欧洲人权法院和欧洲理事会部长委员会负责其实施。

---

① 相关条文见修订前的《欧洲人权公约》第24~32条、第44~49条、第54条,第九议定书。

　　欧洲人权委员会主要是审查申诉和进行友好解决。向欧洲人权委员会提起的申诉主要有两类：一是国家间申诉。指任何缔约国通过欧洲理事会秘书长，将另一缔约国破坏公约规定的任何指控提交委员会。二是个人申诉。指由于缔约一方破坏公约规定的权利与自由因而受害的任何个人、非政府组织或个人团体向欧洲理事会秘书长提出的申诉，但这一申诉的提起有两个前提：一是被指控的国家已声明承认人权委员会受理上述申诉的权限；二是上述被侵害人已经用尽了一切国内补救方法。欧洲人权委员会在接受申诉后进行审查，如申诉为匿名的或在实质上与人权委员会已经审查的问题一样或问题已经由其他国际调查或解决程序处理的不予处理；对于个人申诉，人权委员会认为不符合公约规定的，或证据明显不足或滥用申诉权的，或尚未用尽国内一切补救方法的，不予受理。人权委员会经初步审查后，为查明事实与当事各方或其代表一起作进一步审查，同时在尊重公约精神的基础上组成小组委员会进行友好解决。在这一步，人权委员会受理的申诉分成两类：一是获得友好解决的申诉，小组委员会应拟具一份报告简述申诉的事实及友好解决的办法，送交有关各国及欧洲理事会部长委员会，并送欧洲理事会秘书长公布。二是未获得友好解决的申诉，人权委员会应就事实拟具一份报告，对发现的事实是否表明有关国家破坏公约规定的义务作出意见并提出它认为适当的建议，送交欧洲理事会部长委员会，并送交有关国家，对于该报告各国无权自行公布。

　　人权委员会承认友好解决的努力失败后，在报告送交欧洲理事会部长委员会之日起3个月内，人权委员会、缔约各国及满足条件的相关个人有权将申诉提交欧洲人权法院处理。欧洲人权法院首先审查决定是否受理申诉和判断是否有管辖权，这包括：（1）移交的申诉是否已由人权委员会宣布予以受理；（2）移交的申诉是否已由人权委员会进行处理，且其促使当事方达成友好解决的努力失败；（3）申诉是否在报告送交欧洲理事会部长委员会之日起3个月内移交；（4）移交申诉的主体是否为人权委员会、受害人所在的缔约国、将案件提交委员会的缔约国、被指控的缔约国以及向人权委员会提出申诉的个人、非政府组织或个人团体；（5）相关缔约国接受人权法院的管辖。欧洲人权法院审查决定受理申诉后，可以采取临时性措施、书面审查、举行听证会、进行实地调查等措施进行审理。① 在审理过程中，如果申诉移交国通知人权法院其无意继续诉讼且获得相关各方同意时，或者当事方在诉讼过程中达成符合公约精神的友好解决办法时，或者申诉方怠于参加诉讼或不再继续按要求向人权法院提供相关信息和材料时，人权法院有权自行决定是否终止诉讼。在大部分情况下，欧洲人权法院对申诉进行审理并作出判决，该判决为终局判决。根据修订前公约第54条的规定，判决作出后由欧洲理事会部长委员会监督执行。为此，欧洲理事会部长委员会专门制定了《部长委员会为适用欧洲人权公约第54条通过的规则》。根据该规则，判决提交欧洲理事会部长委员会后应毫不迟延地列入其议事日程；如果判决中规定了相关赔偿时，欧洲理事会部长委员会应请求有关国家告知其该国在判决后已经采取的措施，并将该告知登记在案，列入不迟于6个月后举行的欧洲理事会部长委员会会议的议事日程。如果该期间届满，被申请国仍未执行判决，前述规则将自动继续进行。当判决最终得以执行后，欧洲理事会部长委员会将以决议的形式予以公布。②

如果申诉未能获得友好解决且在报告送交欧洲理事会部长委员会之日起3个月内人权委员会、缔约各国、申诉人没有将案件提交欧洲人权法院，则欧洲理事会部长委员会有权自行处理。在这里，也分为两种处理途径：一是欧洲理事会部长委员会通过讨论人权委员会提交的报告所涉问题，以及采取要求案件当事方在规定的时间内提交书面意见、举行听证会、进行实地调查等它认为适当的方法查明案件事实，③ 在此过程中，当事方可以与公约精神相符的办法自行达成和解。二是如果案件未能以和解结案，欧洲理事会部长委员会应由有权参加委员会的委员2/3多数作出是否违反公约的决定，并规定有关缔约国必须在一定期间采取欧洲理事会部长委员会所要求的措施。如果有关缔约国未能在规定期间采取满意的措施，欧洲理事会部长委员会

---

① 杨成铭：《人权保护区域化的尝试——欧洲人权机构的视角》，中国法制出版社2000年版，第68~70页。

② 袁进：《欧洲理事会部长委员会在人权保护中的作用》，载于赵海峰、卢建平主编：《欧洲法通讯》（第5辑），法律出版社2003年版，第93~94页。

③ 杨成铭：《人权保护区域化的尝试——欧洲人权机构的视角》，中国法制出版社2000年版，第93页。

仍应由有权参加委员会的委员 2/3 多数对原来决定的效力作出决定，并公布报告。一般违反公约的缔约国都会采取欧洲理事会部长委员会要求的措施，因为其违反公约的报告一经公布由各国媒体予以报道，不仅会使该国在外交和政治领域陷入尴尬境地，而且由于曝光，反而唤醒了当事人保护自身权益的意识，从而导致处境类似的相关人可能针对该行为提出类似申诉，增加讼累。

（二）欧洲人权公约修订后的实施

1. 欧洲人权公约修订的原因

（1）出于提高效率的考虑。修订前的《欧洲人权公约》设立了由欧洲人权委员会、欧洲人权法院和欧洲理事会部长委员会组成的三重结构负责保证公约的实施。虽然这种设计有其理论优点，对于建立和完善集体保护人权是一个有益的尝试，但随之而来的是结构的多重性导致程序冗长、运作的低效率以及经费开支的日趋庞大。据统计，在欧洲人权委员会登记的申诉从 1981 年的 404 件到 1997 年的 4750件，而单单是 1997 年尚未登记或开放临时备案的案件数量就已达到了 12 469件，① 可见人权委员会积案的情况是相当严重的。在欧洲人权法院、欧洲理事会部长委员会这两个机构，情形也不容乐观。随着缔约国的不断增加以及案件本身复杂程度的加大，积案问题也就变得更加尖锐。此外，机构的多重性也导致程序冗长，审理缓慢。欧洲人权委员会和人权法院均非常设机构，前者依靠召开例会的形式集中处理案件，且召开例会的次数和时间得根据实际情况而定，后者的审判工作也是采取每月 6～10 天的月会或例会形式进行。由于委员和法官的兼职性及人数和工作时间的有限性，使得案件审理过分延迟。一件申诉案件在人权委员会的处理程序中至少需要 2 年的时间，有的则需要 5 年，少数申诉甚至需要 10 年时间，同样，每件个案在人权法院的诉讼时间少则 2 年，多则 10 年左右。② 这一冗长处理过程本身就与

---

① 朱晓青：《欧洲人权法律保护机制研究》，法律出版社 2003 年版，第 107页。

② 杨成铭：《人权保护区域化的尝试——欧洲人权机构的视角》，中国法制出版社 2000 年版，第 63、89 页。

公约第 6 条"任何人有权在合理的时间内受到依法设立的独立与公正的法庭的公平与公开的审判"的精神相违背。

（2）出于维护司法公正和个人权利保护的考虑。欧洲人权委员会和欧洲理事会部长委员会对申诉的处理均秘密进行，尤其是欧洲理事会部长委员会，从查明事实到作出决定的整个过程不仅对公众不公开，而且对当事方及案件所涉第三人均不公开，程序的非公开性或多或少地影响了案件处理结果的公正性，从而导致人们对欧洲理事会部长委员会处理案件合理性产生怀疑。此外，欧洲理事会部长委员会毕竟是一个政治机构，在处理案件时，往往优先考虑成员国的利益而忽视对申诉人权利的保护。这突出表现在申诉人无权得到人权委员会提交的报告，不能获得当事人的待遇，无权以任何方式介入案件的处理程序以及其通过理事会秘书长递交的有关材料和书面意见都不能作为证据予以采信等方面。由于处理程序缺乏对审性，导致欧洲理事会部长委员会在处理案件时主观臆断的加重，严重影响其决定的权威性与公正性。

基于上述考虑，经过 10 多年对改革必要性和方案可行性的辩论，欧洲理事会部长委员会于 1991 年、咨询议会于 1992 年均提请各缔约国注意提高机制效率的紧迫性，1994 年 5 月 11 日，欧洲理事会部长委员会签署了改革整个人权保护机制的第十一议定书，并于 1998 年 11 月 1 日起生效。第十一议定书以常设的人权法院取代了原有的人权委员会和人权法院的双重体制，从而简化了机构，缩短了诉讼期限；规定人权法院的强制管辖权、审理公开及上诉制，强化了司法性；废除了欧洲理事会部长委员会的准司法功能，以避免政治干预。

2. 新设欧洲人权法院概况①

（1）欧洲人权法院的组成

欧洲人权法院主要由以下机构组成：书记处（Registry）、审理委员会（Committee）、审判庭（Section）、小合议庭（Chamber）、大

---

① 具体内容见《欧洲人权法院规则》的相关规定。

合议庭（the Grand Chamber）。①

书记处　书记处根据公约第 25 条设立，设书记官 1 名，副书记官 2 名，其职权是协助院长履行职责，并且在院长的领导下负责书记处的组织和活动；负责保管法院的文档，并且负责法院与具体案件各当事方之间的联络工作；负责在其职权范围内答复针对法院工作情况的询问，特别是来自媒体的询问；起草指导书记处日常运作的规范。此外根据法院审判庭以及其他提供法律、行政服务部门的数量，书记

----

①　在许多学者的相关论著及不同译本的欧洲人权公约中，Section、Chamber、the Grand Chamber 被翻译成组、审判庭、大审判庭，如果只是由于翻译的不同导致中英文对应的称谓不同，但能清楚区别这三者关系，也是完全可以的。只是这种翻译有一个地方可能引起误解。由于法院规则第 25 条第 1 款，对公约第 26 条第 1 款第 2 项中的 Chambers 作了一个解释，原文如下："The Chambers provided for in Article 26 (b) of the Convention (referred to in these Rules as 'Sections') shall be set up by the plenary Court, on a proposal by its President, for a period of three years with effect from the election of the presidential office-holders of the Court under Rule 8. There shall be at least four Sections." 也就是说，在公约第 26 条中的 chamber 已不是上述翻译中"审判庭"（chamber）的意思，而是上述"组"（Section）的意思。如果公约第 26 条第 1 款第 2 项仍然用"审判庭"这个称谓，就会与后文中的"审判庭"相混淆，从而导致对这三者关系的误解。当然，如果该条翻译成"组"，其余仍保留"组"、"审判庭"、"大审判庭"的称谓，能予以区别不同的组织，自然也是可以的（或许是因为在翻译公约时未能考虑到法院规则的相关规定或译者并未联系法院规则就直接进行公约的翻译，在笔者所看到的几个公约译文中，均未能对此作出清晰的区分，依然是按我们通常理解的字面予以翻译成审判庭，因此在理解法院的审判程序上往往会造成各组织功能上的误解或张冠李戴）。笔者在通观整个法院规则的规定后，认为翻译成审判庭（Section）、小合议庭（Chamber）、大合议庭（the Grant Chamber）更为合适（一方面比较符合在中国人们对审判程序的理解，可以套用现有的词汇，不用另造生词反而造成理解上的困难，另一方面，鉴于法院法庭对案件的审理规则与当今各国合议庭审理案件大多一致，故称其为合议庭也是名至实归）。这三者关系，为方便理解，简单地说，审判庭是法院直属的一级行政组织，由一定数量的法官组成，不直接审理案件，其负责人称庭长；小合议庭是直属各个审判庭的第一级审判组织，由其所属审判庭中的部分法官组成（也有一个例外的情形，那就是缔约国选任的组成小合议庭成员的法官有可能不属于该审判庭），负责审理具体案件，负责人称审判长；大合议庭则是法院的最高审判组织，负责审理在小合议庭审理过程中符合条件由小合议庭或当事方提交的案件或自收到小合议庭作出的判决 3 个月内当事方不服而向其提交的案件，由院长直接负责。

处应当相应地成立若干书记小组，设相应数目的组书记官，每组书记官可以配备 1 名副书记官，负责协助其所在审判庭或服务部门履行相应的职责。

审理委员会 审理委员会根据公约第 27 条第 1 款成立，其主要职权是对报告法官提交的申诉进行初步审理，决定法院是否受理。审理委员会每届任期为 12 个月，由同一审判庭的 3 名法官组成。这 3 名法官由各审判庭除庭长外的法官轮换组成。审理委员会的成员无法履行职务时，由所在审判庭的其他法官顶替。各审理委员会由所在审判庭排位优先的法官主持。①

审判庭 经院长提议，法院全体大会应当根据公约第 26 条第 2 项规定设立审判庭。审判庭的任期为 3 年，从成立之日起计算。法院中至少应当设立 4 个审判庭。任何一名法官都必须是一个审判庭的成员。各审判庭人员的组成应当考虑到地域和性别的平衡，并且应当代表各缔约国不同的法律制度。在审判庭任期届满之前，如有法官不再具备任职资格的，应当由具备法官任职资格的人员顶替其职位。必要时，院长可以调整审判庭的组成人员。经院长提议，法院全体大会可以增设审判庭。

小合议庭 小合议庭根据公约第 27 条第 1 款成立，由 7 名法官组成，其组成人员由所属审判庭的庭长从审判庭的全体法官中轮换挑选。其中，小合议庭所在审判庭的庭长和相关缔约国选任的法官为当然成员。即使相关缔约国选任的法官不是受理具体案件的小合议庭所属审判庭的成员，根据公约第 21 条第 2 款有关法官以个人身份任职的规定，其也当然成为该小合议庭的成员。审判庭中未被挑选为小合议庭组成人员的法官必须作为合议庭候补人员参加案件的审理。已经参加审理案件实体事项的法官，在其任期内案件未能审结的，仍必须在任期结束后继续审理同一案件。遇有法官无法履行职务或需要回避

---

① 欧洲人权法院规则第 5 条规定了排位规则：1. 在院长、副院长、各审判庭庭长之后，法官根据被选举的先后顺序排位；如有法官再次当选的，若两次当选并非紧密相连，则应当考虑其从前的任期。2. 对于同一天当选的副院长，应当根据其担任法官时间的长短进行排位；若时间相同，则应当根据其年龄大小进行排位。本款规则同样适用于审判庭庭长的排位。3. 任职时间相同的法官应当根据年龄大小进行排位。4. 在选任法官之后，临时法官之间应当根据年龄大小进行排位。

的情形时，适用法院规则第 29 条规定通过选任临时法官解决。

　　大合议庭　大合议庭根据公约第 27 条第 1 款成立，由 17 名法官和至少 3 名候补法官组成。大合议庭的成员包括院长、副院长以及各审判庭庭长。当副院长、审判庭庭长不能成为大合议庭的成员时，由相应的副院长、副庭长顶替。① 当案件进入大合议庭审理时，根据公约第 27 条第 2、3 款的规定，以涉案当事国名义当选的法官，在适当的条件下，根据欧洲人权法院规则第 29 条指定的临时法官，或根据第 30 条缔约国共同指定的法官为大合议庭的当然成员。② 根据公约第 30 条的规定，由小合议庭提交的案件，大合议庭的组成人员还应当包括先前放弃该案管辖权的小合议庭的成员。但根据公约第 43 条的规定，由涉案任一当事方提交至大合议庭的案件，大合议庭的组成人员不应当包括最先受理该案的小合议庭内就是否受理该案和该案的实体事项进行评议的法官，但该小合议庭的审判长以及相关缔约国选任的法官除外。若大合议庭中有法官无法履行职责的，应当由根据欧洲人权法院规则第 24 条第 2 款第（五）项挑选出的法官顶替。必要时，院长在诉讼过程中还可以根据该项规定挑选其他法官顶替。③ 根据上述规定，挑选为大合议庭成员的法官在审理案件时必须恪尽职守，直到案件所有的诉讼程序终结为止。已经参加审理案件实体事项的法官，在其任期内案件未能审结的，仍必须在任期结束后继续审理同一案件直至该案审结。

――――――――

　　①　欧洲人权法院设两名副院长。
　　②　欧洲人权法院规则第 29 条规定，当相关缔约国所选任的法官无法履行职务或需要回避时，其所在小合议庭的审判长应当要求该缔约国在 30 日内决定是否指派其他选任法官参加合议庭的审理活动，或者指派其他符合公约第 21 条任职要求的人作为临时法官参加合议庭的审理活动。第 30 条规定，若作为申诉方或被申诉方的几个缔约国之间存在共同利益，院长可以要求其根据公约第 27 条第 2 款共同指定 1 名选任法官或临时法官。无法达成一致意见时，由院长以抽签的方式从各方推荐的人选当中挑选出 1 名法官负责审理案件。
　　③　欧洲人权法院规则第 24 条第 2 款第 5 项规定：对于在具体案件中随机参加大合议庭或顶替其固有成员参加大合议庭的法官，院长应当在书记官到场的情况下，以抽签的方式从大合议庭固有成员之外的法官当中挑选。抽签程序由法院全体大会制定，而且应当照顾到各缔约国所代表的不同法律制度之间在大合议庭组成上的平衡。

根据公约第 43 条提交的请求书由大合议庭下设的 5 人审判团负责审查。审判团由以下人员组成：院长；各审判庭的庭长，庭长因故不能参加时由副庭长顶替，已组成小合议庭审理当事方正在寻求大合议庭审理的案件的审判庭除外；经轮换挑选出的法官，在小合议庭中已审理过该案的法官除外。相关缔约国选任的法官或作为相关缔约国国民的法官不能成为审判团的成员。审判团中有成员不能继续履行职责的，必须从没有在小合议庭中审理过该案的法官中轮换挑选出相应的人员顶替。

（2）欧洲人权法院正副书记官及法官的选任

法院书记官的选任 书记官候选人应当具备高尚的道德，必须掌握法律、管理和语言方面的知识，并且具备履行相应职务的经验。法院书记官由法院全体大会选举产生。选举应当以匿名投票的方式进行；只有在场的选任法官才有权投票。如果在场的选任法官无法以绝对多数票决出相应的人选，则应当对获得票数最多的两名候选人进行再次投票。如果两名候选人所获得的票数一样，女性候选人享有优先权，其次是年长者。法院书记官只设 1 名，任期为 5 年，可连选连任。除非在法院全体大会上被现职选任法官以 2/3 多数认定为不称职，法院书记官不得被开除职务。在启动开除书记官职务程序之时，法院应当首先听取书记官的意见。任何法官都有权提出启动开除职务程序的动议。在就职之前，法院书记官必须在法院全体大会上或者在必要的时候当着院长的面，作如下宣誓或郑重声明："我宣誓"或"我郑重声明"："我将忠诚、谦虚、审慎地履行作为一名欧洲人权法院书记官的职责。"宣誓活动应当制作笔录。

法院副书记官的选任 参照书记官的选举规则和条件，法院全体大会选举出两名法院副书记官，任期与法院书记官相同。开除副书记官职务的程序与开除书记官职务的程序相同。在启动开除副书记官职务程序之时，法院应当首先听取书记官的意见。在就职之前，法院副书记官必须在法院全体大会上或者在必要的时候当着院长的面，作内容类似于书记官的宣誓或郑重声明。宣誓活动应当制作笔录。

法官的选任 ①任职资格。公约第 21 条规定了 3 项条件，一是法官应具有崇高道德声誉，并具备履行高级司法职务所要求的资质或系具备公认能力的法学家；二是法官以个人身份在法院任职；三是法官在任职期间，不得从事任何与其独立性和公正性或与工作要求相抵触的任何活动。对第 3 项条件，欧洲人权法院规则第 4 条作了进一步规定：在任期内，法官不得从事任何政治或行政活动，不得从事任何与其独立性、公正性或全职性不相容的专业活动。法官必须向院长报告其从事的任何业外活动。院长与法官之间的分歧由法院全体大会作最终裁决。

②选举和任期。法院全体大会以投票表决的方式，根据缔约国分别提供的 3 名候选人选出以各缔约国名义当选的法官。在新的缔约国加入或补充缺任时，应以同样的程序补任法官。选举应当以匿名投票的方式进行；只有在场的选任法官才有权投票。如果在场的选任法官无法以绝对多数票决出相应的人选，则应当对获得票数最多的两名候选人进行再次投票。如果两名候选人所获得的票数一样，则根据欧洲人权法院规则第 5 条排位在先的候选人当选。在就职之前，选举产生的新任法官必须在法院全体大会上或者在必要的时候当着院长的面，作如下宣誓或郑重声明："我宣誓"或"我郑重声明"："我将自重、独立、公正地恪尽法官职守，并将保守评议秘密。"宣誓活动应当制作笔录。法官任期为 6 年，可连选连任，但以其年满 70 岁为止。为保持法院工作的连续性，第一次选出的法官中由欧洲理事会秘书长以抽签的方式决定其中半数法官任期应为 3 年，以保证每 3 年更换法官的一半。接替提前卸任的法官任期至其前任法官任期届满为止。卸任法官应留任至其被接替之日，被接替后，仍应继续处理他们已经审议但尚未结束的案件。院长、两名副院长、各审判庭庭长由法院全体大会选举产生，每届任期为 3 年，法官剩余任期不足 3 年的，至法官任期届满为止。上述职位可连选连任。各审判庭同样应当选出每届任期为 3 年的副庭长，在审判长无法履行其职责时，副庭长顶替审判长的职位。在任期届满之前，若院长、庭长或副院长、副庭长已不再担任法官职务或者辞职，法院全体大会或相关的审判庭应当选举出相应剩余任期中的继任者。院长、副院长、庭长、副庭长在继任者选举产生之前，应当继续履行其职务。任期的计算，新任法官的任期自选举之日起计算。但是，如果法官在任期届满之际再次被选举为新任法官，或者被选举的新任法官是顶替一名任期已经届满或即将届满的法官的

职位的，新任法官的任期应当从前任法官任期届满之日起计算。①

③免职、辞职和开除职务。公约第 24 条规定，法官仅在其他法官以 2/3 多数决议认为其不再具备担任法官的必须条件时方可被免职。欧洲人权法院规则第 6 条规定，法官可以辞职，但应当将其辞职的情况报告院长，院长应当向欧洲理事会总干事转达法官辞职的情况。欧洲人权法院规则第 7 条规定，除非在法院全体大会上被其他现职选任法官以 2/3 多数认定为不称职，任何法官都不得被开除职务。在认定之前，必须先由法院全体大会听取涉嫌不称职的法官的意见。任何法官都有权提出启动开除职务程序的动议。

（3）欧洲人权法院的运作

欧洲人权法院主要是通过召开法院全体大会开展工作。欧洲人权法院规则第 20 条规定，法院全体大会由院长负责召集，院长召集法院全体大会必须符合公约和本规则的要求。经法院 1/3 以上成员的要求，院长应当召集全体大会。法院每年应当至少召开一次全体大会讨论行政管理事务，法院全体大会至少要有 2/3 选任法官出席。不能满足法定最低人数时，院长应当推迟召开法院全体大会。

除了法院全体大会外，大合议庭、小合议庭、审理委员会也通过开会来决定一些行政事项，一般没有固定的会期，但经审判长提议，可以固定每年的会期。在会期之外，遇有紧急情况时，审判长有权召集审判庭会议。②

无论是法院全体大会还是其他会议都通过投票表决，提交表决的事项应当先用简洁的语言归纳。法院投票实行少数服从多数原则。无法形成多数意见的，须重新投票，仍然无法形成多数意见的，由院长决定。大合议庭和小合议庭的决议和判决由到场法官的多数意见决定。对是否受理案件和案件的实体事项作最后表决时，不允许弃权。表决一般以举手的方式进行。在唱票表决时，院长最后表决。③

3. 欧洲人权法院的诉讼程序④

---

① 见公约第 22、23 条，欧洲人权法院规则第 2、3、8 条。

② 参见欧洲人权法院规则第 21 条。

③ 参见欧洲人权法院规则第 22 条。

④ 具体程序操作见《欧洲人权法院规则》第二编：诉讼程序。

（1）申诉的提起

申诉方根据公约第 33 条或第 34 条提起申诉的，必须提交书面且经申诉方或其代理人签字的申诉书。非政府组织或团体提出申诉的，必须提交经有权代表该组织或团体的人签字的书面申诉书。

国家间纠纷申诉书的内容 缔约国或当事方根据公约第 33 条提出申诉的，必须向书记官处提交包括以下内容的申诉书：①被申诉的缔约国；②案件事实；③涉嫌违反公约的行为和相关意见；④申诉符合公约第 35 条第 1 款规定的受理标准（用尽国内救济且在 6 个月内）的说明；⑤申诉的目的和根据公约第 41 条以受害方名义提出的公正赔偿要求；⑥诉讼代理人的姓名和地址；⑦相关文件的复印件，特别是与申诉目的关联的司法或非司法决定。

个人申诉书的内容 公约第 34 条规定的申诉人必须依照书记官处提供的格式提交申诉书，庭长另有规定的除外。申诉书应当包括：①申诉人的姓名、出生日期、国籍、性别、职业和住址；②有代理人的，还应当包括代理人的姓名、职业和住址；③被申诉的缔约国或其他被申诉方的名称；④案件事实摘要；⑤涉嫌违反公约的行为和相关意见的简述；⑥申诉符合公约第 35 条第 1 款规定的受理标准（用尽国内救济且在 6 个月内）的简要说明；⑦申诉的目的和申诉人希望根据公约第 41 条得到公正赔偿的要求；⑧相关文件的复印件，特别是与申诉目的关联的司法或非司法决定。

（2）申诉的审查及处理

对于根据公约规定提交的申诉，接收案件的审判庭庭长应当指定报告法官负责审查，审查的内容包括：申诉书的内容与格式是否符合要求；在申诉书上签字的人是否具备法定资格；由代理人代理申诉的，是否提交相应的授权委托书；申诉人是否已用尽国内救济，且申诉是否于国内终局决定作出之日起 6 个月内提出；个人申诉的，是否向其他国际调查或和解程序寻求和解，等等。

在审查申诉过程中，报告法官可以要求当事方在规定的时间内提交与申诉相关的事实情况、文件或其他材料。初步审查之后，必须决定申诉是否应当由审理委员会或合议庭审理。如果决定案件由审理委员会受理的，报告法官的报告应当包括：相关事实的简要说明；建议不予受理或撤销案件的简要理由。如果决定案件由小合议庭受理的，报告法官的报告应当包括：相关事实的简要说明，包括当事方在规定的时间内提交与申诉相关的事实情况、文件或其他材料；申诉书中涉及公约规定问题的说明；是否受理申诉的建议和采取其他措施的建议，必要时，还可以包括与案件实体问题有关的临时意见。

当申诉被提交至审理委员会后，由其对案件进行评议。在评议时，审理委员会应当考虑报告法官的报告，并且，在必要时，非审理委员会成员的报告法官可以被邀请参加评议。根据公约第 28 条的规定，经一致表决，审理委员会可以宣布不予受理或撤销申诉，上述决定无须进一步审查即可执行，并且具备最终效力。如果无法达成一致意见，则应当将申诉提交小合议庭审查。

当申诉被提交至小合议庭后，经当事方请求或自行决定，小合议庭可以将多个申诉合并处理；经征求当事方的意见，在不妨碍小合议庭就合并申诉作出决定的前提下，审判长可以决定将同一合议庭接收的多个申诉合并审查。在决定是否受理申诉之前，小合议庭可以要求当事方提交任何相关的事实情况、文件或其他材料；将申诉的情况通知被申诉的缔约国，并且要求其提交相关的书面意见；要求当事方提交进一步的书面意见。在决定是否受理申诉前，根据当事方的请求或自行决定，小合议庭可以决定举行听证会。除非小合议庭另有决定，还应当要求当事方在听证会上阐述与申诉实体事项有关的问题。在评议案件时，小合议庭应当考虑报告法官提交的报告。小合议庭可以立即宣布不予受理或撤销申诉。

对于申诉的处理有以下三种结果：一是不予受理。根据公约第 34 条的规定，提交的个人申诉是匿名的或在实质上与法院已审查的申诉相同，或是该申诉涉及的问题已提交另一国际调查或争端解决机构且该项申诉未包括新的事实的；或者个人申诉与公约或议定书的规定不相容、明显的理由不足或是滥用申诉权的，法院应宣布对该项申诉不予受理。二是申诉的撤销。在诉讼程序的任何阶段，若有以下情况出现，法院可撤销申诉，并在案件登记册上予以注销：①申诉人无意继续其申诉的；②争议已经由友好解决程序或其他途径得以解决的；③由于法院认定的其他原因，证明不必继续审查该申诉的。上述申诉的撤销并非是绝对的，如果出于尊重公约及其议定书保障人权的精神或法院认为情况需要或合理时，可以恢复处理申诉。无论是对于已决定不予受理的申诉还是应予撤销的申诉，法院都应当以判决的形式作出，并且，审判长应当在上述判决书生效后将其送交欧洲理事会部长委员会，以便于欧洲理事会部长委员会监督有关申诉撤回、和解或其他纠纷解决方式的执行情况。三是经审查，申诉可以受理，进入案件审理阶段。

（3）案件的审理

公开审理　法院宣布申诉可以受理后，除了案件通过友好途径解决的，或者审判庭自行或根据当事方、其他相关人的申请，在着重保障青少年利益、私人生活，或者在审判庭认为公开审理将有损于司法利益的情况下，为了维护民主社会中的道德、公共秩序或国家安全，可以完全或有限地禁止媒体、公众旁听案件的审理等情形外，所有的案件都必须公开审理。公众有权获得除和解协议之外的任何法律文书。而且申请人对于其提出的任何保密要求，都必须说明相应的理由，并且必须指明是否全部或部分审理以及法律文书能否对公众公开。

友好解决　受理申诉后，合议庭应当采取各种有助于和解的措施。根据合议庭或审判长的指示，书记官应当立即联络各当事方，以寻求达成公约第38条第1款第（二）项规定的和解。友好协商应当秘密进行，在书记官告知当事方已达成和解后，经核实和解协议是在尊重公约或其议定书规定的人权的基础上达成的，合议庭应当撤销案件。

法官回避　法官无法履行其作为合议庭成员的相应职责时，应当尽快告知其所在小合议庭的审判长。若法官为纠纷中一方缔约国的国民，或者为一方缔约国所选任，在该案审理时，其应当回避。此外，当法官遇到以下情形时，不得参加案件的审理：在案件中有个人利益；担任过案件当事方或利害关系人的代理人、辩护人或顾问；担任过调查庭或调查委员会的成员；其他可能影响案件公正审理的情形。法官因上述原因或其他特殊原因而自行回避的，应当将相关情况报告审判长，审判长应当免除报告人在小合议庭中的职责。审判长认为存在法官应当回避的理由时，应当与需要回避的法官交换意见；无法达成一致意见时，审判长有权作出最后决定。

法律援助　开庭审理时，当法律援助对于申诉人正确地向小合议庭陈述案情和恰当地作出相应的诉讼行为是必要的或申诉人无法全部或部分承担诉讼必须的费用时，审判长应当准许向申诉人提供法律援助。为审查申诉人是否有足够的经济能力支付诉讼必须的全部或部分费用，申诉人必须填写一份书面声明，以说明其收入、资产和需要抚养其他人的状况，或者任何其他金钱债务。声明书应当由其国内适当的机构审核，对此，法院应当要求缔约国提交书面评论。收到前述材料后，审判长应当作出是否准许提供法律援助的决定。决定作出后，书记官应当通知各当事方。当申诉人不再符合上述条件时，审判长可以撤销或变更法律援助。

法庭审理　开庭审理时，审判长或小合议庭派出的代表小组负责人应当指挥法庭秩序，指定当事方代理人、律师或顾问的发言顺序。任何法官都可以向代理人、当事方的律师或顾问，或者申诉人、证人和专家，以及其他出庭的人发问。经审判长许可，代理人、当事方的律师或顾问可以向证人、专家和其他人提出质问。对问题的相关性产生异议的，由审判长裁决。

没有充分理由当事方又不出庭的，在符合公正司法要求的情况下，小合议庭可以继续开庭审理案件。小合议庭或审判长决定听取证人、专家和其他人陈述或意见的，书记官应当负责传唤。传票应当写明：与传票相关的案件；调查目的，小合议庭或审判长指令的专家意见或其他措施；根据被传唤人而确定的付款补偿条款。

经当事方或第三方请求，或者自行决定，小合议庭可以调取其认为能够证明案件事实真相的证据。在其他情况下，小合议庭可以要求当事方提交书证；并且，对于所提供的证据或所作的陈述可能有助于小合议庭履行职责的证人、专家或其他相关个人，小合议庭可以听取其意见。在诉讼的任何阶段，小合议庭都可以指派1名或多名合议庭成员或其他法官到现场调查询问或以其他方式收集证据。小合议庭还可以委托法院外的独立专家提供帮助。小合议庭可以向任何个人或机构征求有关就特定问题调取证据、表达意见或提供报告的方式。在调取证据过程中，当事方应当协助小合议庭或其指派的代表。此外，小合议庭还可以听取证人以外的其他人提供的信息。

在表明身份后作证之前，每个证人都应当作如下宣誓或郑重声明："我宣誓"或"我根据自己的荣誉和良心郑重声明"："我必须说真话，全部真话，仅仅真话。"上述行为应当制作笔录。表明身份后履行义务之前，每个专家都应当作如下宣誓或郑重声明："我宣誓"或"我郑重声明"："我将根据自己的荣誉和良心履行作为一个专家的义务。"上述行为应当制作笔录。宣誓和郑重声明可以在审判长、法官或审判长指定的任何公职人员面前作出。合议庭认为证人或专家违反上述宣誓或郑重声明的，经审判长要求，书记官应当通知对该证人或该专家行使管辖权的缔约国。被合法传唤的证人或专家无正当理由不出庭或拒绝提供证据的，经审判长要求，书记官应当通知对该证人或该专家行使管辖权的缔约国。因反对证人或专家而引起的争议，由小合议庭裁决。

根据公约第 30 条的规定，受理的案件引发了问题并严重影响对公约或其议定书进行解释的，或者对问题的决定将会引发与法院从前判决不一致的结果的，小合议庭可以在对案件进行宣判之前的任何时候放弃管辖权并将案件移送给大合议庭，案件当事方根据法院规则提出异议的除外。此时，书记官应当告知当事方小合议庭放弃管辖权的意图。当事方应当在收到通知之日起 1 个月内向书记官处提交附有充分理由的异议书。如果异议书不能满足上述条件的，小合议庭应当认定其为无效。此外，根据公约第 43 条的规定，在特别情况下，自收到小合议庭作出的判决之日起 3 个月内，案件的任何一方都有权向书记官处书面请求将案件提交大合议庭审理。请求方应当在其书面请求中阐明影响公约或其议定书的解释或适用的问题，或者其认为足以应当由大合议庭审理的全局性重大事件。大合议庭的 5 人审判团应当仅仅根据既有的案卷审查当事方提出的请求。只有当其认为案件确实引发了上述问题或事件，审判团才接受请求。拒绝当事方请求的，审判团无须说明理由。5 人审判团接受请求的，大合议庭应当以判决的形式对案件作出裁决。大合议庭对案件的审理程序比照小合议庭审理程序进行。

第三方参与 根据公约第 36 条第 2 款的规定，为实现公正司法的目的，审判长可以邀请或准许当事方以外的任何缔约国或申诉人以外的任何人提交书面评论，或者在特殊案件中参加听证会。如果有第三方为上述目的提出请求的，其必须遵守审判长设定的条件，在合理的时间内以法院的一种官方语言提交阐释理由的请求书。如果第三方的请求书或书面评论不符合条件的，审判长可以决定不将其存档在案。书记官应当将符合条件的第三方提交的书面评论送达案件的当事方，当事方有权在合理的时间内提交书面答辩意见。

庭审笔录 开庭审理时，书记官应当负责逐字逐句地记录庭审情况。逐字逐句记录的庭审笔录应当包括：合议庭的组成人员；当事方；其他出庭人员，即当事方的代理人、律师和顾问以及第三方；证人、专家或其他被听取信息的人的姓名、特征和住址；陈述内容、提出的问题和作出的回答；庭审过程中合议庭或审判长作出的决定。使用非法院官方语言作全部或部分庭审记录的，经合议庭指示，书记官应当安排将其翻译成法院的官方语言。当事方的代表应当获得一份如实制作的庭审笔录；经书记官或审判长准许，当事方的代表可以改正笔录中的错误，但任何改正都不得影响笔录原本的意思和内容。根据审判长的指示，书记官应当限定改正笔录错误的时间。改正后的庭审笔录应当由审判长和书记官签字，签字后的庭审笔录即成为法庭记录事项。

（4）判决

判决的作出 合议庭发现有违反公约或其议定书的行为时，可以根据公约第 41 条的规定，作出公正的赔偿判决，在判决书中判令违约方给予受害方以公正的补偿。若当事方无法在规定时间内履行赔偿义务的，合议庭可以指令负有义务的一方支付利息。受害方与负有责任的缔约国达成和解协议的，法院应当确认协议是否平等；协议内容平等的，法院应当作出撤销案件的判决。

判决书的内容 判决书应当包括：合议庭审判长以及其他法官的姓名，书记官或副书记官的姓名；判决采纳和作出的日期；当事方的基本情况；当事方代理人、律师或顾问的姓名；诉讼过程的记录；案件事实；当事方提交材料的摘要；法律依据；操作性条款；涉及费用的，有关费用承担的决定；构成多数派的法官的人数；适当时，还包括确认正本的声明。

判决书的效力 当事方宣布不会请求将该案提交大合议庭审理或在小合议庭的判决作出 3 个月内，无人请求将该案提交大合议庭审理或大合议庭的五人审判团驳回请求的，小合议庭的判决为终局判决。大合议庭的判决具有终局效力。各缔约国承诺在其为当事方的案件中服从法院的终局判决。

判决书的执行 判决由欧洲理事会部长委员会监督执行。具体做法是：被申请国将其对判决的执行情况报告欧洲理事会部长委员会，欧洲理事会部长委员会则将对判决的执行情况作出自己的判断。遇当事国拒不执行判决或欧洲理事会部长委员会认为其执行情况未能令其满意的，欧洲理事会部长委员会可以用报告的形式将被申请国违反人权的情况向成员国公布，以此对该被申请国施加政治压力。对于严重违反公约的成员国，欧洲理事会部长委员会还可以要求其退出欧洲理事会、直至终止其欧洲理事会成员身份。①

判决书的签署、送达和通告 审判长和书记官应当在判决书上签字。判决书应当由审判长或审判长委派的法官当庭公开宣读。不当庭宣判的，当事方的代理人和代表应当适时被告知宣判的时间。判决书应当提交欧洲理事会部长委员会。书记官应当将核准后的判决书送达当事方、欧洲理事会总干事、第三方以及其他直接相关的人。经正确签字和密封后的判决书正本应当保存于法院的档案库中。

判决书的解释 当事方可以在法院送达判决书后 1 年内要求解释判决书，上述请求应当向书记官处提出。请求书应当明确说明需要解释的作为判决依据的操作性条款。最初受理案件的小合议庭认为请求没有理由的，可自行决定拒绝当事方提出的请求。无法组成最初受理案件的小合议庭时，院长应当以抽签的方式决定补充后组成合议庭的人选。小合议庭没有拒绝请求的，书记官应当通知其他当事方，并且要求其在审判长规定的时限内提交任何书面评论。小合议庭决定开庭审理的，审判长还应当确定开庭的日期。合议庭应当以判决书的方式作出决定。

判决书的修正 当事方发现有决定性影响、法院送达判决书时并未了解而且当事方也无法知晓的事实的，可以在其知晓事实后的 6 个月内请求法院修正判决书。请求书应当指明应当修正的判决书，并且应当包含表明其已经满足前款条件的必要信息。请求书应当附上所有支持文件，并应当向书记官处提交。在不妨碍修正判决书和恢复案件

---

① 袁进：《欧洲理事会部长委员会在人权保护中的作用》，载于赵海峰、卢建平主编：《欧洲法通讯》（第 5 辑），法律出版社 2003 年版，第 97 页。

审理的情况下，根据自行决定或者当事方在收到决定或判决之日起 1 个月内提出的请求，法院可以修改其中的书写错误、计算错误或其他明显的错误。

第五章 美洲人权公约及其实施

一、美洲人权公约的制定

(一) 美洲人权公约概说

1969 年 11 月 22 日，美洲国家组织在美洲国家间特别人权会议上通过了《美洲人权公约》,① 即日起向美洲国家组织的成员国开放签字。这次特别人权会议在哥斯达黎加首都圣约瑟城召开，因此该公约又被称为《哥斯达黎加圣约瑟公约》。截至 1978 年 7 月 18 日，先后有 11 个成员国向美洲国家组织秘书处递交了批准书或加入书，根据《美洲人权公约》第 74 条第 2 款的规定，该公约于当日起正式生效。目前，除美国、加拿大、巴西和墨西哥以外，其他美洲国家组织成员均已加入了《美洲人权公约》。该公约是继《欧洲人权公约》后的第二个区域性人权保障公约。《美洲人权公约》生效后，美洲国家组织又先后审议通过了两个议定书和《美洲人权公约》保障机构的章程，为《美洲人权公约》的有效实施奠定了基础。两个议定书分别是：《美洲人权公约关于经济、社会和文化权利的补充议定书》② 和《美

---

① American Convention on Human Rights, O. A. S. Treaty Series No. 36, 1144 U. N. T. S. 123, *reprinted* in Basic Documents Pertaining to Human Rights in the Inter-American System, OEA/Ser. L. V/II. 82 doc. 6 rev. 1 at 25 (1992).

② Additional Protocol to the American Convention on Human Rights in the Area of Economic, Social and Cultural Rights, "Protocol of San Salvador", O. A. S. Treaty Series No. 69 (1988).

洲人权公约旨在废除死刑的议定书》》①。保障机构的章程分别是《美洲国家间人权委员会章程》② 和《美洲国家间人权法院章程》③，美洲国家间人权委员会和美洲国家间人权法院又根据章程制定了各自的实施规则和程序。④ 上述四个文件与《美洲人权公约》一起被美洲国家组织列为人权基本文件。⑤

《美洲人权公约关于经济、社会和文化权利的补充议定书》，又称《圣萨尔瓦多议定书》，于 1988 年 11 月 17 日在美洲国家组织大会上通过。截至 1999 年 11 月 6 日，先后有 11 个国家递交了批准书或加入书，根据该议定书第 21 条第 3 款的规定，即日起正式生效。该议定书是对《美洲人权公约》第三章"经济、社会和文化权利"的补充规定，详细阐述了《美洲人权公约》在经济、社会和文化领域所应当保护的人权以及缔约国所应当承担的义务。该议定书包括序言和正文两部分，共计 22 条，它规定了缔约国应当承担采取措施的义务、国内相关立法的义务、非歧视的义务、非限制的义务，并赋予公民工作的权利、获得公正、平等、满意的工作条件的权利、自主决定组建或参加工会的权利、获得社会保障的权利、身心健康的权利、获得食物的权利、接受教育的权利、文化的权利、组建和保护家庭的权利、儿童的权利、老人的权利、残疾人的权利等。同时还特别规定了保障上述权利实现的机制，要求缔约国定期向美洲国家间经济和社会理事会以及美洲国家间教育、科学和文化理事会递交报告，说明本国

---

① Protocol to the American Convention on Human Rights to Abolish the Death Penalty, O. A. S. Treaty Series No. 73 (1990).

② Statute of the Inter-American Commission on Human Rights, O. A. S. Res. 447 (IX-0/79), O. A. S. Off. Rec. OEA/Ser. P/IX. 0. 2/80, Vol. 1 at 88.

③ Statute of the Inter-American Court on Human Rights, O. A. S. Res. 448 (IX-0/79), O. A. S. Off. Rec. OEA/Ser. P/IX. 0. 2/80, Vol. 1 at 98.

④ Regulations of the Inter-American Commission on Human Rights, Reprinted in Basic Documents Pertaining to Human Rights in the Inter-American System, OEA/Ser. L. V/II. 82 doc. 6 rev. 1 at 103 (1992). Rules of Procedure of the Inter-American Court on Human Rights, Annual Report of the Inter – American Court of Human Rights, 1991, O. A. S. Doc. OEA/Ser. L/V/III. 25 doc. 7 at 18 (1992).

⑤ Basic Documents Pertaining to Human Rights in the Inter-American System, OEA/Ser. L. V/II. 82 doc. 6 rev. 1 at67, 80, 93, 133, 145 (1992).

执行该议定书的情况。报告的副本由秘书处送交美洲国家间人权委员会。根据《美洲人权公约》第44、51、61、69条所建立的个人请愿书申诉制度的规定，对于侵犯组建和参加工会的权利（该议定书第8条第1款）和接受教育的权利（该议定书第13条）的案件，美洲国家间人权委员会和美洲国家间人权法院可以受理、调查和裁定。

《美洲人权公约旨在废除死刑的议定书》于1990年6月8日在美洲国家组织大会上通过，并对《美洲人权公约》的缔约国开放签字。缔约国的批准书或加入书应交给美洲国家组织秘书处留存，该议定书就对该国立即生效。根据该议定书第1条的规定，批准加入国在其司法管辖区域内不得适用死刑，并且对此不得作出保留。同时，议定书允许在战争时期根据国际法的基本原则，对犯有极其严重的具有武装部队性质罪行的人实施死刑，但该国必须向秘书处报告其有关战争时期实施死刑国内立法的相关内容，还要将战争状态开始与结束的情形通知美洲国家组织秘书处。该议定书旨在促进《美洲人权公约》所规定人权的保障和发展，更有效地保护生命权，符合美洲国家乃至国际社会废除死刑的大趋势。

（二）美洲人权公约的制定机构

"区域性国际组织的萌芽最早开始于美洲。这一地区最早成立了区域性国际组织——美洲国家组织。"① 该组织的形成经过了半个多世纪的漫长历程，并最终成为《美洲人权公约》的制定机构。1890年4月14日（现被称为"泛美日"），美国同17个拉美国家在华盛顿举行的第一次美洲会议上，决定建立美洲共和国国际联盟及其常设机构——美洲共和国商务局，这便是美洲国家组织的前身。1901年在墨西哥召开的第二届美洲国家会议决定将商业事务局更名为"美洲国家国际事务局"，接受由驻华盛顿的美洲国家大使组成的执行理事会的监督；1910年在布宜诺斯艾利斯召开的第四届美洲国家会议上改组为"泛美联盟"；1923年在智利圣地亚哥举行的第五届美洲国家会议上改名为"美洲大陆共和国联盟"；1948年通过的《美洲国家

---

① ［韩］柳炳华著：《国际法》（上卷），中国政法大学出版社1997年版，第412页。

组织章程》将该区域组织正式定名为"美洲国家组织"（Organization of American States，简称"OAS"），总部设在华盛顿。《美洲国家组织宪章》规定，凡批准该宪章的美洲国家都可成为成员国。目前，所有美洲国家都是成员国，共 35 个:① 阿根廷、安提瓜和巴布达（1981）、巴巴多斯（1967）、巴哈马（1982）、巴拉圭、巴拿马、巴西、秘鲁、玻利维亚、多米尼加共和国、多米尼克（1979）、厄瓜多尔、哥伦比亚、哥斯黎达加、格林纳达（1975）、海地、洪都拉斯、加拿大（1990）、美国、墨西哥、尼加拉瓜、萨尔瓦多、圣卢西亚（1979）、圣文森特和格林纳丁斯（1981）、圣基茨和尼维斯联邦（1984）、苏里南（1977）、特立尼达和多巴哥（1967）、危地马拉、委内瑞拉、乌拉圭、牙买加（1969）、智利、圭亚那（1991）、伯利兹（1991）、古巴（自 1962 年一直被拒绝参加该组织的活动）。2004 年 5 月 26 日美洲国家组织以协商一致的方式接受中国成为该组织第 60 个常任观察员国。

美洲国家组织的主要机构包括：1. 最高权力机构即成员国大会，由各成员国参加，每年召开一次例会。经 2/3 成员国同意，可以召开特别会议。2. 外长协调会议。《泛美互助条约》规定，经常设理事会绝对多数赞成可召集会议，就共同关心的紧急问题进行协商。如涉及军事合作问题，则同时召集由各成员国最高军事当局代表参加的防务咨询委员会会议。3. 大会直属机构，包括常设理事会和泛美一体化发展理事会。其中，常设理事会由成员国各派一名大使级代表组成。正、副主席由各国代表轮流担任，任期半年；泛美一体化发展理事会，由成员国各派一名部级代表组成。4. 咨询机构，包括泛美法律委员会和泛美人权委员会。5. 秘书处，为常设机构，受大会、外长协调会议和两个理事会领导和监督。正、副秘书长均由大会选举产生，任期 5 年，只能连任一次。此外，还设置了若干专门机构，例如美洲开发银行、泛美卫生组织、泛美人权法院、泛美防务委员会等。

美洲国家组织的宗旨是：加强美洲大陆和平与安全；确保成员国之间和平解决争端；谋求解决成员国间的政治、经济、法律问题，消除贫困，促进各国经济、社会、文化的合作；控制常规武器；加速美

---

① 括弧内所列年份为该国加入时间。

洲国家一体化进程。

（三）美洲人权公约的制定背景

为了同中世纪神权和封建贵族、宗教僧侣的特权相对抗，17、18世纪欧美新兴资产阶级思想家提出了一个政治口号，这就是"天赋人权"。英国的洛克和法国的卢梭等资产阶级启蒙思想家对近代意义上的人权概念的形成发挥了重要作用。1776年美国的《独立宣言》、1789年法国的《人权和公民权宣言》以及1789年美国的《宪法修正案》（即"权利法案"）等国内法相继制定，使人权概念在近代资本主义国家的政治法律制度中得到确认。人权问题迄今为止已有二百多年的历史，经历了由国内法领域到国际法领域的演进过程。

第一次世界大战之前，人权只是作为国家内部政治生活和立法原则而存在的，只涉及国内法问题。一个政府如何对待它的国民是一国的内政，同国际法毫无关系，在国际法的著作中也没有涉及人权问题。战争结束后，人权问题开始从国内法领域进入国际法领域，在一些国际条约中开始出现有关人权保护的条款，如协约国和参战各国在1919年、1920年陆续签订的对奥地利和约、对保加利亚和约和对匈牙利和约等条约中就设专编保护这些国家少数民族的权利。而且，国际社会还进一步尝试缔结专门保护人权的公约，如1926年的《禁奴公约》和1930年的《禁止强迫劳动公约》等。但是，人权问题并没有因此而真正获得国际法的普遍认同和相应保护。如1938年12月24日美洲国家在利马通过的《关于美洲原则的宣言》中，只是强调了国家之间的权利和义务，对于人权问题只字未提。可以说，在第二次世界大战以前，人权问题基本上是被当做纯粹由国内法所管辖的事项来对待的。

"二战"的惨烈使世界各国政府和人民认识到，一国政府不能充分保证其公民应当享有的作为人的基本权利，人权只有在国际社会集体监督和维护下才可能得到有效保障。1948年美洲国家国际会议和联合国大会先后通过了战后第一个专门针对人权的区域性和国际性文件，即《关于人的权利和义务的美洲宣言》和《世界人权宣言》，标志着人权问题开始进入国际法领域。从此，国际社会对于人权问题的国际化基本达成共识，在人权领域的区域合作和国际合作不断取得新的进展。美洲地区国家也在人权领域里不断进行交流与合作，"深信美洲的历史使命是予人类以一块自由地、发展其人格并实现其公正愿望的一个有利环境"。①

1948 年 3 月 20 日至 5 月 2 日，第九次美洲国家国际会议在哥伦比亚首都波哥大召开。会议制定了《美洲国家组织宪章》，又称《波哥大公约》②。该宪章是一个多边条约，可谓美洲国家组织的宪法。它于 1948 年 4 月 30 日在波哥大开放签字，1951 年 12 月 13 日生效。1967 年的《布宜诺斯艾利斯议定书》对它作了修改，该议定书于1970 年生效。20 世纪 80 年代，哥伦比亚的《卡塔吉那·德·印地亚斯议定书》对宪章又作了进一步修改，该议定书在 1985 年开放签字，于 1990 年 2 月 27 日生效。该宪章在第 3 条和第 13 条提到了人权的内容。其中，第 3 条第 10 款规定："美洲国家宣布个人基本权利不因种族、国籍、信仰或性别而有差别"；第 13 条在宣布"每个国家有权自由地、自然地发展其文化、政治及经济生活"之后规定："在这种自由发展中，国家应尊重个人权利以及普遍的道德准则。"第七章"社会标准"和第八章"文化标准"中也对公民的社会、文化权利作出了原则性规定。但是，该宪章并没有对第 3 条第 10 款所述及的"个人基本权利"下定义，也没有建立任何保障人权的专门机构。

在这次会议上，美洲国家组织还先于《世界人权宣言》公布了《关于人的权利和义务的美洲宣言》（以下简称《美洲宣言》）③。《美洲宣言》的序言强调，"对人权的国际保护应当成为日益发展的美洲法律的主导"。该宣言列举了 27 项人权和 10 项义务，涉及公民政治的以及经济的、社会的和文化的权利，其中包括生存权、人身自由、人身保障、法律面前人人平等、居住和迁徙自由、接受公正的审判、不得滥加逮捕、适当的法律诉讼程序以及国籍和庇护方面的权利。《美洲宣言》还宣布了宗教信仰、言论自由、集会和结社自由。并

---

① 董云虎、刘武萍著：《世界人权约法总览》，四川人民出版社 1990 年版，第 1023 页。

② Charter of the Organization of American States, 119 U. N. T. S. 3, amended 721 U. N. T. S. 324, entered into force Feb. 27, 1990.

③ American Declaration of the Rights and Duties of Man, O. A. S. Res. XXX, 1948.

且，个人隐私、财产、健康、教育、享受文化生活、工作、闲暇时间以及获得社会保障的权利均受到保护。《美洲宣言》规定的义务包括对社会的义务、对子女和父母的义务、接受教育的义务、选举的义务、遵守法律的义务、为社会和国家服务的义务、纳税和工作的义务。此外，《美洲宣言》还公布了社会保障和社会福利方面的义务，以及在外国不得从事政治活动的义务。

　　《美洲宣言》是由不具约束力的会议决议通过的，参与起草的人都不认为它具备法律效力。① 为了使美洲地区的人权状况得到明显改善，顺应历史发展潮流，在美洲国家组织成立后举行的多次会议上，许多成员国都提出应制定美洲国家组织人权条约。因此，《美洲人权公约》的制定逐渐成为美洲国家间重点探讨的问题。在国际人权保护方兴未艾的大背景下，《美洲人权公约》呼之欲出。

（四）　美洲人权公约的制定过程

　　1959 年举行的美洲国家组织外交部长协商会议第五次会议正式决定：由美洲国家司法委员会负责起草《美洲人权公约》草案。这是《美洲人权公约》第一次被列入美洲国家组织有关区域性条约的制定计划，标志着《美洲人权公约》的制定已经进入实质性操作阶段。这次外交部长协商会议还作出了一项重要决定，即成立美洲国家间人权委员会。该委员会将在《美洲人权公约》保障机制中发挥关键性作用。美洲国家司法委员会于 1959 年制定了第一份公约草案。在制定过程中，司法委员会主要参考了 1948 年《美洲宣言》、1950年《欧洲人权公约》以及 1966 年联合国通过的《经济、社会、文化权利国际公约》和《公民权利和政治权利国际公约》在 1952 年至1953 年的条文草案，吸收了当时国际人权领域的基本观点。

　　1965 年，第二届美洲国家特别会议作出决定：由美洲国家间人权委员会对美洲国家司法委员会 1959 年制定的公约草案进行审查，与美洲国家组织成员国进行必要的协商，并在此基础上，尽早召开美洲国家组织外交会议，以便正式通过该草案。由于短短几年间国际人

---

　　①　参见［美］伯根索尔：《修改后的〈美洲国家组织宪章〉与人权保护》，载《美国国际法杂志》1975 年第 69 期，第 828～829 页。

权领域又有了新的发展，美洲国家间人权委员会经审查后认为，公约草案内容上过于陈旧，不符合国际人权理论和实践的新近成果。美洲国家组织理事会因此决定重新起草一个公约草案，要求美洲国家间人权委员会参考 1966 年联合国刚刚通过的两个人权公约即《经济、社会和文化权利国际公约》、《公民权利和政治权利国际公约》，在广泛征求美洲国家组织成员国意见的基础上，提交新的公约草案。

1967 年 2 月 27 日，第三届美洲国家特别会议通过了《修订美洲国家组织宪章的议定书》即《布宜诺斯艾利斯议定书》。该议定书对 1948 年《美洲国家组织宪章》作了重大的修改和补充。其中，对经济、社会和文化权利作了更为详细的规定，将美洲国家间人权委员会正式规定为美洲国家组织的一个主要机构,① 并规定其主要职责是"促进对人权的遵守和保护，并作为本组织在这些事务方面的一个协商机关"。② 该议定书同时还规定未来的"美洲国家人权公约应确定本委员会（美洲国家间人权委员会）的结构、职权和程序，以及负责人权事务的其他机关的结构、职权和程序"。③ 根据该议定书的有关规定，在对美洲国家间人权委员会所拟的公约草案进行审议后，1969 年美洲国家组织美洲国家间特别人权会议正式通过了《美洲人权公约》。

在《美洲人权公约》制定过程中，一些国家的意见得到了采纳。如《美洲人权公约》第 28 条的所谓"联邦"条款，就是由于参加圣何塞会议的美国代表团的坚持才被写入的。美国代表团曾争辩说："为了使美国能成为《美洲人权公约》的缔约国，这一条是必需的。"④ "联邦"条款使一个联邦国家可以承担较为有限的义务，只在其"行使立法和司法管辖权"的那些事务方面接受《美洲人权公约》的制约。但是，作为美洲主要国家的美国却没有批准加入该公约。美国前总统卡特在其执政第一年即 1977 年就在纽约联合国总部

---

① 《修订美洲国家组织宪章的议定书》第 51 条第 5 款。
② 《修订美洲国家组织宪章的议定书》第 112 条。
③ 《修订美洲国家组织宪章的议定书》第 112 条。
④ 参见［美］伯根索尔:《美洲保护人权制度》（1981），载《美洲法律年鉴》（1986），第 80、86 页。

签署了关于人权的两个国际公约，并在美洲国家组织的所在地华盛顿
签署了《美洲人权公约》。1978 年 2 月 23 日，在美国第 95 届国会第
二次会议上，卡特总统把这三个文件连同《消除一切形式种族歧视
国际公约》提交参议院征询意见并申请其批准，参议院对外关系委
员会就此请求举行了广泛的听证会。① 其后二十多年来美国参议院对
这三个条约未采取进一步的审查批准程序，因此美国迄今为止也没有
批准《美洲人权公约》。这使美国无论在国际上还是在区域内的人权
领域都处于尴尬的境地。2001 年 3 月 2 日，哥斯达黎加外交部长罗
伯托·罗哈斯对美国的年度人权报告发表讲话时，就曾质问："美国
连《美洲人权公约》都不愿签署，还有什么资格对哥斯达黎加的监
狱状况和社会治安等问题品头论足呢？"

（五）　美洲人权公约制定的意义

首先，《美洲人权公约》的制定对有关国际法主体的传统理论提
出了挑战。长期以来，国家被视为国际法的惟一主体，个人被绝对排
除在国际法主体范围之外。霍兰德认为："国际法类似国内法中的私
法，私法上的当事者是两个人，国际法的当事者是两个国家。"安齐
洛蒂也认为，国际习惯或条约表面上似乎赋予个人以义务，实际上只
是命令或授权国家禁止或处罚某项个人的行为，或只是命令或授权国
家给予个人某项权利；个人所接受的权利或义务不是从国际法接受而
来，而仍是从国内法接受而已。② 总之，在传统国际法中，个人如同
土地一样在国际法上只是客体，他不能援用国际法，也不受国际法院
管辖，不能在一个国际法庭控诉一个国家。人的自然属性被忽视，过
分强调其社会属性。人通常被视为一个国家、一个民族的组成部分，
他不享有国际法意义上的独立的作为个体的权利。

而《美洲人权公约》第 44 条明确规定："任何人或一群人，或
经美洲国家组织一个或几个成员国合法承认的任何非政府的实体，均
可向委员会递交内容包括谴责或控诉某一缔约国破坏本公约的请愿

---

① 参见美国参议院对外关系委员会听证会 EX.C，D，E，F，95－2——关于
人权的四个条约，1979 年 11 月 14、16、19 日（1980）。

② 参见周鲠生著：《国际法》（上册），商务印书馆 1981 年版，第 63 页。

书。"从而赋予了个人以及非传统国际法主体的任何一群人、部分非政府组织以当然申诉权，这项举措被认为是国际法的最新发展之一。① 一个国家加入《美洲人权公约》，即可视为它承认人权委员会有权对指控该国的个人投诉进行审查，这与人权委员会处理缔约国之间的申诉明显不同。《美洲人权公约》第45条规定人权委员会受理一个国家对另一国家的申诉必须以下列条件为前提：这两个国家已经批准《美洲人权公约》，并且承认人权委员会在国家之间的管辖权。可见，《美洲人权公约》更加强调保障个人申诉权。美洲国家间人权委员会自1978年被赋予该项职能以来，每年收到近千件个人提出的申诉。对于人权委员会根据《美洲人权公约》第61条第1款的规定提交的部分个人申诉案件，美洲国家间人权法院已进行了审理，并作出了判决。

其次，《美洲人权公约》的制定促进了国际人权法制化的进程。该公约建立了美洲国家间人权委员会和美洲国家间人权法院，明确界定了它们的组织、职责、权限和程序，为实现公约所期望的"在民主制度的范围内巩固以尊重人的基本权利为基础的个人自由和社会正义的制度"的目标提供了完善而有效的保障机制。美洲国家间人权委员会"实际上是全面实施《美洲人权公约》的政治性机关"。② 美洲国家间人权法院审理曾经由人权委员会进行调解但未获友好解决的案件，并作出对当事各方有拘束力的判决。基于公约所确认的个人申诉制度，任何人都有机会在人权保障机制架构内与一个国家进行平等公正的对抗，维护《美洲人权公约》所保护的人权。在这方面，联合国所制定的全球性国际人权公约所建立的保障机制则明显不足，该机制内的人权保障机构的职能和管辖范围都受到较多限制。而美洲国家间人权委员会不局限于接受、审查和决定是否受理申诉，还可以自行调查，促成友好解决，乃至敦促被控告的国家在规定的期限内采取其认为适当的补救措施。因此，《美洲人权公约》所建立的人权保护

---

① 参见 A. H. 罗伯森、J. G. 麦里尔斯著：《世界中的人权》，曼彻斯特大学出版社1989年版，第176页。

② 万鄂湘、杨成铭：《区域性人权条约和实践对国际法的发展》，载《武汉大学学报》1998年第5期。

机制对全球人权法制化的进程具有重要的影响。

再次，《美洲人权公约》的制定给美洲地区的公民带来了福音。随着《美洲人权公约》补充议定书的陆续出台，《美洲人权公约》所建立的人权保障体系正在不断完善。通过《美洲人权公约》缔约国的实践以及美洲国家间人权委员会和美洲国家间人权法院卓有成效的工作，美洲地区的人权状况从总体上看已经有了显著的进步。无论是成员国政府还是公民的人权意识都得到了相当程度的提高，美洲国家在人权保护的基本问题上达成广泛的一致。而且，由于个人申诉制度的建立，成员国政府恣意侵犯人权的行为受到一定程度的遏制，因而美洲地区公民所受到的人权保障程度不断提高。

二、美洲人权公约的内容

（一） 美洲人权公约的体例

《美洲人权公约》由序言、正文以及声明和保留构成。

序言阐明了制定该公约的根据和目标，认为"人的基本权利的来源并非由于某人是某一国家的公民，而是根据人类人格的属性，因此以公约形式来加强或补充美洲国家国内法提供的保护而对上述权利给予国际性保护是正当的"。并且，希望通过《美洲人权公约》"在民主制度的范围内巩固以尊重人的基本权利为基础的个人自由和社会正义的制度"。智利、厄瓜多尔、乌拉圭等三个国家在 1969 年签署该公约时声明对与本国宪法相抵触的若干条款作出保留。

正文包括三个部分，共计 11 章、82 条，主要通过列举的方式详细阐述了人权保障的具体内容以及权利保障机构的有关规定。具体包括：第一部分（第 1～32 条）规定了国家义务和受保护的公民权利；第二部分（第 33～74 条）规定了公约的保障机制，确定美洲国家间人权委员会和美洲国家间人权法院为公约的主管机关，并对其组织、职责、权限和程序作出了规定；第三部分（第 74～82 条）是一般和过渡条款，对公约的签署、批准、保留、修改、议定书、废约以及《美洲人权公约》生效后两个保障机构成员最初产生方式作出规定。可见，第一部分属于《美洲人权公约》的实体性规定，第二部分和

第三部分属于《美洲人权公约》的程序性规定。

（二） 美洲人权公约所保障的权利

1. 公民权利和政治权利

《美洲人权公约》所保障的公民权利和政治权利主要有 23 项，分别是：法律人格的权利、生命的权利、人道待遇的权利、不受奴役的自由、个人自由的权利、公平审判的权利、不受有追溯力法律的约束、获得赔偿的权利、享有私生活的权利、良心和宗教自由、思想和发表意见的自由、答辩的权利、集会的权利、结社的自由、家庭的权利、姓名的权利、儿童的权利、国籍的权利、财产的权利、迁移和居住的自由、参加政府的权利、受法律平等保护的权利、司法保护的权利。

（1）法律人格的权利。《美洲人权公约》强调其保护的对象是每一个人，是个体意义上的单个自然人（human being），因此，公司和其他法人并非《美洲人权公约》保障中所意味的权利受益者。"在法律面前，人人都有权被承认是一个人。"（第 3 条）法律人格权的重要性并不亚于生命健康权，《美洲人权公约》维护个人在法律上的完整人格。

（2）生命的权利。在各项国际人权文件中，生命权都被置于首要位置。如果没有生命，人的一切权利和自由都将失去意义。为了防止由于死刑的滥用而使公民的生命权受到严重威胁，《美洲人权公约》在死刑的适用对象、适用程序、补救方式等方面作出明确规定。《美洲人权公约》第 4 条规定对犯罪时年龄在 18 岁以下或超过 70 岁的人以及孕妇不得处以死刑；在尚未废除死刑的国家，只有犯了除政治犯罪或相关的一般罪行以外的最严重罪行并依照既有法定程序才可处以死刑。并且规定："被判处死刑的人都有权请求赦免、特赦或减刑，对一切案件均得给予赦免、特赦或减刑"（第 4 条第 6 款）。《美洲人权公约》还规定了生命的含义："每一个人都有使其生命受到尊重的权利。这种权利一般从胚胎时起就应受到法律保护。"（第 4 条第 1 款）据此，堕胎受到《美洲人权公约》的限制。

（3）人道待遇的权利。所有人无一例外地享有人格尊严不受侵犯的权利，而犯罪嫌疑人、被告人和服刑罪犯的此项权利最容易受到司法机关的侵犯。因此，《美洲人权公约》不仅规定不得对任何人施以酷刑或残暴的、非人道的或侮辱性的惩罚或待遇，而且特别要求被监禁、被控告、被刑事追诉的人"都应受到尊重人类固有的尊严的待遇"（第 5 条第 2 款）。"剥夺自由的惩罚应以犯人的改造和社会再教育为主要目的"（第 5 条第 6 款），而不是为了使其在身体上、精神上和心理上受到侮辱、虐待和不人道的待遇。

（4）不受奴役的自由。《美洲人权公约》第 6 条第 1 款规定："任何人不得受奴役或从事非自愿的劳役，各种形式的奴役和劳役正如奴隶交易和贩卖妇女一样都应予禁止。"这表明，《美洲人权公约》反对一切形式的奴役，在任何情况下，任何政府、团体或个人都无权奴役他人。但"奴役"与"强迫劳动或强制劳动"是两个概念。该公约第 6 条第 2 款规定，"不得要求任何人从事强迫劳动或强制劳动"，但在公约规定的某些情形下不得援引该条款。

（5）个人自由的权利。从一定意义上看，自由就是生命。一个人一旦失去了自由，就如同其生命受到了限制，因此，《美洲人权公约》规定，"人人都享有个人自由和安全的权利"（第 7 条第 1 款）；对任何人不得非法逮捕或关押、剥夺身体自由（第 7 条第 2、3 款）。对于被依法拘留的人，《美洲人权公约》赋予其及时被告知拘留理由权（第 7 条第 4 款）、取保候审权（第 7 条第 5 款）、申请司法审查权（第 7 条第 6 款）以及迅速被提交法官或其他经法律认可的行使司法权的官员的权利（第 7 条第 6 款）。同时规定，任何人不得因欠债而被拘留（第 7 条第 7 款）。

（6）公平审判的权利。公正、独立的司法审判制度是体现一个社会民主程度的重要标志。在全球法治化的浪潮中，公平审判的理念已深入人心，并成为国际性或区域性人权文件不可或缺的内容。根据《美洲人权公约》的规定，公平审判的权利主要表现在：第一，在受到指控时，"人人都有权在适当的保证下和一段合理的时间内由事前经法律设立的独立公正的主管法庭进行审讯"（第 8 条第 1 款）；第二，"被控告犯有罪行的每一个人，只要根据法律未证实有罪，有权被认为无罪"（第 8 条第 2 款），即无罪推定；第三，在诉讼的过程中，人人都有权完全平等地享有八项最低限度的保证，即无偿获得翻译帮助权、详细获知被控事项权、辩护权（包括自行辩护权、委托辩护权和获得指定辩护权)、提供证人权和向证人提问权、不被强迫自证其罪权和上诉权(第8条第2款);第四,"只有在不受任何强制的情况下,被告供认有罪才算有效"(第8条第3款),排除非法采集的证据;第五,"经一项未上诉的判决而宣判无罪的被告不得因相同的原因而受新的审判"(第8条第4款),确认一事不再审、一罪不再罚的原则;第六,"除为保护司法利益所需要外,刑事诉讼应公开进行"(第8条第5款),不仅要求审判公开,而且还要求审判以外的其他刑事诉讼程序也应当公开,从而保障司法公正,维护人权。

(7)不受有追溯力法律的约束。《美洲人权公约》确认刑事法律从旧兼从轻原则,保护被追诉者的合法权益(第9条)。

(8)获得赔偿的权利。对于因错判而导致冤狱的人,《美洲人权公约》第10条规定:"如由于错判而使人受到最后判决,人人都有权按照法律获得赔偿。"

(9)享有私生活的权利。《美洲人权公约》第11条第1、2款规定:"人人都有权使自己的荣誉受到尊重,自己的尊严受到承认。不得对任何人的私生活、家庭、住宅或通信加以任意或不正当的干涉,或者对其荣誉或名誉进行非法攻击。"根据该条的规定,缔约国承认并通过法律保护个人隐私权。同时,该条暗示,这些权利并不是绝对的。公约所禁止的是"任意"或"不正当"的干涉,这就意味着正当、合法的干涉是公约允许的。

(10)良心和宗教自由。此种权利包括保持或改变个人的宗教或信仰的自由,以及每个人单独地或和其他人在一起,公开地或私下里宣称信奉或传播自己的宗教或信仰的自由。《美洲人权公约》第12条第2款规定:"任何人都不得受到可能损害保持或改变其宗教或信仰自由的限制。"值得注意的是,该自由既包括信教的自由,也包括不信教的自由。虽然公约没有提到"无神论",但"信仰"一词理应包含这个意思。

(11)思想和发表意见的自由。该权利包括寻求、接受和传送各种消息和思想的自由,表达方式可以采取口头、书写、印刷和艺术等任何形式。除非为了对儿童和未成年人进行道德上的保护而控制观看某些不适当的节目或者事前审查公开的文娱节目,这种权利的行使无须事前审查（第13条第1、4款）。《美洲人权公约》禁止滥用政府或私人对新闻、广播频率或对用于传播消息的设备的控制，或者采取任何其他手段来间接限制各种思想和意见的表达和传播（第13条第3款）。

（12）答辩的权利。为了保护因新闻媒体不确实的或攻击性的声明或意见而受到损害的人，《美洲人权公约》第14条赋予他们依法通过新闻媒体进行答辩或更正的权利。为了有效地保护答辩的权利以维护其荣誉和名誉，《美洲人权公约》第14条还规定出版者和报纸、电影、广播和电视公司都应有一位不受豁免权或特权所保护的负责人，以承担相应的责任。

（13）和平集会的权利。根据《美洲人权公约》第15条的规定，对于行使和平集会的权利不得非法加以任何限制。这种集会应当是非暴力性的，应当和平进行，不得发生暴乱、骚乱等。

（14）结社的自由。人具有社会性，难以脱离社会而生存。个人的能力是有限的，"单枪匹马"的时代已经永远成为了历史。人们自然需要组成各种团体，正如保罗西加特所言："在这样的团体中，存在着远比组成团体的单个人大得多的力量，这种力量是个人自己所不能有的。"《美洲人权公约》第16条赋予公民自由结社的权利，以实现其在思想、宗教、政治、经济、劳动、社会、文化、体育等方面的目标。

（15）结婚和家庭的权利。《美洲人权公约》确认已达结婚年龄、双方自由和完全同意结婚的男女有权结婚和建立家庭，并且维护夫妻双方在结婚期间和解除婚姻时的权利平等和责任适当平衡，保障非婚生子女享有与婚生子女平等的权利（第17条）。《圣萨尔瓦多议定书》第15条也规定了该项权利。

（16）姓名的权利。姓名是一个人在社会中交往的媒介，属于个人私力范围，其决定权自然属于个人。《美洲人权公约》第18条规定，所有人有权自主决定其姓名，甚至可以使用假名。

（17）儿童的权利。儿童的未成年特点致使其容易受到他人的侵犯，特别需要外界的保护，因此，《美洲人权公约》第19条规定："每一个未成年儿童都有权享受其家庭、社会和国家为其未成年地位而给予的必要的保护措施。"《圣萨尔瓦多议定书》第16条规定：

"应当保证每一个儿童至少在初级阶段接受免费义务教育。"

（18）国籍的权利。国籍是一个人作为某一特定国家的国民或公民而隶属于这个国家的一种法律上的身份，是享受公民权利的前提。如果没有取得国籍或者被剥夺国籍，这个人就无法享有公民权利和政治权利。为了确保每个人都拥有国籍，《美洲人权公约》第 20 条规定："国籍发生消极冲突时应采取出生地取得原则，以保障人人都能够成为一国的公民；任何人都享有国籍不得被任意剥夺或改变的权利。"

（19）财产的权利。财产是个人在社会生存和发展的基础，也是社会对于个人所付出努力的回报。《美洲人权公约》第 21 条规定，任何人都享有其财产不被非法剥夺的权利，禁止高利贷等任何人剥削人的形式。

（20）迁移和居住的自由。这是与人身自由相关的基本权利。《美洲人权公约》第 22 条第 1 款规定："合法地处在一个缔约国领土内的每一个人，有权按照法律的规定在该国领土内迁移和居住。"迁徙自由包括：人人都有权自由地离开任何国家，包括他自己的国家在内；有权在国内从一个地区迁徙到另一个地区；有权进入其国籍所属国。根据国际法，国家有义务"对于不被准许在外国领土上居留的本国人民在本国内予以收容"。据此，《美洲人权公约》第 22 条第 5 款规定："任何人都不得从他国籍所属的国家的领土内被驱逐出去，或者剥夺他的进入该国的权利。"《美洲人权公约》还确认了一定条件下的受庇护权，即因犯有政治罪或有关的刑事罪而正在被追捕时，他有权按照国家法律和国际公约，在外国的领土上寻求庇护或受到庇护（第 22 条第 7 款）。对于外国人在特定情形下的受庇护权，《美洲人权公约》第 22 条还规定："如果一个外国人的生命权利或人身自由，在一个国家由于他的种族、国籍、宗教、社会地位或政治见解等原因而正遭到被侵犯的危险时，该外国人在任何情况下都不得被驱逐到或被送回到该国，不论该国是否是他的原居住国家；禁止集体驱逐外侨。"

（21）参加政府的权利。根据《美洲人权公约》第 23 条的规定，每个公民享有的参加政府的权利主要包括：第一，选举权和被选举权。每个公民都有权"在真正的定期选举中投票和被选举，这种定期选举应通过普遍的和平等的投票以及保证投票人自由表达其愿望的秘密投票来进行"。这项规定不仅涉及每个公民的选举和被选举权，而且包括选举的原则和程序问题，即"定期选举"、"普遍的和平等的投票"、"秘密投票。"第二，参政权。每个公民都有权"直接地或通过自由选出的代表参加对公共事务的处理"。第三，担任公职权。每个公民"在普遍平等的条件下，有机会担任国家的公职"。所谓"普遍平等"，是指允许在诸如年龄、能力等方面规定一些必要条件，但必须对所有竞选者都适用，不得歧视任何人。

（22）平等保护的权利。法律面前人人平等是一项重要的人权原则，在许多国家的宪法中均有规定，该项原则也毫无例外地被国际人权公约和地区人权公约纳入其人权保护体系之中。《美洲人权公约》第24条规定："在法律面前人人平等。因此，他们有权不受歧视地享有法律的平等保护。"所谓"不受歧视"是指，"个人基本权利不因种族、国籍、信仰或性别而有所差别"（《美洲国家组织宪章》第5条第10款）。

（23）司法保护的权利。《美洲人权公约》第25条第1款规定："人人都有权向主管法院或法庭要求给予单纯和迅速的援助或任何其他有效的援助，以获得保护，而不受侵犯宪法或有关国家法律或本公约所承认的基本权利的行为的危害，即使这种侵犯行为可能是人们在执行其公务过程中所实施的。"据此，《美洲人权公约》建立了司法审查制度，对于侵犯公民权利和政治权利的行政行为，法院应当受理个人的申诉，并有权审查该行为是否违背合法性与合宪性原则。法院应当运用司法权来协助公民抵抗包括来自行政机关在内的各种侵犯人权行为的威胁，使公民享有司法保护的权利。

2. 经济、社会和文化权利

经《布宜诺斯艾利斯议定书》修正后的《美洲国家组织宪章》中规定了经济、社会、教育、科学和文化标准方面的各种权利（1967年《美洲国家组织宪章》第43条至第50条）。为了保障这些权利，《美洲人权公约》第26条要求各缔约国应当采取包括具有经济和技术性质在内的各种措施、立法或其他适当的方法。作为《美洲人权公约》的补充议定书，《圣萨尔瓦多议定书》对于经济、社会、文化权利领域的人权作了更加具体的规定（第6条至第18条）。

3. 按照美洲人权公约规定的程序确认的其他权利

根据《美洲人权公约》第 31 条、第 76 条、第 77 条的规定，任何缔约国可以将对公约的修改建议直接提交美洲国家组织大会，或者由人权委员会或人权法院通过美洲国家组织秘书长提交美洲国家组织大会。自 2/3 的公约缔约国交存其批准书之日起，该修改对批准修改的各国生效。对于其他缔约国，则应于它们各自交存其批准书之日起生效。另外，任何缔约国和委员会都可以向美洲国家组织大会提出本公约议定书草案，由大会进行审议并表决，以期将其他各种权利和自由逐步纳入其保护体制范围之内。其他权利和自由经过上述程序确认后，就可以被列入公约的保护范围。

(三) 美洲人权公约所规定的义务

1. 缔约国的义务

(1) 尊重权利的义务。缔约国应当尊重《美洲人权公约》所确认的各项权利和自由，并采取措施"保证在它们管辖下的所有人都能自由地全部地行使这些权利和自由，不因种族、肤色、性别、语言、宗教、政治见解或其他主张、民族或社会出身、经济地位、出生或其他任何社会条件而受到任何歧视"(第 1 条第 1 款)。缔约国同时具有主动的和被动的义务，这就是说，它们有义务不侵犯《美洲人权公约》所保障的权利，并且要采取一切必要且合理的措施来"保证"这些权利的充分实现。

(2) 及时有效保护权利的义务。如果缔约国目前尚未建立对《美洲人权公约》所规定的某些权利或自由的保护机制，该国应依照宪法和公约的规定采取为使这些权利或自由生效所必需的立法或其他措施(第 2 条)。

(3) 不得侵犯绝对权利的义务。《美洲人权公约》将 11 种权利规定为绝对权利，在任何情况下都不得侵犯，不得援引第 27 条第 1 款即"暂时停止保证"条款。既不得暂时停止保护这些权利，也不得暂时停止实施为保护这些权利所必要的司法保证。这些绝对权利是:法律人格的权利、生命的权利、人道待遇的权利、不受奴役的自由、不受有追溯力法律的约束、良心和宗教自由、家庭的权利、姓名的权利、儿童的权利、国籍的权利和参加政府的权利(第 27 条第 2 款)。

（4）保证解释符合公约精神的义务。《美洲人权公约》第29条对缔约国的解释行为作出以下限制性规定：第一，不得作出不利于保护公民权利和政治权利的解释（第1款）；第二，不得通过解释超过公约规定的限度来限制公约所赋予的权利和自由（第1款）；第三，不得限制享有或行使任何缔约国法律所承认的、或者缔约国参加的其他公约所承认的任何权利或自由（第2款）；第四，不得排除人类天赋人格所固有的权利，以及作为民主制度所产生的其他权利或保证（第3款）；第五，不得排除或限制《美洲人的权利和义务宣言》或其他保障人权的国际文件所具有的效力（第4款）。

（5）维护外国侨民正当权益的义务。《美洲人权公约》明确禁止集体驱逐外侨（第22条第9款）。如果由于外国侨民的种族、国籍、宗教、社会地位或政治见解等原因，一国将剥夺他的生命权利或人身自由的时候，缔约国在任何情况下都不得将该侨民遣送回该国，即使该国是其原居住国（第22条第8款）。

（6）提供司法救济的义务。缔约国应当确保需要司法补救的任何人都能够获得司法救济，并且促使经国家法律制度规定的主管当局予以落实。对此，《美洲人权公约》第25条第2款规定：保证要求这种补救的任何人均应享有经国家法律制度规定的主管当局所决定的权利；发展采取司法补救的可能性；保证主管当局应实施这些已同意的补救。

（7）向美洲国家间人权委员会提供报告的义务。对于美洲国家间人权委员会要求提供的有关缔约国实施公约相关情况的报告，缔约国应当按照要求提供（第43条）。各缔约国应当每年向美洲国家经济及社会理事会执行委员会和美洲国家教育、科学和文化理事会执行委员会按它们各自主管的范围提交报告和研究成果，并且应当将每一份报告和研究成果的抄件，送交人权委员会。人权委员会因此可以注意促进经《布宜诺斯艾利斯议定书》修订的《美洲国家组织宪章》中所载的在经济、社会、教育、科学和文化准则中所包含的权利。

（8）服从美洲国家间人权法院判决的义务。如果缔约国以特别声明或特别协议的方式承认人权法院的管辖权，那么针对人权法院受理的本国是当事国的任何案件，该缔约国应当服从法院的判决。

2. 个人的义务

《美洲人权公约》不仅规定了个人应当享有的权利和自由，同时还对个人的权利和义务的关系作了专门的规定："每一个人对其家庭、社会和人类都负有义务。并且，在民主国家中每个人的权利都受到他人的权利、全体的安全和大众福利的正当要求所限制。"（第32条）这种权利的限制主要表现在以下八个方面：

（1）不被强迫劳动权的限制。根据《美洲人权公约》第6条的规定，如果缔约国法律规定以强迫劳动的方式作为剥夺自由的刑罚，那么法院有权作出强迫劳动的判决并予以执行，但是这种强迫劳动不得有损犯人的尊严、身体或智力（第6条第2款）。兵役以及在押犯人服刑时依照规定所做的劳务不被视为强迫劳动。当发生威胁社会的生存或幸福的危难或灾害时，国家有权要求公民提供可能的劳务（第6条第3款）。

（2）宗教或信仰自由权的限制。为了保障公共安全、秩序、卫生、道德或他人的权利或自由，法律可以规定所必需的限制（第12条第3款）。而且，父母或监护人有权按照他们自己的信念，对其子女或被监护人进行宗教和道德教育（第12条第4款）。

（3）发表意见自由权的限制。行使发表意见自由权应受到法律明确规定的义务的限制，并且应当尊重他人的权利或名誉，不危害保护国家安全、公共秩序、公共卫生或道德。同时，任何战争宣传和任何鼓吹民族、种族或宗教仇恨，构成煽动非法暴力行为，或以任何其他理由，包括以种族、肤色、宗教、语言或国籍为理由，对任何人或一群人煽动任何其他类似的非法活动，都应视为法律应于惩罚的犯罪行为，不受公约保护。

（4）集会、结社自由的限制。根据《美洲人权公约》第15条和第16条的规定，缔约国可以采取"依照法律和在民主社会中为了国家安全、公共安全或公共秩序的利益，或者为保护公共卫生或道德，或者为保护他人的权利或自由所必需规定的那些限制"。由于武装部队成员和警察身份的特殊性，为了实现上述目的，《美洲人权公约》"不排斥对武装部队成员和警察加以合法的限制，包括甚至剥夺行使集会自由的权利"。

（5）财产权利的限制。为了公用事业的建设或维护社会利益等正当目的，在法定条件下，依照法定程序，可以征收该项财产，但必须向财产所有人支付适当赔偿。该限制特别强调法定性，即必须依法征收。

（6）迁徙、居住自由权利的限制。《美洲人权公约》第 22 条规定，为了防止犯罪或保护国家安全、公共安全、公共秩序、公共道德、公共卫生或他人的权利和自由，在必需的范围内，缔约国可以依照法律规定对人员出境进行限制。在规定的地区内，为了维护公共利益，可以依法限制迁徙、居住自由的权利。应当注意的是，《美洲人权公约》并没有赋予公民自由进入他国的权利，因为"除了根据特殊的通商、友好等条约外，国家不能主张它的国民有进入外国领土或在外国领土内居住的权利。接受外国人是一种自由决定的事项；每一个国家由于它的属地最高权，有权拒绝外国人于它全部或一部领土之外"。① 这也构成对迁徙自由的限制。

（7）参加政府权利的限制。根据《美洲人权公约》第 23 条第 2 款的规定，缔约国可以根据年龄、国籍、住所、语言、教育、文化能力和智力，或在刑事诉讼中主管法院的判决，依照法律的规定限制行使该权利。

（8）权利的一般限制。根据《美洲人权公约》第 27 条的规定，当发生战争、公共危险或威胁到一个缔约国的独立和安全等其他紧急情况时，在形势紧迫所严格需要的范围和期间内，在这些措施同该国依照国际法所负有的其他义务并不抵触，并且不引起以种族、肤色、性别、语言、宗教、或社会出身为理由的歧视的前提下，该缔约国可以采取措施，部分免除其根据本公约承担的义务，限制公约规定权利的行使。按照为了全民整体利益而颁布的法律，缔约国可以对享有或行使公约所赋予的权利或自由施加限制。

三、美洲人权公约的实施

（一）美洲人权公约的实施机构②

1. 美洲国家间人权委员会

---

① ［荷］劳特派特著，王铁崖、陈体强译：《奥本海国际法》（上卷第二分册），商务印书馆 1989 年版，第 166 页。

② 根据《美洲人权公约》第 33 条的规定，负责实施该公约并监督缔约国履行公约义务的机构为：美洲国家间人权委员会和美洲国家间人权法院。

美洲国家间人权委员会是根据美洲国家组织外交部长协商会议的决定，于1959年正式成立的。1967年，《修订美洲国家组织宪章的议定书》将该委员会正式规定为美洲国家组织在人权事务方面的一个协商机关，"赋予了它在过去未曾享有的制度上和宪法上的合法性"。① 根据《美洲人权公约》第34条的规定，美洲国家间人权委员会由7位具有崇高的道德品质并且在人权领域被公认为权威的人士组成。作为美洲国家组织的机构，"委员会应代表美洲国家组织所有成员国"。《美洲人权公约》第36条规定了委员会成员的选举程序：美洲国家组织成员国政府都可以向美洲国家组织大会提出不多于3名的候选人，他们可以是包括本国在内的美洲国家组织任何成员国的国民；由美洲国家组织大会从各成员国政府提名的候选人名单中选举产生；委员必须分别是不同成员国的国民；委员会委员以个人身份担任，不代表所属国政府。同时该公约第37条规定，委员会成员任期4年，并且只能连任一次。1979年10月，美洲国家组织大会第9次常务会选举了美洲国家间人权委员会的第一届成员。

《美洲人权公约》第70条规定，委员会的委员从他们当选之时起，在他们任职的整个期间，享有按照国际法给予外交人员的豁免；在他们执行公务的过程中，享有为履行其职责所必需的外交特权；委员会的委员在履行其职务时所发表的任何决定或意见，在任何时候都不应由他们负责。第73条规定，只有在委员会的请求下，美洲国家组织大会才可以决定对委员会的委员给予制裁，并且需要公约成员国2/3多数票才可以作出决定。《美洲人权公约》第71条特别强调保证委员会成员地位的独立性。第40条规定，美洲国家组织总秘书处的相应专业单位承担委员会秘书处的工作。

人权委员会的会址设在美洲国家组织在美国华盛顿的总部，通常每年举行三次会议，还可以视情况召开紧急会议和特别会议。会议有时也可在其他地方举行，或依照要求而对特定国家进行实地观察。

2. 美洲国家间人权法院

美洲国家间人权法院与美洲国家间人权委员会不同，它不是美洲

---

① ［美］托马斯·伯根索尔著：《国际人权法概论》，潘维煌、顾世荣译，中国社会科学出版社1995年版，第81页。

国家组织的机构，而是由《美洲人权公约》专门设立的审判机构。1979 年 9 月 3 日，人权法院正式成立，院址设在哥斯达黎加首都圣约瑟城。美洲国家间人权法院一般在院址圣约瑟城审理案件；当法庭的多数法官认为可行并获得有关国家事先同意时，也可以在美洲国家组织任何成员国的领土上开庭（1980 年《美洲国家间人权法院规约》第 3 条第 1 款、《美洲人权公约》第 58 条第 1 款）。人权法院每年至少召开两次例会，有时还召开紧急会议和特别会议。法院由 7 名法官组成，他们都应是美洲国家组织成员国国民，从具有最高道德权威和在人权方面公认的有资格的法学家中，以个人身份选举产生的。他们具备按他们各自的国家的法律或按推荐他们为法官候选人的国家的法律，为行使最高司法职能所需的条件。不得有 2 名法官为同一国家的国民。

人权委员会的委员是由美洲国家组织的全体成员国选出的，但是只有《美洲人权公约》缔约国才有权参加法院法官的选举。法官应由各缔约国采取秘密投票方法在美洲国家组织大会上以绝对多数票从候选人中选举产生；法官任期为 6 年，可连任一次。根据《人权法院章程》第 12 条的规定，每隔两年，由法官选举院长和副院长各 1 名，从 7 名法官中产生。法官有权审理人权法院受理的其所属国为当事国的案件，该案件的任何其他当事国也可以任命一位由其挑选的具备公约第 52 条所述的各项条件的人作为法院的特别法官。在 1979 年 5 月举行的美洲国家组织大会第 7 次特别会议上，《美洲人权公约》缔约国选举产生了人权法院第一批 7 位法官。根据 1999 年 9 月 16 日的选举结果，7 位法官的国籍分别为：巴西、智利、厄瓜多尔、巴巴多斯、委内瑞拉、墨西哥和哥伦比亚。其中，来自巴西和智利的 2 位法官分别担任院长和副院长。该年度待决案件的当事国根据《美洲人权公约》第 55 条第 1 款的规定产生的特别法官共 9 名，其中危地马拉、秘鲁、阿根廷各 2 名，巴拿马、尼加拉瓜、美国各 1 名。另外还选出 2 名秘书，他们分别来自哥斯达黎加和乌拉圭。①

法官从当选之时起，在他们任职的整个期间，享有按照国际法给

---

① 1999 Annual Report of Inter-American Court of Human Rights, OEA/SerL/V/III. 47, doc. 6 (2000).

予外交人员的豁免，以及为履行其职责所必需的外交特权。此外，在他们执行公务的过程中，还享有为履行其职责所必需的外交特权。在1980年7月30日至8月9日举行的第3次例会上，人权法院完成了"本部协议"（Headquarters of Agreement）的制定工作。该协议旨在获得法院及其法官、工作人员、出庭人员在哥斯达黎加的豁免特权，哥斯达黎加政府已经批准了该协议，对于上述豁免特权予以承认。

人权法院的法官在履行其职务时所发表的任何决定或意见，在任何时候都不应由他们负责，以维护法官的独立性。只有在人权委员会或人权法院的请求下，美洲国家组织大会才可以决定对人权法院的法官给予制裁，并且需要公约成员国2/3多数票才可以作出决定。人权法院秘书处的工作人员由美洲国家组织秘书长和人权法院秘书协商后任命；人权法院有权草拟法规并提交美洲国家组织大会批准。程序规则由人权法院自己制定。在1980年7月30日至8月9日举行的第3次例会上，人权法院通过了法院程序规则，在1991年1月9日至18日举行的第23次例会上，人权法院通过了法院程序规则改革方案。①1996年9月9日至20日举行的36次例会上，人权法院又通过了修正后的人权法院程序规则，该规则于1997年1月1日生效。

（二）美洲人权公约实施机构的职权

1. 美洲国家间人权委员会的职权

根据1960年人权委员会章程第1条的规定，美洲国家间人权委员会的主要职责是"促进对人权的尊重"。而《美洲人权公约》既保留了美洲国家间人权委员会原有的各项职责，又为该委员会规定了一系列新的职权，使其成为监督《美洲人权公约》实施的一个主要机构。在1978年7月18日《美洲人权公约》正式生效之后，美洲国家间人权委员会便成为一个具有双重职权的国际监督机构，即一方面该委员会作为美洲国家组织的一个主要机构，有责任促进美洲国家组织全体成员国对人权的尊重与保护；另一方面，该委员会作为《美洲

---

① Rules of Procedure of the Inter-American Court of Human Rights, Annual Report of the Inter-American Court of Human Rights, 1991, O. A. S. Doc. OEA/Ser. L/V/III. 25 doc. 7 at 18 (1992).

人权公约》的监督机构，有权根据《美洲人权公约》的规定，对全体公约缔约国实行监督，以保证各缔约国履行其承担的保护人权的各项义务。

根据《美洲人权公约》第41条的规定，人权委员会的主要职责是促进尊重和保护人权。具体职责和相应的权力包括：（1）在美洲各国人民中发展人权的意识；（2）当委员会认为提出建议可取时，向各成员国政府提出建议以便在各国的国内法律和宪法条款规定范围之内采取有利于人权的进步措施和其他促进遵守这些权利的适当措施；（3）准备进行它认为在履行其职责时可取的研究或报告；（4）要求美洲国家组织各成员国政府向委员会提供在人权问题上采取措施的情报；（5）通过美洲国家组织总秘书处，回答各成员国有关人权事务的询问，并且在委员会力所能及的范围内向这些国家提供他们所需要的咨询服务；（6）根据公约第44条到第51条各条规定的委员会的权力，对请愿书和其他通知书采取行动；（7）向美洲国家组织大会提交一份年度报告。

为监督缔约国履行公约第26条规定的逐步发展经济、社会和文化权利方面的义务，公约第42条规定："各缔约国应将向美洲国家经济及社会理事会执行委员会和美洲国家教育、科学和文化理事会执行委员会按它们各自主管的范围每年所提交的每一份报告和研究成果的抄件，送交人权委员会，从而委员会可以注意促进经布宜诺斯艾利斯议定书修订的美洲国家组织宪章中所载的在经济、社会、教育、科学和文化准则中所包含的权利。"

在第44条和第45条中，公约具体规定了美洲国家间人权委员会处理个人申诉案件和缔约国间控告案件的权限："任何人或一群人，或经美洲国家组织一个或几个成员国合法承认的任何非政府的实体，均可向委员会递交内容包括谴责或控诉某一缔约国破坏本公约的请愿书。""（1）当任何缔约国在交存本公约批准书或加入书时，或在以后任何时候，都可声明它承认委员会有权接受和审查一个缔约国提出的关于另一个缔约国侵犯了本公约所载的人权的通知书。（2）根据本条提出的通知书，只有由一个声明承认委员会具有上述权限的缔约国提出时，才可以被接受和审查。委员会不得接受针对未作出上述声明的缔约国而提出的任何通知书。（3）有关承认权的声明可以是无限期地有效，在特定时期内有效，或在一个特定的情况下有效。（4）这些声明应交存于美洲国家组织总秘书处，由总秘书处将声明的抄件转交给本组织各成员国。"

从以上规定可以看出，在人权委员会处理个人申诉和缔约国间控告案件的权限方面，个人申诉制度对缔约国是强制性的，无须缔约国事先声明同意，缔约国也不得排除人权委员会的受理；而缔约国间的控告制度对缔约国家来说是任意性的，委员会只有在侵犯人权通知书提交者和针对者都是作出上述承认声明的缔约国时才能对此进行审查。委员会不得接受针对未作出上述声明的缔约国而提出的任何通知书。

美洲国家间人权委员会在收到个人的请愿书或缔约国的通知书时，首先要依据公约的规定审查其是否具备公约所规定的受理条件。根据公约第 46 条的规定，请愿书或通知书所应具备的受理条件主要有四项：第一，必须是按照国际法一般承认的原则，在用尽国内补救办法之后提出的；第二，必须是在声称其权利受到侵害的一方接到最后判决的通知之日起 6 个月之内提出的；第三，请愿书或通知书中所指的事情并非另一件要求解决的国际诉讼中的悬案；第四，个人的请愿书须注明姓名、国籍、职业、住所和请愿人或一些请愿人或提出请愿书的实体的合法代表的签名。对于国内救济用尽原则，如果足以证明：第一，该国内不存在保护案件中所受侵犯的人权的途径；第二，该国拒绝适用国内补救措施或予以干扰；第三，国内补救措施受到无理由的延迟，则上述要求就不足以阻止对投诉的接受。① 而且，根据委员会的议事规则第 37 条第 3 款的规定，当投诉人声称遵行用尽国内救济的要求已不可能，而作为被告的政府对此提出反对意见时，那么该国政府便应对国内补救办法并没有用尽负举证责任。

此外，公约第 47 条进一步规定了委员会对于个人的请愿书或缔约国的通知书不予受理的四种情况，即：第一，不具备公约第 46 条所指的任何条件；第二，请愿书或通知书未说明有助于证实本公约所

---

① 参见第 9102 号案件（尼加拉瓜），1986 年 4 月 16 日第 29/86 号决议，载《美洲国家间人权委员会年度报告（1985－1986）》，OEA/Ser. L/V/Ⅱ. 68, doc. 8, rev. 1, at 57（1986）。

保证的权利受到侵犯的事实；第三，请愿人或该国的声明表明，该请愿书或通知书显然是无根据的或是不恰当的；第四，请愿书或通知书仍实质上同委员会或另一国际组织以前研究过的相同。

2. 美洲国家间人权法院的职权

《美洲国家间人权法院规约》第 62 条规定："美洲国家间人权法院是一个自治的司法机构，它的宗旨是对《美洲人权公约》加以解释和适用。"《美洲人权公约》确立了人权法院的自治性和独立性，同时赋予人权法院两方面的职能：第一，诉讼管辖权，也就是适用职能，即对缔约国违反公约的案件进行审理；第二，咨询管辖权，也就是解释职能，即对《美洲人权公约》以及有关美洲国家保护人权问题的其他条约提供解释。

对于人权法院的诉讼管辖权，《美洲人权公约》第 62 条规定了以下几种情况：（1）可以承认。缔约国在交存其对本公约的批准书或加入书时，或在以后的任何时候，都可以声明该国承认法院根据事实而不需要特别协议，对于有关本公约的解释或实施的一切问题的管辖权具有约束力。（2）随时承认。此项声明可以是无条件地、在互惠条件下、就一个特定时期或对某些特定案件作出。上述声明应送交美洲国家组织秘书长，他应将该声明的抄件转送美洲国家组织其他成员国和法院秘书。（3）接受管辖。法院的管辖权应包括所有已提交法院的有关本公约各项规定的解释和实施的案件，只要案件的各当事国，不论是通过上述各款所指的特别声明，还是通过特别协议，承认或已承认法院管辖权。

由此可见，法院对于缔约国的诉讼管辖权是任意性的，取决于案件当事国是否事先通过特别声明或协议表示承认。到 1989 年，发表声明并承认法院诉讼管辖权的缔约国共有 11 个，即：哥斯达黎加、秘鲁、洪都拉斯、委内瑞拉、厄瓜多尔、阿根廷、哥伦比亚、乌拉圭、危地马拉、苏里南和巴拿马。① 而到 1999 年，承认法院诉讼管辖权的缔约国又增加了 9 个，分别是：智利、尼加拉瓜、巴拉圭、玻

① 参见塞西莉亚·梅迪纳："美洲国家间人权委员会与美洲国家间人权法院"，载美国约翰·霍普金斯大学主办：《人权季刊》（英文版）1990 年第 12 期，第 447 页。

利维亚、萨尔瓦多、海地、巴西、墨西哥和多米尼加共和国。① 因此，受人权法院诉讼管辖的缔约国总数已经达到 20 个。

根据《美洲人权公约》第 61 条第 1 款的规定，只有各缔约国和人权委员会有权向法院提交案件，如 1999 年人权委员会向人权法院总共提交了 7 个案件。② 而个人虽然有权向美洲国家间人权委员会提交案件，但无权直接向美洲国家间人权法院提起诉讼，只能通过美洲国家间人权委员会或公约缔约国提交人权法院，从而进入诉讼程序。

此外，《美洲人权公约》第 62 条第 2 款规定："为了法院对一案件进行审理，必须完成第 48 条至第 50 条所规定的程序。"对于人权委员会或缔约国直接提交的有关另一缔约国破坏《美洲人权公约》所保护的人权的案件，如果没有经过美洲国家间人权委员会受理并作出报告，人权法院便没有诉讼管辖权。

《美洲人权公约》第 63 条第 1 款对法院的判决结果提出要求："法院如果发现本公约所保护的一项权利或自由受到侵犯，法院应裁决将保证受害一方享有其被侵犯的这种权利或自由。在适当时，法院还应裁决，造成侵犯此种权利或自由的措施或局势而产生的后果将得到补救，并应对受害一方给予公正的赔偿。"法院的判决需附带理由。为监督有关缔约国服从法院判决，法院应向美洲国家组织大会每届例会提交一份关于该法院上年度的工作报告，供大会审议。在报告中，法院应特别详细说明有的国家未服从该法院判决的那些案件，并提出有关的建议。

另外，《美洲人权公约》第 63 条第 2 款还规定："在发生极其严重和紧急的情况下，和必须避免对人们造成不可补救的损害时，法院应采取它认为对其可考虑的事件是恰当的临时性措施。对尚未提交法院的案件，法院可按委员会的要求行事。"实践中，这种措施难以得到实际执行。

对于人权法院的咨询管辖权，《美洲人权公约》第 64 条规定了

---

① 1999 Annual Report of Inter-American Court of Human Rights, OEA/SerL/V/III. 47, doc. 6 (2000).

② 1999 Annual Report of Inter-American Court of Human Rights, OEA/SerL/V/III. 47, doc. 6 (2000).

以下两种情况：（1）公约或条约的解释。美洲国家组织各成员国可以就本公约的解释或有关美洲国家保护人权问题的其他条约的解释，同法院进行磋商。经《布宜诺斯艾利斯议定书》修订的《美洲国家组织宪章》第十章中所列的各机构，在其职权范围内，可以通过同样方式同法院进行磋商。（2）成员国国内相关法的解释。在美洲国家组织一成员国的要求下，法院可以就该国任何国内法律同上述国际文件是否一致向该国提供意见。

由此可见，人权法院的咨询管辖权是相当广泛的。人权法院提供咨询的对象，并不限于公约的缔约国，而是包括美洲国家组织的所有成员国和机构（如美洲国家间人权委员会、美洲妇女委员会）；人权法院提供咨询的内容，也并不是仅仅对《美洲人权公约》提供解释，而且包括对美洲国家组织关于在美洲国家保护人权的其他有关条约提供解释。此外，人权法院还可以就美洲国家组织成员国的任何国内法同《美洲人权公约》以及美洲国家组织保护人权的其他有关条约是否一致，提供咨询意见。

（三）　美洲人权公约的实施程序

1. 美洲国家间人权委员会

对于美洲国家间人权委员会（以下简称人权委员会）宣布同意受理的个人请愿书或缔约国的通知书的处理程序，具体规定在公约第48条至第51条。

根据公约第48条的规定，人权委员会在收到请愿书或通知书后，首先要进行的工作是对案件的事实进行调查，查明该请愿书或通知书的各项根据是否仍然存在。如已不存在，人权委员会应下令结束此案，但也可声明，根据随后收到的材料或证据，该请愿书或通知书是不能接受的或不恰当的，否则就应当决定受理此案；为查明事实，人权委员会有权要求被指控的缔约国提供材料或有关的资料，同时人权委员会应向该政府提供该请愿书或通知书中有关部分的抄件；如果认为必要和适当，人权委员会还可对缔约国进行实地调查，对此有关各国应提供一切必要的便利；在查明事实的基础上，人权委员会应置身于有关各方的支配下，以便在尊重公约所承认的人权的基础上达成对问题的友好解决。

根据公约第 49 条的规定,对于已达成友好解决的案件,人权委员会应起草一份报告,并应将此报告交给请愿人和本公约各缔约国,然后再将此报告通知美洲国家组织秘书长予以公布。该报告应包括对事实的简要说明和已达成的解决办法。对于未达成友好解决的案件,《美洲人权公约》第 50 条规定,人权委员会应在其章程规定的期限内,起草一份报告阐明事实和陈述结论,如报告的全部或某部分不能代表人权委员会各成员的一致意见,任何成员可在报告中附上保留意见;此报告应递交各有关国家,但各该国不得随意公布;在递交此报告时,人权委员会如认为适当,可提出建议和意见。

如果从人权委员会向有关国家递交报告之日起的 3 个月内,问题既未解决,也未由人权委员会或有关国家提交法院并接受其管辖,根据公约第 51 条的规定,则人权委员会可通过成员绝对多数票来阐明其对提交审议的问题的意见和结论;在适当时,人权委员会应提出恰当的意见并规定期限,在此期限内,有责任采取措施的国家应即采取措施来补救所审议的形势;当规定的期限届满时,人权委员会应通过其成员的绝对多数票来决定该国是否已采取足够的措施,以及是否要公布委员会的报告。

根据《美洲人权公约》第 57 条的规定,不论个人投诉的案件还是国家之间的案件,"委员会在所有的案件中均应出庭"。"这样,委员会在法庭的审讯中就不仅是当事的一方。甚至在委员会把案件提交法庭时,它这样做并不是以它自己的名义,而是代表一个人或一个国家。而且,委员会不需要把案件已提交法院的受害人或国家的争议作为自己的争议予以接受。"① 当委员会在法庭前出现时,它不是作为"当事人一方",而是作为"美洲制度中的'公共部'"。② 委员会是作为《美洲人权公约》人权保护者的身份出庭的,目的是增进《美洲人权公约》在法律上和制度上的完整性。

2. 美洲国家间人权法院

---

① [美] 托马斯·伯根索尔著,潘维煌、顾世荣译:《国际人权法概论》,中国社会科学出版社 1995 年版,第 93 页。

② 参见维维亚那·加拉多案,G101/81 号案件,美洲国家间人权法院 1981 年 11 月 13 日判决,《编号 A:判决与意见》,77 号,22 节 (1984)。

根据《美洲人权公约》的规定，案件当事人、当事国应当向法院举证，作为法院判决的根据；在判决书中，任何法官都有权附上其与判决结果不同的或单独的意见；法院的判决作出后应通知案件当事各方，并应送交公约的各缔约国；判决一旦作出，立即生效，具有终结性，不得上诉。但经当事任何一方在判决通知书发出之日起 90 天内提出的申请，法院可以对判决的意义或范围予以解释。但对于判决书中规定赔偿损失的那一部分，则可以在有关国家按照执行对该国判决的国内程序予以执行。

应当注意的是，《美洲人权公约》第 67 条实质上是对人权法院所享有的解释职能的补充规定。根据《美洲人权公约》第 64 条的规定，人权法院的解释对象有两个，即公约或条约、成员国国内相关法。而第 67 条允许人权法院对于判决的意义或范围予以解释，即增加了一个解释对象：判决书。从另一个角度看，也可以将第 67 条规定的解释权纳入人权法院的诉讼管辖权之内，即使不允许上诉，法院也有义务对自己所作出的判决进行解释。

（四） 美洲人权公约实施的实际情况

1. 美洲国家间人权委员会

《美洲人权公约》于 1978 年生效后，具有双重职能的美洲国家间人权委员会除了继续履行审查美洲国家组织各成员国的人权状况的职责外，还依照《美洲人权公约》的规定，对全体公约缔约国履行保护人权的义务进行监督。委员会从 1979 年起每年向美洲国家组织大会提交一份关于各缔约国对《美洲人权公约》执行情况的年度报告。人权委员会每年都接受大量的个人申诉案件，对于此类案件的审理结果均在年度报告中予以公布。经过委员会审理的个人申诉案件数量维持在数 10 件，目前尚无一个年度超过 100 件。① 在 2000 年度报告中，人权委员会对 30 个案件作了详细的报告，涉及的缔约国达到

---

① 根据美洲国家间人权委员会 1996 年以来的历年年度报告，该委员会审理的个人申诉案件数量分别是：1996 年度 39 件；1997 年度 42 件；1998 年度 70 件；1999 年度 34 件；2000 年度 30 件。

14 个。① 这表明，被人权委员会关注人权状况的国家范围进一步扩大，个人申诉制度已经成为委员会了解缔约国人权状况的重要信息来源。通过这一制度，人权委员会能够及时发现某些缔约国国内人权遭受侵犯的情形，进而按照《美洲人权公约》以及《美洲国家组织宪章》的规定采取相应的措施。

为说明人权委员会的实际工作情况，下面介绍两个案例。这两个案例都是个人申诉案件，但在是否作进一步调查处理的问题上，两者的裁决截然相反，从中可以反映出委员会对于《美洲人权公约》所规定的有关个人申诉案件受理要求的理解和实际采取的立场。

(1) 马丁·里德（Martin Reid）诉特立尼达多巴哥共和国案②

马丁·里德是特立尼达多巴哥共和国（以下简称"特立尼达"）公民，被指控在 1994 年 4 月 13 日谋杀了法布里娜女士。虽然马丁·里德申辩自己无罪，但该国法院最后还是在 1995 年 11 月 15 日认定他有罪并判处其死刑。马丁·里德的上诉于 1996 年 11 月 27 日被特立尼达上诉法院驳回，1998 年 8 月 30 日枢密院的司法委员会再次驳回其上诉。1998 年 8 月 20 日，马丁·里德的代理人格林·巴维克（Glynn Barwick）（以下称"请愿人"）向美洲国家间人权委员会提交针对特立尼达的请愿书，称该国违反了《美洲人权公约》的规定，对马丁·里德的人权构成侵犯。请愿人同时还要求委员会根据其规则第 29 条第 2 款的规定采取预先措施，暂停死刑的执行。1998 年 9 月 23 日委员会向特立尼达提出了该要求，并敦促该国立即接受。特立尼达虽然在 1998 年 10 月 16 日向委员会提交了对该请愿书的答辩书，但没有回应暂停执行死刑的要求，而且于 1999 年 1 月 19 日处决了马丁·里德。

请愿书中指称特立尼达违反了《美洲人权公约》中有关生命权、人道待遇权、公平审判权、平等保护权和司法保护权的规定。请愿人

---

① 2000 年度报告中公布的个人申诉案件涉及的国家及案件数量为：涉及秘鲁的有 9 件；涉及阿根廷的有 4 件；涉及巴西、危地马拉的各 3 件；涉及巴哈马群岛、哥伦比亚的各 2 件；涉及厄瓜多尔、苏里南、萨尔瓦多、格林纳达、海地、牙买加、墨西哥、委内瑞拉的各 1 件。

② Martin Reid v. Trinidad and Tobago, Case 12.052, Report No37/99, Inter-Am. C. H. R., OEA/Ser. L/V/II. 95 Doc. 7 rev. at 276 (1998).

特别强调，特立尼达严重地侵犯了马丁·里德在死刑案件上获得公平审判的权利。由于公诉书是基于一个目击证人的证言所提起的，而公诉人却没有向辩护律师出示有关该证人证言的警方调查记录，致使律师对该证人证言难以调查，无法揭示其矛盾之处。另外，对马丁·里德的监禁条件也违反了国际标准。请愿人还指出，马丁·里德没有得到一个公平的审判，原因是：他没有机会在是否判决或执行死刑的问题上向法院发表自己的辩护意见。

1998 年 2 月 20 日，应特立尼达政府的要求，美洲国家间人权委员会在第 98 次例会期间召开了一次会议，特立尼达外交部长、司法部长出席。在会上，该国司法部长争辩道："对于在特立尼达多巴哥共和国享有司法管辖权的案件中由本国法院作出并执行的死刑判决，人权委员会无权干涉。"特立尼达政府提出的理由是：根据《美洲人权公约》的规定，人权委员会有权向成员国提出建议，但是，如果人权委员会所提出的建议试图改变该国作出该判决所适用的本国法，就应当属于超越职权。所以，人权委员会无权干涉特立尼达国内法院对死刑判决的执行。特立尼达政府强调宪法不容侵犯，依照宪法而制定的国内法律应当得到维护。该国特别提到，在接受美洲国家间人权法院诉讼管辖权时，该国对此作出了保留，即必须在与该国宪法一致或规定的范围内才接受《美洲人权公约》的约束。因此，政府有权依照国内法的程序，在执行条件满足时执行死刑，而不必采取委员会要求的预先措施。最后，特立尼达强调指出："无论是提出建议还是直接干涉，人权委员会都无权改变成员国法院作出的合法判决。"

人权委员会认为，特立尼达在 1991 年 5 月 28 日批准《美洲人权公约》，是《美洲人权公约》的成员国。而该请愿书所称受到侵犯的人权属于《美洲人权公约》所保护的人权，因此，人权委员会有权受理，调查。同时，该请愿书完全符合《美洲人权公约》第 46 条的受理必备条件，即：国内救济用尽、时效限制①、程序限制（非悬案）和署名。委员会重申：对于是否用尽本国宪法救济途径的问题

①　特立尼达枢密院司法委员会在 1998 年 8 月 30 日驳回马丁·里德先生的上诉，而请愿书的签署日期为 1998 年 8 月 20 日，递交日期为 1998 年 8 月 21 日，因此符合《美洲人权公约》第 46 条第 1 款（b）所规定的"6 个月"期限。

不予考虑，因为这既不符合《美洲人权公约》第8条的要求，也不符合人权法院的章程。请愿书中所提到的陈述事实，如果被证明是真实的话，违反《美洲人权公约》所保障的人权的指控就能成立。由于请愿书并没有明显的缺乏根据或不适当的情形，不满足《美洲人权公约》第47条的规定，因此不能拒绝接受。

最后，根据《美洲人权公约》第46条和第47条的规定，委员会作出决定：该请愿书可以被接受，委员会有权受理该案。于是，在1999年3月11日，人权委员会在其总部华盛顿特区作出6项裁定：1. 宣布受理本案；2. 通知该决定的当事人；3. 继续该案的调查分析；4. 委员会应置身于有关各方的支配下，以便在尊重本公约所承认的人权的基础上达成对问题的友好解决，邀请各当事人表达他们的看法；5. 继续保留1998年9月23日委员会作出的预先措施，直至委员会对请愿书作出决定；6. 决定公布该报告，并且列入美洲国家组织大会递交的年度报告中。

（2）维克托·萨尔达努（Victor Saldano）诉阿根廷共和国①

维克托·萨尔达努（以下称"受害者"）是阿根廷共和国的公民，在美国被德克萨斯州法院判处死刑，并被就地关押。1998年6月23日，受害者的母亲 Lidia Guerrero（以下称"请愿人"）向人权委员会提交针对阿根廷共和国的请愿书，控告阿根廷政府违反了《人的权利和义务的美洲宣言》（以下简称《美洲宣言》）第1、2、18、24、26条的规定，还违反了《美洲人权公约》第1条第1款、第4、8、25条的相关规定。请愿人声称，阿根廷没有根据《美洲人权公约》第44条和第45条的规定向美国提出跨国控诉，因此该国应当承担违反上述条款的责任。

请愿人曾经在1998年3月20日到阿根廷外交部，要求该国谴责美国违反《美洲宣言》第1、2、18、24、26条的关于刑事程序的规定、将阿根廷公民维克托·萨尔达努置于该国司法管辖之下的行为，但阿根廷对其请求没有回应。请愿人认为，《美洲宣言》和《美洲人权公约》所规定的司法保护应当被推定为受害人有权拒绝在外国受

---

① Victor Saldano v. Argentina, Petition, Report No38/99, Inter-Am. C. H. R., OEA/Ser. L/V/II. 95 Doc. 7 rev. at 289（1998）.

审的权利，否则成员国就违反了超国家的人权上的义务，侵犯了受害人的人权。她还认为，本案应当适用《美洲人权公约》第 1 条第 1 款的规定，要求作为《美洲人权公约》成员国的阿根廷承担保障公民的基本人权的义务，并且该义务对于死刑案件更为重要。因此，请愿人认为阿根廷应当向美国提出跨国控诉，否则人权委员会就应当认定阿根廷没有承担《美洲人权公约》所规定的保护基本人权的义务。

人权委员会认为，1984 年 9 月 5 日阿根廷批准加入《美洲人权公约》成为成员国后，委员会只能根据《美洲人权公约》的规定对涉及该国的请愿书进行审理，但不能适用《美洲宣言》。事实上，请愿书中所称阿根廷违反《美洲宣言》项下的权利，在《美洲人权公约》中都得到相应的保障。所以，人权委员会首先排除对是否违反《美洲宣言》的问题进行审查。

至于请愿人关于要求阿根廷向美国提出跨国控诉的问题，人权委员会认为，她只提供了一个事实，即"受害人"具有阿根廷国籍，而这并不足以支持她的法律要求。受害人是阿根廷公民并不意味着：对于当别国对受害人采取了"不正当"行为时，阿根廷在其领土内负有采取保护措施的绝对义务和责任。人权委员会强调，无论是《美洲人权公约》的历史，还是美洲国家间人权法院的判决及其人权法院自身的态度，都认为《美洲人权公约》的成员国不承担保护他们的国民免受另一个国家违反公约侵犯人权的义务。实际上，请愿人自己也承认"受害人"人权受到的侵犯"不是起源于阿根廷政府而是来自另外一个国家"，违反《美洲宣言》的刑事诉讼程序是"在美国实施的"，即逮捕、审判、判刑等程序全部发生在另一个国家领土内，由那个外国的地区权力机构负责实施。人权委员会进一步指出，请愿人并没有提出任何证据证明：对于受害人本人以及在其受到司法追诉的前后程序中，阿根廷曾经在某种程度上对美国施加影响。

《维也纳条约公约》第 2 条（g）对成员国作出定义，即成员国是指已经同意自己接受生效公约约束的国家。美国并没有批准《美洲人权公约》，因而不受《美洲人权公约》的约束，所以不是成员国，即使阿根廷已经向美国提出了这样的跨国诉讼，委员会也无权受理。委员会进一步指出：即使美国是公约的成员国，受公约制约，委员会也同样不能接受该请愿书。因此，《美洲人权公约》没有要求阿根廷向美国提出跨国控诉的义务。委员会断定，公约第 45 条并未要求成员国负担向另一个国家进行跨国控诉的义务。在任何情况下，委员会都无权受理一个成员国向美国提出的跨国控诉的交涉。

根据《美洲人权公约》第 47 条第 3 款的规定，1999 年 3 月 11 日人权委员会在总部华盛顿特区作出如下决定：宣布该请愿书不予接受；将该决定通知请愿人；公布该决定，并且列入向美洲国家组织大会的年度报告。

2. 美洲国家间人权法院

美洲国家间人权法院自 1979 年成立到 1998 年的近 20 年时间里，共审理了 15 起咨询案件，其审理的第一起咨询案件是 1982 年的所谓"其他条约案"。① 在该案中，秘鲁政府对于公约第 64 条第 1 款所规定的"有关美洲国家保护人权问题的其他条约"这一概念的具体内容向人权法院提出咨询，要求人权法院确定所谓"其他公约"是仅指美洲国家间缔结的条约，还是包括美洲国家参加的联合国人权公约及其他各项人权条约，并对其依据公约所享有的咨询管辖权的实际范围提供咨询意见。人权法院在 1982 年发表的咨询意见中认为，公约赋予法院咨询管辖的目的在于"帮助美洲国家履行其保护人权的国际义务"，而《美洲人权公约》的目的则在于"使区域性的人权保护制度同世界性的人权保护制度形成有机的整体"。因此，公约第 64 条第 1 款所指的"其他条约"原则上包括美洲国家参加的任何人权条约，人权法院也有权对美洲国家参加的任何其他人权条约作出解释。但法院同时指出，法院的咨询管辖权只有在美洲国家组织成员国向法院提出咨询的前提下才能行使，并且当案件涉及非美洲国家的义务时，法院有权拒绝接受有关国家提出的咨询请求。

1989 年哥伦比亚共和国又向人权法院提出了有关《美洲人权公约》第 64 条解释的咨询案，即"在《美洲人权公约》第 64 条的框

---

① "Other treaties" Subject to the Consultative Jurisdiction of the Court（Art. 64 of the American Convention on Human Rights），Advisory Opinion OC-1/82 of September 24, 1982, Inter-Am. Ct. H. R.（Ser. A）No. 1（1982）.

架内解释《美洲宣言》"咨询案。① 在该案中，阿根廷要求人权法院确定，"《美洲人权公约》第 64 条是否赋予法院应美洲国家组织成员国或其机构的请求对《美洲宣言》提供咨询意见的权利?"人权法院在 1988 年 7 月 20 日举行了听证会，听取成员国和美洲国家组织机构的口头意见。截至 1989 年 7 月 3 日，包括哥斯达黎加、美国、秘鲁、乌拉圭、委内瑞拉、哥伦比亚在内的成员国书面发表了各自的观点。法院认为，《美洲宣言》虽然不是一个公约，但并不意味着它没有法律效力，也不意味着法院无权在《美洲人权公约》的框架内进行解释。因此，人权法院在 1989 年 7 月 14 日发表的咨询意见中指出：《美洲人权公约》第 64 条赋予法院应美洲国家组织成员国或者任何美洲国家组织完全责任机构的要求提供关于《美洲宣言》解释的咨询意见的权利，只要这种行为是在《美洲国家组织宪章》、《美洲人权公约》或其他美洲国家之间制定的保护人权的公约所规定的管辖权的范围和框架内进行的。

人权法院自 1979 年成立到 1999 年的 20 年间，共审理了 64 起诉讼案件。它受理的第一起诉讼案件是美洲国家间人权委员会于 1986 年向其提交的 Velásquez Rodríguez 案。②

1986 年 4 月 24 日，人权委员会根据公约第 51 条的规定和其 22/86 号决议将案件正式提交人权法院。人权委员会在向人权法院提交该案时，要求人权法院确定洪都拉斯政府是否违反了公约第 4 条、第 7 条以及第 50 条有关生命权、人身自由权和人道待遇权的规定。人权委员会同时要求人权法院在判定洪都拉斯违反公约的情况下，进一步命令该国政府对"构成侵犯上述权利的情势所产生的后果予以补救，并对受害一方或各方予以公平的补偿"。

在人权法院审理案件的过程中，洪都拉斯对于人权委员会处理案件的程序提出了一系列反对意见，但都被人权法院全部驳回。1988

---

① Interpretation of the American Declaration of the Rights and Duties of Man Within the Framework of Article 64 of the American Convention on Human Rights, Advisory Opinion OC-10/89, July 14, 1989, Inter-Am. Ct. H. R. (Ser. A) No. 10 (1989).

② Velásquez Rodríguez Case, Judgment of July 29, 1988. Series C No. 4, Para 131; Godínez Cruz Case, Judgment of January 20, 1989, Series C No. 5, Para 137.

年 7 月 29 日，人权法院作出判决，判定洪都拉斯政府违反了《美洲人权公约》第 1 条第 1 款、第 4 条、第 5 条及第 7 条的规定，并宣布洪都拉斯政府必须向 Velásquez 的亲属支付公平的补偿。1989 年 7 月 21 日，人权法院再次作出判决，判定洪都拉斯政府应支付的补偿费用为 750 000 洪都拉斯元。在美洲国家间人权委员会和受害者亲属的要求下，法院在该项判决中同时宣布洪都拉斯政府有义务防止失踪事件再次发生，有义务对 Velásquez 的失踪继续进行调查，并有义务惩罚那些对该案负有责任的人员。1990 年 8 月 17 日人权法院应人权委员会的申请，对上述判决中所指的赔偿问题作出了解释。①

《美洲人权公约》并未建立任何专门机构来监督法院判决的执行。然而，该公约第 65 条规定："法院应向美洲国家组织大会的每届例会递交上一年度的工作报告，供大会审议。报告应特别指出某一国家未能遵行曾作出有关建议的判决的案例。"人权法院据此有权将判决未得到执行的情况向美洲国家组织大会通报，提请大会对此进行讨论，并采取任何适当的政治措施。"虽然大会没有权力通过对成员国具有法律约束力的决议，但美洲国家组织作出的含有谴责内容的决议也是具有相当政治分量的，它可以转变为公众舆论压力。"②

从人权法院的历年年度报告中可以看出，人权法院审理并作出判决的诉讼案件的数量呈现上升趋势。人权法院自 1979 年成立到 1988 年的近 10 年期间，只审理了 4 起诉讼案件，其中 1987 年度为 3 件，1988 年度为 1 件。但是，在 1989 年度就审理了 4 件。1990 年度至 1995 年度共审理了 14 件。1996 年以后，每年度审结的诉讼案件数量都超过 5 件，如 1996 年度、1997 年度、1998 年度分别为 8 件、6 件和 8 件，1999 年度高达 20 件。之后审理的案件数量略有下降，2000 年度审理了 7 件，截至 2001 年 10 月审理了 5 件。

人权法院虽然审理了一些咨询案件和诉讼案件，但要充分发挥其

---

① Velásquez Rodríguez Case, Interpretation of the Compensatory Damages Judgment (Art. 67 American Convention on Human Rights), Judgment of August 17, 1990 Inter – Am. Ct. H. R. (Ser. C) No. 2 (1990).

② ［美］托马斯·伯根索尔著，潘维煌、顾世荣译：《国际人权法概论》，中国社会科学出版社 1995 年版，第 98 页。

应有的作用仍然面临着一系列的困难。由于诉讼案件都是由人权委员会递交的个人申诉案件，因而案件的执行情况不容乐观，甚至导致涉案国采取报复性措施。例如，1999 年 6 月，人权法院裁决秘鲁对 4 名智利恐怖分子的判决无效。这 4 人是"图帕克·阿马鲁革命运动"的重要成员，曾参与绑架与暗杀活动，被秘鲁军事法庭判处终身监禁。人权法院裁定该判决无效，这 4 名犯人应由民事法庭重新审理，而且秘鲁方面应向犯人家属赔偿 1 万美元。人权法院的裁决遭到秘鲁政府的强烈反对。7 月 7 日，秘鲁国会通过一项法案，决定该国不再承认美洲国家间人权法院的裁决权，只接受其人权案件协商权。7 月 9 日秘鲁驻美洲国家组织代表比亚特丽斯向该组织提交一份声明，宣布秘鲁不再承认人权法院对其国内人权案件具有裁决权。但是在 2001 年 1 月 12 日，秘鲁国会全体大会经过讨论，决定秘鲁不再要求对犯有恐怖罪和叛国罪的犯罪嫌疑人保留最终审判权，并通过了一项决议草案，决定该国将重返美洲国家间人权法院，重新承认该组织的仲裁权。国会司法委员会继而撤销了由人权法院与人权委员会共同调查秘鲁国内恐怖犯罪的建议。

可见，人权法院在实际工作中还没有得到各缔约国的充分合作，迄今为止，还没有任何缔约国按照公约的规定主动向人权法院提交过诉讼案件。人权委员会直至人权法院成立 7 年之后（即 1986 年）才开始向人权法院提交诉讼案件。因此，美洲地区人权的实现与保护最终取决于各主权国家对条约义务的严格遵守和改善本国人权的实际行动。否则，即使《美洲人权公约》能够对美洲各缔约国在人权问题上产生某种影响，但若离开了相关国家的合作，人权保护制度的效能难以得到充分的发挥。

第六章　中国法制建设与加入
国际人权公约的进程

一、中国法制建设的历史发展

　　1949 年 10 月 1 日，中华人民共和国宣告成立。至今，半个多世纪过去了，新中国经历了一段不平凡的历史，中国的法制建设也伴随着新中国的成立走过了一段曲折起伏、坎坷不平的路程。50 多年来中国的法制建设可以用八个字来概括它的历史发展：两次摧毁，两次重建。第一次摧毁是在新中国建立前期，1949 年 2 月，中共中央发布《关于废除国民党的六法全书与确定解放区司法原则的指示》，根据该指示的精神，中国共产党领导的新生政权彻底摧毁了国民党的旧法。第一次重建是在新中国建立的初期，中国共产党领导的新生政权在批判旧法观念和改造旧司法人员后，按照马克思主义法学理论和前苏联的法制模式建立了新法制。第二次摧毁是在"文化大革命"期间，刚刚建立不久的新中国法制被彻底推翻，"人治"完全取代"法制"。第二次重建是在党的十一届三中全会后，被"文化大革命"践踏得面目全非的中国法制恢复重建，逐渐走入轨道。自党的十一届三中全会后，短短的 20 多年时间里，中国的法制建设迅速发展，取得了举世瞩目的成就，特别是 1999 年"依法治国"的治国方略载入宪法，标志着我国的法制建设进入了新的发展时期。①

---

　　①　参见蔡定剑：《历史与变革——新中国法制建设的历程》，法律出版社 1999 年版，第 55 页。

（一）新中国法制建设的开始时期

新中国成立之初，百业待兴。根据中华人民共和国成立初期的形势和总任务，法制建设的任务在于全面建立、调整新的社会关系和社会秩序，为新中国的政治、经济、文化教育建设等方面打下坚实的基础和创造良好的社会环境。

1. 立法活动频繁，制定了很多法律法规

新中国的法制建设是从《中国人民政治协商会议共同纲领》（以下简称《共同纲领》）和《中华人民共和国中央人民政府组织法》（以下简称《中央人民政府组织法》）开始的。这两个法律实际上起到了临时宪法的作用。

1949 年的《共同纲领》主要确立了新中国的性质和政权形式、军事制度、经济政策、文化教育政策、民族政策、外交政策等内容。它规定了公民的基本政治权利有选举权，有思想、言论、集会、通讯、人身、居住、迁徙、宗教信仰及示威游行的自由权，还规定男女平等、婚姻自由的原则。

《中央人民政府组织法》规定了中央国家政权机关组织与活动的基本原则，还规定了中央人民政府委员会组织政务院、人民革命军事委员会、最高人民法院和最高人民检察署等其他内容。

除《共同纲领》和《中央人民政府组织法》外，中央人民政府委员会在国家政权组织方面的法律还有：1949 年 11 月 28 日通过的《中央人民政府国务院试行组织条例》、1949 年 12 月 2 日通过的《中央人民政府政务院及其所属各机关组织通则》、《省各界人民代表会议组织通则》、《市各界人民代表会议组织通则》、《县各界人民代表会议组织通则》，等等。①

根据《共同纲领》的规定，人民行使政权的机关为各级人民代表大会和各级人民政府。各级人民代表大会由人民用普选的方法产生，因此，有必要对人大代表的选举进行立法。于是，以周恩来为主任的中华人民共和国选举法起草委员会，经过多次讨论修改，拟订了

---

①　韩延龙：《中华人民共和国法制通史》，中共中央党校出版社 1998 年版，第 27～30 页。

《中华人民共和国全国人民代表大会及地方各级人民代表大会选举法》（草案）。该草案于 1953 年 2 月 11 日经中央人民政府委员会第 2 次会议讨论通过。同年 3 月 1 日，《选举法》公布实施。

《共同纲领》实施 5 年后，我国的政治、经济等各方面的形势发生了重大变化，国家有必要和有可能在《共同纲领》的基础上制定一部宪法。于是，经过充分的准备后，1954 年 9 月 20 日第一届全国人民代表大会第 1 次会议通过了《中华人民共和国宪法》。1954 年宪法是中华人民共和国的第一部社会主义性质的根本大法，它以《共同纲领》为基础，又是《共同纲领》的发展。1954 年宪法由序言和四章组成，共 106 条。第一章总纲，共 20 条，规定了中华人民共和国的国体、政体和各项基本国策。中华人民共和国是工人阶级领导的、以工农联盟为基础的人民民主国家，一切权力属于人民，人民行使权力的机关是全国人民代表大会和地方各级人民代表大会。人民代表大会和其他国家机关一律实行民主集中制。中华人民共和国是统一的多民族国家，各少数民族聚居的地方实行区域自治。总纲还对当时存在的四种主要生产资料所有制规定了明确的政策等。第二章国家机构设六节，共 63 条，规定了全国人民代表大会、中华人民共和国主席、国务院、地方各级人民代表大会和地方各级人民委员会、民族自治地方的自治机关、人民法院和人民检察院这些国家机关的设置和权力。第三章为公民的基本权利和义务，共 19 条，规定了公民的平等权、公民的政治权利、人身权利、社会权利、受教育权、科学研究权等。第四章规定国旗、国徽、首都，共 3 条，国旗是五星红旗，国徽中间是五星照耀下的天安门，周围是谷穗和齿轮，首都是北京。①

在经济制度上，为恢复发展国民经济和稳定经济秩序，立法机关制定颁布的法律主要有：1950 年的《中华人民共和国土地改革法》、《全国税政实施要则》、《关于统一财政经济工作的决定》、《妨碍国家货币治罪条例》、《劳动保险条例》、《私营企业条例》，1952 年的《惩治贪污条例》，1955 年的《农业生产合作社示范章程》（草案）和 1954 年的《公私合营工业企业暂行条例》等。《土地改革法》是

---

① 韩延龙：《中华人民共和国法制通史》，中共中央党校出版社 1998 年版，第 198～201 页。

1950 年 6 月 28 日中央政府委员会第八次会议讨论并通过的，它规定
了土地改革中党对农村各阶级的政策、土地分配原则、土地改革的执
行方法及适用范围等问题。土地改革法的颁布彻底废除了封建土地所
有制，确立了农民土地所有制，解放了农村生产力，为新中国的工业
化开辟了道路。

在婚姻家庭制度上，为建立新型的婚姻家庭制度，1950 年 4 月
13 日，中央人民政府委员会第 7 次会议通过了《中华人民共和国婚
姻法》。《婚姻法》废除了包办强迫、男尊女卑的封建婚姻制度，确
立了男女平等、婚姻自由的新型婚姻制度，它是新中国成立后颁布的
第一部婚姻家庭法典。婚姻法确定的基本原则是：实行男女婚姻自
由，实行一夫一妻制，实行男女权利平等，反对男尊女卑，婚姻法的
颁布受到了广大人民群众的积极拥护。

中华人民共和国成立之初，刑法典还没有制定，刑事法律法规散
见于一系列刑事单行法规和其他法规中，如 1950 年的《严禁鸦片烟
的通令》、1951 年的《惩治反革命条例》、《惩治贪污条例》、《妨碍
国家货币治罪条例》、1952 年《关于肃清毒品流行的指示》、《管制
反革命分子的暂行办法》，等等。这些单行刑事法规在坚决惩治犯
罪、捍卫新生政权的同时，也确立了一系列人权保障制度，如对自
首、被胁迫欺骗的犯罪分子，酌情从轻、减轻或免予处刑，确立了坦
白从宽、抗拒从严、立功折罪、立功奖励的刑事政策，以及死缓和管
制两种刑罚制度。1954 年 9 月 30 日，中央人民政府法制委员会拟订
了《中华人民共和国刑法指导原则草案》（初稿），揭开了我国刑法
制定工作的序幕。该原则草案经反复修改和推敲，并多次征求意见，
1956 年最终形成了一部《中华人民共和国刑法草案》。

在刑事诉讼方面，刑事诉讼法律法规同样散见于单行法律法规
中。如 1954 年 12 月 20 日全国人民代表大会审议通过的《中华人民
共和国逮捕拘留条例》、《人民法院组织法》和《人民检察院组织法》
等都有刑事诉讼的内容。这些法律法规和条例确定了党管司法制度、
审级制度、公开审判制度、审判监督制度、人民陪审制度、回避制
度、死刑复核制度等，这些制度至今仍是刑事诉讼法的基础。1957
年 6 月，刑事诉讼法初稿形成，但由于国内形势骤然变化，刑事诉讼
立法工作被迫中断。

在民事方面，没有专门的民事法典，民事规范体现在其他法律法规、中共中央制定的民事政策以及中央人民政府委员会政务院、最高人民法院和其他主管机关发布的法规、法令、指示、决定、解释、批复中。如《共同纲领》、1954 年《宪法》在民事方面的规定有：国营经济是全民所有制的社会主义经济，国家保证优先发展国营经济，国家保护合作社的财产，鼓励、指导和帮助合作社经济的发展等。1950年政务院发布《铁路留用土地办法及其解释》和《中华人民共和国矿业暂行条例》，1953 年政务院发布《关于国家建设征用土地办法》，规定了铁路留地、矿藏、建设征用地的所有权等问题。而有关债权债务的法规有 1950 年的《新区农村债务处理办法》，有关著作权、发明权、专利权的法规有 1950 年政务院发布的《关于奖励有关生产的发明、技术改进及合理化建议的决定》、《保障发明权与专利权暂行条例》等。值得一提的是，1954 年宪法颁布后，全国人大常委会组建了起草民法典（草案）的班子。1956 年 12 月，形成了一个包括总则、所有权、债和继承四编的民法典草案。①

在民事诉讼方面，民事诉讼程序和制度规定在《人民法院暂行组织条例》、《宪法》、《人民法院组织法》中，1956 年最高人民法院发布的《各级人民法院民事案件审判程序总结》也是民事诉讼的依据。②

2. 司法体系粗具规模，司法机关开始建立

在司法制度上，1951 年中央人民政府委员会通过了《中华人民共和国人民法院暂行组织条例》、《中央人民政府最高人民检察署试行组织条例》和《各级地方人民检察署组织通则》。《人民法院暂行组织条例》，明确规定人民法院分为三级，地方各级人民法院实行"双重领导"原则，既受上级人民法院的领导和监督，也受同级人民政府委员会的领导和监督。各级人民法院均设审判委员会处理重大或疑难案件，审判工作实行人民陪审制以及就地调查、就地审判、巡回审判制、公开审判制和法纪宣传制。《中央人民政府最高人民检察署

① 梁慧星：《民法总论》，法律出版社 1996 年版，第 31 页。
② 韩延龙：《中华人民共和国法制通史》，中共中央党校出版社 1998 年版，第 289～311 页。

试行组织条例》和《各级地方人民检察署组织通则》规定全国建立
四级检察机关，实行双重领导制。1954 年《中华人民共和国宪法》
正式颁布，《人民法院组织法》和《人民检察院组织法》也随之颁
布。根据《人民法院组织法》和《人民检察院组织法》的规定，人
民法院不再是同级人民政府的下属部门，而是与行政机关、检察机关
一样，都在国家权力机关的监督之下；人民法院的组织体系由三级改
为四级，实行四级二审制；检察机关一律改称人民检察院，不再称为
检察署，人民检察院的职权增加了对侦查的监督权，检察活动的原则
是对一切公民在适用法律上一律平等，检察机关实行法律监督的重要
内容是，对于任何公民的逮捕，除经人民法院决定的以外，必须经人
民检察院批准。司法工作的一些基本原则和制度还包括：公安、检察
和法院三机关分工负责、互相监督、互相制约的制度，检察机关和审
判机关独立行使职权的制度，法律面前人人平等的原则，人民陪审员
制度，公开审判和辩护制度，合议庭制度和回避制度，两审终审制和
死刑复核制度，审判监督制度等。这些制度至今仍是我国司法审判的
重要制度。

　　新中国的司法行政机关是于 1949 年 11 月 1 日在原华北人民政府
司法部的基础上正式成立的，称为中央人民政府司法部，1954 年 9
月改称为中华人民共和国司法部。1950 年 7 月召开的第一届全国司
法会议明确了司法行政工作的重要任务和发展方向，使新创立的人民
司法行政制度进入了全面起步和迅速发展的重要阶段。在这个阶段，
司法部会同最高人民法院，加强对地方各级法院的组织、思想和业务
建设，积极推行律师、公证和人民调解制度，创办政法院校轮训司法
干部、培养法律人才，为人民司法制度建设作了重大的贡献。[1] 到
1957 年 6 月，全国已经有 19 个省、自治区、直辖市成立律师协会
（筹委会），高级、中级法院所在地的市以及人口在 30 万以上的市和
少数农村地区的县城建立"法律顾问处"820 个，有专职律师 2500
多人，兼职律师 300 多人。[2]

---

[1]　钟玉瑜：《中国特色司法制度》，中国政法大学出版社 2000 年版，第 194
页。

[2]　公丕祥主编：《当代中国的法律革命》，法律出版社 1999 年版，第 121 页。

3. 行政机关相继成立，行政执法工作初步开展

中华人民共和国成立之初，根据 1949 年的《共同纲领》、《中央人民政府政务院及其所属各机关组织通则》、1954 年的《中华人民共和国宪法》和其他行政组织法律，我国组建了中央和地方各级行政机关，对国家生活和社会生活各方面进行了有效的管理。如公安部、司法部、民政部、财政部、工商行政管理、交通部等行政机关相继成立，标志着我国行政执法工作的开始。由于新中国刚刚成立，许多重大事项只能由政策、指令来调整，行政活动的程序规范只是初步出现，尚未形成气候，如 1954 年 9 月国务院成立监察部，1955 年国务院颁布《中华人民共和国监察部组织简则》，国家的行政工作有了初步的监督机制。

4. 法学教育和法学研究健康发展

1949 年 11 月，为适应司法工作的需要，中央人民政府将旧的朝阳大学改为中国政法大学，这是新中国第一所培养司法专门人才的大学。1950 年中国人民大学法律系成立。此后，新中国的法学教育不断发展，法律院校、招生人数不断增加。到 1957 年，全国高等政法院系已发展到 10 所；政法院系本、专科生达到824 051人，从 1949 年到 1957 年，毕业生总数达到13 090人，同期还培养了研究生 263 人，派遣去苏联学习法律的留学生有 80 多人，同时师资队伍日益壮大，到 1957 年，全国 10 所政法院系有专业教师 700 多人。①

法学研究机构和研究团体开始建立，政法类和法学类研究刊物相继创刊。如 1950 年 1 月中国法学研究院成立；同月，中央人民政府政务院政法委员会创办《中央政法公报》。1956 年华东政法学院和上海市法学会联合创办《华东政法学院学报》。

（二）新中国法制建设的缓慢发展直至停滞时期

从 1957 年到 1976 年，我国经历了反右斗争和"文化大革命"，由于受法律虚无主义和极"左"思想的影响，国家从开始轻视法制到彻底抛弃法制，我国的民主法制受到削弱直至最后遭受严重破坏。

1. 立法工作陷入停顿，立法机关瘫痪

---

① 《中国法律年鉴》，中国法律年鉴社 1988 年版，第 99～100 页。

这段时期，由于反右斗争和"文化大革命"的开展，政治斗争成了全国上下各级国家机关的主要任务，立法机关的立法工作也因此受到严重影响。据统计，在 1957 年至 1976 年长达 20 年的时间内，作为享有国家立法权的惟一机关的全国人民代表大会，除通过《1958 年至 1967 年全国农业发展纲要》和 1975 年《中华人民共和国宪法》外，竟没有制定一部法律，享有法令制定权的全国人民代表大会常委会也只制定了《治安管理处罚条例》（1957 年 10 月 28 日），《中华人民共和国人民警察条例》（1957 年 6 月 25 日），《中华人民共和国户口登记条例》（1958 年 1 月 10 日）、《外国人入境出境过境居留旅行管理条例》（1964 年 3 月 23 日）等极少数法令、条例。

在刑事法律方面，立法机关仅拟订了 1957 年《刑法草案》（初稿）和 1963 年的《刑法草案》（修正稿）。

在民事法律方面，1957～1965 年，没有出台一部民事法律。1962 年，全国人大常委会在"调整、巩固、充实、提高"的方针指导下开始了民法典的起草工作，于 1964 年 7 月形成《民法草案》（试拟稿），但紧接着的"文化大革命"使民事立法工作处于停滞状态。这一时期只有中共中央制定了一些具有民事内容的政策文件，如 1961 年中共中央制定《国营工业企业工作条例（草案）》和《国营商业企业工作条例》，1962 年中共中央制定《农村人民公社工作条例修正草案》，确定了农村人民公社三级所有以队为核算单位的原则，部分承认生产队和农民个人的所有权。①

1957 年 10 月 22 日第一届全国人民代表大会常务委员会第 81 次会议通过了新中国成立以来最重要的一部行政法规——《中华人民共和国治安管理处罚条例》。该条例共 34 条，较为详细地规定了各种违反治安管理的行为，违反治安管理行为的处罚种类，各种违反治安管理行为的处罚形式，违反治安管理条例的管辖，治安管理处罚机关，执行治安管理处罚的程序以及从轻处罚或免除处罚、从重处罚或加重处罚、不予处罚、单处、并处、两罚等事项。该条例对于打击各种违反治安管理的行为，维护社会秩序，保护人民群众的人身权利和

----

① 韩延龙：《中华人民共和国法制通史》，中共中央党校出版社 1998 年版，第 452～453 页。

财产权利起到了重要作用。

1966年到1976年，"左倾"思想发展到了极端。从1965年2月起，全国人民代表大会长达10年时间不开会，除了1975年对1954年宪法作了倒退性的修改外，国家没有制定过一部新法律，原有法律虽然未被明文宣布废除，但实际上已成为一纸空文。

1975年，"54宪法"在"四人帮"的严重干扰下修改了，这也是1966年到1976年间惟一制定的一部法律。"75宪法"保持了"54宪法"在结构上的基本框架，但条文却从106条减到30条，整部宪法取消了国家主席的建制，原国家元首行使的职权改由全国人大常委会、中共中央主席和中共中央委员会共同行使，规定地方各级革命委员会是地方各级人民代表大会的常设机关，同时也是地方各级人民政府。"75宪法"还撤销了检察机关，规定由各级公安机关行使检察权。在公民的权利义务方面，"75宪法"主要强调公民义务，把权利置于次要、从属地位。关于公民权利义务的规定从"54宪法"的18条减少到4条，取消了公民在法律上一律平等的原则和公民迁徙自由的权利，删去了"54宪法"关于公民实现权利的一些保障条款。同时，公民权利和自由的范围和内容比"54宪法"的规定大为缩小。这可以说是中国宪法发展史的一个大倒退。

2. 司法系统遭到严重破坏，冤假错案大量发生

1959年4月，国务院提请第二届全国人民代表大会第1次会议审议后，作出了撤销司法部和将司法部管理的工作交由最高人民法院管理的决定。于是，从中央到地方，司法行政工作与司法审判的"分立制"又改变为"合一制"，刚刚创立和发展起来的司法行政制度遭致夭折。在这一时期，仅实施一年多的律师制度也惨遭摧毁，许多律师被扣上"丧失阶级立场、替坏人说话"的大帽子，律师工作陷入停顿、处于压制之中。①

"文革"中，在"四人帮"的"打破条条框框、人民法制是关、卡、压的口号"下，公、检、法机关被砸烂，各级检察机关被明文撤销，司法机关实行军管制度，各种所谓"革命群众组织"擅自行

---

① 钟玉瑜：《中国特色司法制度》，中国政法大学出版社2000年版，第194页。

使侦查、控告、审讯、判决、监禁和行刑等权力，他们对上至国家主
席，下至普通百姓任意进行"抄家"、"逮捕"、"审讯"、"批斗"，
使大批干部和群众惨遭迫害，严重侵权行为无人过问，言论自由被扼
杀，国家陷入混乱状态。在"四人帮"肆意横行的日子里，根本没
有任何法制可言，他们想抓谁就抓谁，制造了大批的冤假错案。

3. 行政机关有法不依，执法工作处于混乱状态

在极"左"思潮的影响下，国家的行政工作表现为重政策、轻
法律、要人治、以党代政，片面强调党的一元化领导、一切依靠群众
运动等，尤其是 1959 年司法部、国家法制局的相继撤销和 1966 年
"文化大革命"的正式开始，整个国家处于极其不正常的状态，行政
执法工作更是一片混乱。

4. 法学教育被迫停止，法学研究机构无奈解散

在轰轰烈烈的政治运动的影响下，我国法学教育受到严重削弱。
到 1963 年，政法院系在调整后只剩下四院四系，即北京、华东、西
南、西北政法学院和北京大学、中国人民大学、吉林大学、湖北大学
法律系。"文化大革命"中，司法部所属的四所政法院校全部被撤
销，教师被遣散、下放，校舍被占用。综合大学仅剩下北京大学、吉
林大学、中国人民大学三个法律系，但亦多年停止招生。①

（三）新中国法制建设的拨乱反正与迅猛发展时期

1976 年 10 月，历时 10 年之久的"文化大革命"结束了。在经
历了灾难深重的 10 年浩劫之后，为维护国家的稳定和安宁，中国迫
切需要秩序和法制，民主与法制成为当时中国社会思潮的主流之一，
批判"四人帮"在法学理论上的荒谬绝伦的思想和观点成了新时期
法制建设中"拨乱反正"的主要任务，"四人帮"所谓的"有权就是
法律、群众运动无须守法、群众专政、全面专政、皮鞭下出反革命
等"的反动法制思想全都送入了火葬场。1978 年 12 月，党的十一届
三中全会隆重召开，会议明确指出"为了保障人民民主，必须加强
社会主义法制，使民主制度化、法律化，使这种制度和法律具有稳定
性、连续性和极大的权威性，做到有法可依，有法必依，执法必严，

① 谭世贵：《中国司法改革研究》，法律出版社 2000 年版，第 393 页。

违法必究。从现在起，应当把立法工作提到全国人民代表大会及其常务委员会的重要日程上来"。① 从此，中国的社会主义法制在这一正确方针的指引下走上了健康发展的道路，进入新的历史阶段。

"四人帮"被粉碎后，全国人民强烈要求国家实行民主与法制，由于"75 宪法"存在的严重问题明显暴露出来，并越来越不适应形势的发展，因此修改宪法势在必行。1978 年 3 月 5 日，第五届全国人民代表大会第 1 次会议通过了《中华人民共和国宪法》，这是新中国成立后的第三部宪法。"78 宪法"共 60 条，基本恢复了 1954 年宪法对人民基本权利的规定和国家相关的某些职权，取消了"75 宪法"的某些错误规定，如"全面专政"等。② 但"78 宪法"仍存在一些有待进一步澄清的问题，如坚持以阶级斗争为纲的错误思想，未能恢复国家主席制等。从整体而言，这部宪法仍不完善，远不能适应客观实际的需要。

具有伟大历史转折意义的十一届三中全会召开之后，国家的各方面发生了重大变化，由于"78 宪法"的不完善，再次修改宪法成为当时形势的迫切需要。1982 年 12 月 4 日，五届全国人大第 5 次会议通过的《中华人民共和国宪法》是一部我国新的历史时期的根本大法，是中国法制史上的重要里程碑，对新时期的法制建设起到了巨大的推动作用。

1982 年宪法包括序言和总纲，公民的基本权利和义务，国家机构，国旗、国徽、首都四章，共 138 条。这部宪法以 1954 年宪法为基础，是 1954 年宪法的继承和发展，它以四项基本原则作为总的指导思想，确认了我国社会主义初级阶段的基本路线（即以经济建设为中心，坚持四项基本原则，坚持改革开放），规定了人民民主专政的国体、人民代表大会制的政体和统一的多民族的国家结构三部分所组成的国家根本制度，规定了社会主义经济制度（即是以生产资料公有制为主体，多种经济成分并存，以按劳分配为主体，多种分配形式并存的经济制度），规定了建设社会主义精神文明。在这部宪法中，更重要的是赋予了公民真实而又广泛的权利、自由与必要的

---

① 王人博、程燎原：《法治论》，山东人民出版社 1998 年版，第 316 页。

② 俞子清：《宪法学》，中国政法大学出版社 1998 年版，第 75 页。

义务。

1982 年宪法可以说是改革开放 20 多年来我国新时期法制建设的基石。20 多年来，在"82 宪法"的指导下，我国的法制建设取得了巨大的成就，在立法、司法、执法、法学教育和法制宣传等方面都获得了空前的发展。主要表现在以下几个方面：

首先，在立法方面，我国已建立起一个多层次的立法体系，立法程序日益完善，立法技术日趋成熟，法律体系已颇具规模。

1. 在根本法方面，自 1982 年宪法实施以来，根据国家政治、经济和社会发展的要求，国家立法机关先后通过了四个宪法修正案。1988 年 4 月七届全国人大一次会议对现行宪法第 10 条和第 11 条进行了修改，规定："国家允许私营经济在法律规定的范围内存在和发展。私营经济是社会主义公有制经济的补充。国家保护私营经济的合法权利和利益，对私营经济实行引导、监督和管理。""土地的使用权可以依照法律的规定转让。"1993 年 3 月八届全国人大第 1 次会议对现行宪法的部分条文作出修改，主要增加了"我国正处于社会主义初级阶段"，"中国共产党领导的多党合作和政治协商制度将长期存在和发展"和"国家实行社会主义市场经济"等 9 个条文。1999 年 3 月九届全国人大二次会议又对现行宪法作出修改，规定"在法律范围内的个体经济、私营经济等非公有制经济，是社会主义市场经济的重要组成部分"。"中华人民共和国实行依法治国，建设社会主义法治国家。"2004 年 3 月十届全国人大二次会议再次对现行宪法作出修改，将"三个代表"重要思想增加规定为国家的指导思想，并规定："公民的合法的私有财产不受侵犯。""国家尊重和保障人权。"宪法的这四项修改，使我国的根本法不断完善，为我国建设社会主义法治国家提供了坚实的基础和根本保障。

2. 有关国家组织机构和国家制度建设方面的基本法律有：选举法（1979 年通过，1982 年、1986 年和 1995 年修正）、立法法（2000 年通过）、全国人民代表大会组织法（1982 年通过）、国务院组织法（1982 年通过）、人民法院组织法（1979 年通过，1983 年修正）、人民检察院组织法（1979 年通过，1983 年修正）、法官法和检察官法（均于 1995 年通过，2001 年修正）等。此外，还制定了香港特别行政区基本法（1990 年通过）、澳门特别行政区基本法（1993 年通过）。

3. 有关民事方面的法律有：民法通则（1986 年通过）、合同法（1999 年通过）、担保法（1995 年通过）、民事诉讼法（1991 年通过）、婚姻法（1980 年通过，2001 年修正）、继承法（1985 年通过）、著作权法（1990 年通过，2001 年修正）、商标法（1982 年通过、1993 年和 2001 年修正）、专利法（1984 年通过、1992 年和 2000 年修正）等。

4. 有关商事、经济法方面的法律有：合伙企业法（1997 年通过）、个人独资企业法（1999 年通过）、公司法（1993 年通过）、票据法（1995 年通过）、证券法（1998 年通过）、保险法（1995 年通过）、反不正当竞争法（1993 年通过）、个人所得税法（1980 年通过、1993 年、1999 年和 2005 年修正）、产品质量法（1993 年通过、2000 年修正）、海商法（1992 年通过）、海事诉讼特别程序法（1999 年通过）等。

5. 有关刑事和社会治安管理方面的法律有：刑法（1979 年通过、1997 年修正）、刑事诉讼法（1979 年通过、1996 年修正）、治安管理处罚法（2005 年通过）、公民出入境管理法（1985 年通过）、国家安全法（1993 年通过）、监狱法（1994 年通过）等。

6. 有关行政管理方面的法律有：食品卫生法（1982 年试行）、森林法（1984 年通过、1998 年修正）、水土保持法（1991 年通过）、渔业法（1986 年通过、2000 年修正）、矿产资源法（1986 年通过、1996 年修正）、环境保护法（1989 年通过）、城市房地产管理法（1994 年通过）、会计法（1985 年通过、1993 年、1999 年修正）、律师法（1996 年通过，2001 年修正）、土地管理法（1986 年通过、1988 年和 2004 年修正）、建筑法（1997 年通过）、行政处罚法（1996 年通过）、行政许可法（2004 年通过）等。

7. 有关行政救济方面的法律有：行政诉讼法（1989 年通过）、国家赔偿法（1994 年通过）、行政监察法（1997 年通过）、行政复议法（1999 年通过）。

其次，在司法方面，我国恢复建立司法机关，并不断完善司法体系，推进司法改革，具有中国特色的司法制度正在形成。

1979 年我国重新制定《人民法院组织法》和《人民检察院组织

法》，恢复了人民法院和人民检察院的设置。此后，我国的审判制度改革不断深化，先后设立了军事法院、海事法院，构建行政诉讼制度等。1982 年宪法明确规定"中华人民共和国人民检察院是国家的法律监督机关"。自此，我国的检察制度不断完善，如人民检察院建立民事、行政检察机构、经济犯罪案件举报中心和反贪污贿赂工作局，实施主诉检察官制度和检务公开制度等。1995 年《法官法》和《检察官法》的制定和颁布，为法官依法独立行使审判权，为法官和检察官履行职责提供了法律保障，对提高法官、检察官的政治素质和业务水平起到了重要作用。

此外，我国还重建了司法行政机关，律师制度、公证制度、人民调解制度也得到恢复和进一步完善。至 2004 年，我国已经有 12 万多名执业律师，律师执业在维护法律尊严、促使司法机关依法办理案件、促进依法治国等方面有着不容忽视的作用。人民调解制度也为维护社会的稳定和促进经济的发展发挥了巨大的作用。截至 1998 年底，全国城乡共设立人民调解委员会98 368个，有调解委员9 175 290名，从 1979 年至 1998 年，人民调解委员会共调解各类民间纠纷 1.3 亿件。

再次，在执法方面，我国已建立起比较完善的行政执法制度。

十一届三中全会以来，国家恢复和建立了一批行政执法机构，充实了行政执法队伍，加强了对行政执法的监督检查机制，行政执法工作有了长足的发展。各级行政机关改变了过去单纯依靠计划和行政手段管理经济的做法，逐渐做到主要依靠经济和法律手段调节经济，提高了依法行政的自觉性。1982 年国务院设立审计署，1986 年国务院恢复设立监察部，发挥了行政权力自我制约的功效。特别是《行政诉讼法》、《行政处罚法》、《行政复议法》、《国家公务员暂行条例》和《行政监察法》等一系列行政法律法规的颁布，进一步加强了行政执法队伍建设，完善了执行工作程序和工作制度，提高了行政执法的水平和效率。

最后，在法制宣传、法学教育方面，我国不断深入开展法制宣传，加强法学教育，并取得了明显成效。

1985 年 11 月 5 日六届全国人大常委会第 13 次会议作出了《关于在公民中基本普及法律常识的决议》。根据该决议，我国从 1986 年起每年都举行普法教育活动，广大人民群众特别是各级领导干部的法律知识、法制观念和法律意识有了较大的提高，开始逐步形成信仰法律、崇尚法制、严格依法办事的良好社会风气。法学教育也在迅猛发展，十一届三中全会以后，法学从一门备受冷落的学科变成备受人们重视的热门学科，法律院系和科研机构纷纷恢复、设立和扩大。在2006年1月12日结束的中国法学会五届二次理事会上，记者从中国法学会副会长、法学教育研究会会长、教育部高等学校法学学科教学指导委员会主任委员曾宪义教授处获悉，截至2005年底的最新统计数字表明，我国现有法学本科专业的高等院校已达559所（注：经与教育部核实，这一数字还不包括独立院校以及各类法学专科院校），法学专业在校的本科生和研究生达30万人，其中本科生为20多万人，法律硕士专业学位研究生2万多人，法学硕士研究生6万多人，法学博士研究生6 000多人。曾宪义教授还介绍，在高等院校的各个学科当中，法学属于超速、超规模发展，从2001年中国法学会法学教育研究会成立时，全国设有法学本科专业的高等院校292所，到4年后2005年的559所，其发展规模是空前的，呈跃进式上升趋势。①

二、中国加入国际人权公约的历史进程

新中国成立50多年来，中国政府一贯尊重和肯定联合国宪章确立的促进和保护人权的宗旨和原则，大力支持联合国在人权领域所采取的措施。中国政府积极参与联合国在人权领域的活动，积极参与制定国际人权文书，积极签署、批准或加入国际人权公约。中国政府还积极倡导不同制度国家的人权对话，积极推动国际人权运动，在人权领域作出了重大的贡献。

1955年4月，周恩来总理率领中国代表团参加在印度尼西亚万隆召开的亚非会议（又称"万隆会议"）。这次会议通过的《亚非会议最后公报》确认了联合国宪章的宗旨和原则，体现了尊重和促进人权的精神，也表明了中国政府对人权的肯定态度。回国后，周恩来总理在向全国人大常委会扩大会议所作的报告中指出，亚非会议宣言

---

① 载于 www.chinalawsociety. org. cn，中国法学会网站。

的十项原则"也规定了尊重基本人权、尊重联合国宪章的宗旨和原
则，尊重正义和国际义务，和平解决争端等原则。这些都是中国人民
的一贯主张，也是中国一贯遵守的原则"。1981年中国当选为人权委
员会的成员国，从此，中国更加活跃于国际人权领域，多次派代表参
与国际人权法律文书的起草工作组，其中包括《儿童权利公约》、
《保护民族、种族、语言、宗教上属于少数人的权利宣言》和《发展
权宣言》等工作组。① 近年来，中国十分重视联合国人权事务高级专
员在促进和保护人权方面的作用，积极与人权高级专员办公室开展合
作。2000年3月中国政府与人权高级专员办公室在北京成功举办了
第八届亚太人权研讨会。中国还在人权问题上积极开展对话与交流，
增进了解，扩大共识。2000年2月和9月中国与欧盟分别举行了第
九次和第十次人权对话。同年，中国还与英国、澳大利亚、加拿大举
行了人权对话。

中国政府不仅积极参与国际人权领域的活动，而且非常重视国际
人权公约在促进和保障人权方面的积极作用。迄今为止，中国政府已
经签署、批准或加入24个国际人权公约，主要有六类：第一类是国
际人权宪章，这里还包括联合国宪章、世界人权宣言、两个重要的国
际人权公约。第二类是保护社会弱势群体的人权公约，如《消除对
妇女一切形式歧视公约》，《儿童权利公约》等。第三类是反对种族
主义的公约，如《消除对一切形式种族歧视公约》，《禁止并惩治种
族隔离罪行国际公约》等。第四类是反对酷刑的公约，如《禁止酷
刑和其他残忍、不人道或有辱人格的待遇或处罚公约》。第五类是关
于难民地位的公约，如《关于难民地位的公约》。第六类是国际人道
主义法，这里包括四个日内瓦公约和两个议定书。

1. 《改善战地武装部队伤者病者境遇的日内瓦公约》

2. 《改善海上武装部队伤者病者及遇船难者境遇的日内瓦公约》

3. 《关于战俘待遇的日内瓦公约》

4. 《关于战时保护平民的日内瓦公约》

这4个公约总称为《日内瓦红十字公约》，均签订于1949年8月

---

① 罗玉中、万其刚著：《人权与法制》，北京大学出版社2001年版，第595～
596页。

12 日，于 1950 年 10 月 29 日正式生效。1949 年公约签字国有 61 个，至今联合国的绝大多数成员国都参加了这 4 个公约。而且，公约中的重要部分被视为获取了习惯国际法的地位。

《改善战地武装部队伤者病者境遇的日内瓦公约》又称日内瓦第一公约。1956 年 11 月 5 日中国批准加入该公约，同年 12 月 28 日，中华人民共和国政府向瑞士联邦政府交存了批准书，同时声明对公约的第 10 条作如下保留："拘留伤者、病者或医务人员及随军牧师的国家请求中立国或人道组织担任应由保护国执行的任务时，除非得到被保护人本国的同意，中华人民共和国将不承认此种请求为合法。"

《改善海上武装部队伤者病者及遇船难者境遇的日内瓦公约》又称日内瓦第二公约。1956 年 11 月 5 日我国批准加入该公约，同年 12 月 28 日，中华人民共和国政府向瑞士联邦政府交存了批准书。同时声明对公约的第 10 条作如下保留："拘留伤者、病者遇船难者或医务人员及随军牧师的国家请求中立国或人道组织担任应由保护国执行的任务时，除非得到被保护人本国的同意，中华人民共和国将不承认此种请求为合法。"

《关于战俘待遇的日内瓦公约》又称日内瓦第三公约。1956 年 11 月 5 日我国批准加入该公约，同年 12 月 28 日，中华人民共和国政府向瑞士联邦政府交存了批准书。但同时声明对公约的第 10 条、第 12 条和第 85 条予以保留。其中，关于第 10 条保留为："战俘拘留国请求中立国或人道组织担任应由保护国执行的任务时，除非得到被保护人本国政府的同意，中华人民共和国将不承认此种请求为合法。"关于第 12 条保留为："有战俘拘留国将战俘移送至本公约的另一缔约国看管期间内，中华人民共和国认为原拘留国并不因此解除对此等战俘适用本公约的责任。"关于第 85 条保留为："关于战俘拘留国根据本国法律，依照纽伦堡和东京国际军事法庭审理战争罪行和违反人道罪行所定的原则予以定罪的战俘的待遇，中华人民共和国不受第 85 条规定的约束。"

《关于战时保护平民的日内瓦公约》又称日内瓦第四公约。1956 年 11 月 5 日中国批准加入该公约，同年 12 月 28 日，中华人民共和国政府向瑞士联邦政府交存了批准书。但同时声明对公约的第 11 条和第 45 条予以保留。其中，关于第 11 条保留为："拘留被保护人的国家请求中立国或人道组织担任应由保护国执行的任务时,除非得到被保护人本国政府的同意,中华人民共和国将不承认此种请求为合法。"关于第45条保留为:"在扣留被保护人的国家将被保护人移送至本公约的另一缔约国看管期间内,中华人民共和国认为拘留国并不因此解除对于此等被保护人适用本公约的责任。"

5. 1949年8月12日《日内瓦四公约关于保护国际性武装冲突受难者的附加议定书》(第一议定书)

1983年9月14日中华人民共和国向瑞士联邦政府交存了加入书。1984年3月14日,该议定书对我国正式生效。我国对该议定书的第88条第2款"除受各公约和本议定书第85条第1款所确定的权利和义务的约束外,并在情况许可下,缔约国各方应在引渡事项上合作。缔约国各方应对被控罪行发生地国家的请求给予适当的考虑"作了保留。

6. 1949年8月12日《日内瓦四公约关于保护非国际性武装冲突受难者的附加议定书》(第二议定书)

1983年9月14日中华人民共和国向瑞士联邦政府交存了加入书。1984年3月14日,该议定书对我国正式生效。

7.《消除对妇女一切形式歧视公约》

该公约由1979年12月18日联合国大会第34/180号决议通过,1981年9月3日生效。截至1997年1月1日,缔约国为154个。该公约的目的在于用一个在法律上有约束力的文件来消除拒绝和限制妇女在政治、经济、社会和文化领域及家庭关系中享有平等地位的歧视。

1980年7月17日,我国签署了该公约,1980年11月4日交存了批准书。公约于1980年12月4日对我国生效。我国对公约的第29条第1款"两个或两个以上的缔约国之间关于本公约的解释或适用方面的争端,如不能谈判解决,经缔约国一方要求,应交付仲裁。如果自要求仲裁之日起6个月内,当事各方不能就仲裁的组成达成协议,任何一方依照《国际法院规则》提出请求,将争端提交国际法院审理"作了保留。

8.《消除对一切形式种族歧视公约》

联合国自成立以来,在《联合国宪章》、《世界人权宣言》以及联合国的一系列决议中均申明平等和不歧视的原则。然而，世界上的一些国家和地区仍然存在着种族主义、种族歧视和种族隔离现象，尤其是南非的种族歧视、种族隔离情况趋于恶化，这些行为违背了《联合国宪章》的原则以及会员国根据宪章承担的义务。鉴于此，联合国呼吁各国制止种族上和宗教上不容异己的行为，1963 年 11 月 20 日联合国大会第 1904 号决议通过了《消除一切形式种族歧视宣言》。为了实施该宣言所确定的原则，1965 年 12 月 21 日联合国大会第 2106A 号决议通过了《消除对一切形式种族歧视公约》。该公约于 1969 年 1 月 4 日生效。截至 1997 年 1 月 1 日，缔约国为 148 个。1981 年 12 月 29 日，我国交存了加入书。1982 年 1 月 28 日该公约对我国生效。我国对该公约第 22 条 "两个或两个以上的缔约国之间关于本公约的解释或适用方面的争端不能以谈判解决或以本公约所明定的程序解决者，除争端各方商定其他解决方式外，应于争端任何一方请求时提交国际法院裁决" 予以保留。

9. 《关于难民地位的公约》

根据《联合国宪章》和《世界人权宣言》所确认的人人享有基本权利和自由而不受歧视的原则，为保证难民可以最广泛地行使基本权利和自由，并考虑到难民地位问题需要通过国际合作才能得到满意的解决而不致成为国家之间紧张的原则，联合国大会于 1951 年 7 月 28 日在日内瓦召开了联合国难民和无国籍人地位全权代表会议，讨论并通过了《关于难民地位的公约》。该公约于 1954 年 4 月 22 日生效。截至 1997 年 1 月 1 日，缔约国为 128 个。1982 年 9 月 24 日，我国交存了加入书。同年 12 月 23 日，该公约对我国生效。我国对该公约的第 14 条 "他在任何其他缔约国领土内，应给以他经常居住国家的国民所享有的同样保护" 和第 16 条第 3 款 "难民在其经常居住国家以外的其他国家内，就第 2 款所述事项，应给以他经常居住国家的国民所享有的待遇" 予以保留。

10. 《关于难民地位的议定书》

鉴于 1951 年《关于难民地位的公约》只适用于因 1951 年 1 月 1 日以前发生的事件而成为难民的人，而自该公约生效以来已发生新难民的情况，为使所有公约定义范围内的难民享有同等的地位而不受 1951 年 1 月 1 日的期限约束，经联合国经济及社会理事会和联合国大会分别讨论，于 1967 年 1 月 31 日通过了《关于难民地位的议定书》。该议定书于 1967 年 10 月 4 日生效。截至 1997 年 1 月 1 日，缔约国为 128 个。

　　该议定书共 11 条，主要内容是：删除 1951 年《关于难民地位的公约》第 1 条关于该公约只适用于因 1951 年 1 月 1 日以前发生的事件而成为难民的人的规定；缔约国承诺与联合国难民事务高级专员办事处或接替该办事处的联合国任何其他机关合作，以利其执行职务；保证以适当方式向其提供有关难民状况、本议定书实施情形和现行或以后生效的有关难民的法律、条例及命令的资料与统计数据。1982年 9 月 2 日，我国交存了加入书；同日，该议定书对我国生效。我国对该议定书的第 4 条"本议定书缔约各国关于议定书解释或执行的争端，如不能以其他方法解决，应依争端任何一方当事国的请求，提交国际法院"予以保留。

　　11.《禁止并惩治种族隔离罪行国际公约》

　　联合国大会和安全理事会一直关注南非人民不可剥夺的权利和自由，并且断言，种族隔离习俗，即南非政府强加给其本国居民及独立前的纳米比亚的种族分离和歧视政策，是危害人类的罪行；这些政策是与《联合国宪章》的宗旨和原则背道而驰的。自 1948 年以来，联合国大会通过了许多决议，谴责种族隔离的政策和做法为危害人类的罪行。安全理事会也曾强调，种族隔离及其继续加剧和扩大，严重地扰乱并威胁国际和平与安全。为在国际和国家范围能够采取更有效的措施，禁止和惩治种族隔离罪行。1973 年 11 月 30 日联合国大会第3068 号决议通过了《禁止并惩治种族隔离罪行国际公约》。该公约于1976 年 7 月 18 日生效。截至 1997 年 1 月 1 日，缔约国为 100 个。1983 年 4 月 18 日，我国交存了加入书；同年 5 月 18 日，该公约对我国生效。

　　12.《防止及惩治灭绝种族罪公约》

　　禁止并惩治灭绝种族罪行是联合国大会最先处理的问题之一。1946 年 12 月 11 日，联合国大会在其第 1 次会议上通过第 96（1）号决议，确认灭绝种族是文明世界所谴责的违反国际法的一种罪行，并指出，无论何人以何种理由犯有灭绝种族罪，一律在惩治之列。为此，联合国大会呼吁国际合作，并请求经济及社会理事会拟定《防止及惩治灭绝种族罪公约》草案。1948年12月9日，联合国大会通过了这个公约，目的在于防止和惩治战时或平时所犯的灭种罪行。该公约于1951年1月12日生效。截至1997年1月1日，缔约国为122个。

我国于1983年4月18日交存了批准书。1983年7月17日，该公约对我国生效。我国对该公约的第9条"缔约国间关于本公约的解释、适用或实施的争端，包括关于某一国家对于灭绝种族罪或第3条所列任何其他行为的责任的争端，经争端一方的请求，应提交国际法院"予以保留。我国政府同时声明，台湾当局于1951年7月19日盗用中国名义对公约的批准是非法的、无效的。

13. 《反对体育领域种族隔离国际公约》

《反对体育领域种族隔离国际公约》于1988年4月3日生效。我国政府于1987年10月21日签署该公约，1988年4月3日该公约对我国生效。该公约旨在加速消除体育领域的种族隔离，它要求缔约国采取一切必要措施，消除体育领域的种族隔离行径，并促进以奥林匹克原则为基础的国际体育精神，同时它希望各缔约国执行《反对体育领域种族隔离的国际宣言》所载各项原则，并确保尽早为此通过实际措施。

14. 《禁止酷刑和其他残忍、不人道或有辱人格的待遇或处罚公约》

酷刑或残忍、不人道或有辱人格的待遇，是联合国创立后就开始详细深入审查的问题之一。为充分保证一切人都不受酷刑，联合国一直致力于制定普遍适用的准则。1975年联合国大会根据第5次预防犯罪和罪犯待遇大会的建议，通过了《保护人人不受酷刑和其他残忍、不人道或有辱人格的待遇或处罚宣言》。根据该宣言的原则，由联合国人权委员会设立的工作组着手起草禁止酷刑国际公约。该工作组1980~1984年于每届人权委员会会议前举行一周的会议。1984年12月10日联合国大会第39/46号决议通过，并开放供各国签署、批准和加入。该公约1987年2月26日生效。截至1997年1月1日，缔约国为101个。

1986年12月12日，我国签署了该公约，1988年11月3日，公约对我国生效。我国对公约第20条和第30条第1款作了保留。其中，该公约第 20 条规定，如果委员会收到在它看来是可靠的情报，认为其中有确凿迹象显示在某一缔约国境内经常施行酷刑，委员会应请该缔约国合作研究该情报，并为此目的就有关情报提供说明；委员会如果认为有正当理由，可以指派 1 名或几名成员进行秘密调查并立即向委员会提出报告，并在该缔约国的同意下，这种调查可以包括到该国境内访问；委员会在审查其成员国所提交的调查结果后，应将这些结果连同根据情况认为适当的任何意见或建议一并转交该有关缔约国；委员会的一切程序均应保密，在程序的各个阶段，均应寻求缔约国的合作；调查程序一旦完成，委员会在与有关缔约国协商后，可将关于这种程序的结果载入其为其他缔约国和联合国大会编写的年度报告。第 30 条第 1 款规定："两个或两个以上的缔约国之间关于本公约的解释或适用方面的争端，如不能谈判解决，经其中一方要求，应交付仲裁。如果自要求仲裁之日起 6 个月内各方不能就仲裁的组成达成一致意见，任何一方均可依照国际法院规约提出请求，将争端提交国际法院审理。"

15.《儿童权利公约》

联合国成立以来，儿童的幸福和权利始终是它关心的一个主要问题。联合国最初采取的行动之一就是于 1946 年 12 月 11 日设立联合国儿童基金会。1948 年 12 月 10 日联合国大会通过的《世界人权宣言》承认儿童必须受到特殊的照顾和协助。以后，联合国在一般性的国际条约和专门针对儿童权利的文件即 1959 年 11 月 20 日的《儿童权利宣言》中都始终强调保护儿童的权利。鉴于《儿童权利宣言》不具有条约法的效力，而给儿童权利以条约法的保障已日益成为必要，尤其是在筹备"国际儿童年"的过程中，这种必要愈加明显，在 1979～1989 年的 10 年间，人权委员会详尽研究了《儿童权利公约》草案，1989 年如期完成了该公约的拟定工作，经由经济及社会理事会提交联合国大会。1989 年 11 月 20 日，第四十四届联合国大会以第 25 号决议通过。1990 年 9 月 2 日生效。截至 1997 年 1 月 1 日，缔约国为 188 个。

该公约将"儿童"界定为"18 岁以下的任何人"，并要求各国应确保其管辖范围内的每一儿童均享受公约所载的权利，不因儿童或其父母或法定监护人的种族、肤色、性别、语言、宗教、政治或其他见解、国籍或社会出身、财产、伤残、出生地或其他身份等而有任何差别。

1990 年 8 月 29 日，我国签署了《儿童权利公约》。1991 年 12 月 29 日，全国人大常委会批准加入该公约。1992 年 3 月 1 日，该公约对我国生效。我国对公约的第 6 条："每个儿童有固有的生命权，各国应最大限度地确保儿童的生存与发展"予以保留。这表明，我国将在符合本国宪法第 25 条关于计划生育规定的前提下，并依据《中华人民共和国未成年人保护法》第 2 条的规定，履行该公约第 6 条所规定的义务。

16.《男女工人同工同酬公约》

男女平等是联合国始终坚持的原则。《联合国宪章》宣布各会员国决心重申男女平等权利的信念。为保障男女平等的权利，尤其是保证男女工人同工同酬，1951 年 6 月 29 日国际劳工组织大会第三十四届会议通过了《男女工人同工同酬公约》。该公约于 1953 年 5 月 23 日生效，截至 1997 年 1 月 1 日，该公约的缔约国共为 126 个。我国于 1990 年 9 月 7 日批准加入《男女工人同工同酬公约》。同年 11 月 2 日该公约对我国生效。

17.《就业政策公约》

《就业政策公约》旨在促进经济增长和发展，提高生活水平，满足对人力的需求，并解决失业和不充分就业的问题，要求各会员国将之作为一项主要目标，并应宣布并实行积极的政策，促进充分的、自由选择的生产性就业。各会员国实施的政策应以保证下列各项要求的实现为目的：（1）向一切有能力工作并寻找工作的人提供工作；（2）此种工作应尽可能是生产性的；（3）每个工人不论其种族、肤色、性别、宗教信仰、政治见解、民族血统或社会出身如何，都有选择职业的自由，并有获得必要技能和使用其技能与天赋的最大可能的机会，并取得一项对其很合适的工作。

1996 年，我国签署了《就业政策公约》。1997 年 5 月 15 日，全国人大常委会审议批准加入该公约。

18.《经济、社会和文化权利国际公约》

联合国人权委员会从建立之始便将阐明《联合国宪章》人权条款作为其历史任务。1947 年人权委员会着手建立以宪章人权条款为基础的国际人权宪章体系，并设想这个体系由一部人权宣言与采用条约形式的国际人权公约及执行措施组成。1954 年人权委员会将《经济、社会、文化权利国际公约草案》连同《公民权利和政治权利国际公约草案》一起，提交第九届联合国大会审议。联合国大会在 1955～1966 年 10 余年间，由第三委员会（社会、人道和文化事务委员会）对《经济、社会、文化权利国际公约草案》进行逐条审议。1966 年 12 月 16 日，第二十一届联合国大会以第 2200A 号决议通过，并开放给各国签字、批准和加入。该公约于 1976 年 1 月 3 日生效。截至 1997 年 1 月 1 日，缔约国为 135 个。

我国于 1997 年 10 月 27 日签署了该公约，2001 年 2 月 28 日九届全国人大常委会第 20 次会议批准加入该公约；同时，声明如下：第一，中华人民共和国对《经济、社会及文化权利国际公约》第 8 条第 1 款（甲）项（人人有权为促进及保障其经济及社会利益而组织工会及加入其自身选择之工会，仅受关系组织规章之限制。除依法律之规定，且为民主社会维护国家安全或公共秩序，或保障他人权利自由所必要者外，不得限制此项权利之行使）将依据《中华人民共和国宪法》、《中华人民共和国劳动法》等法律的有关规定办理。第二，根据 1997 年 6 月 20 日和 1999 年 12 月 2 日中华人民共和国常驻联合国代表先后致联合国秘书长的照会，《经济、社会及文化权利国际公约》适用于中华人民共和国香港特别行政区和中华人民共和国澳门特别行政区，通过各该特别行政区的法律予以实施。第三，台湾当局于 1967 年 10 月 5 日盗用中国名义对《经济、社会及文化权利国际公约》所作的签署是非法和无效的。

19.《公民权利和政治权利国际公约》

《公民权利和政治权利国际公约》的宗旨在于确认公民权利和政治权利，并要求成员国保护个人所享有的这些权利和基本自由。公民权利和政治权利包括人民的自决权、生命权、人身自由和安全权、享受迁徙自由和选择住所的自由、结社自由、宗教自由等。公约第 1 条明确规定，所有人民都有自决权。他们凭这种权利自由决定其政治地位，自由谋求其经济、社会和文化的发展，并自由处置其自然财产和资源。此外，公约还责令各缔约国尊重并促进自决权的实现，将民族自决权确立为人权，突破了西方国家仅仅将人权理解为个人权利的框框。1998 年 10 月 5 日，我国政府签署了该公约，但迄今为止全国人民代表大会常委会还没有批准加入该公约。

20.《联合国反腐败公约》

《联合国反腐败公约》于 2003 年 10 月 31 日由第五十八届联合国大会审议通过，我国政府于 2003 年 12 月 10 日签署该公约。截至 2005 年 9 月 15 日，已有 30 个国家批准加入该公约。《联合国反腐败公约》于 2005 年 12 月 14 日生效。该公约共 71 条，确立了预防、刑事定罪与执法、国际合作、资产追回、履约监督五大机制。2005 年 10 月 27 日十届全国人大常委会第 18 次会议决定批准加入该公约；同时声明，中华人民共和国不受《联合国反腐败公约》第 66 条第 2 款的约束。《联合国反腐败公约》第 66 条第 2 款规定："两个或者两个以上缔约国对于本公约的解释或者适用发生任何争端，在合理的时间内，不能通过谈判解决的，应当按其中一方请求交付仲裁。如果自请求交付仲裁之日起 6 个月内，这些缔约国不能就仲裁安排达成协议，则其中任何一方可以依照国际法院规则请求将争端提交国际法院。"

21.《制止恐怖主义爆炸的国际公约》

为共同防范和打击国际恐怖活动，努力消除产生恐怖主义的根源，加强国际社会的对话和磋商，《制止恐怖主义爆炸的国际公约》界定了恐怖主义爆炸罪的定义，规定各缔约国应当在国内法律上将恐怖主义爆炸行为作为国内犯罪予以规定；规定了缔约国对恐怖主义爆炸案件的刑事管辖范围。同时规定：缔约国如果不将国内发现的有恐怖主义爆炸行为的犯罪嫌疑人引渡给有关国家，则必须对该犯罪嫌疑人进行起诉；对恐怖主义爆炸罪不适用政治犯不引渡的原则等。

2001 年 10 月 27 日九届全国人大常委会第 24 次会议通过关于中华人民共和国加入《制止恐怖主义爆炸的国际公约》的决定。同时声明：中华人民共和国对《制止恐怖主义爆炸的国际公约》第 20 条第 1 款予以保留，不受该款约束。

22.《打击恐怖主义、分裂主义和极端主义上海公约》

2001 年 10 月 27 日九届全国人大常委会第 24 次会议决定：批准国家主席江泽民代表中华人民共和国于 2001 年 6 月 15 日在上海签署的《打击恐怖主义、分裂主义和极端主义上海公约》。该公约的主要

内容是：明确了恐怖主义、分裂主义和极端主义的定义，其中在国际
法上首次对"分裂主义"和"极端主义"作出明确定义；阐述了公
约缔约国多边合作打击"三股势力"的原则、内容、方式和程序；
规定了公约缔约国享有的权利和承担的义务，以及在双边基础上开展
合作的具体操作规程；规定了公约缔约国之间应当在信息、人员、技
术、物资、司法等方面相互提供协助；规定了公约缔约国各方中央主
管机关可建立紧急联系渠道和举行例行或特别会晤，并在比什凯克市
建立各方的地区性反恐怖机构并保障其运行；规定了公约的生效、退
出和修订的程序，以及在公约生效后其他国家可以加入本公约的条
件。附件内容为10个有关反对恐怖主义的国际公约或议定书的通过
时间及名称。①

23.《联合国打击跨国有组织犯罪公约》

《联合国打击跨国有组织犯罪公约》于 2000 年 11 月 15 日由第五
十五届联合国大会通过，2000 年 12 月 12 日开放供各国签署，2003
年 9 月 29 日生效。该公约是联合国近年来在刑事司法领域制定的重
要国际法律文件，旨在加强国际合作与交流，促进更有效地预防和打
击跨国有组织犯罪。我国政府一贯重视打击跨国有组织犯罪的工作，
并积极主张通过国际合作达到这一目标。我国政府自始至终参加了
《联合国打击跨国有组织犯罪公约》的起草过程，为公约顺利通过作
出一定的贡献。我国政府于 2000 年 12 月 12 日签署了该公约，2003
年 8 月 27 日十届全国人大常委会第 4 次会议批准加入该公约，并声
明对公约第 35 条第 2 款关于通过仲裁和国际法院解决争议条款作出
保留。2003 年 9 月 23 日，我国政府向联合国秘书长交存批准书，公
约于 2003 年 10 月 23 日对我国生效，公约同时适用于澳门特别行政
区。②

24.《联合国人员和有关人员安全公约》

---

① 王毅：《缔结打击"三股势力"上海公约符合当前国际反恐怖主义斗争新
形势的需要》，载于 www. zgrdxw. peopledaily. com. cn，2001 年 10 月 23 日人民日报网
络版。

② 新闻：中国政府与《联合国打击跨国有组织犯罪公约》，载于
www. fmprc. gov. cn，中华人民共和国外交部网站。

为确保联合国人员和有关人员以及国际人道主义组织人员的安全和行动自由,敦促武装冲突各方充分尊重联合国人员和有关人员的地位,谴责对联合国人员和有关人员以及国际人道主义人员进行攻击和使用武力的行为,1994年联合国通过了《联合国人员和有关人员安全公约》。2004年9月1日十届全国人大常委会批准加入该公约,这对保护包括执行维和任务人员在内的所有在海外的我国公民的人身安全有着十分重大的意义。

三、中国加入国际人权公约的法制回应

新中国成立50多年来,特别是改革开放以来,我国在经济、政治和文化等各方面发生了翻天覆地的变化。在人权领域,我国公民的生存权和发展权不断得到改善,我国用只占世界7%的耕地养活了占世界22%的人口,而且人民总体生活水平和质量有了很大提高,社会消费结构开始从基本生活型向现代生活型转变。2004年全国农村居民人均纯收入2 936元,是1997年以来增长最快的一年;城镇居民人均可支配收入达到9 422元;私人轿车拥有量达600万辆,成为全球私人轿车增长最快的市场;电话用户总数超过6.5亿户,互联网用户数超过9 400万户。我国公民的政治文化权利也不断得到改善,如我国积极推进民主与法制建设,不断完善人民代表大会制度、中国共产党领导下的多党合作和政治协商制度,大力加强基层民主建设,特别是1998年11月修订了《村民委员会组织法》,进一步完善了农村的民主选举、村民议事、村务公开等制度。我国文化事业发展迅速,人民的精神文化生活日益丰富,到2004年底,全国共有艺术表演团体2 599个,文化馆2 858个,公共图书馆2 710个,博物馆1 509个,广播电台282座,电视台314座,教育台60个;全国有线电视用户约1.15亿户;广播综合人口覆盖率为94.1%,电视综合人口覆盖率为95.3%;全年生产故事影片212部,科教、纪录、美术片44部;出版全国性和省级报纸257.7亿份,各类期刊26.9亿册,图书64.4亿册(张),初步形成了比较完善的公共文化服务体系,维护了广大人民群众的基本文化权利。同时国家进一步加大了对教育的投入,如2003年全国财政预算内对农村义务教育的拨款达到1 094亿元,比

1999 年的 533 亿元增加了 1 倍多；2004 年全国普通本专科招生 447.3
万人，比 2003 年增加 65 万多人；研究生招生 32.6 万人，比 2003 年
增加 5.7 万人。目前，全国各类高等教育在校人数超过 2 000 万人，
高等教育毛入学率达 19%；中等职业教育招生人数达到了 548 万人，
在校人数 1 368 万人；高等职业教育普通本专科在校人数达 595.7 万
人，比上年增加 100 万人。①

签订人权公约当然对缔约国的人权发展是一个很大的推动，但根
本的问题还是缔约国自身对人权公约的执行以及通过立法来贯彻。人
权制度是否发达、完善不在于一个国家签订人权公约的多少，而在于
缔约国的人民是否可以真正享受到比较充分的人权。我国不仅在实践
中真正做到了积极提高人权水平，而且在法制建设上努力做到与国际
人权公约相呼应。在法制建设上，我国一贯坚持"条约必须信守"
的原则，恪守所缔结和参加的国际公约，履行自己所应承担的条约义
务。我国宪法和法律既比较充分地体现了国际人权公约的原则精神，
也基本符合国际人权公约的规定和要求。

（一）我国宪法对人权的规定和保障

宪法是国家的根本大法，也是规定和保障人权的根本大法。我国
宪法第二章规定的公民的基本权利主要表现为以下 9 类：第一是政治
权利，主要有选举权和被选举权，批评、建议、检举、控告、申诉的权利以
及言论、出版、结社、集会、游行、示威的自由。第二是人身权利，包括人
身自由不受侵犯、人格尊严不受侵犯、住宅不受侵犯、通信自由或通信
秘密不受侵犯。第三是经济权利，包括实行按劳分配原则，保护合法财
产所有权，保护私有财产继承权。第四是生命健康权。第五是劳动权
利。第六是受教育权利。第七是妇女、未成年人和老年人的权利。第
八是宗教信仰自由。第九是残疾人的权利。具体条文如下：

宪法第 33 条规定："凡具有中华人民共和国国籍的人都是中华人
民共和国公民。中华人民共和国公民在法律面前一律平等。任何公民
享有宪法和法律规定的权利，同时必须履行宪法和法律规定的义

---

① 参见《2004 年中国人权事业的进展》白皮书（国务院新闻办公室 2005 年
4 月发布）。

务。"第 34 条规定:"中华人民共和国年满 18 周岁的公民,不分民族、种族、性别、职业、家庭出身、宗教信仰、教育程度、财产状况、居住期限,都有选举权和被选举权;但是依照法律被剥夺政治权利的人除外。"第 35 条规定:"中华人民共和国公民有言论、出版、集会、结社、游行、示威的自由。"第 36 条规定:"中华人民共和国公民有宗教信仰自由。任何国家机关、社会团体和个人不得强制公民信仰宗教或者不信仰宗教,不得歧视信仰宗教的公民和不信仰宗教的公民。国家保护正常的宗教活动。任何人不得利用宗教进行破坏社会秩序、损害公民身体健康、妨碍国家教育制度的活动。宗教团体和宗教事务不受外国势力的支配。"第 37 条规定:"中华人民共和国公民的人身自由不受侵犯。任何公民,非经人民检察院批准或者决定或者人民法院决定,并由公安机关执行,不受逮捕。禁止非法拘禁和以其他方法非法剥夺或者限制公民的人身自由,禁止非法搜查公民的身体。"第 39 条规定:"中华人民共和国公民的住宅不受侵犯。禁止非法搜查或者非法侵入公民的住宅。"第 40 条规定:"中华人民共和国公民的通信自由和通信秘密受法律的保护。除因国家安全或者追查刑事犯罪的需要,由公安机关或者检察机关依照法律规定的程序对通信进行检查外,任何组织或者个人不得以任何理由侵犯公民的通信自由和通信秘密。"第 41 条规定:"中华人民共和国公民对于任何国家机关和国家工作人员,有提出批评和建议的权利;对于任何国家机关和国家工作人员的违法失职行为,有向有关国家机关提出申诉、控告或者检举的权利,但是不得捏造或者歪曲事实进行诬告陷害。对于公民的申诉、控告或者检举,有关国家机关必须查清事实,负责处理。任何人不得压制和打击报复。由于国家机关和国家工作人员侵犯公民权利而受到损失的人,有依照法律规定取得赔偿的权利。"第 42 条规定:"中华人民共和国公民有劳动的权利和义务。国家通过各种途径,创造劳动就业条件,加强劳动保护,改善劳动条件,并在发展生产的基础上,提高劳动报酬和福利待遇。"第 43 条规定:"中华人民共和国劳动者有休息的权利。国家发展劳动者休息和休养的设施,规定职工的工作时间和休假制度。"第 45 条规定:"中华人民共和国公民在年老、疾病或者丧失劳动能力的情况下,有从国家和社会获得物质帮助的权利。国家发展为公民享受这些权利所需要的社会保险、社会救济和医疗卫生事业。国家和社会保障残疾军人的生活，抚恤烈士家属，优待军人家属。国家和社会帮助安排盲、聋、哑和其他有残疾的公民的劳动、生活和教育。"第46条规定："中华人民共和国公民有受教育的权利和义务。国家培养青年、少年、儿童在品德、智力、体质等方面全面发展。"第48条规定："中华人民共和国妇女在政治的、经济的、文化的、社会的和家庭的生活等各方面享有同男子平等的权利。国家保护妇女的权利和利益，实行男女同工同酬，培养和选拔妇女干部。"

（二）我国行政法对人权的规定和保障

我国没有专门的行政法法典，行政法律法规散见于单行法律法规中，如《治安管理处罚法》、《行政处罚法》、《国家赔偿法》、《行政许可法》、《行政复议法》等。

1. 治安管理处罚法

该法于2005年8月28日由十届全国人大常委会第17次会议通过，自2006年3月1日起施行，原1986年9月5日公布、1994年5月12日修订的《中华人民共和国治安管理处罚条例》同时废止。该法是公安机关对扰乱公共秩序、妨害公共安全、侵犯人身权利和财产权利、妨碍社会管理等违反治安管理的行为进行行政处罚的法律依据，它对于维护社会治安，保障公共安全，保护公民、法人和其他组织的合法权益具有十分重要的作用。该法始终将尊重和保障人权的理念贯穿其中，它在总则中规定，实施治安管理处罚，应当公开、公正，尊重和保障人权，保护公民的人格尊严；该法还将原《治安管理处罚条例》对违反治安管理行为人的"讯问查证"改为"询问查证"。此外，该法还规定没有县级以上公安机关开具的检查证明文件，人民警察不能随意检查公民的住所，严格保护公民的住宅权，并规范人民警察的执法办案，严禁打骂、虐待和侮辱违反治安管理行为人。

为充分保护公民的人身安全、财产安全，更加有效地维护社会秩序，《治安管理处罚法》还将新形势下出现的、危害性大的行为予以规范，对于扰乱大型活动秩序，投放虚假危险物质扰乱公共秩序，冒用宗教、气功名义危害社会，破坏计算机信息系统，强迫他人劳动，以滋扰他人的方式乞讨，煽动、策划非法集会、游行、示威，违反房屋出租管理规定，在公共场所拉客招嫖等均作为违反治安管理的行为予以治安管理处罚，从而更加有利于保障公民的权利和自由。

《治安管理处罚法》还处处体现了以人为本的精神。该法规定：已满 14 周岁不满 16 周岁的，已满 16 周岁不满 18 周岁、初次违反治安管理的，70 周岁以上的，怀孕或者哺乳自己不满 1 周岁婴儿的，不执行行政拘留处罚；制造噪声、饲养动物干扰他人正常生活的，偷窥、偷拍、窃听、散布他人隐私的等侵犯公民权利的行为将受到治安管理处罚；公安机关传唤违反治安管理行为人的，应当及时将传唤的原因和处所通知被传唤人家属；决定给予行政拘留处罚的，应当及时通知被处罚人的家属等，这充分展现了我国对公民人权予以积极保护的进步态度。

此外，《治安管理处罚法》还增加了被处罚人的权利救济渠道。如增加了听证的规定；公安机关作出吊销许可证以及处 2 000 元以上罚款的治安管理处罚决定前，应当告知违反治安管理行为人有权要求举行听证；违反治安管理行为人要求听证的，公安机关应当及时依法举行听证。另外该法还取消了原治安管理处罚条例有关复议前置的做法，规定被处罚人对治安管理处罚决定不服的，可以依法申请行政复议或者提起行政诉讼。

2. 行政处罚法

《行政处罚法》于 1996 年 3 月 17 日由八届全国人大第 4 次会议通过，自 1996 年 10 月 1 日起正式施行。该法是我国第一部全面规范政府行政处罚行为的基本法律，对于促进行政机关依法行政，保障和监督行政机关有效实施行政管理以及维护公共利益和社会秩序起到了重要的作用。

《行政处罚法》第 3 条规定，公民、法人或者其他组织违反行政管理秩序的行为，应当给予行政处罚的，依照本法由法律、法规或者规章规定，并由行政机关依照本法规定的程序实施；没有法定依据或者不遵守法定程序的，行政处罚无效。该条规定体现了行政处罚的法定原则，杜绝以往行政机关随意作出行政处罚的不良现象。该法第 4 条规定，行政处罚遵循公正、公开的原则，与此相适应的是该法第 42 条规定了行政机关在作出某些行政处罚时要举行听证；该法第 6

条规定，公民、法人或者其他组织对行政机关给予的行政处罚，享有
陈述权、申辩权；对行政处罚不服的，有权依法申请行政复议或提起
行政诉讼。该法还第一次规定了限制人身自由的行政处罚只能由法律
规定，从而纠正了以往限制人身自由处罚随意性、无法律依据的局
面。该法处处体现了以人为本的立法精神，如第 24 条规定，对当事
人的同一个违法行为，不得给予两次以上罚款的行政处罚；第 25 条
规定，不满 14 周岁的人有违法行为的，不予行政处罚，责令监护人
加以管教；已满 14 周岁不满 18 周岁的人有违法行为的，从轻或者减
轻行政处罚；第 26 条规定，精神病人在不能辨认或者不能控制自己
行为时有违法行为的，不予行政处罚，但应当责令其监护人严加看管
和治疗。

3. 国家赔偿法

《国家赔偿法》于 1994 年 5 月 12 日由八届全国人大常委会第 7
次会议通过，自 1995 年 1 月 1 日起实施。该法第 2 条明文规定，国
家机关和国家机关工作人员违法行使职权侵犯公民、法人和其他组织
的合法权益造成损害的，受害人有依照本法取得国家赔偿的权利。
《国家赔偿法》的颁行，是我国社会主义民主与法制建设的重大成
果，在我国法制建设中写下了辉煌的一页，它有力地促进了国家机关
及其工作人员依法行使职权，同时也为受害人捍卫、维护、恢复自己
的合法权益提供了强有力的法律武器。

《国家赔偿法》第 3、4 条具体规定了行政机关及其工作人员在
行使行政职权时侵犯人身权、财产权的情形。第 15、16 条具体规定
了行使侦查、检察、审判、监狱管理职权的国家机关及其工作人员在
行使职权时侵犯公民人身权、财产权的情形。《国家赔偿法》对行政
赔偿和刑事赔偿的程序、赔偿方式和计算标准均作了明确规定，从而
对公民人身和财产等基本权利提供了有力的保障。

4. 行政许可法

2004 年 7 月 1 日，《中华人民共和国行政许可法》正式实施。这
部法律从 1996 年开始起草研究到 2003 年 8 月 27 日由全国人大常委
会通过，历时 7 年，被法律专家称为"迄今为止对中国老百姓日常生
活影响最为广泛的法律之一"，它也是世界上以单行法形式颁布的第
一部行政许可法。《行政许可法》是我国继《国家赔偿法》、《行政处

罚法》、《行政复议法》之后又一部规范政府行为的重要法律，该法的立法宗旨在于控制、保障和规范行政许可的设定和实施，特别是要控制行政许可权的行使，以保障公民、法人和其他组织的合法权益，促进社会的稳定、持续发展，保障公共安全和公共利益。

行政许可法不仅体现了政府以人为本的执政理念，而且也表明了我国对公民人权的高度重视和充分保障。该法第 4 条至第 8 条分别规定了行政许可的六大原则，即法定原则，公开、公平和公正原则，便民原则，当事人程序性权利保护原则，信赖保护原则，禁止随意转让原则，充分展现了"以民为本"、民之利益至上的亲民、便民精神，其中信赖保护原则首次确定在行政法中，即行政许可一旦设定，不得随意更改、撤销、废止，因法律、法规或者政策改变而不得不改变的，应对相对人予以补偿。而为了公民合法利益的实现，《行政许可法》更是规定了一系列高效的行政许可程序和制度，如窗口式的办公制度、集中办理制度、联合办理制度、行政期限制度、电子政务制度、行政凭证制度、当场决定制度等。例如，该法第 25 条规定："经国务院批准，省、自治区、直辖市人民政府根据精简、统一、效能的原则，可以决定一个行政机关行使有关行政机关的行政许可权。"第 26 条第 2 款规定："行政许可依法由地方人民政府两个以上部门分别实施的，本级人民政府可以确定一个部门受理行政许可申请并转告有关部门分别提出意见后统一办理，或者组织有关部门联合办理、集中办理。"第 27 条规定："行政机关实施行政许可，不得向申请人提出购买指定商品，接受有偿服务等不正当要求。行政机关工作人员办理行政许可，不得索取或者收受申请人的财物，不得谋取其他利益。"第 33 条规定："行政机关应当建立和完善有关制度，推行电子政务，在行政机关的网站上公布行政许可事项，方便申请人采取数据电文等方式提出行政许可申请；应当与其他行政机关共享有关行政许可信息，提高办事效率。"这些制度和程序的设定，均在于要求行政机关在行使职能时应以尽快的时间、尽可能少的人员、尽可能低的经济耗费为民众办成尽可能多的事情，取得尽可能大的社会和经济效益，从而有利于充分保障公民的合法权益。

5. 行政复议法

《行政复议法》于 1999 年 4 月 29 日由九届全国人大常委会第 9

次会议通过，自 1999 年 10 月 1 日起施行。该法的颁布施行，是我国实施依法治国方略的一个重大步骤，也是我国民主法制建设的重要成果。行政复议是行政机关自我纠正错误的一种重要监督制度，它不仅对保护公民、法人和其他组织的合法权益，而且对保障和监督行政机关依法行使职权，促进依法行政，提高工作效率，加强廉政建设，密切政府与人民群众的关系，维护社会稳定，都具有重大的意义。

《行政复议法》第 6 条规定，有下列情形之一的，公民、法人或者其他组织可以依照本法申请行政复议：（1）对行政机关作出的警告、罚款、没收违法所得、没收非法财物、责令停产停业、暂扣或者吊销许可证、暂扣或者吊销执照、行政拘留等行政处罚决定不服的；（2）对行政机关作出的限制人身自由或者查封、扣押、冻结财产等行政强制措施决定不服的；（3）对行政机关作出的有关许可证、执照、资质证、资格证等证书变更、中止、撤销的决定不服的；（4）对行政机关作出的关于确认土地、矿藏、水流、森林、山岭、草原、荒地、滩涂、海域等自然资源的所有权或者使用权的决定不服的；（5）认为行政机关侵犯合法的经营自主权的；（6）认为行政机关变更或者废止农业承包合同，侵犯其合法权益的；（7）认为行政机关违法集资、征收财物、摊派费用或者违法要求履行其他义务的；（8）认为符合法定条件，申请行政机关颁发许可证、执照、资质证、资格证等证书，或者申请行政机关审批、登记有关事项，行政机关没有依法办理的；（9）申请行政机关履行保护人身权利、财产权利、受教育权利的法定职责，行政机关没有依法履行的；（10）申请行政机关依法发放抚恤金、社会保险金或者最低生活保障费，行政机关没有依法发放的；(11)认为行政机关的其他具体行政行为侵犯其合法权益的。

由此可见，公民、法人和其他组织在其人身权、财产权等其他合法权益受到侵害时，行政复议法给予了充分的保护措施。此外，《行政复议法》第 7 条规定，公民、法人或者其他组织认为行政机关的具体行政行为所依据的下列规定不合法，在对具体行政行为申请行政复议时，可以一并向行政复议机关提出对该规定的审查申请：（1）国务院部门的规定；（2）县级以上地方各级人民政府及其工作部门的规定；（3）乡、镇人民政府的规定。因此，行政复议的范围不仅限于行政机关的具体行政行为，而且包括行政机关的抽象行政行为，这更加有力地保护了行政相对人的人身权、财产权等其他合法权益。

在行政复议程序上，为充分保障行政相对人行使行政复议权，行政复议法第 4 条规定，行政复议机关履行行政复议职责，应当遵循合法、公正、公开、及时、便民的原则，坚持有错必纠，保障法律、法规的正确实施。行政复议法还对行政复议申请、受理、决定等设置了一系列的制度，如该法第 11 条规定，申请人申请行政复议，可以书面申请，也可以口头申请；口头申请的，行政复议机关应当当场记录申请人的基本情况、行政复议请求、申请行政复议的主要事实、理由和时间；第 17 条规定，行政复议机关收到行政复议申请后，应当在 5 日内进行审查，对不符合本法规定的行政复议申请，决定不予受理，并书面告知申请人；对符合本法规定，但是不属于本机关受理的行政复议申请，应当告知申请人向有关行政复议机关提出；第 27 条规定，行政复议机关在对被申请人作出的具体行政行为进行审查时，认为其依据不合法，本机关有权处理的，应当在 30 日内依法处理；无权处理的，应当在 7 日内按照法定程序转送有权处理的国家机关依法处理。处理期间，中止对具体行政行为的审查；第 31 条规定，行政复议机关应当自受理申请之日起 60 日内作出行政复议决定；但是法律规定的行政复议期限少于 60 日的除外。行政复议机关作出行政复议决定，应当制作行政复议决定书，并加盖印章。行政复议决定书一经送达，即发生法律效力。

《行政复议法》第 39 条还规定："行政复议机关受理行政复议申请，不得向申请人收取任何费用。行政复议活动所需经费，应当列入本机关的行政经费，由本级财政予以保障。"这些规定充分体现了以人为本的思想，行政复议法确确实实能够给予行政相对人提供有力的保障措施，对公民的人权保护作出了很大的贡献。

（三）我国行政诉讼法对人权的规定与保障

《行政诉讼法》于 1989 年 4 月 4 日由第七届全国人民代表大会第 2 次会议通过，自 1990 年 10 月 1 日起施行。行政诉讼的根本目的是通过司法权对行政权的监督，以确保行政机关依法行政，保障行政相对人的合法权益。因此，有学者指出："行政诉讼制度与刑事、民事诉讼制度不同，它绝不仅仅是一项司法制度，而是国家民主与法制的组成部分,是民主政治的一项基本制度,也是保护人权的一项重要法律。①

《行政诉讼法》第 11 条规定,人民法院受理公民、法人和其他组织对拘留、罚款、没收财物等行政处罚和查封、扣押、冻结财产等行政强制措施以及其他具体行政行为不服而提起的诉讼。可见,在我国,人民法院受理的行政诉讼案件比较广泛,从而给行政相对人提供了较为充分的救济机会。

《行政诉讼法》第 32 条规定,被告对作出的具体行政行为负有举证责任,应当提供作出该具体行政行为的证据和所依据的规范性文件。此条规定与民事诉讼中的"谁主张,谁举证"和刑事诉讼中"控方举证"的原则大不相同。《行政诉讼法》确立"被告负举证责任"的立法理由在于,行政机关单方面作出具体行政行为,它最清楚自己作出具体行政行为的事实依据和法律依据,而行政相对人往往没有能力提出证据。该原则的确立,有利于促使行政机关依法办事,保障行政相对人的合法权益,也有利于保障人权的实现。

此外,《行政诉讼法》还规定了当事人的法律地位平等,人民法院在审理行政案件中实行合议、回避、公开审判和两审终审制度,当事人有权进行辩论,人民检察院对行政诉讼实行法律监督和行政诉讼不适用调解等原则,这些都切实保护了行政相对人的合法权益。

(四) 我国刑法对人权的规定与保障

在每一个国家刑法向来都是统治阶级用来维护社会秩序的最严厉而最有效的工具。刑法的功能在于惩罚犯罪和保障人权。一方面,它要惩罚犯罪以维护社会秩序,另一方面,它又要最大限度地保障人权。因此,刑法也体现了一个国家对人权保护的态度。1979 年 7 月 1 日第五届全国人民代表大会第 2 次会议通过了我国第一部刑法,1997 年 3 月 14 日第八届全国人民代表大会第 5 次会议对该法进行了修订。

《刑法》第 2 条规定,刑法的任务是:"……保护公民私人所有的财产,保护公民的人身权利、民主权利和其他权利。"我国《刑法》还明确规定了罪刑法定原则、法律面前人人平等原则和罪刑相

---

① 应松年:《庆贺与希望——祝愿行政诉讼制度更加完善和发展》,载《行政法学研究》1995 年第 4 期,第 5 页。

适应原则，废除了以往的类推制度，这是最具有进步意义的内容。罪刑法定原则要求定罪处刑必须依照法律进行，法律没有规定为犯罪行为的，不得定罪处刑。这就要求司法机关必须严格依照法律的明文规定定罪量刑，从而从源头上杜绝法官的肆意、专横、擅断和防止法官滥用刑罚，保障被告人的合法权益。法律面前人人平等原则要求"对任何人犯罪，在适用法律上一律平等，不允许任何人有超越法律的特权"。这一原则有利于消除各种特权思想在司法过程中的不良影响，保障司法公正。罪刑相适应原则规定"刑罚的轻重，应当与犯罪分子所犯罪行和承担的刑事责任相适应"。这意味着犯罪行为是决定刑事责任和刑罚的根据，司法机关必须依据犯罪行为的性质、情节和危害程度进行量刑，罚当其罪。

为充分保护公民的人权，《刑法》第 17 条、第 18 条、第 19 条还分别规定了已满 14 周岁不满 18 周岁的人犯罪，应当从轻或者减轻处罚；精神病人在不能辨认或者不能控制自己行为的时候造成危害结果，经法定程序鉴定确认的，不负刑事责任；又聋又哑的人或者盲人犯罪，可以从轻、减轻或者免除处罚。

为促使罪犯积极改造、重新做人，更好保护公民的人权，《刑法》第 72 条规定，对于被判处拘役、3 年以下有期徒刑的犯罪分子，根据犯罪分子的犯罪情节和悔罪表现，适用缓刑确实不致再危害社会的，可以宣告缓刑。第 78 条规定，被判处管制、拘役、有期徒刑、无期徒刑的犯罪分子，在执行期间，如果认真遵守监规，接受教育改造，确有悔改表现的，或者有立功表现的，可以减刑；有下列重大立功表现之一的，应当减刑。第 81 条规定，被判处有期徒刑的犯罪分子，执行原判刑期 1/2 以上，被判处无期徒刑的犯罪分子，实际执行 10 年以上，如果认真遵守监规，接受教育改造，确有悔改表现，假释后不致再危害社会的，可以假释。

《刑法》分则还专门规定了"侵犯公民人身权、民主权利罪"和"侵犯财产罪"，具体规定了侵犯公民人身、财产等权利的刑事责任，有力地保障了公民的人身权利和财产权利。《刑法》规定的刑罚制度也体现了对人权的保护，如《刑法》第 49 条规定，犯罪的时候不满 18 周岁的人和审判的时候怀孕的妇女，不适用死刑。第 48 条规定，对于应当判处死刑的犯罪分子，如果不是必须立即执行的，可以判处死刑同时宣告缓期 2 年执行。

（五）我国刑事诉讼法对人权的规定与保障

1979 年 7 月 1 日第五届全国人民代表大会第 2 次会议通过了我国
第一部《刑事诉讼法》，1996 年 3 月 17 日第八届全国人民代表大会
第 4 次会议对该法进行了修订。

《刑事诉讼法》第 2 条规定刑事诉讼法的任务是惩罚犯罪分子，
保障无罪的人不受刑事追究，保护公民的人身权利、财产权利、民主
权利和其他权利。为与此条规定相适应，该法规定了刑事诉讼的基本
原则、回避制度、辩护制度、强制措施、侦查制度、审查起诉制度、
不起诉制度等。刑事诉讼基本原则中最具有进步意义的是吸收了无罪
推定的基本精神，《刑事诉讼法》第 12 条规定，未经人民法院依法
判决，对任何人都不得确定有罪。这意味着任何人在判决生效前都不
得带着"有罪"的眼光去对待犯罪嫌疑人和被告人，从而避免了在
证据不充分的情况下也认定犯罪嫌疑人为罪犯的情况发生，也纠正了
以往"先入为主"的错误思想，有力地保护了犯罪嫌疑人、被告人
的合法权益。此外，辩论制度、强制措施制度、侦查制度等都体现了
对人权的保护，如辩护制度中规定了人民法院应当为聋、哑或者未成
年人以及可能被判处死刑的被告人在他们没有委托辩护人时指定辩护
人。强制措施制度中取消了收容审查制度；明确规定讯问犯罪嫌疑人
时，传唤、拘传的时间不得超过 12 小时；取保候审最长不得超过 6
个月，监视居住最长不得超过 1 年；对应当逮捕的犯罪嫌疑人、被告
人，如果患有严重疾病，或者是正在怀孕、哺乳自己婴儿的妇女，可
以采用取保候审或监视居住的方法。侦查制度中明确规定律师可以提
前介入刑事诉讼，犯罪嫌疑人在被侦查机关第一次讯问后或者采取强
制措施之日起，可以聘请律师为其提供法律咨询、代理申诉、控告；
侦查人员进行搜查，必须向被搜查人出示搜查证；搜查妇女的身体，
应当由女工作人员进行，等等。

此外，修订后的《刑事诉讼法》取消了免予起诉制度，避免了
人民检察院自由裁量权过大和免诉不当的情况发生，统一了审判权。
《刑事诉讼法》还加强了对被害人的保护，将被害人列为当事人，并
依法赋予其申请回避、参加法庭调查、委托代理人、对检察机关的不

起诉决定提出申诉或向法院起诉等一系列诉讼权利，从而有力地保障了被害人的人权。

生命权是每个自然人最为宝贵的权利，为慎重对待公民的生命权，体现我国法治、文明、进步的司法制度，我国刑事诉讼法中规定了死刑复核制度。《刑事诉讼法》第 199 条至第 202 条规定："死刑由最高人民法院核准；中级人民法院判处死刑的第一审案件，被告人不上诉的，应当由高级人民法院复核后，报请最高人民法院核准；高级人民法院不同意判处死刑的可以提审或者发回重新审判；高级人民法院判处死刑的第一审案件被告人不上诉的，和判处死刑的第二审案件，都应当报请最高人民法院核准。最高人民法院复核死刑案件，高级人民法院复核死刑缓期执行的案件，应当由审判员 3 人组成合议庭进行。"

（六）我国民法通则对人权的规定与保障

民法与公民的基本权利有着直接而密切的联系，公民的许多人身、财产权利都由民法规定。我国《民法通则》是第六届全国人民代表大会第 4 次会议于 1986 年 4 月 12 日通过的，自 1987 年 1 月 1 日起施行。该法规定的基本原则有平等自愿、公平、等价有偿、诚实信用和公序良俗原则。这表明，在我国民事主体的法律地位一律平等；民事活动应遵循自愿、公平和等价有偿原则确定各方的权利义务关系，应当尊重社会公德，不得损害社会公共利益。这些基本原则为公民的民事权利提供了有力的保障。《民法通则》还规定了民事主体的人格权、健康权、姓名权、肖像权、身份权、名誉权、知识产权和财产权等其他权利。在人身权方面，公民享有健康权，侵害公民身体造成伤害的，应当赔偿医疗费、因误工减少的收入、残疾者生活补助费等费用；公民享有姓名权，禁止他人干涉、盗用、假冒；公民享有肖像权，未经本人同意，不得以营利为目的使用公民的肖像；公民享有名誉权，禁止用侮辱、诽谤等方式损害公民的名誉；公民享有婚姻自主权，禁止买卖、包办婚姻和其他干涉婚姻自由的行为。在财产权方面，公民的合法财产受法律保护，禁止任何组织或者个人侵占、哄抢、破坏或者非法查封、扣押、冻结、没收；公民依法享有财产继承权；公民享有著作权，依法享有署名、发表、出版、获得报酬等权利。另外，《民法通则》还规定了监护制度，保护未成年人、精神病人的人身、财产及其他合法权益。

（七）我国民事诉讼法对人权的规定与保障

《民事诉讼法》于 1991 年 4 月 9 日由第七届全国人民代表大会第 4 次会议审议通过。《民事诉讼法》第 2 条规定，该法的任务是保护当事人行使诉讼权利，保证人民法院查明事实，分清是非，正确适用法律，及时审理民事案件，确认民事权利义务关系，制裁民事违法行为，保护当事人的合法权益……该法规定了当事人诉讼权利平等，当事人有权进行辩论，有权在法律规定的范围内处分自己的民事权利和诉讼权利，各民族公民都有使用本民族语言、文字进行民事诉讼的权利等诉讼原则；该法还规定当事人享有广泛的诉讼权利，包括起诉权、反诉权、和解权、上诉权、请求执行权、委托诉讼代理人、申请回避、申请财产保全和先予执行的权利，等等。这些都是保护当事人民事诉讼权利的有力措施。

（八）我国劳动法对人权的规定与保障

劳动权是生存权的必要条件，没有劳动权，生存权就没有保障。根据我国的宪法和法律，公民享有劳动的权利、休息的权利、参加职业培训的权利、得到劳动报酬的权利、享受劳动保护的权利和获得社会保障的权利。中国政府十分重视劳动法制建设，除国务院和国家劳动行政主管部门颁布的大量有关劳动工资和福利、劳动安全卫生等法规和规章外，全国人大常委会还于 1994 年 7 月 5 日通过了《中华人民共和国劳动法》，1995 年 1 月 1 日起正式施行。《劳动法》的颁布，使我国公民的劳动权利保护形成了完整的法律体系。

《劳动法》第 3 条规定，劳动者享有平等就业和选择职业的权利、取得劳动报酬的权利、休息休假的权利、获得劳动安全卫生保护的权利、接受职业技能培训的权利、享受社会保险和福利的权利、提请劳动争议处理的权利以及法律规定的其他劳动权利。为充分保障公民的劳动权，该法第 29 条规定，劳动者在患病或者负伤，在规定的医疗期内的；女职工在孕期、产假、哺乳期内的等，用人单位不得违法解除劳动合同。劳动法还专章规定了劳动者的工作时间和休息休假，如第 36 条规定，国家实行劳动者每日工作时间不超过 8 小时、平均每周工作时间不超过 44 小时的工时制度；第 40 条规定，用人单位在元旦、春节、国际劳动节、国庆节等节日期间应当依法安排劳动者休假；为特殊保护女职工和未成年工，劳动法也作了详细的规定，如第 60 条规定，用人单位不得安排女职工在经期从事高处、低温、冷水作业和国家规定的第三级体力劳动强度的劳动；第 61 条规定，不得安排女职工在怀孕期间从事国家规定的第三级体力劳动强度的劳动和孕期禁忌从事的劳动。对怀孕 7 个月以上的女职工，不得安排其延长工作时间和夜班劳动；第 62 条规定，女职工生育享受不少于 90 天的产假；第 64 条规定，不得安排未成年工从事矿山井下、有毒有害、国家规定的第四级体力劳动强度的劳动和其他禁忌从事的劳动；第 65 条规定，用人单位应当对未成年工定期进行健康检查。

（九）我国律师法对人权的规定与保障

律师作为社会民主法制体系的重要力量，从诞生伊始，就担负起了维护委托人的合法权益，维护法律的正确实施，促进民主法治的使命。世界各国都把律师包括律师的制度、律师职业看做是社会民主制度的捍卫者。我国现行《律师法》是 1996 年 5 月 15 日第八届全国人民代表大会常务委员会第 19 次会议通过，根据 2001 年 12 月 29 日第九届全国人民代表大会常务委员会第 25 次会议《关于修改〈中华人民共和国律师法〉的决定》修正的，主要规定了律师的执业条件、律师执业的业务和权利义务、法律援助等内容。

《律师法》第 1 条规定，为了完善律师制度……维护当事人的合法权益，维护法律的正确实施，发挥律师在社会主义法制建设中的积极作用，制定本法。《律师法》第 25 条规定，律师可以接受公民、法人和其他组织的聘请，担任法律顾问；接受民事案件、行政案件当事人的委托，担任代理人，参加诉讼；接受刑事案件犯罪嫌疑人的聘请，为其提供法律咨询，代理申诉、控告，申请取保候审，接受犯罪嫌疑人、被告人的委托或者人民法院的指定，担任辩护人，接受自诉案件自诉人、公诉案件被害人或者其近亲属的委托，担任代理人，参加诉讼；代理各类诉讼案件的申诉……《律师法》第 28 条规定，律师担任刑事辩护人的，应当根据事实和法律，提出证明犯罪嫌疑人、被告人无罪、罪轻或者减轻、免除其刑事责任的材料和意见，维护犯罪嫌疑人、被告人的合法权益。《律师法》第41条规定，公民在赡养、工伤、刑事诉讼、请求国家赔偿和请求依法发给抚恤金等方面需要获得律师帮助，但是无力支付律师费用的，可以按照国家规定获得法律援助。可见，我国律师对维护人权，实现社会正义，促进社会主义民主法治起了非常重要的作用。

（十）我国法律、法规对特殊群体人权的规定与保障

特殊群体包括未成年人、老年人、残疾人、罪犯等。未成年人、老年人、残疾人属于弱势群体，罪犯属于特殊群体，对弱势群体、特殊群体的保护程度，反映了一个社会的文明发展程度。我国一直十分关注并高度重视弱势群体和特殊群体的人权保护。

1991年制定的《未成年人保护法》规定，父母或者其他监护人应当依法履行对未成年人的监护职责和抚养义务，不得虐待、遗弃未成年人，不得歧视女性未成年人或者有残疾的未成年人，禁止溺婴、弃婴。对流浪乞讨或者离家出走的未成年人，民政部门或者其他有关部门应当负责交送其父母或者其他监护人。未成年人的健康权、受教育权也受到法律保护，《未成年人保护法》规定，学校和幼儿园安排未成年学生和儿童参加集会、文化娱乐、社会实践等集体活动，应当有利于未成年人的健康成长，防止发生人身安全事故；父母或者其他监护人应当尊重未成年人接受教育的权利，必须使适龄未成年人按照规定接受义务教育，不得使在校接受义务教育的未成年人辍学；学校应当尊重未成年学生的受教育权，不得随意开除未成年学生。

1992年制定的《妇女权益保障法》对妇女的政治、文化教育、劳动、人身、财产和婚姻家庭等权益作了明确规定：中华人民共和国妇女在政治的、经济的、文化的、社会的和家庭的生活等方面享有同男子平等的权利；国家保护妇女的权利和利益，实行男女同工同酬，培养和选拔妇女干部；国家发展社会保险、社会救济和医疗卫生事业，为年老、疾病或有丧失劳动能力的妇女获得物质资助创造条件；国家保障妇女享有与男子平等的财产权利；在婚姻、家庭共有财产关系中，不得侵害妇女依法享有的权益；国家保护妇女的婚姻自主权，禁止干涉妇女的结婚、离婚自由。另外，值得关注的是，为更加充分有效保护妇女权益，2005年8月28日第十届全国人民代表大会常务

委员会第 17 次会议已经审议并通过了《关于修改〈中华人民共和国妇女权益保障法〉的决定》，该决定自 2005 年 12 月 1 日起已经正式实施。修改后的《妇女权益保障法》不仅明确规定实行男女平等是国家的基本国策，履行我国政府对国际社会的承诺，而且在内容上增设了法律援助、司法救助和全局性保障措施，从事前、事中、事后三方面补充了原有的司法救济规定，完善了对妇女的救济途径；在体例上更注重前后对应，针对不同的违法行为，尤其是家庭暴力、性骚扰、侵犯妇女群体利益、侵害农村妇女土地承包及相关财产权益的行为规定了不同的处罚措施，重点突出政府部门的职责，体现了保障妇女权益是全社会共同责任的要求，增强了可操作性。

1996 年制定的《老年人权益保障法》规定，家庭成员应当关心和照料老年人；赡养人应当履行对老年人经济上供养、生活上照料和精神慰藉的义务，照顾老年人的特殊需要；老年人的婚姻自由受法律保护；老年人有权依法处分个人的财产；国家建立养老保险制度，保障老年人的基本生活，国家应当为老年人参与社会主义物质文明和精神文明建设创造条件。

1994 年制定的《监狱法》规定，罪犯的人格不受侮辱；罪犯有受教育权、宗教信仰自由权、休息娱乐权、获得劳动报酬权；罪犯的生活费列入国家预算；罪犯的人身安全、合法财产和辩护、申诉、控告、检举以及其他未被剥夺或者限制的权利不受侵犯。

1990 年制定的《中华人民共和国残疾人保障法》规定，国家和社会举办残疾人福利企业、医疗机构、按摩医疗机构和其他福利性企业事业组织，集中安排残疾人就业；公共服务机构应当为残疾人提供优质服务和辅助性服务，国家和社会逐步创造良好的环境，改善残疾人参与社会生活的条件。《残疾人保障法》第 48 条还规定，每年 5 月的第三个星期日，为全国助残日。这些都体现了国家对残疾人的关注和保护。

另外，我国还制定了《义务教育法》、《母婴保健法》等其他法律法规，对未成年人、妇女和其他特殊群体的权益作了进一步的规定和保障。

第七章　中国法制与国际
人权公约的差距

一、中国宪法与国际人权公约的差距

　　宪法历来被称为人权保障书，人权的保障和实现离不开宪法和宪政制度。无论是人权原则、人权内容还是人权的实现途径，都要通过宪法作出规定。另一方面，人权保障又是宪法的核心，离开了人权保障，宪法也就失去了其存在的价值。① 1949 年以后，我国先后在 1954 年、1975 年、1978 年以及 1982 年颁布了四部宪法。在这四部宪法中，1954 年颁布的第一部宪法单从条文的规定来看比较完善。但当时除了一部婚姻法之外，根本就没有其他的子法与之共同施行，为其保驾护航，因此，中华人民共和国的第一部宪法没能真正发挥根本大法的作用。而在"文化大革命"末期和改革开放前所颁布的两部宪法，由于在指导思想上存在根本性错误，因此也没有多少实用价值。而我国现行宪法是在 1982 年颁布的，它经过 1988 年、1993 年、1999 年、2004 年四次修正，共修改或增加了 31 个条文。现行宪法在吸取历史教训的基础上对我国公民人权的内容及其保障作了比较完善的规定，今天的中国人民依照宪法所享有的人权的范围比以往任何时候都要广泛，并能够得到较好的保障。但是，我们也应该看到，我国现行宪法对公民基本人权的规定仍然存在着不够完善的地方，有多项在我国已有辉煌实践的人权并没有在宪法中得到确立，而一部分已在

　　① 李步云、邓成明：《论宪法的人权保障功能》，载《中国法学》2002 年第 3 期。

宪法中得到确认的基本人权仍然缺乏相关法律制度的落实和保障。

(一) 罢工权

在中国人的传统观念中，罢工运动通常被看做是资本主义国家劳资双方矛盾不可调和的产物，为资本主义国家所特有。而中国作为社会主义国家是不会出现罢工现象的，因此，对许多人来说，举行罢工的权利在我国根本没有必要存在，或至少是极不重要的。但在国际上，罢工权早已被看做是劳动者不可缺少的一项基本权利。

联合国和许多国家都给予罢工权以充分的重视，并在国际人权公约和各国宪法中对该项权利加以确认。最早对罢工权作出规定的国际文件应是 1961 年签署的《欧洲社会宪章》，该宪章的第 6 条第 4 款规定："在权利冲突的情况下，工人和雇主只要遵守由以前所达成的集体协议所派生出来的义务，就享有集体行动的权利，包括罢工的权利。"随后通过的《经济、社会和文化权利国际公约》再次对该项权利进行了规定，该公约第 8 条第 1 款第（四）项规定："（人们）有权罢工，但应按照各个国家的法律行使该项权利。"由此将罢工权确立为一项基本人权。许多国家将劳动者的罢工权写入了本国的宪法。1946 年法兰西共和国宪法在序文中规定："罢工之权利在法律规定内行使之。"1978 年西班牙宪法第 28 条规定："承认劳动者为保卫自身利益举行罢工的权利。"罢工权作为劳动者自我保护的一种手段，已得到国际社会的普遍承认。

我国现行宪法没有确立罢工权，这与 1982 年修宪时的社会经济大环境有很大的关系。在当时实行计划经济体制的条件下，公有制经济一统天下，企业被视为利益不可再分和共负盈亏的职工集体。企业组织的集体活动代替了职工个人的自主活动，因此也就不需要罢工自由。而且，长期以来，由于受意识形态的制约，罢工通常被视为一种破坏社会主义劳动秩序的非法行为，1950 年中共中央还专门发布了《关于处理罢工罢课的指示》。我国首次承认罢工权是在 1975 年。1975 年宪法和 1978 年宪法都对罢工权作了规定。但在当时的社会环境下，"罢工自由"带有强烈的极左思想的痕迹，根本不是作为一项基本人权来确立的，因此在 1982 年修宪时将其废除。

改革开放 20 多年来，我国的政治、经济以及人们的观念都发生了很大的改变，尤其是实行社会主义市场经济以来，我国企业劳动关系趋向于市场化，劳动争议逐渐增多。而随着国有企业改革的深入以及非公有制经济的迅速发展和规模的逐渐增大，劳资双方在劳动的报酬、时间和工资福利等问题上的矛盾日益突出，许多问题因为得不到很好的解决而演变为罢工事件。近年来，我国的劳动争议和罢工都有逐渐增多的趋势，对罢工和罢工权确有重新认识的必要。

罢工权与工作权是紧密联系的，工作权是生存权的重要保障，因此工作权也属于人的基本权利。国际公约规定了人人都应当有权获得工作并享受公正和良好的待遇。而在社会现实中，劳动者一方在经济上处于弱势地位，劳资双方的权利地位极不平等，因此劳动者的工作权和获得良好工作条件的权利常常得不到切实的保障。在这种情况下，罢工无疑是劳动者维护自身权益的有效手段。国际公约将罢工权规定为一项基本人权，其目的就是为了让劳动者在自己的合法权益受到雇佣方的侵害时可以通过合法罢工来维护自己的权益。而在罢工权的重要性逐渐凸现的今天，我国仍没有将罢工权作为劳动者的一项基本权利写入宪法，罢工运动因而未能获得合法的地位和保障，这是我国宪法与国际人权公约相比一个明显的差距。2001 年 3 月 28 日全国人大常委会批准加入《经济、社会和文化权利国际公约》时对该公约的第 8 条第 1 款第（一）项进行了保留，其中很重要的一项内容就是公民的罢工权。

从长远看，限制、剥夺劳动者合法罢工的权利对于我国人权保障事业和社会秩序的稳定都弊大于利。由于罢工权的缺失，自发组织的罢工行为得不到法律的规范和保障，在其达不到预定目标的情况下，极易引发冲突，导致劳动者的权益受到进一步的损害，如遭到企业压制、雇主事后报复及劳动者在罢工期间失去生活来源等，同时也会进一步破坏劳资关系，导致社会劳动关系矛盾的激化。

（二）言论自由

思想和言论自由是人们与生俱来的权利，作为社会中的个体，人人都有自由交流思想和知识的需求，且自由交流乃是促进人民智识与德育发展的惟一途径。近代文化及文明的进步可以说完全是建筑在意见自由之上的。① 这里的意见自由包含言论自由、刊行自由、著作自由等内容。

言论、出版自由不仅早已得到世界各国的普遍承认，并且还获得了切实的尊重和保障。国际人权公约也对公民的该项基本权利进行了规定。《公民权利和政治权利国际公约》第 19 条第 2 款规定："人人有自由发表意见的权利，此项权利包括寻求、接受和传递各种消息和思想的自由，而不论国界，也不论口头的、书写的、印刷的、采取艺术形式的，或通过他所选择的任何其他媒介。"该条规定确认了公民自由发表言论的权利。该种自由包括言论的内容及发表形式上的自由，即人们有通过各种形式传播各种消息和思想的自由。

我国宪法对公民的言论、出版自由进行了确认。《宪法》第 35 条规定："中华人民共和国公民有言论、出版、集会、结社、游行、示威的自由。"虽然宪法对公民权利的规定具有最高的法律效力，但并不具有可操作性。宪法对公民言论、出版自由的规定同样如此。公民并不能只根据宪法的规定去行使自己的权利。我国目前尚未制定和颁布《出版法》，因此出版自由权的具体法律保障仍然是一片空白，关于出版的问题只在行政法规中有少量的规定。而在这些有限的规定中，绝大多数都集中于出版机构设立的程序、审批以及对违法出版物的界定和处分上，几乎没有涉及对公民出版自由的保障问题。除了宪法的基本保障外，可以说我国公民的出版自由是无法可依的。

一个国家的法律对公民基本权利的规定至少应包括以下几个方面：（1）权利从何而来；（2）权利为何人所享有；（3）权利的行使范围；（4）权利由谁进行保障；（5）对越权行为的制裁。公民要行使自己的权利，就必须先了解法律赋予了自己什么权利，可以怎样行使，由谁来保障自己对权利的行使。由于《出版法》的欠缺，我国公民对自己所享有的出版自由的认识只能停留在宪法的原则性规定上，而不知道自己在出版方面享有哪些具体权利，如何行使自己的自由。这就好比赋予一个人生存权，却不给予他劳动权，只是让其知道自己有权利活着，却并不为其提供维持生命的途径和保障。

---

① 王世杰、钱端升著：《比较宪法》，中国政法大学出版社 1997 年版，第 83 页。

权利的缺失同时也意味着限制的繁多，既包括有形的限制，也包括无形的限制。权利得不到明确的规定，人们进行出版活动时必然心存顾虑，人的个性和思想也就难以得到充分的表现。另外，在有关出版问题的法律规定中多是一些限制性规定。对出版机构及出版物的审查和处分，其操作中的随意性极大，缺乏有效监督。而被审查者对有关部门的审查、处分行为却很难作出评价，更不用说对其不合法的行为进行追究。因为在一个人对自己拥有何种权利都不清楚时，又怎么去判断自己的权利是否遭到侵害，而当国家并没有赋予人们具体的权利时，又怎么去保护人们的权利呢？

作为意见自由的另一种基本形式，新闻自由面临着比出版自由更为复杂的情况。国际人权公约规定人们可以通过任何的媒介接受和传播各种消息和思想，这其中自然也就包括了新闻自由。新闻自由在许多发达国家中受到了高度的重视，被看做是一项基本人权。而且在这些国家中，新闻的自由开放度相当高，对人们的生活和政府的运作都有着很大的影响。对国家和社会而言，新闻媒体不仅是重要的传播媒介，同时还对政府的运作有着不可或缺的监督作用。

应该说新闻自由在我国并没有获得如此的殊荣，其重要性也没有得到充分的认识。我国宪法没有对公民的新闻自由权加以明确的规定；虽然从理论上，我们可以推断出新闻自由包含于言论自由中，但另一方面，我国至今还没有制定《新闻法》的考虑，《新闻法》出台的难度比《出版法》更大，所需的时间也必定更长，这意味着我国对新闻自由的法律保障在很长的一段时间内仍然会处于空白状态。

（三）迁徙自由

迁徙自由对大多数的中国人来说是陌生的，因为在过去的几十年里，我们并不享有这一权利。而在国际上，迁徙自由被视为公民的一项基本权利。迁徙自由不仅是指自由改变居住地的权利，还包括自由选择工作地的权利，公民在何处居住和工作不受国家和他人的干涉。

迁徙自由是公民自由发展权的重要内容。在国外，人们很早就认识到了它对于公民个人及社会发展的重要意义，并以法律的形式规定了下来。迁徙自由最早的成文法渊源可追溯到1215年英国的《自由大宪章》。该宪章第42条规定："自此以后，任何对余等效忠之人民，除在战时为国家与公共幸福得暂时加以限制外，皆可由水道或旱道安全出国或入国。"最早以成文宪法形式规定公民迁徙自由的是1791年的《法国宪法》。该宪法第1条第2款规定："宪法也同样保障下列的自然权利和公民权利：个人都有行、止和迁徙的自由。"19世纪后，绝大多数国家的宪法都对迁徙自由作了直接或间接的规定。"二战"后，迁徙自由不仅成为国内法所普遍确认和保障的基本权利，而且成为国际人权公约所确认的基本人权之一。《公民权利和政治权利国际公约》第12条规定："（1）合法处在一国领土内的每一个人在该领土内有权享受迁徙自由和选择住所的自由。（2）人人有权自由离开任何国家，包括其本国在内。"

我国在中华人民共和国成立初期颁布的《共同纲领》和1954年宪法都规定了公民享有迁徙自由，但随后不久，公民的这一基本权利却被一些行政性的法规和文件取消了。1958年我国颁布《户口登记条例》，对人口的自由流动进行了严格的限制，这一条例后来成为有关行政部门限制公民迁徙自由的法律依据。随后为阻止农民进城，国务院又发出了《关于制止农村人口盲目外流的指示的补充通知》和《关于立即停止招收新职工和固定临时工的通知》，由此形成了一整套极为严格的户籍管理制度，宪法所规定的迁徙自由也就不复存在了。1975年宪法、1978年宪法以及1982年宪法都没有对公民的迁徙自由予以恢复。

在我国经过几十年的户口控制后，各个大中型城市都对农村人口形成了森严的壁垒，农村和城市被人为地划分为两极，变成了不同的世界，乡下人和城里人之间有着明显的等级差别。而且，很多大中型城市都制定了诸多针对外来人口特别是农村人口的规章和制度，如暂住证制度、收容遣送制度等，对城市的外来人口实行歧视性的管理政策，并因此酿成了一些悲剧。严格的户口控制，不仅使城乡出现分化，而且也将各个城市分成了不同的等级，各城市之间亦出现了分化的趋势。城市规模和经济实力的差别导致了户口价值的差别，同时也导致了居民身份的差别。

社会主义市场经济体制的建立和发展，要求各种生产要素能够根据市场的供求关系自由流动，以市场为基础，实现资源的优化配置，而劳动力的自由流动是市场经济建设所必不可少的。我国封闭的户籍制度严重阻碍了劳动力的合理流动和配置，使得人才资源的流动仍在政府的严格控制下进行，真正的市场经济也就无法得到实现。对公民迁徙自由权利的剥夺不仅阻碍了我国经济的正常发展，而且也严重损害了公民的工作权和自由发展权，使人们的择业和发展都要受到许多不合理的限制，难以充分实现其自身的价值。

无论是从国家还是个人的角度看，封闭的户籍管理制度都是与我国社会的发展极不协调的。当今的世界是一个开放的世界，同时也应当是一个平等的世界，出生地的贫困和落后不应成为人们遭受不平等待遇和发展权受限的原因，迁徙自由应当作为公民的一项基本权利重新写入宪法，并得到充分的保障。

（四）结社自由

公民的结社自由是指公民为了一定的宗旨而依照法律规定的程序组织某种社会团体的自由。[1] 结社自由是社会生活和民主生活不可缺少的部分，公民是否拥有真正的结社自由也是衡量一个社会是否真正走向民主化的重要标准。在现代文明国家，结社自由是每一个公民都应当享有的一项基本权利。

《公民权利和政治权利国际公约》规定："人人有权享受与他人结社的自由，包括组织和参加工会以保护他的利益的权利；对此项权利的行使不得加以限制，除去法律规定的限制以及在民主社会中为维护国家安全或公共安全、公共秩序，保护公共卫生或道德，或他人的权利和自由所必须的限制。本条不应禁止对军队或警察成员的行使此项权利加以合法的限制。"我国宪法规定公民享有结社自由。与公民的新闻出版自由所面临的状况相似，我国对公民结社自由的法律保障也是仅限于宪法的原则性规定，除此之外只有一些针对社团的成立登记、监督管理等问题的条例规定，并没有制定单独的《结社法》对公民的结社自由加以具体的规定和保障。

另外，我国是否赋予了公民完全意义上的结社自由也是一个颇有争议的问题。要回答这个问题，我们首先必须界定工会组织权是否属于结社自由的范畴。这个问题对于许多资本主义国家来说是非常明确

---

[1]　蒋碧昆主编：《宪法学》，中国政法大学出版社 1999 年版，第 277 页。

的，它们将工会组织权视为公民结社自由的重要组成部分，允许工会组织多元化，国际人权公约也对此作了肯定性的规定。而该问题对我国就显得较为复杂了。我国的《劳动法》和《工会法》都规定劳动者有参加和组织工会的权利，但同时我国的《工会法》规定了全国建立统一的全国总工会，而且只允许设立一个工会，不允许工会多元化。2001年3月28日，全国人大常委会在批准加入《经济、社会和文化权利国际公约》时，对该公约第8条第1款进行了保留，其中该条款的第（一）项就规定人人有权组织工会和参加他所选择的工会，这实际上是要求缔约国允许工会多元化。

显然，我国法律所规定的组织工会的权利与国际公约所规定的工会组织权有一些差别，从我国的法律规定来看，我国并不将工会组织权视为结社自由的一部分，也没有赋予公民自由组织工会的权利。法律之所以这样规定，与我国的特殊国情有很大关系，在这一点上，我国的规定与许多资本主义国家有所不同，与国际人权公约的规定也存在一些分歧。

（五）集会、游行、示威的自由

集会、游行、示威是民众所采取的一种比较激烈的表达意愿的方式。通过举行或参加集会、游行、示威，民众可以充分表达自己对政府或其他部门、组织的要求、请求、建议和不满，或是表明自己对某一事件的态度立场和宣泄自己的感情，这不仅有利于政府及时了解民意、民情，听取民众心声，从而积极改进政府工作，克服官僚主义，消除腐败现象，同时也有助于人们释放愤懑情绪，从而缓解社会矛盾，实现社会在动态中的稳定。民众享有充分的集会、游行、示威的自由也是现代民主制度的要求，当今世界各国的宪法大都对公民的这一权利作了规定。《公民权利和政治权利国际公约》第21条也对公民和平集会的权利加以确认，规定除了按照法律的规定外，对此项权利的行使不得加以限制。

我国《宪法》在第35条规定公民有集会、游行、示威自由的同时，在第51条又规定了公民相应的义务，即不得损害国家的、社会的、集体的利益和其他公民的合法自由和权利。1989年10月31日七届全国人大常委会制定了《集会游行示威法》。随后，一些省、自治区和直辖市也制定了有关集会的地方性法规和规章。集会、游行、示威自由虽然是公民的一项基本的宪法权利，但大多数的中国人对自己的这项权利很陌生，极少接触或使用，因此包括一些立法者在内的许多人对这一权利的认识和理解比较表面化和片面化。对于公民的该项权利，一方面，由于通常集会、游行、示威的参加人数较多，规模较大，公民行使该项权利时在客观上难免会存在给社会造成一定损失和负面影响的风险，因此宪法和法律在保证公民的集会、游行、示威权利时应当对其作必要的限制。但同时我们也应该看到，追求民主是要付出代价和支付成本的。近现代政治发展的历史表明，只要民主和自由是规范和程序化的，为民主和自由付出的代价相对于民主和自由对社会进步的贡献而言，既必不可少又物有所值。① 而我国的部分立法者显然是过分地强调了行使此项权利可能存在的副作用，而忽视了其中积极进步的意义。我国的《集会游行示威法》对公民在这方面的自由权利限制得比较严，对公民在集会、游行、示威中应当遵守什么，服从什么，要经过什么程序，违者要负什么法律后果规定得较多，而对于公民举行集会、游行、示威的权利可得到何种保障，由谁保障，以及公民在举行集会、游行、示威时享有何种权利等则未加以规定。另外，《集会游行示威法》第15条还规定了公民不得在其居住地以外的城市发动、组织、参加当地公民的集会、游行和示威。这样的规定更是难以被理解和接受。集会、游行、示威权是公民的基本政治权利，怎能以户籍为由限制它的行使。

（六）　社会保障权利不完善

《经济、社会和文化权利国际公约》是一个与人们的日常生活关系极为密切的国际公约，该公约对公民所应享有的经济、社会和文化权利作了具体和系统的规定。经济、社会和文化权利构成了人们常说的社会权。社会权是最为贴近人类需求的人权，它涵盖了人们日常生活的各个方面。在社会权所包含的各类权利中，社会保障权是一种具有很强个体针对性的权利。作为一种特殊的社会权，社会保障权对于

---

① 李步云、邓成明：《论宪法的人权保障功能》，载《中国法学》2002年第3期。

保障公民的生存和发展权有着重要的意义。

社会保障权一直以来都是国际社会关注的重要问题，它的形成和发展经历了一个较长的过程。最先受到国际社会重视的是关于劳动者的社会保障问题。在 1944 年 5 月 10 日通过的《费城宣言》以及此后的国际劳工组织的宣言和一系列国际劳动标准对劳动者获得适当程度社会保障的权利进行了确认。随着人权观念和理论的发展，人们逐渐意识到社会保障在推动更大范围内的人类福利和社会和谐方面具有重要作用，对于经济发展和社会团结都是不可或缺的。这种认识进一步推动了社会保障制度的发展，使其覆盖范围逐步扩大到劳动者之外的社会各界民众。联合国一直将每个人平等地享有社会保障权作为其目标之一，并以国际人权公约的形式加以确认。《经济、社会和文化权利国际公约》第 9 条规定："本公约缔约各国承认人人有权享受社会保障，包括社会保险。"《世界人权宣言》第 22 条规定："每个人，作为社会的一员，有权享受社会保障，并有权享受他的个人尊严和人格的自由发展所必需的经济、社会和文化方面各种权利的实现，这种实现是通过国家努力和国际合作并依照各国的组织和资源情况。"

我国《宪法》第 44、45 条对老弱病残和退休人员等特殊群体的社会保障权利作了规定。我国宪法修正案第 23 条规定："国家建立和健全同经济发展水平相适应的社会保障制度。"为了落实宪法中有关社会保障权利的规定，我国的《劳动法》对劳动者的社会保障权作出了相应的规定。《劳动法》第 70 条规定："国家发展社会保险事业，建立社会保险制度，设立社会保险基金，使劳动者在年老、患病、工伤、失业、生育等情况下获得帮助和补偿。"

应该说我国的社会保障法制建设是不断发展的，但由于起步较晚以及经济制约等原因，目前我国的社会保障法律体系与西方发达国家相比差距较大，有关社会保障的法律法规无论在数量上还是在质量上都有很大的不足，存在覆盖面不宽、缺乏前瞻性等缺陷。目前我国的社会保障法律体系主要是由分散的、单个的法律法规所构成，这些法律法规多是针对特定的保障对象所制定，没有一部统一的《社会保障法》。在实际工作中，由于社会保障法律法规的欠缺，许多工作的开展只能以政策文件为依据，缺乏确定性和权威性。

近几年来，城市的社会保障问题得到了国家的重视和关注，城市社会保障制度的改革也成了社会的焦点之一，各种改革措施相继出台，养老保险、失业保险、城市最低生活保障、医疗保险等制度渐入正轨，取得令人瞩目的成绩。与城市相比，农村的社会保障问题所受到的关注程度要低得多。农民从来都是最容易被忽视的社会群体，处于社会分配和再分配的末端，而在社会保障问题上同样体现出悬殊的城乡差距。几十年来，广大农村的社会保障几乎没有什么发展，保障的形式主要是农村社会救济、社会优抚和农村"五保"，保障的内容仅限于补贴性、救济性的单项保障，远远没有建立起农村多层次的社会保障制度。目前我国的社会结构仍然是二元体制，即城市是一种制度，农村是另外一种制度。经济上如此，社会保障上也是如此。农村从来就没有得到过和城市一样平等的待遇。目前我国有关农村社会保障的法律法规寥寥无几，相对于城市而言，农村的社会保障无论是覆盖范围还是标准都是极低的。据有关调查显示，占人口总数20%的城镇居民享受了89%的社会保障，而占人口80%的农村居民仅享受社会保障的11%，而且这种差距还有进一步扩大的趋势。①

城乡社会保障差异不仅是经济发展不平衡的产物，更是封建等级观念作用下的恶果。自古以来农民就生活在社会的最底层，农民与城里人一直有着等级上的差别。这种观念在新中国成立初期曾逐步消减，城乡趋于平等。但随着城乡经济发展不平衡的加剧，城乡间的等级差别观念出现了进一步加深的趋势。在很长的一段时间内，国家每一项社会保障制度的出台首先保障的必定是城市居民的利益。我们应当看到这样一个事实，1996年我国5 800万贫困人口中，绝大多数是居住在条件十分恶劣的偏远山区的农村人口。在中国，最贫苦、最需要帮助而又最无助的人们绝大多数生活在农村而不是城市。

人人生而平等的理念从诞生至今，已发展成为法律和政治制度中不可动摇的原则。我国《宪法》明确规定我国公民在法律面前人人平等，但我国目前的现实状况还很难与宪法的规定相适应，在宪法的贯彻执行上还存在着很大的困难与问题。

---

① 金丽馥、石宏伟著：《社会保障制度改革研究》，中国经济出版社2000年版，第274页。

二、中国刑法与国际人权公约的差距

我国刑法与国际人权公约的差距主要体现在两个方面：第一个是有关死刑的问题，这也是许多国家和人权组织对我国人权状况进行攻击的焦点；第二个则是有关国际犯罪的问题。

（一）死刑问题

1. 国际社会对死刑态度的发展历程

从历史发展看，国际人权公约和国际文件对死刑的态度，有一个发展演变的过程。随着世界人权运动的蓬勃发展和一些国家的刑法相继废除死刑，在大赦国际等非政府人权组织和联合国人权委员会的推动下，联合国文件不断地调整其死刑立场，从默许死刑到限制死刑再到否定死刑，表现为三个发展阶段。具体来说，国际人权运动从 20 世纪 40 年代末开始，以《世界人权宣言》的出台为标志。宣言中没有对死刑的问题作出论述，这实际上是以沉默来显示对死刑的放任。从 20 世纪 50 年代起，对生命权的保护越来越受到人们的关注。在这一时期，废除死刑的国家不断增多，限制死刑的呼声也逐渐高涨起来。1966 年 12 月 16 日第 21 届联合国大会通过了《公民权利和政治权利国际公约》。公约顺应了国际人权运动发展的大趋势，将生命权作为保护的重点，对死刑的适用作了严格的限制。公约的制定标志着国际社会对死刑的态度由沉默转向了限制。随着国际人权运动的不断发展，人道主义精神得到了广泛的传播，签署《公民权利和政治权利国际公约》的国家逐渐增多，其影响也不断扩大，对死刑的限制取得了显著的效果。进入 70 年代以后，废除死刑和实际上不执行死刑的国家越来越多，反对死刑的阵营进一步扩大，这使得联合国人权文件关于死刑的态度再次发生转变。1989 年 12 月 15 日联合国大会通过了《旨在废除死刑的〈公民权利和政治权利国际公约〉第二任择议定书》，要求各缔约国"采取一切必要措施在其管辖范围内废除死刑"。由此可见，联合国已不满足于限制死刑而是要努力促使各国全面废除死刑，而在此之前由欧洲理事会通过的《〈欧洲人权公约〉关于废除死刑的第六议定书》以及 1990 年《美洲人权公约》成员国通

过的《〈美洲人权公约〉旨在废除死刑的议定书》都是以废除死刑为
目的的人权文件。以上三个人权文件的通过以及参加国的逐渐增多表
明了在当今时代，废除死刑已成为国际人权运动中不可逆转的潮流。

2. 国际人权公约和人权文件对死刑的限制

1984 年 5 月 25 日《关于面对死刑的人的权利的保护的保障措
施》（以下简称《保障措施》）作为联合国经济和社会理事会批准的
正式的国际文件得以通过，其关于死刑的限制性规定无疑是对国际人
权领域限制死刑的态度的重申和发展。它和《公民权利和政治权利
国际公约》（以下简称《公约》）在对死刑的限制上发挥了最为重要
的作用。它们对死刑的限制具体表现在以下几个方面：

（1）对死刑适用范围的限制。《公约》第 6 条第（二）项规定：
"在未废除死刑的国家，判处死刑只能是作为对最严重罪行的惩
罚……"这就规定了死刑的适用范围。根据该条款，只有对最严重的
犯罪才能够适用死刑，对最严重犯罪之外的罪行判处死刑则会构成对
生命权的不法侵害，但《公约》并没有对"最严重的犯罪"进行界
定，这也导致了各国在执行这一标准时难以准确把握。而《保障措
施》则对这一标准进行了解释。《保障措施》第（一）项规定，最严
重的犯罪"应理解为不超过有致死或其他极其严重后果的故意犯
罪"。这一解释进一步明确了死刑的适用标准。

（2）对执行死刑的对象的限制。《公约》第 6 条第（五）项规
定："对 18 岁以下的人犯的罪，不得判处死刑；对孕妇不得执行死
刑。"《保障措施》第（三）项则在《公约》的基础上将新生儿的母
亲和精神病人也纳入到不得执行死刑的对象范围之内，而在经济和社
会理事会的 1989 年 5 月 24 日的 1989/64 号决议中补充提出了应该确
定一个最大年龄限度，将原有的不得适用死刑的范围扩大到一定年纪
的老年人。

（3）对死刑适用程序的限制。《公约》第 6 条第（二）项规
定："……死刑不经合格法庭最终判决，不得执行。"第 14 条还规定
了所有的刑事审判都应当遵循的程序和原则，这些规定当然也应当适
用于对"最严重的罪行"的审判。《保障措施》对死刑适用的程序作
了特别的规定，并强调被怀疑或者控告犯有可判死刑之罪的人应当获
得适当的法律援助，而且只有根据主审法院的终审判决才能执行

死刑。

(4)对死刑溯及力的限制。《公约》第6条第(二)项规定,判处死刑"应按照犯罪时有效……的法律"。这一规定确定了死刑不得溯及既往的原则。任何犯罪行为,如果在其实施的时候并没有有效的法律规定可以判处死刑,则即使后来生效的法律规定可以判处死刑,也不得适用死刑。《保障措施》第(二)项则在《公约》的基础上,就法律溯及的问题作了进一步规定,确立了轻罚溯及既往的原则,即:"如果在犯罪后由法律规定了一种更轻的刑罚,则罪犯应该因此而受益。"这就是说依犯罪时的法律规定可判处死刑,但如果审判时法律有了变更,规定不得判处死刑的,则应依新法的规定。

(5)赋予被判处死刑者上诉及申请赦免或减刑的权利。《保障措施》第(六)项规定:"任何被判处死刑的人均有权寻求向拥有更高审判权的法院上诉,并应采取步骤确保这些上诉必须被受理。"从而赋予了被判处死刑者上诉的权利。《公约》还赋予了被判处死刑者赦免或减刑请求权。《公约》第6条第(四)项规定:"任何被判处死刑的人应有权要求赦免或减刑。"另外该项还规定:"对一切判处死刑的案件,得给予大赦、特赦或减刑。"

(6)对执行方式的限制。《公约》没有对死刑的执行方式作出明确的限制,《保障措施》对该问题进行了补充,其第(九)项规定:"判处死刑后,应以尽量减轻痛苦的方式执行。"文明行刑也是对受刑者最起码的尊重以及人道主义的表现。

3. 我国死刑立法与国际人权公约的差距

前面介绍了国际人权公约和国际文件对死刑态度的发展演变历程,而我国对死刑的态度从新中国成立至今亦有一个变化的过程。但总的来看,赞同死刑,主张以死刑惩治严重的犯罪,威慑潜在的犯罪分子,维护社会稳定的思想长期以来一直在我国社会中居于主导地位,对我国的刑事立法产生了很大的影响。由于死刑剥夺的是公民最基本的人权,因此,我国对死刑的态度和价值取向不可避免地成为许多国家和人权组织谴责和攻击的重点。这些谴责和攻击者中有许多是因为不了解我国的特殊国情,简单地以西方的价值观来衡量中国的现状,一部分则是一些别有用心者,欲以此为手段以达到其不正当的目的。但另一方面我们也应当看到,有一些意见的确比较中肯,有一定的道理，可以反映出我国的死刑政策、立法及司法与国际人权运动的发展趋势不符，与国际人权公约的要求存在较大的差距。通过比较可以发现，我国的死刑立法存在以下几个方面的问题：

（1）死刑的适用范围过宽，死刑罪名过多。根据《公民权利和政治权利国际公约》的规定，死刑只能适用于"最严重的犯罪"，而按照《保障措施》的进一步解释，最严重的犯罪应当是指蓄意为之而其结果为害命或其他极端严重后果的暴力性犯罪。与这一国际标准相比，我国刑法中死刑的适用范围显然是过于宽泛了。我国现行刑法中共规定了68种可以适用死刑的罪名，分布在除渎职罪以外的九类犯罪中。尽管刑法第48条也规定了死刑只适用于罪行极其严重的犯罪分子，但对于"罪行极其严重"这一概念却未具体加以明释，对此，法学界在理解上也存在较大的分歧。就刑法的规定来看，我国的立法者对这一概念作了广义的理解，涵盖面很宽，不仅包括有致死结果的暴力犯罪和直接危害国家安全的犯罪，还包括经济犯罪、财产犯罪等，且刑法规定的68种可适用死刑的犯罪中，大多数属于非暴力的、不会造成人员伤亡的犯罪。其中破坏经济秩序罪、侵犯财产罪、妨害社会管理秩序罪以及贪污贿赂罪中所有可以适用死刑的犯罪都属于这一类型，它们所侵犯的绝大多数是财产权和社会管理秩序等与人身基本权利无关的权利和关系。在实践中，因犯此类罪而被判处死刑的人数在总的被判处死刑的人数中占较大比例，这显然与死刑适用的国际标准严重不符。

（2）死刑的适用标准过于原则、宽松。我国刑法对于死刑适用的规定并不是绝对化的，一般来说都将死刑与有期徒刑、无期徒刑等刑种规定在一起。适用死刑的情节多是"情节严重的"、"极其严重的"等原则性的标准，法官只能凭自己的经验进行理解。而有的条文将适用死刑的情节和适用自由刑的情节合而为一，如刑法第369条规定："破坏武器装备、军事设施、军事通信的……情节特别严重的，处10年以上有期徒刑、无期徒刑或死刑。"适用标准过于原则和模糊使得法官拥有了很大的自由裁量权，在司法不完全独立和法官整体素质不高的情况下，死刑的适用极易受到社会舆论压力和国家刑事政策等外界因素的影响，使死刑的适用标准被人为地降低，结果导致许多所犯罪行并非最严重的，本不该被判处死刑的人最终被判处死刑，造成严重的司法不公。

（3）免除死刑的对象范围不符合国际标准。我国刑法规定了对犯罪时未满18岁的人以及审判时正在怀孕的妇女不得适用死刑。《公民权利和政治权利国际公约》则规定："对18岁以下的人犯的罪不得判处死刑；对于孕妇不得执行死刑。"根据这一规定，对孕妇不得执行死刑，却并未禁止对孕妇判处死刑。而且孕妇一旦分娩，便可以执行死刑。而依照我国刑法的规定，对于孕妇，既不得执行死刑，同时也不能判处死刑。应该说这一规定要比《公约》的规定更为科学和人道。但《保障措施》将新生儿的母亲和精神病人也纳入到不得执行死刑的对象范围之内，则更好地体现了人道主义精神，我国的立法还没能达到这一标准。

（4）立法中未规定死刑的减刑和赦免制度。我国刑法中没有规定死刑的赦免制度，死刑犯没有被赋予请求赦免的权利。同时，尽管法律中规定有减刑制度，但就死刑而言，减刑只适用于判处死刑缓期二年执行的罪犯，对于被判处死刑立即执行的人来说没有任何意义。

（二）国际犯罪问题

至2004年底，中国政府已经参加了21个有关人权的国际条约。这些国际条约的规定中涉及许多国际犯罪，如酷刑罪、灭绝种族罪、种族隔离罪、种族歧视罪等。作为条约的缔约国或参加国，对条约中规定的国际犯罪行使刑事管辖权既是我国的权利，也是我国的义务。我国刑法第9条规定："对于中华人民共和国缔结或参加的国际条约所规定的罪行，中华人民共和国在所承担条约义务的范围内行使刑事管辖权的，适用本法。"但遗憾的是，我国刑法分则规定的国际犯罪屈指可数，对于尚未明文规定的国际犯罪，根据刑法第3条确定的罪行法定原则，就不得定罪处刑，"适用本法"就等于纸上谈兵，既不能承担有关条约义务，也不能真正行使对国际犯罪的刑事管辖权。在现代反恐怖主义和反国际犯罪的潮流中，我国却由于缺乏国内法的依据而无法发挥世界大国的重要作用，有效地打击国际犯罪，这不能不说是一个极大的遗憾，同时也不利于我国刑事司法与国际人权公约的接轨。

三、中国刑事诉讼法与国际人权公约的差距

刑事诉讼是国家查明犯罪、惩罚犯罪的专门职能活动，主要围绕着犯罪嫌疑人、被告人的罪责问题进行，直接关系到公民的人身自由权和生命权这两项最重要的基本权利，因此，刑事诉讼无疑是最容易侵犯公民人权的一个司法领域。鉴于此，联合国在其通过的人权公约和司法文件中确认了一系列在刑事诉讼中应当遵循或尽可能遵循的准则，以促使世界各国在行使刑事司法权时能够依照这些公认的、科学的准则，一方面有效地追究犯罪、惩罚犯罪；另一方面充分地保障和维护人权，实现司法公正。应该说后者是确立刑事司法准则的核心和重点所在。国际刑事司法准则对被追诉人和被害人的多项基本权利进行了规定，以保证其在诉讼中能够获得人道的待遇和公正的裁判。1996 年 3 月我国对 1979 年制定的刑事诉讼法进行了修改，加强刑事诉讼中的人权保障是这次修改的主题和指导原则。我国现行的刑事诉讼法通过一系列确认和保障权利的规定，在刑事司法领域初步建立起权利保障体系，大体上接近了国际公约所规定的刑事司法准则。但是，毋庸讳言，我国现行的法律规定与刑事司法国际准则相比，还存在较大的差距。主要表现在以下几个方面：

（一）没有真正确立无罪推定原则

无罪推定是国际刑事司法的一项基本准则，国际人权公约和许多国际司法文件都对该原则作了规定。《世界人权宣言》第 11 条第 1 款规定："凡受刑事控告者，在未经获得辩护上所需的一切保证的公开审判而依法证实有罪以前，有权被视为无罪。"《公民权利和政治权利国际公约》再次对该原则进行了确认，其第 14 条第 2 款规定："凡受刑事控告者，在未依法证实有罪之前，应有权被视为无罪。"

国际通行的无罪推定原则包括三个方面的内容：（1）被追诉人享有沉默权。犯罪嫌疑人或被告人有权拒绝作出不利于自己的供述或承认被控罪行，即被告人不负有供述义务。（2）控诉方负有举证责任。控诉方对被告人提出指控，必须提出证据支持自己的控诉。如果控诉方不能以证据证明被告人犯有被指控的罪行，法院应当认定被告

人无罪，被告人无须证明自己无罪。（3）疑罪从无。如果控诉方没有充足的证据支持控诉，切实证实被告人有罪，即便被告人有犯罪嫌疑，法院也应认定被告人无罪。无罪推定不仅是刑事诉讼的重要准则，它还应当成为重要的法治理念。被控诉的人，在法院经过审理宣判确定其有罪之前，他的诉讼权利和地位应当是与他人平等的，不应受到司法人员以及公众的歧视性待遇。法官对案件进行审理时应不带任何有罪的偏见，而应将其视为无罪之人。国际人权公约将无罪推定原则确定为一项重要的人权保障制度，这对于保护被追究刑事责任者的人身权利和诉讼权利有着重大的意义。遗憾的是，该原则在我国的刑事诉讼中并没有得到确立，当前无论是立法机关还是司法部门都没有正式认同这一原则。虽然我国《刑事诉讼法》中吸收了无罪推定原则的一些精神，并规定了从属于无罪推定原则的疑罪从无规则，即：证据不足，检察机关可以不起诉，人民法院应当作出无罪判决。但应当说我国刑事诉讼法的规定与国际通行的无罪推定原则有着实质上的差别。《刑事诉讼法》第 12 条规定："未经人民法院依法判决，对任何人不得确定有罪。"这一条规定包含有部分无罪推定的内容，即被告人不等于罪犯；未经合法审判，不得确定任何人有罪。但对于无罪推定的另一层意思——法院判决有罪之前，被追究刑事责任的人应当假定无罪——没有予以采纳。这样规定实际上是将被追究刑事责任者的罪责问题置于不确定的状态中，在依法判决之前，既不肯定其有罪，也不推定其无罪，可以说这是界于有罪推定和无罪推定两者之间的折中性原则。较之于有罪推定原则，我国刑事诉讼法的规定具有明显的进步性，克服了很多有罪推定的弊端。但与无罪推定原则相比，我国刑事诉讼法的规定在对被追诉人合法权益的保护上还存在一定的缺陷，不够彻底。审判案件的法官在审理过程中应当是不偏不倚、绝对中立的。在审判伊始便因起诉机关的指控而将被告人置于不确定的罪责状态中，这显然违背了法官地位中立、公正审理的精神，极易使被告人遭受不公正的对待。

（二）"一事不再理"和"实事求是，有错必纠"不可调和

《公民权利和政治权利国际公约》第 14 条第 7 款规定："任何人已依一国的法律及刑事程序被最后定罪或宣告无罪者，不得就同一罪

名再予审判或惩罚。"该条款确立了一项重要的刑事诉讼原则——一事不再理原则，该原则通常也被称为"禁止双重归罪原则"或者"禁止双重危险原则"。很多国家的宪法和法律都对这一原则作了规定。《俄罗斯宪法》第 50 条第 1 款规定："任何人不得因同一罪行，被重复判罪。"美国 1791 年联邦宪法修正案第 5 条规定："受同一犯罪处分者，不得令其受两次生命或身体上之危险。"

一事不再理是国际通行的刑事司法原则，该原则要求法院所作出的判决得到绝对的尊重，已经法院审判认定的事实和所确定的刑罚不容更改。从字面规定上理解，该原则有两层含义：一是一人不应因同一罪行受两次惩罚；二是即便罪责与刑罚有出入，亦不能对案件重新进行审判、重新定罪。但从公约的精神上看，后一层含义的理解显然值得商榷。《公约》规定此原则的目的在于保障被追诉人的权利，使其免受重复的追诉。但如果对被追诉人所定刑罚显然高于其所犯罪行或将刑罚施于无罪之人，则应当进行审判，更改原来的判决，而不应以一事不再理为由，坚持原来的判决。这一原则的意义首先在于有利于维护判决的严肃性和法律的权威性，而且也符合诉讼经济原则。但根本意义还在于有利于保障被追诉人的权利，一个人不应当受到无休止的追诉。

我国没有将一事不再理原则作为刑事诉讼的基本原则纳入刑事诉讼法中，而是确立了审判监督制度，规定对人民法院已经发生法律效力的判决和裁定，如果在认定事实和适用法律上确有错误，可以重新进行审判。我国在刑事诉讼中向来遵行"实事求是，有错必纠"的原则，将惩罚犯罪和保障人权放在同等重要的位置上，力求做到"不冤枉一个好人，也不放过一个坏人"。从理论上说，我国奉行的"实事求是，有错必纠"原则比"一事不再理"原则更加科学，更能体现刑事诉讼的宗旨，但现阶段我国还不具备很好地贯彻这一原则的条件，相反还因此在司法实践中造成了一些有违法律和人道的现象。在司法实践中常会出现这样的情况：某个罪犯已被判刑并在狱中接受改造，却由于形势政策的变化或仅仅是因为某一位领导个人的好恶，一纸批条，便不得不再次接受法院的审判，从而导致原定刑期加长甚至被加重判处死刑。这是极不人道的，对我国人权事业的发展以及司法权威的树立都会产生负面的影响，可谓得不偿失。

（三）"拒绝强迫自证其罪" 与 "如实供述" 相冲突

拒绝强迫自证其罪作为一项重要的刑事诉讼原则被确立最早是在英国，1637 年李尔本被指控出版了煽动性书籍，法庭强迫其宣誓作证，李尔本因拒绝而遭到鞭打，并被施以枷刑。1640 年李尔本要求英国国会通过立法禁止强迫自证其罪，英国国会采纳其意见，并在法律中确立了被刑事追诉的人拥有拒绝自证其罪的权利。

一般说来，拒绝强迫自证其罪有两层含义：一是不得以暴力、威胁、利诱和其他方法迫使犯罪嫌疑人自证其罪；二是被追诉人享有沉默权，即拒绝陈述权，而且被追诉人不会因沉默而遭受惩罚或者法律上的不利推测。前者是最低标准，后者是进一步的要求。① 该原则的科学性和对于人权保护的重要性逐步得到国际社会的认同。《公民权利和政治权利国际公约》将拒绝强迫自证其罪确认为被追诉人的一项基本权利，其第 14 条第 3 款第（七）项规定："（凡受刑事控告者）不被强迫作出不利于他自己的证言或强迫承认犯罪。" 另外，有的区域性人权公约也对该原则进行了确认，如《美洲人权公约》等。许多国家的宪法和法律亦规定了拒绝强迫自证其罪的原则。《日本宪法》第 38 条规定："不得强迫任何人作不利于己之供述。" 美国 1791 年联邦宪法增修条文第 5 条规定： "不得强迫刑事罪犯自证其罪……"

我国《刑事诉讼法》吸收了拒绝强迫自证其罪的部分内容，但不完整。《刑事诉讼法》第 43 条规定："严禁刑讯逼供和以威胁、引诱、欺骗以及其他非法的方法收集证据。" 明令禁止以非法手段追究犯罪，但反对强迫自证其罪原则的另一层含义即被追诉人应当享有沉默权却没有得到采纳，相反《刑事诉讼法》还规定了"犯罪嫌疑人对侦查人员的提问，应当如实回答"。长期以来，"坦白从宽，抗拒从严"一直是我国司法实践中所遵循的重要原则，这也是我国法律赋予被追诉人如实供述义务的重要原因之一。我国《刑事诉讼法》关于如实供述义务的规定与《公民权利和政治权利国际公约》中的

---

① 陈光中、江伟主编：《诉讼法论丛》（第 3 卷），法律出版社 1999 年版，第 29 页。

规定显然是相抵触的，而且与我国于 1985 年 1 月批准加入的《少年
司法最低限度标准规则》（北京规则）中的规定也存在矛盾。规则第
14 条规定少年罪犯有"保持缄默"的权利。虽然在国际刑事诉讼领
域沉默权早已被确认为被追诉人应当享有的基本权利，但在我国，是
否赋予被追诉人沉默权长期以来一直是一个极为敏感的问题，直接牵
涉公安司法部门之间的利益关系，而且赋予被追诉人沉默权是否符合
我国的国情也存在着较大的争议，这些问题都有待解决。仅从保护人
权的角度来看，沉默权的缺失至少会产生以下几个方面的不良后果：
（1）容易导致刑讯逼供，严重侵害被追诉人的人身权利。犯罪嫌疑
人和被告人的口供是刑事诉讼中极为重要的证据，长期以来侦查机关
对口供有着很强的依赖性，这使得侦查机关从被追诉人身上寻找突破
口的欲望十分强烈，而沉默权的缺失使得被追诉人没有任何法律手段
可以对抗侦查人员的取证行为，因此侦讯人员如果在调取口供时遇到
障碍的话，便往往诉诸暴力，以刑讯方式强行获取口供。（2）有悖
于人道主义，有损于被追诉人的人格尊严。国际人权公约和刑事司法
文件都要求应当将被追诉人看做诉讼的主体，充分保障其诉讼权利。
被追诉人作为独立存在的个体，应当享有基本的人身权利和人格尊
严，而不得对其施加任何非人道的待遇。剥夺被追诉人保持沉默的权
利，强迫其自证其罪，无异于强迫其自戴枷锁，这显然是有悖于基本
人性的，不符合人道主义。另外，每个人都应当享有保护自己隐私的
权利，没有向任何人公开的义务。强迫被追诉人供述自己所不愿透露
的个人秘密，无疑是对被追诉人隐私权的严重侵犯，有损其人格尊
严。（3）侵犯了被追诉人的言论自由。言论自由是公民所享有的基
本权利，公民既有说的权利，也有不说的权利。这种自由体现在刑事
诉讼中，即使面对侦查人员的讯问，被追诉人既可以选择供述同样也
可以选择沉默。对于被追诉人完全出于自身意愿的选择，侦查机关不
得干涉。我国法律没有赋予被追诉人保持沉默的权利，而是规定其应
当如实供述，这无疑侵犯了被追诉人的言论自由。

（四）辩护制度不完善

刑事诉讼中的控辩双方在力量和地位上具有天然的不平等性，面
对公诉机关的追诉，被追诉人处于弱势地位。而诉讼公正的实现要求

控辩审三方形成一个"等腰三角形"的结构，即控辩双方平等对抗，裁判者居中裁判，因此被追诉人享有并充分行使能与控诉方相对抗的防御性诉讼权利是实现诉讼公正的关键所在。在被追诉人的各项防御性诉讼权利中，辩护权是最核心的内容，被追诉人可以通过对指控进行辩护和反驳来维护自己的合法权益。为增强被追诉人的对抗能力，实现控辩平衡，国际人权公约和刑事司法文件对被追诉人所应享有的辩护权利作了系统的规定，并制定了一系列的措施和制度来保障被追诉人充分行使其辩护权利。根据国际人权公约的要求，刑事诉讼中的被追诉人应当享有以下各项辩护权利：（1）知情权。《公民权利和政治权利国际公约》第19条第3款第（一）项规定："（对受刑事控告者）应当迅速以一种他懂得的语言详细地告知对他提出的指控的性质和原因。"知情权是行使辩护权的前提，被追诉人只有了解了控诉方对自己提出的指控的性质和原因，才能有效地为自己进行辩护。（2）自行辩护权。《公民权利和政治权利国际公约》第19条第3款第（四）项规定，被追诉人享有出庭受审并亲自替自己辩护的权利，被追诉人在诉讼的任何阶段都可以为自己进行辩护。（3）沉默权。被追诉人既可以选择为自己进行辩护，也可以选择沉默；法院不能因被追诉人沉默而作出对其不利的裁判或加重对他的刑罚。（4）聘请、会见律师的权利。《关于律师作用的基本原则》第1条明确规定：所有的人都有权请求由其选择的一名律师协助保护和确立其权利并在刑事诉讼各个阶段为其辩护。被追诉人还应当享有与自己的律师进行联络和会面的权利，追诉机关应当为被追诉人这一权利的实现提供保障。（5）获得法律援助的权利。《公民权利和政治权利国际公约》和《关于律师作用的基本原则》等公约和文件都对被追诉人获得法律援助的权利作了规定。法律援助不仅是保障被追诉人基本人权的重要手段，而且也是法律面前人人平等原则的体现。

我国1996年修改刑事诉讼法时把加强刑事诉讼中的人权保障作为重点，扩大了被追诉人的诉讼权利。这次修改还吸收了国外一些比较先进的做法，对我国的辩护制度进行了改革，如将律师介入诉讼的时间提前到侦查阶段，改革庭审方式，扩大法律援助的范围等，而以往"重追究，轻保护"的立法思想也有了较明显的转变。但与国际刑事司法准则相比，我国的辩护制度还存在一些不完善的地方，不能充分地保障被追诉人的诉讼权利。主要体现在以下几个方面：

1. 被追诉人聘请律师的权利得不到充分保障

我国《刑事诉讼法》规定，犯罪嫌疑人、被告人可以委托 1～2 人作为辩护人。1996 年刑事诉讼法修订时还特意将律师介入诉讼的时间提前到了侦查阶段。但即便如此，我国对被追诉人聘请律师的权利保障仍有许多不完善的地方。

《刑事诉讼法》第 96 条规定犯罪嫌疑人在侦查阶段可以聘请律师为其提供法律咨询、代理申诉、控告、申请取保候审等，但在法律中却没有明确规定侦查人员在对犯罪嫌疑人进行讯问或采取强制措施前应当告知其享有聘请律师的权利。在司法实践中，有很大一部分犯罪嫌疑人并不知道自己从侦查阶段起就享有聘请律师为自己提供法律帮助的权利，而法律中又没有明确规定侦查人员必须告知犯罪嫌疑人享有该项权利，这往往导致缺乏法律知识的被追诉人在整个侦查阶段独自面对侦查机关的追诉。事实上，许多侦查机关或侦查人员都认为律师在侦查阶段介入诉讼，为犯罪嫌疑人提供法律帮助会给侦查工作造成很大的麻烦，甚至把律师的介入看做是侦查破案的障碍，因此在司法实践中，侦查人员往往不告知犯罪嫌疑人其享有聘请律师的权利，以避免侦查工作受到律师的"阻碍"。而侦查阶段作为刑事诉讼的开始阶段，对诉讼的进程起着极为关键的作用，直接关系到律师能否及时了解案情，收集证据，有效地维护被追诉人的权益。另外，从司法实践来看，侦查阶段是刑事诉讼中被追诉人的合法权利最容易遭到侵犯的阶段，绝大多数的刑讯逼供、诱供、非法拘禁都出现在这一阶段。律师在侦查阶段的介入不仅可以为犯罪嫌疑人提供法律帮助，而且通过代理犯罪嫌疑人对侦查机关的超期羁押、非法取证等行为进行控告或申诉，可以起到监督侦查人员依法办案的作用。但实践中由于被追诉人聘请律师的权利得不到有效的保障而使这种作用被大大弱化了。

2. 被追诉人与律师进行联络、会见的权利受到诸多限制

被追诉人聘请律师为自己进行辩护，就是希望得到律师的帮助，借助其专业法律知识来维护自己的合法权益。律师要帮助被追诉人，则必须与其进行联络、会面，从被追诉人处了解相关案情及其所受待遇情况，这也是律师发挥其辩护职能的基础，因此，与律师联络、会

见权是被追诉人的一项基本诉讼权利。《公民权利和政治权利国际公约》第 14 条第 3 款第（二）项规定："（被指控者）应当有相当时间和便利准备他的辩护并与他自己选择的律师联络。"《关于律师作用的基本原则》第 8 条也规定："遭逮捕、拘留或监禁的所有的人应有充分机会、时间和便利条件，毫无迟延地、在不被窃听、不经检查和完全保密情况下接受律师来访和与律师联系协商。这种协商可以在执法人员能看得见但听不见的范围内进行。"

我国《刑事诉讼法》第 36 条和第 96 条对被追诉人与律师联络、会见的时间、方式及程序等作了规定，肯定了被追诉人有与律师联络、会见的权利，但同时也对被追诉人在侦查阶段与律师进行联络、会见的权利进行了一定的限制。《刑事诉讼法》第 93 条规定，在侦查阶段，律师会见在押的犯罪嫌疑人，侦查机关根据案件情况和需要可以派员在场。而我们看到，许多国际司法文件在对被追诉人与律师的会见权进行规定时都强调了被追诉人应当在"完全保密"的情况下会见律师。国际司法准则之所以强调被追诉人应当有权在保密情况下会见律师，其目的就在于为被追诉人与律师的交流提供便利，保障被追诉人会见律师的权利能够得到充分行使。而我国法律规定会见时侦查机关可以派员在场，这无形中会给犯罪嫌疑人与律师之间的交流造成阻碍。侦查人员的在场往往会令犯罪嫌疑人心存顾忌，不敢向律师吐露案件的真相。出于害怕被报复的心理，犯罪嫌疑人即便是遭受了非法待遇也不敢告诉律师，使得律师不能通过申诉、控告等途径维护其合法权益。另外，法律对侦查机关可以派员在场进行监督的条件规定得极为宽松，只是规定了由侦查机关根据案件的情况自行决定，几乎没有什么约束，因此实践中绝大多数案件的犯罪嫌疑人和律师会见时，侦查机关都派员在场进行监督。一些地方的侦查机关甚至对律师会见犯罪嫌疑人的时间、次数及内容进行限制，这种做法极不利于被追诉人对辩护权的行使并严重阻碍了律师辩护职能的发挥，与法律赋予被追诉人与律师联络、会见权的目的也是不相符的。

3. 平等对抗原则未得到充分贯彻

平等对抗原则要求控辩双方在诉讼中处于平等地位，享有平等的诉讼权利，并在平等的基础上进行对抗。目前，我国刑事诉讼法的规定和司法实践的现状都不能完全满足平等对抗原则的要求，控辩双方在诉讼中还达不到真正的平等。具体表现在：

（1）控辩双方取证权不平等。我国《刑事诉讼法》第 36 条和第 37 条规定了辩护律师查阅摘抄案件材料、自行收集证据和申请司法机关收集证据的权利。这两条规定为辩护律师能够尽早了解案件情况，收集有利于被告人的证据提供了法律保障，对提高辩护方的取证和辩护能力有着重要的作用。但从条文规定和司法实践的情况来看，我国刑事诉讼法对辩护方取证权的保护仍存在一些缺陷。

首先，辩护方的阅卷权受到限制。在审查起诉阶段，律师只能查阅逮捕证、起诉意见书等诉讼文书和案件中的一些鉴定材料。在审判阶段，依照国际刑事司法准则的要求，律师应当可以到检察院查阅全部案卷。但在我国，由于法律规定的律师阅卷的范围很不明确，因此在司法实践中常会出现律师查阅范围被人为缩小的情况。我国在审判方式改革中吸收了当事人主义的某些合理因素，对公诉机关开庭审判前向法院移送案件材料的范围进行了限制，将法院对公诉案件的审查由原来的实体审查改为程序性审查，公诉机关不再向法院移送全部案卷，而只移送起诉书、证据目录、证人名单及主要证据的复印件和照片。这本是对原庭前审查方式不合理之处的改革，但由于法律规定得不明确，使得许多司法人员产生误解，认为辩护律师的查阅范围仅限于公诉机关向法院移送的案卷材料，这就把辩护律师的阅卷权限制在一个很狭窄的范围内，使得律师的辩护活动难以正常进行。

其次，辩护方自行收集证据的权利受到限制。根据《刑事诉讼法》的规定，辩护律师要想向证人或被害人等收集证据必须得到他们的同意，如果他们拒绝，律师的取证行为将无法进行。特别是向被害人取证，除需其本人同意外，还要得到人民检察院或人民法院的批准，收集证据的难度很大。

再次，辩护方的申请取证权得不到保障。考虑到辩护方人力、物力上的局限性，法律不仅规定了辩护律师可以自行收集证据，同时还赋予其申请法院、检察院收集、调取证据的权利。对于辩护所需的而自己又无法或不便收集的证据，辩护律师可以申请法院或检察院代为收集、调取。但在司法实践中，这一权利往往会因为控辩双方职能上的对抗性而形同虚设，在很多情况下，控诉方并不愿意为辩护律师收集证据提供实质上的帮助。

与辩护方相比，控诉方的取证权所得到的保障要充分得多。公诉机关代表国家行使控诉职能，以国家强制力为后盾，其调查取证的能力远胜于辩护方。侦查、控诉机关拥有充裕的人力、物力和财力，享有法律所赋予的鉴定、搜查、扣押等多种侦查手段，而且其调查、取证行为具有强制性，有关单位和个人必须予以配合，如实提供证据。这无疑使得控诉方取证比辩护方要容易得多，从而造成控辩双方取证权实质上的不平等。

（2）控辩双方的证据地位不平等。控辩双方不仅在取证权上不平等，而且双方所收集的证据在法庭质证中的效力和地位也存在极大的差异。

侦查、控诉机关所收集、调取的证据在法庭通常具有"推定真实"的效力，即在案件的被害人和证人不出庭进行质证的情况下，法院仍然可以推定控方所出示的证据具有真实性，可以用来作为定罪量刑的依据。而辩方自行收集的证据想在法庭上发挥作用则要困难得多。首先，辩方收集的证据要在庭上出示必须要得到法院的批准。根据有关规定，律师向法院提交的证据，"人民法院认为有必要时，可以自行查证核实或移交侦查机关查证核实，以在定案时参考"。也就是说，对于律师自行收集的证据，如果法院认为没必要核实的，可以不予理睬，更谈不上什么当庭质证和采纳。其次，如果辩护方出示的证据是证人证言或是被害人陈述，那么证人和被害人必须到庭进行质证，否则法庭将不予采纳。这样的歧视性待遇使得控辩双方本来就不平等的力量和地位变得更加悬殊。

（3）控辩双方对抗手段不平等。在公诉案件中，控辩双方的攻防力量不平衡，对抗手段也极不平等。面对控诉方强大的追诉力量，沉默权本应作为被追诉人的一种防御手段在法律上得到确立，以增强被追诉人的防御能力。但我国不仅没有在刑事诉讼法上赋予被追诉人以沉默权，而且还规定了被追诉人负有如实供述的义务，从而使得被追诉人面对控方追诉时缺乏可以与之对抗的手段。控辩双方在失衡的权利义务关系下，不可能实现真正的平等对抗。

4. 法律援助制度不完善

国际人权公约和国际司法文件都对法律援助制度进行了规定，将法律援助列为国际司法准则的重要组成部分。《公民权利和政治权利国际公约》第14条第3款第（四）项规定："……在司法利益有此需要的案件中，为他指定法律援助，而在他没有足够能力偿付法律援助的案件中，不要他自己付费。"《保护所有遭受任何形式拘留或监禁的人的原则》和《关于律师作用的基本原则》等国际司法文件也对法律援助制度作了专门的规定。

随着我国法治水平的提高以及刑事诉讼制度的不断改革和完善，法律援助作为一项重要的人权保障制度得到了充分的重视，并在立法中体现出来。我国《刑事诉讼法》和《律师法》对法律援助问题作了专门的规定。与1979年《刑事诉讼法》相比，修改后的《刑事诉讼法》扩大了法律援助的覆盖面，将指定辩护的适用情况增加为三种，即把"因经济困难或者其他原因没有委托辩护人"和"可能被判处死刑而没有委托辩护人"的被告人列入可以或应当获得指定辩护的主体范围内。《律师法》对公民在刑事诉讼中获得法律援助的方式、律师的义务及法律援助的具体方式等作了专章的规定。但任何一种制度的发展和完善都需要一定的时间，法律援助制度也不例外。我国法律援助制度的建立起步较晚，目前仍处于初级阶段，与一些发达国家相比，我国的法律援助制度在许多方面还显得很不成熟，未能完全达到国际人权公约的要求。主要表现在以下几个方面：

（1）法律援助的对象范围过窄。我国《刑事诉讼法》规定的可以获得法律援助的对象有三种，即：经济困难请不起律师的被告人，盲、聋、哑或未成年的被告人及有可能被判处死刑的被告人。这与国际人权公约和国际司法文件中"所有被控诉人在司法利益有此需要的案件中都有权获得指定辩护"的规定相比显然覆盖面过窄。其中对于符合后两种情况的人，法律将为其指定辩护规定为法院的义务，即法院必须为后两类被告人指定律师为其进行辩护。而对于因经济困难请不起律师的被告人，法律仅规定人民法院"可以"为其指定辩护。使用"可以"的提法意味着法院既可以为其指定辩护，也可以不为其指定辩护，指定与否由人民法院根据实际情况决定。对于经济困难的被告人，法院只是有选择性地为其中的一部分指定辩护，这意味着还有一部分面临监禁的被告人不能够像有钱的被告人一样平等地获得律师的帮助，这与"法律面前人人平等"的法制基本原则无疑是相违背的。许多国家都将"有可能被判处监禁"规定为提供法律援助的标准，就是说凡是有可能被判处监禁的被告人，在无力负担法律服务费用时，国家至少应当在审判中指定律师为其辩护。在加拿大和美国等一些国家，这项权利甚至已经被写入宪法加以保护。①

（2）法律援助仅限于审判阶段。根据联合国《保护所有遭受任何形式拘留或监禁的人的原则》第 17 条第 2 款的规定，被追诉人自被拘留时起，便有权获得法律援助，这意味着被追诉人在诉讼的初始阶段便应获得法律援助。而我国向被追诉人提供法律援助仅限于审判阶段，提供法律援助的律师在侦查、起诉阶段不能介入诉讼。这就导致许多无力聘请律师的被追诉人在侦查和起诉阶段无法获得法律援助。而从现实的情况来看，许多案件正是因为在侦查、起诉阶段律师没能及时介入，导致最后无法获得公正的审判结果。

（五）直接、言词原则未得到切实贯彻

直接、言词原则是直接原则和言词原则的并称，由于两者均以有关诉讼主体在场为先决条件及内容上的关联，因此学界常将两者视为一项原则。② 这一原则的基本含义是要求法庭审判应当始终以公开、直接和言词辩论的方式进行，控辩双方都享有就证据进行质证和辩论的权利。法院在一般情况下不得采纳书面证言，证人必须出庭作证，接受询问和质证。该原则的核心在于法庭审理时，公诉人、当事人及其他诉讼参与人都应当在场，对证据的质证和辩论应当由控辩双方以口头言词的方式进行。鉴于控辩双方在法庭上对证据进行质证和辩论的重要性，世界上许多国家都在刑事诉讼中确立了直接、言词原则。随着证据理论的发展以及刑事诉讼中控辩双方对抗性的逐步增强，该原则在国际刑事司法领域中得到了普遍的确立和推广，从而成为现代刑事诉讼的一项重要基本原则。国际人权公约对该原则进行了规定，《公民权利和政治权利国际公约》第 14 条第三项（丁）规定："（被指控人）有权询问或业已询问对他不利的证人，并使对他有利的证人在与对他不利的证人相同的条件下出庭和受询问。"

---

① 宫晓冰主编：《各国法律援助理论研究》，中国方正出版社 1999 年版，第96 页。

② 徐静村主编：《刑事诉讼法学》（上），法律出版社 1997 年版，第 248 页。

　　我国 1996 年修改《刑事诉讼法》时对庭前审查制度进行了改革，法院不再对起诉案件进行实体审查，而只对案件的材料和证据等进行程序性审查，法官对于证据的真伪，必须通过控辩双方在法庭上进行质证和辩论才能作出判断，因此，直接、言词原则的贯彻就显得尤为重要。但从司法实践看来，直接、言词原则在我国的刑事司法审判中并没有得到很好的贯彻，这与立法上的不完善有很大关系，而司法人员的素质不高也是一个重要原因。首先，我国《刑事诉讼法》对直接、言词原则作了自相矛盾的规定。该法第 47 条规定：证人证言必须在法庭上经过控辩双方讯问、质证，听取各方证人的证言并且经过查实才能作为定案的依据。而第 157 条规定，对未到庭的证人的证言笔录应当当庭宣读，这实际上就是默许了证人可以不到庭作证。这两条规定从理论上看是互相矛盾的，但"质证"一词缺乏法律上的明确解释，因此在实践中司法人员往往可以通过曲解"质证"的含义来消除这一矛盾。如有时仅需双方都就证人证言发表了意见就算是对证言进行了质证，这无疑会使被追诉人的质证权被架空，同时也使得庭审质证程序流于形式。另外，在司法实践中，出于方便自身工作的考虑，公诉机关对证人出庭与否往往漠不关心，很少主动要求和积极劝说证人出庭作证，甚至还出于担心证人在法庭上误事的想法或是认为证人出庭过于麻烦而故意不让证人出庭作证，以书面证言代之。而且我国的证人作证制度还很不完善，没有强制证人出庭作证的相关规定。在这几个因素的共同作用下，我国刑事审判中的证人出庭率长期以来都处在一个相当低的水平上，大多数案件的证人并不出庭，作为证据使用的证人证言多采取书面的形式。而在我国的刑事诉讼中，侦查机关向证人调取证言时并没有辩护方律师或法官在场进行见证、监督，因此控诉方在法庭上出示的书面证言的真实性并没有可靠的保障。但在一般情况下，法官都会给予控诉方充分的信任，不会因证人不出庭而对其证据资格产生怀疑。实际上侦查人员单方面询问证人所获取的证人证言并不十分可靠，正如犯罪嫌疑人经常会遭受诱供、逼供一样，侦查人员向证人调取证言时，诱供、篡改证言甚至于逼供等现象并不少见。极低的证人出庭率使得直接、言词原则的贯彻成为一句空话，并严重侵害了当事人面对证人当庭质证的权利，这无疑会令审判的公正性大打折扣。

（六）审前羁押制度不完善

审前羁押是指刑事诉讼中专门机关因特定目的，在开庭审判之前将犯罪嫌疑人予以关押，暂时剥夺其人身自由的强制措施，包括审前拘留、逮捕等。① 审前羁押直接涉及被追诉者的人身自由，而人身自由权与生命权一样，是人们最基本的权利，其他各项权利的行使都要以人身自由权为基础。因此，审前羁押的适用是直接关系到犯罪嫌疑人基本人权的重大问题。鉴于此，联合国人权公约和刑事司法文件都对审前羁押作了严格的规定。联合国对审前羁押的有关规定主要集中在《公民权利和政治权利国际公约》和《保护所有遭受任何形式拘留或监禁的人的原则》两个文件中。这两个文件对审前羁押的审查、执行、监督、期限以及被羁押人的权利作了详细的规定，设立了公正适用审前羁押的国际标准。与国际公约和司法文件所设立的标准相比，我国刑事诉讼法对审前羁押的规定在很多方面存在明显的漏洞，与国际刑事司法准则的要求相差甚远，这也导致了我国司法实践中出现了很多严重侵犯被羁押人人身权利的现象。概括起来，我国审前羁押制度的不足主要有以下几个方面：

1. 羁押期限的规定不科学

我国《刑事诉讼法》对审前羁押期限的计算、延长、审批等方面都作了具体规定，但这并不意味着其对审前羁押期限的规定就非常合理和完善。相反，在羁押期限的计算和延长等问题上存在着许多不合理的地方。依照我国《刑事诉讼法》的规定，在刑事诉讼中，即便不出现重新计算期限、延缓计算期限、退回补充侦查以及由最高人民法院进行二审等特殊情况，逮捕羁押期限最多可以达到 14 个月。如果在侦查和起诉期间出现了可以延长期限的特殊情况，则一个犯罪嫌疑人在被送上法庭接受审判之前究竟有可能被羁押多长时间则难以计算。审前羁押期限的设定直接关系到被羁押人审判前被剥夺人身自由时间的长短，同时也能反映出一个国家的侦查能力及对公民人身自由权的重视程度。② 在我国的司法实践中，公安、司法机关任意延长

---

① 陈光中、丹尼尔·普瑞方廷（加）主编：《联合国刑事司法准则与中国刑事法制》，法律出版社 1998 年版，第 188 页。

② 孙谦著：《逮捕论》，法律出版社 2001 年版，第 179 页。

羁押期限的现象十分普遍，许多被追诉人在审判前已被羁押了十多个月，有的犯罪嫌疑人甚至在侦查阶段就已经被羁押了三四个年头，这显然是极不人道的。《公民权利和政治权利国际公约》第9条第3款规定，任何因刑事指控被逮捕或拘禁的人，有权在合理的时间内受审判或释放。对于"合理的时间"究竟是多长，该公约并没有明确的规定，而联合国反对自我归罪和保护青少年的下属委员会曾建议：所有政府应通过立法使被逮捕或被拘留的人在被逮捕的3个月内接受审判，或将其释放等待以后的诉讼程序。① 依照这一国际标准，即便这些被长期羁押的被追诉人最后都被判处了长期徒刑或死刑，将其羁押如此之久而不交付审判也是极不人道的。另外，如果这些被长期羁押的被追诉人最终被证明是无辜的或是罪行较轻不致被判处长期徒刑的，那么，如此长时间的审前羁押无疑是对其人身自由权极为严重的侵害，无论追诉机关基于何种理由，如此严重地侵害公民的人身自由权都是不能接受的。

2. 审前羁押的审查监督机制不合理

审前羁押的审查监督机制主要包括审查监督的机关、进行审查的时间以及被羁押人申请审查的权利等内容。审查监督机制的科学合理与否直接关系到被羁押人的人身自由权能否得到充分的保障。

国际刑事司法准则对审前羁押审查监督的规定主要有以下几个内容：被羁押人有就羁押问题及时获得审查和提出申诉的权利、由一个公正的司法机关对审前羁押措施进行审查和监督、审查机关有权作出羁押是否合法的决定等。与国际司法准则相比，我国的审前羁押审查监督制度有自己的特色，许多具体的规定与国际刑事司法准则并不一致。

首先，追诉机关在强制措施的适用上享有广泛的决定权。在我国，拘留的审查和批准过程是在公安机关内部完成的，并由公安机关自己执行。尽管检察机关享有法律监督权，但很难在侦查阶段对公安机关所采取的强制措施进行审查和纠正。我国刑事诉讼法规定，逮捕的适用必须由检察机关批准或决定或是由法院决定。在司法实践中，

---

① 联合国下属委员会决议1982/10，UN. DOC. E/CN. 4/1983/4at80。人权委员会1983年报告，AnnexIX。

绝大多数的逮捕都是由检察机关批准或决定的,法院很少涉足这一领域。而检察机关作为控诉方,与公安机关有着共同的诉讼任务和目的,因此,逮捕决定的公正性难以得到切实的保证。在检察机关自行侦查的案件中,该问题尤为突出,在自行侦查案件中对强制措施适用的监督一般由检察机关内部的监督部门进行。但这种做法不能令人信服,而且从实际情况来看,这种监督也是毫无意义的。

其次,《公民权利和政治权利国际公约》第9条第3款规定:"任何因刑事指控被逮捕或拘禁的人,应被迅速带见审判官或其他经法律授权行使司法权利的官员……"该条款赋予了被追诉人在被拘禁后,及时地被带到司法机关,由司法机关对羁押的合法性及必要性进行审查的权利。司法机关对羁押进行审查后,若发现羁押不合法或是不必要的,有权予以释放。我国刑事诉讼法并没有赋予被羁押人该项权利,被追诉人被羁押后并不会被及时地带到司法机关,由司法机关对羁押的合法性及必要性进行审查。另外,在我国,检察机关是国家的法律监督机关,因此羁押的合法性由检察机关而不是由法官进行审查,这种做法也是与国际人权公约的规定不相符的。对羁押的合法性和必要性进行审查的机关应当是公正的、独立的司法机关,法院的职能决定了它比检察院更为中立,更易作出公正的判断,因此对强制措施的适用进行监督的重任应该主要由法院而不是检察院来承担。

再次,《公民权利和政治权利国际公约》还赋予了被羁押人就羁押的合法性向法院提起诉讼的权利。虽然我国《刑事诉讼法》第75条规定,采取强制措施超过法定期限的,被羁押人及其律师、近亲属等有权要求解除强制措施,但该规定只是赋予了被羁押人就超期羁押的问题提出申诉的权利,并没有赋予被羁押者就羁押的公正性和合理性向法院提出异议的权利,因而被羁押人提出的申诉仍然由检察院进行审查,这样的制度设计对于被羁押人人身权利的保障极为不利。

3. 逮捕和羁押不分

依照国际刑事司法准则的规定,对受到刑事犯罪指控的人进行审前的羁押应是例外而不是常规做法。《公民权利和政治权利国际公约》第9条第3款指出:"等待审判的人们被拘禁不应该是一般的规则……"人权委员会在它的第八总评论中再一次确认:"审前羁押应是一种例外,并尽可能的短暂。"但在我国,逮捕等同于羁押,被追

诉人能够得到暂时释放等待审判只属于例外情况。我国的取保候审和
监视居住措施的适用范围比较狭窄，适用条件也比较严格。另外，很
多公安司法人员的头脑中还残留着"有罪推定"的观念，对他们而
言将被追诉人关押等待审判是很自然的事。这些原因直接导致了司法
实践中绝大多数被逮捕的犯罪嫌疑人都受到长时间的羁押，这与国际
人权公约和国际司法文件所确立的"以羁押为例外"的基本权利保
障准则是相违背的。

四、中国行政法与国际人权公约的差距

　　研究我国的行政法与人权保障，劳动教养制度和国家赔偿制度是
不容忽视的两个重要课题。劳动教养制度是我国行政法领域中极具特
色的一项制度，同时也是遭到国际社会非议最多的制度之一。在法制
日趋文明的今天，有必要对劳动教养这一剥夺公民人身自由的行政措
施重新加以审视。而国家赔偿制度的建立可以说是我国人权事业发展
进程中的一个里程碑，它为众多遭到国家机关违法行为侵害的受害人
提供了法律上的救济途径。但从目前的情况来看，这一途径并不通
畅，还有待完善。下面我们以国际人权公约为参照，对这两个制度所
存在的问题进行分析。

（一）劳动教养制度

　　劳动教养是我国一项比较特殊的制度，从其确立至今已有 40 多
年的历史。1957 年 8 月 1 日第一届全国人大常委会第 78 次会议批准
了国务院《关于劳动教养问题的决定》，以立法的形式正式确立了劳
动教养制度。40 多年来，该制度的内容、性质及适用都在不断变化。
目前，劳动教养是指对严重违反治安管理，屡教不改，尚不够刑事处
罚的人或构成犯罪但不需要判处刑罚的人，收容于劳动场所内，实行
强制性改造的一种行政处罚。

　　劳动教养制度是在一个比较复杂的、特定的历史背景下产生的。
1957 年我国基本完成对农业、手工业和资本主义工商业的社会主义
改造，由于社会关系发生了重大的变化，因而导致了社会矛盾的激
化。正是在当时这一特定的背景下，为了有效地处理社会矛盾、维护

社会秩序、预防和减少犯罪，我国设置了劳动教养这一强制性教育改造的行政措施。此后相当长的一段时期内，劳动教养制度对于维护社会治安秩序起到了明显的效果，犯罪率大幅度下降，社会整体趋于稳定。但应该看到，劳动教养制度自其建立实施之日起，便带有侵害公民的自由和权利的潜在危险性，在保护社会的同时，也时时刻刻威胁着公民的人身自由和个人权利，而且在实践中侵害公民自由和权利的现象确实大量存在，只是在我们国家长期注重保护社会秩序和安全而忽视公民个人利益的大环境下，这些现象没有得不到应有的关注。

改革开放以来，随着我国社会主义民主的不断发扬和社会主义法制的不断健全，公民个人的权利受到越来越多的关注，依法享有、主张和维护个人的权利逐渐成为时代的主旋律。在这一社会的巨大变化中，劳动教养制度所追求的保护社会的价值目标的片面性和不合理性尽显无遗。在我国的法制与国际人权公约接轨的进程中，劳动教养制度是一个无法回避的障碍。要实现与国际接轨，我们就必须根据国际人权公约的规定和精神，对我国的劳动教养制度重新加以审视，找出其中不合理之处并加以改进。我们认为，我国的劳动教养制度存在以下缺陷：

1. 对适用对象和适用标准的规定缺乏科学性和明确性

首先，劳动教养的适用对象与《治安管理处罚法》的适用对象有交叉重叠的地方。在《治安管理处罚法》的适用对象中有一部分同时也是劳动教养的适用对象，如《治安管理处罚法》第 30、31 条与《劳动教养试行办法》第 3 条对劳动教养适用对象的规定的是一致的，两者的适用条件完全一样，都要求被处罚者的行为"构成犯罪，尚不够刑事处罚"，但两者的处罚强度却相差甚远。《治安管理处罚法》规定的处罚仅为罚款或行政拘留 1~15 日，但若适用劳动教养，被处罚者则有可能被监禁 1~3 年，甚至可以延长至 4 年。而两种处罚该怎样区分适用并没有一个明确的标准，极易导致同样的违法行为所受处罚却相差悬殊的情况出现，造成严重的不公。其次，劳动教养适用标准的规定不明确，在适用上具有很大的随意性。1982 年国务院批转、公安部发布的《劳动教养试行办法》将劳动教养的适用对象规定为以下 6 种人：（1）罪行轻微，不够刑事处分的反革命分子、反党反社会主义分子；（2）结伙杀人、抢劫、强奸、放火等犯罪团伙中，不够刑事处分的；（3）有流氓、卖淫、盗窃、诈骗等违法犯罪行为，屡教不改，不够刑事处分的；（4）聚众斗殴、寻衅滋事、煽动闹事等扰乱社会治安，不够刑事处分的；（5）有工作岗位，长期拒绝劳动，破坏劳动纪律，而又不断无理取闹，扰乱生产秩序、工作秩序、教学科研秩序和生活秩序，妨碍公务，不听劝阻和制止的；（6）教唆他人违法犯罪，不够刑事处分的。这些规定较为笼统、宽泛，其标准均为有一定的违法犯罪行为但又不够刑事处分。实际上上述违法犯罪行为在危害程度上也不是完全一样的，而《劳动教养试行办法》的有关条款没有对各种情况加以区分，也没有规定实施了何种具体行为、造成怎样的后果才可以适用劳动教养，这就使得劳动教养决定机关在审批上享有很大的自由裁量权，他们只需凭着自己的"感觉"就可以决定对一个有违法犯罪行为的人处以 1～4 年的劳动教养。适用上的随意性极易导致劳动教养决定权的滥用，这对于公民的自由和权利而言是一种很大的潜在威胁。

2. 劳动教养的处罚强度过大

劳动教养在性质上属于行政处罚，其适用对象主要是那些有违法或轻微犯罪行为，尚不够刑事处分的人。根据罪刑相适应原则，其处罚强度应小于刑罚，即应低于刑罚的下限（拘役 1 个月）。但实际上劳动教养的期限为 1～3 年，必要时可延长至 4 年，比刑罚中的拘役、管制等轻刑要严厉得多，这与国际人权公约和国际司法文件所确立的罪行相适应原则是相悖的。试想一个罪行轻微，连刑事处分都够不上的人却有可能被剥夺人身自由达 3 年至 4 年之久，比一些罪行较为严重，必须受到刑罚处罚的罪犯所受的刑罚还重，这与国际刑事司法准则的基本要求严重不符，显然难言公正。

3. 缺乏公正合理的适用程序

劳动教养的适用程序比较特殊，它既不同于司法诉讼程序，亦有别于一般的行政处罚程序。根据《劳动教养试行办法》第 4 条的规定，审查批准收容劳动教养人员的机构是省、自治区、直辖市和大中城市人民政府组成的劳动教养委员会。而实际上劳动教养委员会并不是一个独立、固定的办事机构，该委员会的领导层由公安、司法行政、劳动等部门以及政法委等机构的领导人员组成。虽然在法律上规定了劳动教养的决定权由劳动教养委员会来行使，但在实践中劳动教养委员会多设在公安机关，劳动教养的适用亦多由公安机关审批决定。这就形成了公安机关自己审批决定，自己处理申诉的局面，缺乏有效的监督。公安机关作为行政机关在缺乏监督的情况下，直接拥有剥夺公民人身自由1～4年的权力，这样的制度设计无疑是极不合理的。而且劳动教养的适用是一个公安机关单方面作出决定的过程，与一般的刑事诉讼程序完全不同。被审查的公民在审批过程中不享有任何的诉讼权利，不能聘请律师为其辩护，难以进行控告、申诉，对决定结果不服的也不能提起上诉，在整个审批过程中都只是一个消极的客体。这与国际人权公约关于剥夺人身自由的处罚必须经过司法程序的规定和要求相去甚远，极易导致劳动教养决定权的滥用，严重侵害公民的人身自由和权利。

4. 劳动教养内容的设计不合理

《公民权利和政治权利国际公约》第8条第3款规定："任何人不应被要求从事强迫或强制劳动。"这是一条原则性的规定，赋予了公民在正常状况下拒绝被强迫劳动的权利。另外，公约还对一些例外的情况作了规定，允许国家在特殊情况下可以强迫公民进行劳动。公约所规定的特殊情况有以下几种：（1）由合格法庭作出的刑罚判处而执行的苦役；（2）依照法庭的合法命令而被拘禁的人或在此种拘禁假释期间的人所被要求的劳动和服务；（3）军事性质的服务以及在承认良心拒绝兵役的国家中，良心拒绝兵役者依法被要求的任何国家服务；（4）正常公民义务的一部分的任何工作或服务。除以上几种情况外，任何形式的强制劳动都是违反国际人权公约要求的。我国的劳动教养是一种为维护社会治安，预防和减少犯罪，对轻微违法犯罪者实行的以劳动为主，以政治、文化、技能教育为辅的强制性教育改造行政措施，具有强制劳动的性质。《劳动教养试行办法》明文规定："对被劳动教养者实行教育、挽救、改造的方针，教育感化第一，生产劳动第二。""一般情况下，每天劳动不少于3个小时，不超过6个小时。"有学者认为，在实践中劳动教养人员每天劳动的时间甚至超过8小时，而且被要求积极参加生产劳动，不得消极怠工，抗拒劳动，因此我国的劳动教养不但具有强制劳动的性质，而且强制劳动是劳动教养的主要内容。① 劳动教养以强制劳动为主要内容，但在实质要件上却不符合《公民权利和政治权利国际公约》所规定的可以强制劳动的特殊情况。它虽然可以较长时间地剥夺公民的人身自由，但其属性仍是行政处罚而非刑罚，它的适用是基于行政机关的决定而不是合格法庭所作出的判决，因此劳动教养制度中所具有的强制劳动的内容与《公民权利和政治权利国际公约》禁止强制劳动的规定是抵触的。

（二）国家赔偿制度

与国家相比，个人总是处于弱势地位。在国家的行政管理和刑事追诉活动中，个人的合法权益很容易遭到侵害。出于这样的认识和考虑，国际人权公约将公民遭到国家机关违法行为侵害后获得国家赔偿的权利作为一项基本人权加以确认。《公民权利和政治权利国际公约》第9条规定："人人有权享有人身自由和安全，任何人不得加以任意逮捕或拘禁，任何遭受非法逮捕或拘禁的受害者，有得到赔偿的权利。"我国将公民的该项权利纳入了宪法，使之成为公民的一项基本权利。宪法第41条第3款规定："由于国家机关和国家机关工作人员侵犯公民权利而受到损害的人，有依照法律规定取得赔偿的权利。"1994年5月12日，八届全国人大常委会第7次会议通过《中华人民共和国国家赔偿法》，标志着我国的国家赔偿制度正式建立。

与西方国家相比，我国的国家赔偿制度起步较晚，发展也比较缓慢，在很多方面还不令人满意，也未能取得很好的实施效果。这其中一方面是因为我国的经济发展水平还不高，国家财力有限，难以有效补偿行政相对人因行政机关错误或违法行政行为所遭受的损失。但另一方面也说明了国家对国家机关违法行为的受害人合法权益的保护和救济的重视程度还远远不够，这也间接地放纵了国家机关的违法行为。从国际人权公约的人道主义理念和有效保障公民人权的角度来看，我国的国家赔偿制度至少还存在以下几个不足之处：

1. 赔偿标准过于单一且额度过低

---

① 宣炳昭、江献军：《劳动教养刑事化问题刍议》，载《刑事法学》2001年第8期。

按照《国家赔偿法》的规定，国家机关违法或错误剥夺公民人身自由的，每日赔偿金按照国家上年度职工日平均工资计算。国家赔偿采用单一的固定额度标准的做法，首先就会面临一个公平的问题。受害者的工资高低不同，而根据法定标准计算出来的赔偿金额却是同等的，这必然会造成实际上的不公平，特别是对于一些高薪人士来说更是如此，他们得到的赔偿金可能还远远达不到自己正常的工资收入。抛开这些不说，即使每个受害人所得的赔偿金都等于自己应得的工资，那就是公平吗？被行政机关非法剥夺了人身自由的受害者所得的赔偿仅仅等于自己只需正常工作就可获得的收入，那失去的自由何价，失去的尊严又何价？以国家财力不足、赔偿能力有限为借口将赔偿标准定得如此之低，是对公民人身自由的极不尊重。如此之低的赔偿标准将很难唤起行政执法人员的责任心，只会放纵行政机关的违法行为。

2. 没有将精神损害赔偿纳入赔偿标准之内

精神损害是一种难以用金钱或实物衡量的无形损害，损害虽然无形，但对于受害人及其家属来说又是确确实实存在的，对于一些受害人来说，精神上的损害甚至远远超过身体或物质上的损害。对精神损害不予赔偿而仅仅对物质损害进行赔偿，根本无法弥补受害人的损失。公民人身权利受损害后应获精神损害赔偿，是第二次世界大战以来人类社会法制发展进步的标志之一，受害人的该项权利已得到世界各国的承认。在民事审判领域，我国早已认可精神损害赔偿，并取得了良好的社会效果。但遗憾的是，我国的国家赔偿制度将精神损害赔偿排除在外，对于国家机关违法行为给公民所造成的精神损害主要是以非财产赔偿方式解决。这其中最主要的原因恐怕还是因为国家的财力有限，财政上难以负担，以及认为对精神损害的认定难度较大，不易制定一个统一的标准。

3. 间接损失不纳入赔偿范围之内

依照《国家赔偿法》的规定，侵犯公民、法人和其他组织的财产权造成损害的，按照直接损失给予赔偿，受害人的可得利益（间接损失）不包括在赔偿范围之内。这对于受害人同样是极不公平的，许多受害人因国家机关的违法行为所遭受的间接损失要远远大于直接损失，受害人千辛万苦地寻求国家赔偿，最后得到的赔偿有可能连交通费和误工费都填补不了，其实际损失无法得到弥补。对于白白流失的金钱、时间和精力，只能自叹倒霉。

由此可见，我国的国家赔偿制度极不公平，对于很大一部分受害者而言，只是有一点象征性的意义罢了，这一制度丝毫没有改变公民个人的弱势地位。整部国家赔偿法就像是一个格式合同，赔什么、赔多少全都事先规定好了。不管是什么样的情况，都可以往里面套，老百姓在这中间根本发挥不了什么作用。国家赔偿立法将非法侵害公民人身权利和财产权利这样重大复杂的问题转化成了极其简单的数学运算，在减轻国家负担的同时却留给了受害者及其家属无尽的失望和痛苦，公平和正义如何能植根于人们的心中？

五、中国司法审判与国际人权公约的差距

我国的司法审判在许多方面与国际人权公约的要求仍有较大的差距。下面仅以司法独立和审判公开为例加以分析。

（一）司法独立

司法独立原则起源于西方国家的"三权分立"学说。欧洲封建社会实行中央集权制，封建君主独揽立法、司法和行政大权，并无司法独立可言。针对这种状况，17、18世纪，资产阶级启蒙思想家提出了"三权分立"和"司法独立"的思想，其代表人物孟德斯鸠在《论法的精神》一书中阐述了立法、行政、司法三种权力应当分立，并以权力制约权力的理论。孟德斯鸠提出的三权分立学说为资本主义国家确立司法独立原则奠定了理论基础。

资产阶级革命胜利之后，司法独立原则被许多国家的宪法所确认。1789年的美国宪法规定，司法权只属于各级法院。1791年的法国宪法规定，在任何情况下，司法权不得由立法议会和国王行使。1946年的日本宪法规定，法官依良心独立行使职权，只受宪法和法律的约束。1947年的意大利宪法规定，法官只服从法律。其他一些国家也有类似规定。司法独立成为国际社会公认的重要司法原则。随着司法独立原则为各国法律所确认，联合国也将其作为联合国系统人权活动的基本原则之一在《世界人权宣言》和《公民权利和政治权

利国际公约》等国际人权公约和国际司法文件中予以规定。根据国际人权公约和相关司法文件的规定和要求，构成司法独立原则的标准主要有以下三条：第一，国家的审判权只能由审判机关行使，其他任何机关均不得行使；第二，法官或者由法官或其他非职业法官组成的审判组织独立行使审判权，不受其他任何机关、团体和个人的干扰、影响和控制；第三，审判机关在行使审判权时必须服从宪法和法律。这三条标准作为一个整体，构成了司法独立原则的主要内涵。

司法独立原则在我国得到了确立，我国的宪法和法律都作了相应的规定。根据宪法和法律的规定，我国的司法独立主要包括以下两层含义：第一，人民法院、人民检察院独立行使审判权、检察权，不受行政机关、社会团体和个人的干涉。第二，人民法院、人民检察院独立行使审判权、检察权，必须严格遵守宪法和法律的各项规定。从我国宪法和法律的规定以及司法实践的情况来看，我国的司法独立还未达到司法独立原则的国际标准。主要表现在：

1. 国际通行的司法独立是指法官个人独立，而我国的司法独立则是指法院、检察院作为一个整体独立行使职权

在我国，人民检察院独立行使职权主要是指检察机关相对于行政机关和审判机关具有独立性；在行使检察权时，上下级检察院之间是领导与被领导的关系，人民检察院以系统独立的方式依法独立行使检察权。在人民检察院内部，检察长统一领导本院的工作，在诉讼活动中检察官应当接受和服从检察长的领导和决定。人民检察院设立检察委员会，实行民主集中制。人民检察院办理案件实行的是"专人负责、集体讨论、检察长决定"的制度，重大案件由检察长提交检察委员会讨论决定，检察官的独立性十分有限。而人民法院是以审级独立的方式独立行使审判权，上下级法院之间是监督与被监督的关系。法院审判案件的组织形式有独任庭、合议庭和审判委员会。独任庭只适用于审理轻微的刑事案件和简单的民事、行政案件。合议庭对一般案件有决定权，对于疑难、复杂、重大的案件，合议庭认为难以作出决定的，由合议庭提请院长决定提交审判委员会讨论决定。审判委员会的决定，合议庭应当执行。审判委员会讨论决定案件采取的是间接原则，不直接参加法庭审理，从而导致了审理和判决的脱节。而且，这样做也使得法官责任制难以实行，不利于法官业务素质的提高。另

外，我国将法院独立作为法院组织制度的基础，在观念上过分强调法院的整体独立而忽视法官个人的独立，从而导致司法实践中出现了院长、庭长审批案件，上级法院提前介入下级法院正在进行审理的案件等不正常现象。

2. 司法机关的人权、财权归属于地方，这使得地方很容易对司法机关的活动进行干涉和控制

按照宪法规定，地方各级人民法院和地方各级人民检察院均由同级人民代表大会产生，向它负责，受它监督。但实际上，根据党管干部的原则，地方各级人民法院的院长、副院长、庭长、副庭长、审判委员会委员、审判员和地方各级人民检察院的检察长、副检察长、检察委员会委员、检察员均由同级党委或其组织部门预先讨论确定，然后提请同级人民代表大会选举或者提请它的常务委员会任命。在地方各级党委或其组织部门的领导握有司法人员升降去留大权的情况下，同级司法机关要依法行使职权而不受地方的某些干涉，显然是困难的。

根据政府统管财政的原则，地方各级人民法院和人民检察院的人员工资、业务经费均由同级人民政府作出预算，然后报同级人民代表大会审议通过。在这种经费划拨体制下，同级司法机关要依法行使职权而不受行政机关或财政部门领导的某些干涉，显然也是困难，地方司法机关面临着要么抵制干涉而被削减或停拨经费，要么接受"指示"而增加经费或保证拨款的尴尬局面。在实际工作中，个别县、市的法院、检察院因政府停拨经费而连办案纸墨都买不起，就是最好的证明。

3. 司法机关对疑难、复杂或重大案件的处理受制于地方各级政法委员会

我国县级以上各级党委均设有政法委员会，而且很多地方的政法委员会都由公安厅（局）长任书记，由法院院长和（或）检察长任副书记；或者在一些省（市、县）是由一名省（市、县）委常委任副省（市、县）长兼政法委员会书记，分管政法工作。名义上政法委员会只是一个负责协调公安机关、人民检察院和人民法院之间工作关系的机构，但实际上公安机关、人民检察院和人民法院办理有争议的案件或所谓重大、疑难和社会影响大的案件都要向其汇报，经其研

究后作出指示。在这种情况下，特别是行政机关领导兼任政法委员会书记时，人民法院和人民检察院独立行使职权有可能受到行政机关干涉。①

（二）公开审判

程序公正和实体公正是司法审判所追求的终极目标。如果说独立审判是实现这一目标的前提条件，那么公开审判就是实现这一目标的保障。只有在诉讼中实现民主，才能杜绝司法的专横；只有将审判置于社会的监督之下，才能有效地遏制司法腐败的滋生，实现司法公正。

与司法独立一样，审判公开原则也是资产阶级革命的产物。在封建社会，不仅案件的审理秘密进行，而且刑讯拷问是合法的。统治者只为警示民众而将斩首、鞭笞等一些刑罚的执行和一些案件的审判向民众公开，在这样的审判制度之下难有人权和公正可言。秘密审判、刑讯逼供等腐朽的诉讼制度对人性和人权的无情践踏和摧残使得许多法学家和思想家充分认识到，只有实行公开审判才能保障基本的人权，实现司法公正。审判公开作为一种文明的审判方式，既是对封建社会腐朽审判制度的彻底否定，也是法制文明与进步的必然。

美国是第一个以宪法形式将审判公开原则加以确认的国家。审判公开原则在美国得以确立后大约100年的时间里，该原则的适用蔓延到了整个西方主要资本主义国家的司法领域，法国、德国、日本等国家先后以宪法或法律的形式对其加以确认。② 审判公开原则作为一项通行的基本诉讼原则和人权保障制度最早由1945年的《世界人权宣言》将其确定下来。《世界人权宣言》第10条规定："人人完全平等地有权由一个独立而无偏倚的法庭进行公正的和公开的审讯，以确定他的权利和义务并判定对他提出的任何刑事指控。"1966年联合国大会通过的《公民权利和政治权利国际公约》第14条则对该原则的适用作了具体的规定。

---

① 谭世贵主编：《刑事诉讼原理与改革》，法律出版社2002年版，第121~122页。

② 程味秋、周士敏：《论审判公开》，载《中国法学》1999年第3期。

我国在新中国成立之初便将公开审判原则在宪法和法律中确立下来。从 1954 年至今，除"文化大革命"的特殊时期外，审判公开原则一直是我国一项重要的宪法原则，也是司法审判的重心。40 多年来，该原则在我国经历了一个不断发展和完善的过程。但通过对比可以发现，我国的审判公开与国际通行的审判公开仍有一定的差距。主要表现为：

1. 合议庭的评议笔录不公开

在我国，合议庭的评议对当事人和社会大众都是保密的，甚至作为国家法律监督机关的检察机关都无权获知合议庭评议的内容。

断案应依理依法，法院所作出的每一个判决都必须是有理有据、最大限度地令人信服的。合议庭评议就是在法庭审理结束、查明事实后依照事实、法律决定案件处理结果的过程，是一个完整的诉讼过程不可缺少的阶段。作为一个重要的诉讼环节，评议意见确有公开的必要。

（1）评议意见公开是保障当事人知情权的需要。案件当事人是诉讼的主体，而合议庭的评议主要是为了解决被告人的罪责问题或是对各种法律关系进行认定，直接关系到当事人的生命、自由、人身、财产等重要权利，与当事人有切身的利害关系。当事人将自己的权利、义务交由法院裁判，应当有权知道法院是基于何种理由作出相关的裁判。当事人的知情权应当贯穿审判的整个过程，而不应有所例外。当事人享有充分的知情权也是公开审判制度与封建社会的秘密审判制度的最重要区别之一。在秘密审判制度下，审判机关对被告人的罪责认定和刑罚适用是不需向被告人说明理由和提供根据的，以致很多被告人都在不明不白的情况下被定了罪。在法制日趋文明的今天，这样的情况是不应存在的。

（2）评议意见公开是社会公众行使监督权的需要。审判公开意味着法庭的整个审判活动都应当在社会公众的监督下进行，公众对审判过程进行监督不仅是公开审判制度的一项重要内容，同时也是设立该制度的目的所在。社会公众既然享有监督权，理应有权了解审判活动的全过程，包括合议庭评议意见。合议庭的说理对象不仅是当事人，还应当包括社会公众，只有这样，社会公众的监督权才是完整的，才有可能得到正确有效地行使。

（3）评议意见公开是检察机关行使法律监督权的需要。检察机关是国家的法律监督机关，对法院的审判活动享有法定的监督权。作为专门的监督机关，检察机关有权对法院审判活动的全过程进行监督，这就要求在法院所有的审判活动中不应存在检察机关无法了解的环节，否则就会出现检察机关难以监督的空白地带，而合议庭的评议正是这样的禁地。合议庭的评议笔录只有法院系统内部的人员可以查阅，除此之外连检察机关也无权查阅。检察机关的工作有别于法院，在案件的定性和量刑等问题上难免会与法院有不同的看法，而实体公正与否并不像程序公正那样一目了然，因此，正确地行使监督权并非易事。在很多情况下，判断具体案件的审理是否公正，需要将案件的事实、判决的结果及理由三者结合起来进行分析，而判案事实和理由的缺失无疑为检察机关出了个难题。在这种情况下，大多数检察机关都抱着多一事不如少一事的心态，既然没把握倒不如放过，这无疑会导致检察机关怠于行使审判监督权，从而放纵审判活动中的不合法行为。

2. 案件审批制度、请示制度和审判委员会制度不符合审判公开原则

审判委员会制度和案件审批制度、请示制度都是我国独具特色的司法审判制度，这几项制度都是为了保障案件审判的质量而设立的。审判委员会制度在我国已有较长的历史，从1954年起便在《人民法院组织法》中确立下来，一直沿用至今。案件审批制度和请示制度则是法院系统在长期的司法实践中形成的两项审判制度。案件审批制度是指审判员对具体案件的审理、判决必须由庭长、院长进行审批，层层把关。而案件请示制度是指下级法院在案件审理过程中，就案件中的疑难问题向上级法院请示，由上级法院进行批复的做法。这两种制度虽然在法律上都没有明文的规定，但在审判实践中却非常普遍。① 审判委员会制度和案件审批制度、请示制度在我国的确立都有其特定的背景并发挥过积极的作用，且都在较长的一段时间内被普遍接受。但随着司法改革特别是审判方式改革推进，它们的弊端逐渐显现，人们对这些制度存在的合理性提出了异议。在这三项制度的弊端

---

① 景汉朝等：《审判方式改革实论》，人民法院出版社1997年版，第63页。

中，很明显的一点在于它们都与公开审判的要求不相符。首先，公开
审判原则要求法官公开审理案件，公开调查事实、证据，并听取当事
人的意见和控辩双方的辩论，在此基础上作出裁判。而一个案件无论
是经过审批、请示还是审判委员会讨论决定，案件的真正裁判者都不
再是案件的主审法官，而是审判委员会、院长、庭长或上级法院，他
们作出裁判是依据主审法官对具体案件审理情况的汇报，而不是通过
自己在法庭上公开调查、审理所掌握的情况，因此，审判的公开性和
直接性都打了折扣，有悖于公开审判原则。其次，公开审判原则要求
除法律规定的特殊情况外，整个审判过程和审判中的所有事项都向当
事人和社会公众公开，当事人和社会公众理所当然地有权知道谁是决
定案件结果的裁判者。这本不应存在任何问题，因为审理案件的独任
审判员或合议庭成员的名单是向社会公告的，且法官高坐于法庭上，
人人都能看到。而无论是审批制、请示制或是审判委员会制度都会使
案件的真正裁判者发生变化，当事人和社会公众所知道的审理案件的
法官已没有决定案件结果的权力，而真正掌握实权的裁判者都是不向
当事人和社会公众公布的，人们无法得知。必须指出，案件的裁判者
并不属于法律明文规定的不向社会公开的保密事项，因此对此予以保
密与法律规定不符。再次，案件的审批、请示以及审判委员会的讨论
在运作上对当事人和社会公众保密，意见也不公开，在绝大多数情况
下，案件的当事人和社会公众根本就不知道案件曾经过审批、请示或
审判委员会讨论，就连检察院也很难了解到这其中的情况，这样的审
判实在难言公开。

第八章　加入国际人权公约与
中国法制改革

一、立 法 改 革

（一）宪法的修改

人权事业发展的历史进程表明，人权的保障和实现离不开宪法和宪政制度，当代中国人权事业的发展也首先得益于宪法的不断完善和宪政制度的日臻完善。我国现行宪法在总结历史教训的基础上对人权的内容及其保障作出明确的规定，以宪法为基础的、有中国特色的人权保障制度已初步形成。但通过前一章的比较研究可以看出，我国宪法与国际人权公约的规定和要求相比还有一些差距。为了完善我国的宪法和宪政制度，充分发挥宪法在人权保障中的作用，促进我国人权事业的发展，我们对现行宪法提出以下几项修改建议：

1. 赋予公民罢工权

1982 年宪法制定以后，我国法律对罢工既没有保护的规定，也没有禁止的规定。许多企业里都发生过由劳动争议引发的怠工、罢工事件，政府总是慎重地加以调解处理，从未认为它们是违反社会治安秩序和破坏生产秩序的行为而加以不当的行政干涉。《工会法》第 25 条规定："企业发生怠工、罢工事件，工会应当会同企业行政方面或者有关方面，协商解决职工提出的可以解决的合理的要求，尽快恢复生产秩序。"这表明，我国对于企业职工合理的罢工行为实际上是加以保护的，我们完全可以通过法律的形式使公民的罢工权利化，并将国家对罢工活动的保护规范化。我们建议，我国立法应就罢工问题作如下修改：（1）在宪法中增加关于罢工权的规定，确认公民依法进行罢工的权利；（2）以宪法的规定为基础，制定相应的《罢工法》，以立法的形式规定相应的措施以切实保障公民的罢工权。《罢工法》对合法罢工的保护措施应当包括以下几项：第一，赋予罢工者一定的豁免权。法律中应当规定在罢工期间，由于罢工者的消极不作为而导致企业受到损失的，罢工者不负赔偿责任。另外，企业主不得因其雇员行使罢工权而依劳动合同提起债务不履行之诉；第二，罢工者因参加罢工而导致生活困难的，有权获得社会福利救济保障；第三，罢工者享有保留职位的权利。罢工者有权在罢工结束后重新回到原来的工作岗位，恢复原来担任的职务，雇主不得因其参加罢工而将其解雇或是对其进行不合理的工作调动。

2. 恢复公民的迁徙自由权

我国 1954 年宪法规定了公民享有迁徙自由权。但随后不久，宪法关于迁徙自由的规定便被严格的户籍管理制度实际取消了。几十年来，严格的户籍管理制度对我国社会造成了多方面、综合性的影响。对户口迁移的限制和控制导致城乡间形成了分割分治的二元结构，不但严重影响了农村公民个人的发展，同时也阻碍了社会的整合和良性运行。无论从制度的效率还是公平的角度来看，具有传统色彩的户籍管理制度与现时代的社会发展已显得极不相称，也与国际人权公约关于公民迁徙自由的规定相抵触。鉴于此，我国应当重新赋予公民自由迁徙的权利，并在宪法中增加相应的规定。与此同时，应当废除现行的户籍管理制度，以逐步消除城乡壁垒。另外，还应当制定相应的法律法规，切实保障公民自由选择工作地、居住地、接受教育地的权利，维护城市外来人员的各项合法权益；废除针对城市外来务工农民的暂住证制度、收容遣送制度等歧视性的政策和制度，保证他们在就业、受教育、工薪福利等方面都能获得公正、平等的待遇。

3. 明确结社自由的范围，切实保障公民的结社权

我国宪法第 35 条规定公民有结社的自由，《工会法》也规定劳动者有依法参加和组织工会的权利，应该说我国宪法和法律对于结社自由的规定基本符合国际人权公约的精神。但我国宪法对于公民结社权的规定过于原则，对结社自由的内容、范围等都没有作出明确的规定。而在现实生活中，公民的结社权受到很多的限制，权利的行使得

不到保障。我们认为，目前笼统地、不加限制地赋予公民结社自由是不符合我国国情的，而且过于宽泛却又得不到充分行使的结社权对公民而言没有什么意义，在宪法中明确结社自由的范围则可以更好地保障公民的结社权，因此，我国应当对宪法关于结社权的内容进行补充，对结社自由的范围加以明确。首先，我国实行的是在中国共产党领导下的多党合作制，不分执政党和在野党，因此，宪法承认的结社自由只包括一般团体，不包括政党。其次，我国设立统一的中华全国总工会，公民可以组织和参加分工会组织，但不允许成立一个与总工会相对抗的工会。再次，应当制定一部《结社法》，对结社权的内容、行使程序及权利的救济等加以具体规定，以切实保障公民的结社自由。《结社法》必须严格依照宪法的规定，以维护公民的权益为出发点，不得任意改变宪法所规定的结社自由的范围，对公民的结社权进行不合理的限制。

4. 修改《集会游行示威法》，加强对公民集会权的保障

我国宪法第 35 条规定公民有集会的自由，但我国的《集会游行示威法》和一些省、自治区、直辖市制定的有关集会的地方性法规和规章没能对公民的集会权起到很好的保障作用，相反还对公民这方面的权利作了过多的限制，从而使得宪法的相关规定在一定程度上形同虚设。为切实保障公民的集会权，我们应当对现行的《集会游行示威法》进行以下修改：（1）参照国际人权公约的有关规定，对公民行使集会权的例外情况作出明确规定。除依照法律的明确规定外，审批机关不得拒绝公民举行集会的申请，任何机关、团体和个人不得对公民的集会进行阻挠。（2）完善侵犯集会自由的救济制度。《集会游行示威法》应当规定，对审批机关作出的不批准决定不服的，申请人可以要求有关部门进行复议、复核，或是提起行政诉讼。（3）赋予集会者一定的言论豁免权。对于集会者在集会期间所发表的言论，不得在事后进行审查和追究。（4）明确有关部门、机关对集会的保障职责及违反职责的处理办法。（5）取消公民只能在其居住地组织和参加集会的规定。

5. 完善宪法中有关公民表达自由的规定，增加新闻自由的内容

我国宪法虽然规定了公民的言论自由和出版自由，但由于缺少具体的法律规定，因此缺乏可操作性，公民在发表言论和进行出版活动

时往往受到诸多的限制。为保证公民的表达自由能够得到充分有效的实现，我们提出以下几项建议：

（1）在宪法有关公民表达自由的规定中增加新闻自由的内容。新闻自由和出版自由一样，是公民表达自由的基本实现形式，对人们的生活和政府的管理运作都有着重要的意义。因此，有必要把新闻自由作为公民的一项基本人权在宪法中确立下来。

（2）以宪法的规定为基础，尽快制定《新闻法》和《出版法》。宪法关于出版自由和新闻自由的规定必须由具体的法律来加以落实，通过制定《新闻法》和《出版法》，可以为新闻自由和出版自由提供实现的途径，使其具有可操作性。另外，还应当加强对审查机关的制约和监督，防止其滥用对新闻和出版物的审查处分权。

（3）对于公民的言论自由，应当主要通过言论犯罪的形式来作出必要的限制，取消各种对公民表达自由方面的权利进行限制的行政法规和部门规章。

6. 修改宪法中关于公民社会保障权的规定，完善我国的社会保障制度

我国宪法第 45 条把社会保障权作为公民的一项重要权利加以确认。社会保障对于推动更大范围内的人类福利和社会和谐具有重要作用，对于社会发展和社会和谐都是不可或缺的。作为社会主义国家，我国一直非常关注社会保障问题。但是，正如《世界人权宣言》所指出的那样，一个国家社会保障制度是受到国家的组织和资源情况制约的。在中华人民共和国 50 多年的历史中，宪法确定的公民获得社会保障的权利经历了曲折的发展过程，在很大程度上，它仍然是一个目标而不是一个现实。① 为尽快将这一目标变为现实，我国在社会保障法制建设方面应采取以下两项对策：

（1）对宪法中规定的公民有权获得社会保障的条件进行修改。我国宪法第 45 条规定，我国公民在年老、疾病或丧失劳动能力的情况下，有从国家和社会获得物质帮助的权利。这一规定显然将社会保障制度的覆盖对象限制过窄，不能适应社会现实的需要。考虑到我国

---

① 刘海年主编：《〈经济、社会和文化权利国际公约〉研究》，中国法制出版社 2000 年版，第 149 页。

社会、经济发展的现实情况，我们建议将宪法第 45 条修改为："我国公民因年老、疾病、失业、退休、丧失劳动能力或其他原因而丧失生活来源导致生活困难的，有从国家和社会获得物质帮助的权利。

（2）建立完善的社会保障法律体系。我国对社会保障法的研究起步较晚，而且一直以来都不甚重视，有关社会保障的基本立法不足，缺乏系统性。在现阶段，要制定一部在包括城乡的社会保障领域均起综合性规范统率作用的基本法难度较大。比较可行的做法是在对我国的经济发展水平、城乡差异和社会保障现状进行通盘考虑的基础上，对社会保障所属的社会保险、社会救济、社会福利、优抚安置等大项目分别制定法律，对各自领域加以规范。在社会保险这一项目上，考虑到城乡间存在的现实差异，应当制定出分别适用于城市和农村并行的两部法律。社会救济、社会福利、优抚安置等项目的立法应当同等适用于城市和农村，为城市居民和农村居民提供平等的社会保障，逐步消除城乡差异。

（二）刑法的修改

从前一章的比较分析中可以看出，我国刑法与国际人权公约的差距主要体现在关于死刑问题和国际犯罪问题的规定上。国际犯罪方面的差距可以通过对现行立法进行修改和补充加以弥补，而在死刑问题上，我国刑事立法与国际人权公约的要求存在较大的分歧，短期内很难达成一致。我国已签署并有望在不久的将来批准加入《公民权利和政治权利国际公约》，再过多地适用死刑，显然不符合公约关于限制死刑的原则精神。对死刑进行限制乃至废除死刑，虽非一日之功，但我们也应当不断努力，向这一目标逐步迈进。因此，我们应当采取循序渐进的方式，逐步向公约靠拢。要实现与公约的接轨，我国的刑法就应当在死刑和国际犯罪方面进行修改和补充。

1. 修改死刑立法，严格限制死刑的适用

日本学者大谷实曾指出："从刑罚史来看，随着文明的进步，死刑逐渐受到限制。又，已经废除死刑的国家已不在少数。因此，可以预想，将来死刑会在各国的刑罚制度中消失。"① 由此可见，死刑政策是受人类文明发展限制的。随着我国文明程度的不断提高，可以预见，今后我国的死刑政策必定从松到紧，从较普遍地适用到严格加以限制。顺应这一发展趋势，我国的死刑立法应当从以下几个方面加以修改：

（1）削减死刑罪名。我国现行刑法中规定了 68 个死刑罪名，在这些死刑罪名中，有 1/3 是财产犯罪与经济犯罪的死刑罪名，这些犯罪虽然严重地侵犯了经济秩序，但毕竟没有使用暴力手段，也未侵犯公民的人身权利和社会的根本利益，即使在保留死刑的其他一些国家，也极少规定对财产犯罪和经济犯罪判处死刑的，因此，这类死刑罪名应予以废除。此外，在 68 个死刑罪名中，至少有 1/3 是属于备而不用的，这些死刑罪名在司法实践中极少适用，形同虚设，纯粹是为了起到威慑作用，因而也应当取消。这样，就可以将刑法中的死刑罪名减少到 20 个左右，从而较好地起到限制死刑的作用。

（2）对死刑的适用条件加以严格规定。关于死刑的适用条件，我国刑法第 48 条规定："死刑只适用于罪行极其严重的犯罪分子。"从字面上看，该规定与《公民权利和政治权利国际公约》第 6 条第 1 款的规定基本一致。但我国刑法没有对什么是"极其严重的罪行"作进一步的解释，这使得该条的规定过于抽象，死刑的适用标准缺乏明确性。而从我国刑法分则中众多的死刑罪名来看，我国刑法所规定的"极其严重的罪行"的范围显然要比《保护面对死刑的人的权利的保障措施》第 1 条对"最严重的犯罪"所作解释的范围要宽泛许多，从严格限制死刑适用的立场出发，我国刑法在界定"极其严重的罪行"时，至少应当严格遵守《保护面对死刑的人的权利的保障措施》对"最严重的犯罪"的解释的最低标准，将致命或造成其他严重后果规定为适用死刑的必要条件，把那些不具有极其严重后果的故意犯罪，排除在适用死刑的范围之外。

（3）充分发挥死缓制度的作用。死刑缓期执行制度是我国独具特色的一项死刑制度，对于限制和减少死刑的执行起着重要的作用。

----

① ［日］大谷实著，黎宏译：《刑事政策学》，法律出版社 2000 年版，第 112 页。

死缓制度为许多犯有死罪的犯罪分子提供了一个最后的悔改机会。从司法实践看，被判处死刑缓期 2 年执行的犯罪分子绝大多数都非常珍惜这一最后的悔改机会，积极改造，取得了很好的效果。在缓期执行的 2 年中，故意犯罪而被执行死刑的人寥寥无几，死缓制度对死刑的执行起到了很好的限制作用。目前在我国，死缓制度对于死刑的替代作用仍有很大的发挥空间，从现实的情况来看，司法审判中没能很好地利用这一制度，以死缓替代死刑立即执行的实例不是太多，而是太少了。如何进一步发挥死缓制度对死刑执行的限制作用是修改刑法时应当着重考虑的问题。我们认为，应当在立法中扩大死缓的适用范围，除了情节极为恶劣，蓄意而为，以暴力或其他特别残忍手段致人死亡的犯罪外，其余所有判处死刑的犯罪一律适用死缓。而对于死缓的考查期限也可以进行修改，即：死缓的考查期限不再仅限于 2 年，而是根据具体的罪行和情节，给予 2～5 年不等的考查期限；被判处死缓的犯罪分子在考查期限内故意犯罪的，应当执行死刑。

2. 国际犯罪立法的补充完善

我国已经缔结或参加的国际条约中有许多关于国际犯罪的规定，但我国刑法分则中规定的国际犯罪却寥寥无几，缺乏一个完整的惩治国际犯罪的国内法律体系。为达到国际人权公约的要求，有效地打击国际犯罪，我国应当对现行刑法加以补充完善，在刑法中增加以下几项国际犯罪的罪名：①

（1）种族歧视罪。我国于 1982 年加入了《消除一切形式种族歧视公约》，该公约明文规定了种族歧视罪的构成，要求缔约各国严厉制裁这种犯罪。我国刑法应根据公约的内容增设种族歧视罪。

（2）种族隔离罪。我国于 1983 年加入了《禁止并惩治种族隔离罪行的国际公约》。鉴于种族隔离及其继续扩大严重地扰乱并威胁国际和平与安全，该公约宣布种族隔离是残害人类的罪行，国际和国家阶层都应当采取更有效的措施，禁止和惩治种族隔离的罪行。我国作为该公约的成员国，理应将种族隔离罪规定在国内刑法之中。

（3）灭绝种族罪。我国于 1983 年加入了《防止及惩办灭绝种族

---

① 参见黄芳著：《国际犯罪与国内立法研究》，中国方正出版社 2001 年版，第 191～200 页。

罪公约》。该公约确认灭绝种族行为不论发生于平时或战时，均系国际法上之一种罪行，各缔约国负有防止并惩治该种罪行的义务。我国刑法应体现该公约的有关内容，增设灭绝种族罪。

（4）酷刑罪。我国于 1988 年参加了《禁止酷刑和其他残忍、不人道或有辱人格的待遇或处罚公约》。为了保护人的基本权利和尊严，该公约明确规定一切酷刑行为都是犯罪。根据该公约的规定，我国刑法应增设酷刑罪。

（三）刑事诉讼法的修改

1996 年我国对刑事诉讼法进行修改，加大了人权保障的力度，强化了犯罪嫌疑人、被告人和被害人的诉讼权利，使我国的刑事诉讼制度更加科学、民主。修改后的刑事诉讼法于 1997 年 1 月 1 日生效，沿用至今。修改后的刑事诉讼法基本适应了我国法治建设和人权事业发展的需要，对刑事诉讼中被告人的人权起到了较好的保障作用。但在前一章比较研究中，可以看到我国刑事诉讼立法与国际刑事司法准则相比仍存在一些不足的地方。为了更好地与国际刑事司法准则接轨，达到国际人权公约的要求，我们应对刑事诉讼法进行进一步的修改和补充。

1. 确立反对强迫自我归罪原则

与国际刑事司法准则相比，我国刑事诉讼法在关于被追诉人口供的问题上存在一定的差距，在司法实践中也出现了不少侵犯人权的违法现象。在修改刑事诉讼法时，有必要对法律中关于被追诉人如实供述义务的规定重新进行审视。参照国际刑事司法准则的规定，我们认为，应在刑事诉讼法中确立反对强迫自我归罪原则。具体建议如下：

（1）取消刑事诉讼法第 93 条关于如实供述义务的规定，并在刑事诉讼法中规定："侦查人员、检察人员、审判人员不得强迫任何人作不利于自己的陈述，并不得因犯罪嫌疑人、被告人保持沉默或拒绝供述而作出不利于他的推断。"

（2）确立自白任意性规则。应当在刑事诉讼法中规定："通过刑讯逼供或以威胁、引诱、欺骗或其他非法方法收集的证据不得作为指控犯罪和定罪量刑的根据。"

（3）确立侦查人员的告知义务。应当在刑事诉讼法中规定，侦查人员在第一次讯问前应当告知犯罪嫌疑人有反对强迫自我归罪的权利。侦查人员没有履行告知义务的,所取得的不利于犯罪嫌疑人、被告人的口供无效。

2. 确立无罪推定原则

无罪推定是国际通行的刑事诉讼原则,也是国际人权公约确认和保护的一项基本人权。我国《刑事诉讼法》第 12 条规定:"未经人民法院依法判决,对任何人都不得确定有罪。"这一规定虽然在一定程度上体现了无罪推定原则的基本精神,但应该说,国际通行的无罪推定原则在我国并没有真正确立下来。从更有利于保障被追诉人的人权,推动我国法制与国际刑事诉讼规则接轨的角度来看,我们应当在刑事诉讼法中把无罪推定原则完整地确立下来。具体建议如下:

(1) 将《刑事诉讼法》第 12 条修改为:"任何人在未经人民法院依法宣告有罪之前应被推定为无罪。"

(2) 切实贯彻疑罪从无原则,改革补充侦查制度。我国刑事诉讼法虽然确立了疑罪从无原则,但没能切实地加以贯彻落实。根据刑事诉讼法第 165 条的规定,在庭审过程中,检察人员发现提起公诉的案件需要补充侦查,提出建议的,人民法院可以决定延期审理,同意检察机关补充侦查。这一规定与疑罪从无原则相抵触。根据疑罪从无的精神,在庭审中发现证据不足,不能认定被告人有罪的,人民法院应当作出证据不足、指控的犯罪不能成立的无罪判决,而不应同意检察机关进行补充侦查的建议。我们认为,要切实贯彻疑罪从无原则,就应当对补充侦查制度进行改革,取消刑事诉讼法第 165 条第 2 款关于检察机关在审判过程中可以向法院提出建议,要求对案件进行补充侦查的规定。

(3) 赋予被追诉人相对沉默权。我国《刑事诉讼法》应赋予犯罪嫌疑人、被告人以沉默权,同时应规定特殊的例外情况,并确立鼓励被追诉人主动供述的机制,使被追诉人得以按照自己的自由意志选择供述,以利于案件事实真相的查明,但不能因其沉默或拒绝供述而从重处罚。

3. 确立一事不再理原则

一事不再理原则,也称禁止双重归罪或禁止双重危险原则,其基本含义是指任何人受到一次审判后,不得就同一罪名或同一事实再予以审判或者再予处罚。《公民权利和政治权利国际公约》第 14 条第 7 款对该原则进行了确认。一事不再理原则与我国长期以来遵循的"实事求是，有错必纠"方针存在着不可调和的矛盾。我国已签署了《公民权利和政治权利国际公约》，因此，应当对我国现行的审判监督制度进行改革。具体建议如下：

（1）在《刑事诉讼法》总则中增加规定："任何人受到一次审判后，不得就同一罪名或同一事实再予审判或者再予处罚。"

（2）再审的提起应当遵循有利于被判刑人的原则，即司法机关对生效案件提起再审的理由只能是"原判决确有错误，对被告人无罪判有罪，或量刑过重。"而不允许法院或检察院通过审判监督程序将一些所谓重罪轻判但已发生法律效力的判决撤销后重新进行审判，并作出比原判刑罚更重的判决。

（3）确立再审不加刑原则。人民法院按照审判监督程序对案件重新进行审判时，不得以任何理由改判重于原判决所判刑罚。

（4）刑事诉讼法第 205 条规定，提起审判监督程序的理由是已经发生法律效力的判决、裁定"在认定事实上或者在适用法律上确有错误"。对于这一规定中所说的"错误"，应当限定为重大的错误，如果只是存在一般性的或者轻微的错误，检察院和法院均不得提起审判监督程序。

4. 完善辩护制度

我国立法关于被追诉人的辩护权和辩护制度的规定与国际刑事司法准则相比存在着较大的差距，应当进行改革与完善。具体建议如下：

（1）保障被追诉人聘请、会见律师的权利。我国刑事诉讼法规定，在起诉阶段和审判阶段，犯罪嫌疑人、被告人可以委托他人进行辩护；在侦查阶段，犯罪嫌疑人可以聘请律师为其提供法律帮助。但却没有明确规定，侦查人员在对犯罪嫌疑人进行讯问或者采取强制措施之前应当告知其享有聘请律师的权利，这导致了在司法实践中，许多犯罪嫌疑人在侦查阶段由于不懂法律而得不到律师的帮助，使得本来就处于弱势地位的犯罪嫌疑人更加无助。另外，被追诉人与律师进行联络、会见的权利也受到诸多的限制，得不到有效的行使，因此，应当从以下几个方面进行改革，以切实保障被追诉人聘请、会见律师的权利：

首先，确立侦查人员的告知义务。在刑事诉讼法中应当规定："侦查人员在对犯罪嫌疑人进行第一次讯问或者采取强制措施之后应当告知其享有聘请律师的权利，并询问其是否聘请律师提供法律帮助。"

其次，取消刑事诉讼法第 93 条关于律师会见在押的犯罪嫌疑人时侦查机关可以派员在场的规定，并在刑事诉讼法中规定："在侦查阶段，律师会见在押的犯罪嫌疑人时，侦查人员可在视线范围之内但听力范围之外进行监督。"

再次，保障被追诉人有充分的机会、时间和便利条件与律师进行会面。在司法实践中，一些地方的公安、司法机关对律师与被追诉人会见的次数、会见时间的长短进行严格的限制，并常常无理拒绝律师提出的会见被追诉人的要求，严重侵害了被追诉人的辩护权利。因此，应当在立法中规定："除法律规定的特殊情况外，公安机关、人民检察院和人民法院不得对被追诉人会见律师的权利加以限制。"

（2）保障辩护律师的调查取证权。我国法律赋予辩护律师自行调查取证和申请调查取证的权利，但正如上一章所述，法律规定的不完善使得辩护方的两条取证渠道都极不顺畅，辩护律师很难收集到有价值的证据。鉴于此，刑事诉讼法应从以下几个方面加以修改和完善，以切实保障辩护律师的调查取证权：

首先，取消刑事诉讼法关于辩护律师向有关单位和个人调查取证必须经其同意的规定，并在刑事诉讼法中规定：对于辩护律师的调查取证工作，有关单位和个人应当给予配合，如实地提供证据、证言。

其次，取消辩护律师向被害人或者其近亲属、被害人提供的证人收集证据须经司法机关许可的限制。辩护律师向被害人等调取证据须经司法机关许可，这一限制明显缺乏合理性，并严重限制了辩护律师调查取证的权利，应当取消。另外，被害人提供的证人与一般的证人并无太大区别，同样负有协助查明案件真相的义务，因此，对于辩护律师的调查取证行为，他们也应当给予配合，如实提供证言，而不应仅为控诉方所"专用"。而被害人作为刑事诉讼当事人，其诉讼地位和自身情况都比较特殊，有必要在法律上予以特殊的保护。因此，刑事诉讼法中关于辩护律师向被害人或其近亲属调取证据须经被害人本人或其近亲属同意的规定应当予以保留。

再次，应当明确规定辩护律师申请调查取证权利遭到侵害时的救济措施。刑事诉讼法中虽然规定了辩护律师可以申请司法机关收集、调取证据，但没有规定该项权利遭到侵害时的救济途径，因而辩护律师的这一权利实际上得不到切实保障。我们认为，要使辩护律师的该项权利得到实现，就必须有相应的程序保障，即：当辩护律师申请人民检察院或人民法院调取有利于本方的证据而人民检察院或人民法院拒绝调取时，辩护律师有权向上一级检察院或法院提出申诉。

（3）保障辩护律师的阅卷权。查阅案卷材料是辩护律师了解案件情况的重要途径，由于律师的自行调查取证、申请调查取证具有很大的局限性，因此律师的当庭质证和辩护活动在很大程度上依赖于他的阅卷权。刑事诉讼法中关于律师阅卷权规定的不完善使得律师的阅卷权在实践中受到很大的限制，辩护律师无法查阅全部的案件材料，全面掌握案情，其辩护职能得不到充分发挥。为保障辩护律师能够享有充分的阅卷权，刑事诉讼法第36条第2款前段应修改为："辩护律师自人民法院受理案件之日起，可以到人民法院和人民检察院查阅、摘抄、复制本案所指控的犯罪事实的材料。"

（4）进一步完善法律援助制度。从司法实践来看，对大多数因经济困难而没有委托辩护人的被告人，法院都没有为其指定辩护律师。而且即使法院为被告人指定了辩护律师，但由于被指定的律师在审判阶段才能介入诉讼，无法与被告人进行充分的交流和全面收集有利于被告人的证据，所以，很难在庭审中提出有力的辩护意见。事实上，大多数被指定的律师在庭审中也只是走过场，起不到什么实际的作用。因此，应当修改相关立法，进一步完善法律援助制度。首先，应将法律援助的时间提前到侦查、起诉阶段。律师提早介入诉讼可以更好地了解案情、收集证据、保障被追诉人的合法权利。其次，应当扩大法律援助对象的范围。目前，我国的法律援助对象仅限于刑事诉讼法所规定的三类被告人，与国际刑事司法准则所规定的法律援助对象的范围相比显然过于狭窄，因此应在刑事诉讼法中增加规定："由于客观原因没有聘请律师提供法律帮助和辩护，或者因经济困难而没有委托辩护人的犯罪嫌疑人和被告人，有权获得法律援助。"

5. 完善审前羁押制度

审前羁押作为刑事诉讼中最为严厉的强制措施，将使犯罪嫌疑人的人身自由受到较长时间的限制和剥夺，如果没有合理的监督和制约机制，犯罪嫌疑人的人权必然会因侦查机关滥用权力而遭到损害。1996 年我国修改刑事诉讼法时，对原有的强制措施体系进行了改革，将收容审查排除在刑事强制措施之外，并对强制措施的批准权和执行权的分配、适用条件、适用期限和适用手续等作了一系列的限制和规范。然而，上述立法和改革措施对于防止任意逮捕和羁押所起的作用仍十分有限。与国际刑事司法准则相比，我国在审前羁押的权利保障方面还存在一定的差距，需要进一步改革与完善。具体建议如下：

（1）建立司法授权和审查机制。公安机关和检察机关采取拘留、逮捕等强制措施，应当事先向法院提出申请，经过法院的司法审查程序。法院认为符合法定条件的，方予授权。法院签发令状后，公安机关和检察机关才能实施拘留和逮捕。

（2）赋予被羁押者提出异议的权利。根据刑事诉讼法的规定，犯罪嫌疑人、被告人只有在公安机关采取强制措施超过法定期限时，才有权要求解除强制措施，而不能对羁押的合法性和合理性提出异议，这与国际刑事司法准则的规定不相符合。因此，为有效保障被羁押者的权利，我国应对刑事强制措施继续进行改革，赋予被羁押者对非法或不合理的羁押提出异议的权利。具体应当在刑事诉讼法中增加规定："如果被羁押者认为所受到的强制措施是非法的、不合理的，有权向授权采取强制措施的法院申请复议，法院应立即进行复议，3 日内作出决定。法院维持原决定的，被羁押者可向上一级法院申请复核，上级法院应当立即进行复核，3 日内作出是否变更的决定，通知下级检察院和公安机关执行。"

（3）完善延长羁押期限的审批制度。刑事诉讼法关于延长羁押期限的条件和审批程序的规定不够完善，存在着任意延长羁押期限的可能性，从而导致司法实践中发生了严重的超期羁押现象。因此，有必要对现行的延长羁押期限的审批制度加以改革。应当在刑事诉讼法中规定，公安机关、检察机关认为需要延长羁押期限的，必须向法院提出申请，由法院进行审查，符合法定条件的，法院应当批准；法院不批准的，公安机关、检察机关应当立即释放。对于需要继续侦查，并且符合取保候审、监视居住条件的，依法取保候审或监视居住。

（4）尽量减少羁押的适用。根据国际人权公约的规定，对于等待审判的人们，审前羁押应当是一种例外。而我国的情况正好相反，绝大多数的被追诉人都受到了长时间的羁押，只有极少数能够获得取保候审或监视居住。为切实保障被追诉人被暂时释放等待审判的权利，我国应当参照国际人权公约的规定和西方国家的做法，扩大取保候审的适用范围，放宽其适用条件，并对羁押的适用设立严格的条件，将羁押作为一种例外情况，让大多数的被追诉人能在不被羁押的状态下等待审判。

6. 切实贯彻直接、言词原则

直接、言词原则是国际通行的刑事诉讼原则。我国刑事诉讼法并没有具体规定这一原则，但从其中的一些规定来看，对此原则是予以肯定的，而且通过庭审方式改革，加强控辩双方的对抗性，更是对直接、言词原则的强烈追求。但从实践情况来看，由于证人出庭率低，法官缺乏独立性等原因，该原则在我国尚未得到切实充分的贯彻实施，从而使得被告人的质证权和诉讼的公正性缺乏有效的保障。为保证直接、言词原则在我国得到充分的贯彻实施，应当对现行立法作出以下修改：

（1）建立强制证人出庭制度。刑事诉讼法规定了证人出庭作证的义务，但没有规定证人拒绝作证的惩罚措施，我们应借鉴国外的经验，在我国刑事诉讼法中明确规定证人拒绝作证的强制性措施和制裁措施，即：法院传唤证人出庭作证，如果证人无理拒绝，妨碍诉讼进行的，法院可以强制其到庭，并可予以警告、训诫；情节严重的，可处以罚款或拘留。

（2）建立传闻证据规则。传闻证据规则即传闻法则，是指原则上排斥传闻证据作为认定犯罪事实的根据的证据规则。根据这一规则，如无法定理由，在庭审或庭审准备期日外所作的陈述不得作为证据使用。此外，记载检察官或司法警察职员勘验结果的笔录不具有当然的证据能力，只有当勘验人在公审期日作为证人接受询问和反询问，并陈述确实系他根据正确的观察和认识作成时，才能作为证据使用。鉴定人制作的鉴定结论亦同。只有鉴定人在庭审时作为证人接受询问和反询问，说明鉴定书系其以正确方法作成时，才具有证据能力。

（3）严格实行法官责任制，保障法官依法独立判案。直接、言词原则要求审理案件的法官根据自己在庭审过程中的所见所闻，依法作出裁判；强调法官的亲历性，而不允许由幕后的法官来决定案件的最终结果。要达到这一要求，就要赋予法官个人独立自主的裁判权，取消院长、庭长对刑事案件的内部审批制度。另外，还要理顺上下级法院之间的关系，取消长期存在的案件请示制度。关于审判委员会的存废问题，目前存在较大争议，我们认为，随着我国民主法制建设的发展，审判委员会最终将退出司法舞台。

（四）行政法的改革

1. 改革劳动教养制度

40 多年来，我国劳动教养制度在防治违法犯罪，教育改造有轻微违法犯罪行为的人，维护社会治安秩序方面发挥了重要的作用。但客观地说，这方面的法制到现在仍然很不健全，许多规定流于形式，执行上也很不规范。由于这些问题的存在，劳动教养成为我国公民人权遭到侵犯最为严重的领域之一。时至今日，劳动教养制度已不能适应我国社会发展的需要，并且与国际人权公约的规定严重抵触，应当进行改革。

劳动教养作为一种行政处罚，其法律性质与其实际严厉程度明显不相适应。因此，要对劳动教养制度进行改革，首先应当对劳动教养的性质进行重新定位，然后设计相关的制度框架，对劳教制度进行重构。对于劳动教养的定位，理论界主要有两种观点，一是认为劳动教养与刑罚大同小异，甚至比刑罚有过之而无不及，劳动教养实际上已成为一种刑事处罚；另一种观点则认为，劳动教养的目的并不是惩罚已然之罪，而是防患可能之罪，因此，劳动教养在本质上应当是一种保安处分。我们倾向于第二种观点，将劳动教养确定为一种保安处分，在此基础上构建劳动教养的审批程序。根据国际人权公约的规定，在判定对任何人提出的任何刑事指控或确定他在一件诉讼案件中的权利义务时，人人有资格由一个依法设立的独立的和无偏倚的法庭进行公正和公开的审讯。劳动教养尽管在法律上不是一种刑事处罚，但其处罚强度极大，剥夺被劳动教养者人身自由的时间有可能长达 3 至 4 年，因此应当由法院来对劳动教养的适用进行最终审查。具体制度设计如下：

（1）在大中城市的人民法院设立治安法庭，专门负责审查由公安机关提请审查的劳动教养案件；

（2）考虑到劳动教养的期限为1～3年，而绝大多数劳动教养案件的事实并不复杂，治安法庭应适用简易程序开庭审理；

（3）被审查人有聘请律师为其辩护的权利，对法院的判决不服的，可以提起上诉；

（4）劳动教养案件的审理，由人民检察院进行法律监督。

2. 完善国家赔偿制度

国家赔偿法是我国在人权保护方面一部极为重要的法律，制定该法的目的在于以法律手段保护普通民众的合法权益，为遭到国家机关违法行为侵害的公民提供法律救济。但从司法实践来看，立法者的良好初衷没有得到很好地实现，国家赔偿制度未能很好地起到保护弱者的作用，许多受害人难以得到有效的救济。这种局面的形成虽然与具体操作的不规范有关，但更重要的是立法上存在许多不完善的地方。为更好地维护受害者的合法权益，应当对现行的国家赔偿制度进行修改完善。具体建议如下：

（1）修改国家赔偿标准。根据国家赔偿法的规定，对于人身自由被侵犯的公民，在计算赔偿金额时适用单一、定额的标准，即每日的赔偿金按照国家上年度职工日平均工资计算，对于受害人的具体情况未加以考虑。这一看似公平的标准其实蕴含着极大的不公。特别是对一些高收入者而言，依现行标准计算出来的赔偿金额根本无法起到有效的救济作用。另外，这一标准针对的仅仅是受害人金钱上的损失，对于受害人因人身自由遭到侵害而应得到的救济补偿则根本没有考虑在内。鉴于此，我们认为，应将国家赔偿法第25条修改为："侵犯公民人身自由的，每日的赔偿金按照该公民人身自由被侵犯之前一年内的日平均工资的两倍计算。没有工资收入的，每日的赔偿金按照当地上年度职工日平均工资的两倍计算。"

（2）将精神损害纳入赔偿范围之内。在很多情况下，国家机关的违法行为不仅给公民造成身体上的伤害和物质上的损失，而且损害公民的人格尊严，对其名誉、情感和社会关系等造成严重的影响，对此，受害人理应享有获得精神损害赔偿的权利。而国家赔偿法没有将精神损害纳入赔偿范围之内，这与"有损害就有救济"的法律原则不相符，无法使受害人的合法权益得到应有的救济。为此，应对现行的国家赔偿法加以修改，将精神损害赔偿纳入国家赔偿范围之内。赔偿的标准可以结合我国的国情和国家的财政状况加以确定，并应随着经济的发展逐步提高。

3. 对间接财产损失予以适当赔偿。根据国家赔偿法的规定，国家机关违法行为给公民造成财产损失的，原则上只赔偿直接损失，对于可得利益损失一概不赔，这对于受害人同样是极不公平的。许多受害人因国家机关违法行为所遭受的间接损失要远远大于直接损失，按照直接损失计算的赔偿金对他们来说无异于杯水车薪，其实际损失远远得不到弥补，从而国家赔偿法的立法宗旨和目也就得不到实现。我们认为，国家应对国家机关违法行为给受害人造成的财产上的间接损失予以适当的赔偿，为此应将国家赔偿法第 28 条第 7 款修改为："对财产权造成其他损害的，按照直接损失给予赔偿。对于受害人有证据证明的、由国家机关和国家机关工作人员的违法行为造成的间接损失，按认定金额的 50% 给予赔偿。"采用这样的赔偿方式和标准，虽然仍不能弥补受害人的实际损失，但可以对国家机关的行为起到较大的制约作用，有利于维护受害人的人格尊严，缓解和消除其不满和对立的情绪，并较好地体现国家对人权的尊重和保障。

二、行 政 改 革

行政改革在保障人权方面的作用主要有以下几点：首先，行政改革的许多措施本身就是在维护和发展人权，如政府进行国有企业改革、政府机构改革、农村税费改革、社会保障改革等，促进了经济发展，维护了社会稳定，保障了人们的生存权、发展权等基本人权；其次，行政管理涉及社会生活的诸多方面，行政改革可以为国际人权公约所规定的人权建立具体的制度保障，例如国际人权公约和我国宪法都规定公民有言论、出版、集会、结社、游行、示威的自由，有宗教信仰自由等，这些公民权利、政治权利要落到实处，需要通过行政改革提供制度保障；再次，行政改革可以以一种渐进的方式，突破立法改革的困难，逐步达到国际人权公约的要求，例如，可以通过户籍管理制度的改革，逐步缩小城乡差别，最终实现迁徙自由。

我国自 1971 年恢复在联合国的合法席位以来，签署和加入了二十多个国际人权公约。为履行条约义务，我国进行了多方面的改革，并取得了显著成绩。然而，我国的人权状况与国际人权公约的要求仍有相当距离，其中，行政制度方面的问题尤为突出。无疑，只有进行改革，才能缩小和消除我国法制与国际人权公约的差距。为保障人权而进行的行政改革所涉及的范围非常广泛，下面我们仅就若干行政制度的改革进行讨论。

（一）户籍管理制度改革

我国现行户籍管理制度的法律依据是 1958 年 1 月 9 日颁布并实施的《中华人民共和国户口登记管理办法》。根据该办法，一个人进行异地迁徙，必须得到户口迁徙地和户口所在地的许可。这一做法违背了国际人权公约有关迁徙自由的规定。《世界人权宣言》第 13 条第 1 款规定："人人在各国境内有权自由迁徙和居住。"《公民权利和政治权利国际公约》第 12 条规定："（1）合法处在一国领土内的每一个人在该领土内有权享受迁徙自由和选择住所的自由。（2）人人有权自由离开任何国家，包括其本国在内。"虽然迁徙自由对很多人来说还很陌生，但事实上我国在 1949 年 10 月通过的《中华人民共和国政治协商会议共同纲领》和 1954 年宪法都明确规定居住、自由迁徙是我国公民的基本权利。迁徙自由被取消始于 1956 年。当时，由于大量农民涌入城市，造成粮油等基本物资供应骤然紧张，公安部于这一年的 12 月出台了一个禁止农民进入城市的规章。两年之后，《户口登记管理办法》出台。虽然有人认为中国现行的户籍管理制度是计划经济的产物，不利于市场经济条件下人（劳动力）、生产资料和商品的自由流动，不能实现资源的优化配置，但也有人认为："如果农村人口可以无限制地大量涌入大城市，就会在就业、住房、交通、治安、服务等各方面发生问题，对国家建设、人民生活不利。"①

近些年来，我国在户籍管理制度方面进行了一些改革，一定程度

① 参见顾昂然：《中华人民共和国宪法讲话》，法律出版社 1999 年版，第 54 页。

上放松了对迁徙自由的限制，但没有实现根本的转变。1997 年我国开始对小城镇的户籍管理制度进行改革试点。国务院在 1997 年批转公安部《小城镇户籍管理制度改革试点方案》中要求，试点期间办理小城镇常住户口"实行指标控制，指标由国家计委商财政部、公安部、农业部等有关部门另行下达"。该试点方案还规定，经批准在小城镇落户人员的农村承包地和自留地，由原所在的农村经济组织或者村民委员会收回；经批准在小城镇落户人员必须在具有合法固定住所后连续居住 2 年以上。2001 年 3 月，国务院批转了公安部《关于推进小城镇户籍管理制度改革的意见》。根据该意见，计划指标管理和办理户口的居住期限被取消，而且进城农民可以保留土地承包权或依法将其有偿转让。2001 年，不少大中城市按照 1998 年国务院批转公安部《关于解决当前户口管理工作中几个突出问题的意见》的通知要求，开展了"投资（兴办实业）入户、购买商品房入户"的户籍改革试点，但改革进展不是很快，也有个别城市步子较大。2001 年 8 月，河北省石家庄市在市区范围内全面放开户籍迁移制度，其主要内容是：在石家庄市有固定居所和稳定收入的非本市人员可以登记当地户口，在石家庄市有亲属的，在石家庄市投资开办企业的可以落户。另外，符合一定学历和技术条件的也可以落户石家庄。与石家庄市不同，北京市进行的户籍制度改革主要是投资入户的改革试点。2001 年 10 月，《北京市外地来京开办私营企业人员办理常住户口实行办法》开始实施。该办法规定，外地来京开办私营企业人员，主要限于私营企业负责人、执行合伙企业事务的合伙人或法定代表人，其企业连续 3 年每年纳税 80 万元以上或近 3 年纳税总和达到 300 万元，企业职工中的本市人数须连续 3 年保持在 100 人以上或达到职工总数的 90% 以上者，在购买了城区合法产权的住房后可以为其本人及其配偶和一名未成年子女办理城区常住户口。这些条件苛刻到几乎难以操作，实际效果不大，失去了改革的意义。2003 年 3 月，江苏省政府提出打破城乡分割的户籍管理二元结构，在江苏省全面建立以居住地登记户口为基本形式、与社会主义市场经济体制相适应的新型户籍管理制度。从同年 5 月 1 日起，江苏省在全省范围内开始取消农业户口、非农业户口等户口性质，这一举措获得好评。同年 8 月，公安部推出 30 项便民利民措施，其中关于户籍管理的几项改革措施包括：大学新生户口是否迁移全凭自愿，出国 1 年以上人员将不再注销户口（在国外、境外定居的除外），婴儿随父落户不再有年龄限制，到西部投资办厂可不迁户口，高中级专门人才到小城镇或农村工作可不迁户口，大学生到西部工作户口迁移由自己决定，被判处徒刑、被决定劳动教养人员不再注销户口等。

我国目前的户籍管理制度改革，在一定程度上消除了部分歧视，但并没有触及到户籍管理制度的根本，人口的流动仍是有条件的、有限的。有学者认为："其实，全面推动登记制的户籍管理改革，实现人口自由迁徙的时机已经成熟了。"① 首先，市场经济需要人、财、物的自由流通，人在生产过程中是最活跃的因素，解除对人的控制，有助于促进经济和社会发展；其次，担心农民大量涌入城市也是没有道理的，根据市场法则，如果农民在城市没有住房也没有工作，无法维持生活，最终还是会离开的。虽然如此，从我国目前的情况看，一步到位地取消户籍管理制度是不现实的，我们需要进行渐进式的改革。我们可以从地方开始，先实现局部范围的迁徙自由，等到全国范围的户籍管理都相对开放后，再进行全面的改革。有人预计，最多 5 年到 10 年，中国的户籍管理将全面放开。

户籍管理制度改革不仅涉及公民的迁徙自由，还涉及劳动权、受教育权、社会保障权等一系列基本人权。暂住证制度是户籍管理制度的重要组成部分。目前全国正在筹划取消暂住证制度。2003 年 7 月 22 日，沈阳市率先取消暂住证制度，改为免费申报暂住登记制度，并推出对外来人口"市民化管理、亲情化服务和人性化执法"的零收费管理模式。8 月 5 日，芜湖市也废除了暂住证制度。其实，暂住证制度本身并没有错，任何人在一个城市学习、工作、生活，都应由当地公安机关进行有效管理，这本是对流动人口从治安角度进行控制的需要。但多年以来，在实行暂住证制度的过程中，出现了不少问题，这是因为暂住证被赋予了一些其本身不应具备的功能，如找工作、租房子等很多事情都必须要有暂住证才行。暂住证由此被称为外来人口的"生死簿"，成了他们在城市生存的基础。由于这种原因，收取暂住费就成了有关部门的生财之道。如果一名农民工每年缴纳暂

① 参见新闻周报：《"公安 30 条"未触及户籍根基》，2003 年 8 月 28 日。

住费 200 元, 那么按 8000 万农民工计算, 有关部门一年就可收入 160 亿元。暂住费的收取, 加重了外来人口的经济负担, 剥夺了他们与城市居民同等的劳动权、受教育权等权利。为维护社会的基本公平, 保障人权, 我国应尽快取消暂住证制度, 建立全国统一的免费申报暂住登记制度。

(二) 救助管理制度改革

我国新的救助管理制度是收容遣送制度废止后的产物。1982 年 5 月, 国务院发布了《城市流浪乞讨人员收容遣送办法》, 同年 8 月公布了《城市流浪乞讨人员收容遣送办法实施细则 (试行)》, 由此建立起收容遣送制度。收容遣送本身应当属于社会救助的范围, 收容遣送制度也应当是一项救助管理制度。然而, 我国的收容遣送制度在很多方面侵犯了人权, 成为国际社会批评我国人权状况的焦点之一。2003 年 6 月 20 日, 国务院颁布了《城市生活无着的流浪乞讨人员救助管理办法》, 该办法自同年 8 月 1 日起施行。7 月 21 日, 民政部公布的《城市生活无着的流浪乞讨人员救助管理办法实施细则》对国务院颁布的《救助管理办法》中的一些概念和操作程序作了比较全面的细化。由此, 实施了 21 年之久的收容遣送制度在我国被彻底废除。

虽然收容遣送制度被废止, 但新的救助管理制度并没有因此完全建立起来, 我国救助管理制度的改革任重道远。为防止新的救助管理制度再度侵犯人权, 我们有必要对已废止的收容遣送制度进行检讨。收容遣送制度至少在以下几个方面侵犯了国际人权公约所确立的人权: 首先,《世界人权宣言》第 13 条规定, 对任何人不得加以任意逮捕、拘禁或放逐,《公民权利和政治权利国际公约》第 9 条第 1 款也规定, 人人有权享有人身自由和安全, 任何人不得加以任意逮捕或拘禁, 而收容遣送制度实际上是以行政措施强行限制、剥夺公民的人身自由, 这与我国的劳动教养制度有相似之处; 其次,《公民权利和政治权利国际公约》第 8 条规定任何人不应被要求从事强迫或强制劳动, 而收容遣送站对没有能力支付遣送费用的人, 往往强迫其通过劳动抵偿遣送费用, 这一点与劳动教养制度强迫劳动侵犯人权也是相同的; 再次,《公民权利和政治权利国际公约》第 7 条规定, 任何人不得加以酷刑或施以残忍的、不人道的或侮辱性的待遇或刑罚，而收容遣送制度往往未能有效地保障被收容人员这一方面的权利，被收容人员被侮辱、被伤害乃至被虐害致死的事件时有发生。引发收容遣送制度被废除的"孙志刚事件"就是一个典型。

与《收容遣送办法》相比，新的《救助管理办法》在保障人权方面有很大的进步。可以说，过去的收容遣送是强制性的、惩戒性的，而现在的救助管理则是救助性的、服务性的。新的《救助管理办法》规定"受助人员自愿离开不受限制"。这从根本上改变了过去收容遣送制度的强制性，使公民的人身自由和安全得到了可靠保障。由于实行"救助自愿"的原则，因而强制劳动、侮辱、殴打、虐待被救助人员等情况也就能够得以消除。虽然如此，我们仍然要注意到，《救助管理办法》的实施遇到了许多困难和问题。首先，区分求救人员是否属于救助范围相当困难。根据《救助管理办法》，"城市生活无着的流浪乞讨人员"是指因自身无力解决食宿，无亲友投靠，又不享受城市最低生活保障或者农村五保供养，正在城市流浪乞讨度日的人员，救助站要查明求救人员是否属于该范围，相当困难。其次，即使查明了流浪乞讨人员的身份，如何处理也是困难重重，因为流浪乞讨人员往往不愿返乡，其家人及住所地往往也不愿意接纳，但又不能采取强制遣送的办法。对此，广州市救助站在与广州市人大常委会内务司法委员会及部分人大代表座谈时提出了"护送返乡"的意见，即对能够查明受助人地址，但本人无法返回住地，经联系受助人亲属、所在单位、地方民政部门均不来领回者，超过救助期限的可以护送返乡。再次，很多受救助人患有疾病，救助站要负担受救助人的医疗费用有很大的财政压力。

应当看到，救助管理制度的建立，不仅能够保障公民的人身自由和安全以及其他权利，而且还能够保障公民享受社会保障的权利、获得相当的生活水准的权利等其他人权。为推动我国人权事业的发展，我们应当加快完善救助管理制度。首先，要尽快改造救助管理站。自2003年7月24日民政部要求将收容遣送站更名为"救助管理站"以来，救护管理站进行了很大的改造。在辽宁沈阳，救助管理站的栅栏被拆掉，大通铺改成了单人床，带锁的门也被换掉。在广州，救助管理站已消除原来收容遣送监管场所的痕迹，原有的铁门、铁窗换成了家居式的铝合金门窗；原有的水泥通铺换成了每人一张的铁架床；设有阅览室、餐厅，安置了电视机并提供个人生活用品；每个居室有独立的卫生间和洗漱间，每间入住人数不超过 8 人。① 我们必须尽快在全国范围内实施救助站的全面改造，这是一项紧迫的任务。其次，要尽快完善救助管理的具体制度。一方面，要保证受助人是符合法律规定的真正需要帮助的人；另一方面要使救助费用真正用到受助人的身上。为保证受助对象的准确性，《广东省城市生活无着的流浪乞讨人员救助管理规定》规定了 8 种应该停止救助的情形，包括：虽有流浪乞讨行为，但不具备民政部《城市生活无着的流浪乞讨人员救助管理办法实施细则》第 2 条规定情形的；拒不如实提供个人情况的（因年老、年幼、残疾等原因无法提供的除外）；进站前患有危重病、精神病、传染病或外表有上述病情体征的；求助人身上有明显伤痕，但本人拒绝说明情况的；求助人提供的情况明显矛盾并有欺诈行为的；受助人员故意提供虚假个人情况的；受助人员不事先告知救助管理站而擅自离站的；受助人员救助期满，无正当理由不愿离站的。应当说，上述规定是合理的，对全国的救助管理工作有借鉴意义。当然，我们也要防止另一种倾向，即通过具体规定变相阻碍正当的救助请求，同时也要防止救助站及救助人员故意刁难求助人。为保证救助费用的合理分配、恰当使用，应当建立有效的监督制约机制，同时提高救助管理站工作人员的综合素质，防止发生腐败现象。

（三）计划生育制度改革

我国从 1979 年开始推行计划生育。1982 年 9 月，中共十二大正式提出："实行计划生育，是我国的一项基本国策。"同年 12 月，这一国策被载入我国宪法。宪法第 25 条规定："国家推行计划生育，使人口的增长同经济和社会发展计划相适应。"通过推行计划生育，我国有效地遏制了人口过快增长的势头，实现了低生育水平。实行计划生育以来，我国共减少人口出生达 3 亿多人，大大缓解了社会在食物供应、劳动就业、环境保护等多方面的压力。虽然对计划生育的批评

---

① 参见公安在线论坛网（网址：http：//www.gazx.govcn），《广州救助站开档遇四大难题》。

一直不断，但实施这一制度的必要性已经得到了广泛的认可。从人权的角度来看，生存权和发展权是人权的重要内容。要实现生存权和发展权，必须保证经济的可持续发展。而在我国，要保证经济可持续发展，控制人口是当务之急。因此我们可以说，实行计划生育本身就是为了保障人权。

虽然从宏观方面看计划生育政策不仅不侵犯人权，而且还保障人权，但不可否认，具体的计划生育工作确实有侵犯人权的情况。对此，我国已经进行了相应的改革，并取得了一定的成绩。首先，我国进行了立法改革。2001 年 12 月 29 日，九届全国人大常委会第 25 次会议通过《人口与计划生育法》，该法自 2002 年 9 月 1 日起实施。该法规定：生育权是夫妻双方的权利；公民享有避孕方法的知情选择权；计划生育夫妻可享受奖励和社会保障；严禁非法"B 超"查辨胎儿性别；政府及其工作人员在推行计划生育工作中应当严格依法行政，文明执法，不得侵犯公民的合法权益。该法首次以国家法律的形式确立了计划生育基本国策的地位，结束了计划生育工作长期以来依靠政策和地方法规的历史。与《人口与计划生育法》同时实施的还有《社会抚养费征收管理办法》。该办法规定，任何单位和个人都不得违反法律、法规，擅自增设与计划生育有关的收费项目，提高社会抚养费征收标准。通过对社会抚养费征收行为的规范，该办法约束了政府及有关部门、机构的征收行为，保护了公民的合法权益。其次，国家计生委与联合国人口基金合作，在 32 个贫困县推行试点改革。在试点地区，逐步去掉了指标管理，实行按政策生育；逐步取消了生育证，建立了服务证。另外，在这些地区还推行"知情选择"优质服务。以前是要求"一孩上环、二孩结扎"，现在则是"知情选择"。所谓"知情选择"，就是把各种避孕节育方法详细介绍给群众，让群众在了解这些方法优缺点的基础上自己来选择。"上环、结扎"本身是科学安全的，但由于过去常常采用强制命令的办法，结果严重侵犯了公民的人身权。"知情选择"改变了这种状况。除了 32 个试点县外，全国其他省市 800 多个县也在进行改革。目前改革已经覆盖了全国 1/3 的地区。调查证实，在实行"知情选择"的地区并没有出现生育率反弹、人流比例增加的情况。所以，让群众知法懂法，了解科学知识比强制命令有效得多。

尽管我国的计划生育制度改革取得了显著成绩，在保障人权方面有很大进步，然而，计划生育制度仍存在许多问题，需要进行进一步的改革。首先，计划生育工作中的强制和变相强制仍然存在。在我国，各级党委、政府，特别是党政一把手通常都要亲自抓人口目标责任制的考核，实行"一票否决"制度：完不成人口目标责任制的地方、单位和部门不能评为先进和文明单位；凡违纪超生的干部，一律不得提拔重用；凡违纪超生的国家工作人员一律开除公职。另外，是否完成人口目标责任制还是考核决定行政人员职务升降的重要依据。由于这些政策，下级行政机关只得想方设法完成上级规定的"人口指标"。在完成人口指标有困难的情况下，除了虚假上报外，就只得采取强制手段了。由此，很容易发生侵犯人权的事件。为解决这一问题，最根本的就是要废除"指标控制"，也就是说，中央及各级地方政府不能预先规定允许生育的人口总量，并以行政手段推行，而只能依靠法律手段进行间接调控；计划生育目标的完成情况，也不能与行政考核直接挂钩。其次，社会抚养费的收取仍是一个比较突出的问题。在以前，我国实行的是"超生罚款"，之后改为"计划外生育费"，2000年初又将"计划外生育费"更名为"社会抚养费"。虽然名称的更改使得费用的收取显得更为正当，但没有实质上的差别，因为社会抚养费的使用途径并没有多大改变。《人口与计划生育法》和《社会抚养费征收管理办法》均规定：实行社会抚养费"收支两条线管理"，使社会抚养费与计划生育部门的利益彻底脱钩，各地所征收的社会抚养费和滞纳金全部上缴国库，纳入地方财政预算管理，而计划生育工作所需经费则由各级政府财政拨款予以保证。这一规定旨在建立合理的财政投入体制，结束计划生育部门"既当会计，又当出纳"的违规做法。然而，尽管立法有了这样的规定，但实际操作中仍有许多问题。因为即使是实行了所谓的"收支两条线管理"，社会抚养费与计划生育部门的利益也不一定完全脱钩。我国进行这方面的改革，必须注意防范各种法律规避行为。

从人权保护的角度看，计划生育制度改革不仅涉及公民的人身自由和权利，还涉及妇女、儿童的经济和社会权益。《人口与计划生育法》明确了开展计划生育工作的基本原则，规定国家依靠宣传教育、科学技术、综合服务、建立健全奖励和社会保障制度开展人口和计划生育工作，并强调人口与计划生育工作应当与妇女增加受教育和就业机会、增进妇女健康、提高妇女地位相结合。可见，计划生育制度改革涉及社会生活的诸多方面，我国还需要作进一步的努力，以更好地维护和保障人权。

（四）　新闻出版制度改革

言论、出版自由是人权的重要内容。《世界人权宣言》第 19 条规定："人人有权享有主张和发表意见的自由；此项权利包括持有主张而不受干涉的自由，和通过任何媒介和不论国界寻求、接受和传递消息和思想的自由。"《公民权利和政治权利国际公约》第 19 条规定："人人有权持有主张，不受干涉。人人有自由发表意见的权利；此项权利包括寻求、接受和传递各种消息和思想的自由，而不论国界，也不论口头的、书面的、印刷的、采取艺术形式的或通过他所选择的任何其他媒介。"我国宪法第 35 条规定："中华人民共和国公民有言论、出版、集会、结社、游行、示威的自由。"改革开放以来，我国大力发展新闻出版事业，为公民行使言论、出版自由提供了良好条件。据统计，2001 年，我国共出版报纸2 111种，总印数 351 亿份，出版期刊品种8 889种，总印数近 29 亿册，出版图书 15 万多种，总印数 63 亿多册；到 2001 年底，全国累计建成广播电视接收设施 10 万多个，广播、电视人口综合覆盖率已分别达到 92.9% 和 94.2%。①

虽然新闻出版事业的发展为我国公民行使言论、出版自由提供了良好条件，但不可否认，我国的新闻出版制度仍存在许多问题，需要进行较大的改革。首先，目前规范我国新闻出版制度的主要是行政法规和规章，包括 1996 年 2 月国务院颁布的《中华人民共和国计算机信息网络国际联网管理暂行规定》（1997 年 5 月修订）、1997 年 2 月国务院颁布的《出版管理条例》（该条例所称出版物包括报纸、期刊、图书、音像制品、电子出版物等）、1997 年 8 月国务院颁布的《广播电视管理条例》以及 1998 年 3 月国务院信息化工作领导小组颁布的《中华人民共和国计算机信息网络国际联网管理暂行规定实施

---

① 参见中国人权研究会：《中国人权 13 年》（网址：http://www.humanrights-china.org/china/rqzt/rq/jswmfz.htm）。

办法》等。由于行政法规和规章倾向于强调管理的有效和方便，所以对公民权利的保护通常不够充分。虽然我国早在十多年前就开始筹划制定《新闻法》、《出版法》、《广播电视法》，但由于体制的原因一直处于停滞状态。1998年，国家新闻出版署在其制定的《新闻出版业2000年及2010年发展规划》中提到，到2010年新闻出版法制建设要建立以《出版法》、《新闻法》、《著作权法》为主体及与其配套的新闻出版法规体系。尽管如此，新闻出版制度的改革仍要做很多工作。其次，我国创办报纸期刊一直实行批准登记制，凡创办报刊必须事先向有关方面提出申请，经批准进行登记后方许出版。根据《出版管理条例》的规定，出版物应当由出版单位出版；未经批准擅自设立出版单位或者擅自从事出版物的出版是非法出版活动，应予以取缔；设立出版单位必须有合格的主办单位及其必要的主管机关并履行批准登记手续。

为充分保障言论、出版自由，应当对我国的新闻出版制度进行以下改革：首先，要制定并颁布《新闻法》、《出版法》、《广播电视法》等，为新闻出版业提供有力的法律保障；其次，要确定开放、宽松的原则，从整体上提高新闻出版的自由度；再次，要逐步实现现有新闻出版单位的"政企分开"。特别要提到的是，近些年来我国的互联网发展迅猛，并以前所未有的方式改变着我们的生活。互联网对我国现行的新闻出版制度的冲击是不言而喻的。如果我们不能及时改革，目前的一些"权威"出版单位的信誉和权威将受到极大的损害。

三、司 法 改 革

自1997年党的十五大提出"推进司法改革，从制度上保证司法机关依法独立公正地行使审判权和检察权"以来，我国的司法改革取得了重要进展。1999年3月，最高人民法院颁布《关于严格执行公开审判制度的若干规定》，要求各级法院"必须坚持依法公开审判制度，做到公开开庭，公开举证、质证，公开宣判"。同年10月，最高人民法院颁布《人民法院五年改革纲要》，确定了法院改革的目标，即：健全人民法院的组织体系和经费管理体制，造就一支高素质的法官队伍，建立独立、公正、公开、高效、廉洁、运行良好的审判工作机制。2000 年 7 月，最高人民法院颁布《人民法院审判长选任办法》，旨在通过审判长的选任对法院内部的审判权进行一次重新配置，以改善法官队伍的现状，实现法官权利和责任的一致。2001 年，最高人民法院旗帜鲜明地宣布："公正与效率是 21 世纪人民法院的工作主题。"最高人民法院在该年度推行了配备法官助理和确定法官名额等方面的试点工作，并在完善诉讼证据制度、推广刑事简易程序的运用等方面作了有益的探索。2002 年 7 月，最高人民法院印发了《关于加强法官队伍职业化建设的若干意见》，对建设一支职业化的法官队伍作出全面部署。在检察系统，检察改革随着 1998 年的检务公开拉开序幕；1999 年，最高人民检察院又推出了主诉检察官制度等六项具体改革措施；2000 年初，最高人民检察院发布《检察改革三年实施意见》，对检察改革做出全面部署；2001 年，最高人民检察院又试行对被告人认罪案件的程序简化方案。除了司法机关自身的改革外，2001 年 6 月九届全国人大常委会第 22 次会议通过关于修改《法官法》和《检察官法》的决定，将法官、检察官的任职资格与律师资格统一起来，建立了统一司法考试制度。2005 年 2 月十届全国人大常委会第 14 次会议通过《关于司法鉴定管理问题的决定》，对我国原有的司法鉴定制度进行了重大改革，建立起鉴定人和鉴定机构的登记管理制度。

我国司法改革所取得的进展是有目共睹的，然而不可否认，司法改革的目标并没有完全实现。如果以国际人权公约的要求为标准，我们会发现，我国的司法制度在许多方面还有待改进。2002 年 11 月，党的十六大为我国司法改革指明了目标和方向。十六大报告提出："社会主义司法制度必须保障在全社会实现公平和正义。按照公正司法和严格执法的要求，完善司法机关的机构设置、职权划分和管理制度，进一步健全权责明确、相互配合、相互制约、高效运行的司法体制。从制度上保证审判机关和检察机关依法独立公正地行使审判权和检察权。完善诉讼程序，保障公民和法人的合法权益。切实解决执行难问题。改革司法机关的工作机制和人财物管理体制，逐步实现司法审判和检察同司法行政事务相分离。加强对司法工作的监督，惩治司法领域中的腐败。建设一支政治坚定、业务精通、作风优良、执法公正的司法队伍。"党的十六大所提到的司法改革的内容很多是与国际人权公约的要求相适应的。

由于国际人权公约在司法方面的要求涉及的范围非常广泛，因此推进司法改革的每一项措施实际上都是在直接或间接地维护和保障人权。以下仅讨论为适应国际人权公约的要求而必须进行的、最具现实意义且较为紧迫的几个方面的改革。

（一）司法独立方面的改革

《世界人权宣言》第 10 条规定："人人完全平等地有权由一个独立而无偏倚的法庭进行公正的和公开的审讯，以确定他的权利和义务并判定对他提出的任何刑事指控。"《公民权利和政治权利国际公约》第 14 条第 1 款也规定："所有的人在法庭和裁判所前一律平等。在判定对任何人提出的任何刑事指控或确定他在一件诉讼案件中的权利和义务时，人人有资格由一个依法设立的合格的、独立的和无偏倚的法庭进行公正和公开的审讯。"以上规定阐明了国际人权公约在司法独立方面的要求。从以上规定看，国际人权公约所说的司法独立倾向于强调审判案件的法庭独立。

我国宪法第 126 条规定："人民法院依照法律规定独立行使审判权，不受行政机关、社会团体和个人的干涉。"在我国《人民法院组织法》和《刑事诉讼法》亦作了相同的规定。依照该规定，我国的司法独立（审判独立）指的是法院独立，而不是审理案件的法庭独立。如此看来，我国的司法独立与国际人权公约的要求有着相当的差距。尽管如此，我们还是应当看到，法院独立是法庭独立的前提，也是法庭独立的保障。遗憾的是，我国的法院独立并没有得到切实的保障。我国在坚持党的领导和"一府两院"的基本框架内，设立了最高人民法院、地方各级人民法院和军事法院等专门人民法院。其中，地方各级人民法院除受上级人民法院的监督外，还受同级党委的领导和同级人大的监督，同时由于法院人财物独立性的缺失，地方各级人民法院客观上还受本级人民政府及其职能部门的制约。这种"条块结合，以块为主"的法院体制，被学者们称为"块块领导"。"块块领导"的体制，导致了司法机关地方化，严重影响了法院独立。例如，在人事方面，司法人员的任用受制于地方党政机关。按照宪法规定，地方各级人民法院由同级人民代表大会产生，向它负责，受它监督。但实际上，根据党管干部的原则，地方各级人民法院的院长、副院长、庭长、副庭长、审判委员会委员、审判员均由同级党委或其组织部门预先讨论确定，然后提请同级人民代表大会选举或者提请它的常务委员会任命。再如，根据政府统管财政的原则，地方各级人民法院的人员工资、业务经费均由同级人民政府提出预算，然后报同级人民代表大会审议通过。这种经费划拨体制使政府掌握了法院的"经济命脉"，地方各级人民法院很容易受到行政机关的干预。要改变地方法院的这种现状，必须进行体制改革，建立新型的法院人事与财政体制。

首先，在人事方面，地方法院人员的任命应当分别由最高国家权力机关和省一级国家权力机关进行，即：省、自治区、直辖市高级人民法院院长改由最高人民法院院长提名，全国人民代表大会常务委员会任命；地方各级人民法院其他人员（包括省、自治区、直辖市高级人民法院副院长、庭长、副庭长、审判委员会委员、审判员和中级人民法院、基层人民法院院长、副院长、庭长、副庭长、审判委员会委员、审判员）改由高级人民法院院长提名，所在省、自治区、直辖市人大常委会任命。当然，无论是最高人民法院院长提名还是高级人民法院院长提名，均需在法官推选委员会推选的基础上进行。这一改革，既考虑了我国的实际情况，又可以最大限度地排除地方对司法工作的干预，有利于维护司法的统一性和独立性。

其次，在财政方面，地方法院的经费应实行全省（自治区、直辖市）统筹，即由高级人民法院对本省（自治区、直辖市）法院系统的经费开支作出预算，经本级人民代表大会审议通过后再逐级下拨；对于保证司法经费确有困难的省份，中央财政应当给予支持和帮助。这一改革，不仅可以比较有效地避免地方政府及其职能部门对司法工作的干预，而且可以使设在落后地区的法院获得较为稳定的经费保障。

按照国际人权公约的要求，司法独立不仅指法院独立，更重要的是审理案件的法庭独立。要实现法庭独立，我国应当进行两方面的改革：一是消除审判工作的行政化；二是实现法官的精英化。在我国，人民法院审判案件，通常程序是由独任庭或合议庭进行审理并提出处理意见，然后报庭长审核和院长审批，重大、复杂或疑难案件则由院长提交审判委员会讨论决定。同时，下级法院审判案件，如果属于重大、疑难、复杂的案件，往往要向上级法院请示，由上级法院作出指示，然后下级法院按照指示精神作出判决或裁定。案件审批制度不仅损害了法庭独立，而且违背了审判公开和直接言词原则；案件请示制度更是损害了我国的审级制度和在实际上剥夺了当事人的上诉权。因此，要实现法庭独立，首先应当取消案件审批制度和案件请示制度。其次，我们还要看到，法庭独立实际上是审理案件的法官独立。如果法官没有独立处理案件的权力，则法庭独立就只能是空谈；如果法官的身份、地位不独立，则法庭也不可能独立。因此，为实现法庭独立，首先必须提高法官素质，在学历、经验、办案水平上对法官提出更高要求，清退不合格法官。可以考虑从资深律师和法学教授中选任法官，以切实提高法官素质。其次，要给予法官充分的经济和身份保障，提高法官的待遇，实行法官任职终身制，消除法官独立审判的后顾之忧。

需要指出的是，国际人权公约所要求的司法独立指的是法院的审判独立，而在我国，司法独立不仅包括法院的审判独立，还包括检察机关的独立，因此，我们要实现审判独立，必须考虑如何处理好审判机关与检察机关的关系。检察机关是国家的法律监督机关，它对法院审判进行监督的范围和方式如何，直接关系到法院的审判独立。如何协调检察机关和审判机关的关系，是在我国实现司法独立所必须解决的特殊问题。

（二）禁止刑讯方面的改革

刑讯是一种严重侵犯基本人权的行为。在古代西方，希腊、罗马和天主教宗教裁判所都使用刑讯并且使其合法化。当时人们认为，口供是惟一可信的证据，而口供只有通过使用刑讯才能取得。在我国的封建社会里，由于同样视口供为"证据之王"，要求"罪从供定"，所以刑讯也是合法的。到了近代，由于社会文明程度的提高，刑讯逐渐为法律所禁止。然而在许多国家，由于历史、文化及社会等因素的影响，刑讯仍然盛行。为此，国际社会制定了一系列国际公约来制止这种侵犯人权的行为。1948 年联合国大会通过的《世界人权宣言》第 5 条规定："任何人不得加以酷刑，或施以残忍的、不人道的侮辱性的待遇或刑罚。"1966 年联合国大会通过的《公民权利和政治权利国际公约》第 7 条也规定："任何人均不得加以酷刑或施以残忍的、不人道的或侮辱性的待遇或刑罚，特别是对任何人均不得未经其自由同意而施以医药或科学实验。"1984 年联合国大会还通过了《禁止酷刑和其他残忍、不人道或有辱人格的待遇或处罚公约》，以更加有效地禁止和惩治刑讯行为。

我国于 1986 年 12 月签署了《禁止酷刑和其他残忍、不人道或有辱人格的待遇或处罚公约》。1988 年 11 月 3 日该公约对我国生效。根据该公约的规定，每一缔约国应采取有效的立法、行政、司法或其他措施，防止在其管辖的任何领土内出现施行酷刑的行为。根据该公约第 1 条第 1 款对酷刑含义的解释，酷刑包含刑讯在内。为履行该公约，我国在立法上明确禁止刑讯，并规定了相应的处罚措施。我国刑事诉讼法第 43 条规定，严禁刑讯逼供和以威胁、引诱以及其他非法的方法收集证据。最高人民法院制定的《关于执行〈刑事诉讼法〉若干问题的解释》第 61 条规定："严禁以非法的方法收集证据。凡经查证确实属于采用刑讯逼供或者威胁、引诱、欺骗等非法的方法取得的证人证言、被害人陈述、被告人供述，不得作为定案的根据。"最高人民检察院制定的《人民检察院刑事诉讼规则》也作了相似的规定。我国刑法第 247 条规定："司法工作人员对犯罪嫌疑人、被告人实行刑讯逼供或者使用暴力逼取证人证言的，处 3 年以下有期徒刑或者拘役。致人伤残、死亡的，依照本法第 234 条、第 232 条的规定从重处罚。"根据该条的规定，一般的刑讯行为构成刑讯逼供罪；刑讯致人伤残、死亡的，构成故意伤害罪、故意杀人罪，并从重处罚。

尽管我国法律明确禁止刑讯逼供，并针对刑讯规定了严厉的惩罚措施，然而刑讯逼供在我国仍然屡禁不止，并一度达到了相当严重的程度。多年以来，理论界和实务界一直致力于解决这个与现代司法格格不入的"顽症"，然而收效甚微。为此，2001 年 1 月，最高人民检察院还专门发出《关于严禁将刑讯逼供获取的犯罪嫌疑人供述作为定案依据的通知》。该通知承认，"近一时期以来，一些地方陆续发生了严重的侦查人员刑讯逼供的案件"，并以云南省昆明市发生的杜培武案作为警示。杜培武案的案情如下：1998 年 4 月，昆明市公安局戒毒所民警杜培武因被怀疑杀害两名警察而受到昆明市公安局侦查人员的刑讯逼供，被迫编造了所谓的杀人事实。昆明市检察院办案人员对杜培武的申辩没有予以充分的重视，便将其批捕、起诉。1999年2月，昆明市中级人民法院一审判处杜培武死刑。同年10月，云南省高级人民法院改判为死刑缓期2年执行。后因抓获真凶，杜培武才被无罪释放。杜培武案的发生，产生了极大的社会震动，引起了各方面的关注。尽管司法机关承诺将提高工作人员的思想认识，强化工作人员的业务素质和工作态度，加大对刑讯逼供犯罪的打击力度，坚决杜绝刑讯逼供现象的发生，彻底排除刑讯取得的证据，但也有人认为，刑讯之所以发生，是因为我们的司法制度有缺陷，也就是说，我们的司法制度尚不足以防止刑讯逼供。

将禁止刑讯放到司法改革的视角内，我们可以发现，为有效遏制刑讯逼供，我们至少可以采取以下措施：首先，取消刑事诉讼法第93条规定的犯罪嫌疑人"如实回答"的义务。正是因为犯罪嫌疑人有了如实回答的义务，才使得侦查人员有了刑讯逼供的借口。事实上，我们无从判断犯罪嫌疑人是否如实回答，而犯罪嫌疑人不如实回答也没有实际的法律后果。其次，确立讯问犯罪嫌疑人时的律师在场权。在讯问犯罪嫌疑人时律师有权在场是世界各国的通行做法，有助于切实保障犯罪嫌疑人的人身权和辩护权。如果法律明确规定只有在律师在场时所取得的口供才能作为证据，则侦查人员根本就没有刑讯逼供的机会。再次，对讯问过程实行强制性的全程录音、录像。一方面，侦查人员进行讯问，必须以录音或录像方式记录；另一方面，讯问和记录必须分开，也就是说，由中立机构专门负责录音和录像。在采取上述措施的基础上，我们还可以对刑讯逼供实行举证责任倒置，也就是说，一旦犯罪嫌疑人提出有刑讯逼供行为，则由侦查人员承担证明没有刑讯行为的责任。鉴于侦查程序中侦查机关与犯罪嫌疑人的地位完全不对等，实行举证责任倒置将有助于侦查机关规范其讯问行为，防止刑讯的发生。

（三）强制措施方面的改革

刑事诉讼中的强制措施限制或剥夺公民的人身自由，如果没有严格的法律规定和充分的制度保障，极易导致对人权的侵犯。因此，国际人权公约对其提出了较为细致的要求。《公民权利和政治权利国际公约》第 9 条第 2 款规定："任何被逮捕的人，在被逮捕时应被告知逮捕他的理由，并应被迅速告知对他提出的任何指控。"第 3 款规定："任何因刑事指控被逮捕或拘禁的人，应被迅速带见审判官或其他经法律授权行使司法权力的官员，并有权在合理的时间内受审判或被释放。等候审判的人受监禁不应作为一般规则，但可规定释放时应保证在司法程序的任何其他阶段出席审判，并在必要时报到听候执行判决。"第 4 款规定："任何因逮捕或拘禁被剥夺自由的人，有资格向法庭提出诉讼，以便法庭能不拖延地决定拘禁他是否合法以及如果拘禁不合法时命令予以释放。"另外，该公约第 10 条第 2 款还规定："（甲）除特殊情况外，被控告的人应与被判罪的人隔离开，并应给予适合于未判罪者身份的分别待遇。"国际人权公约的上述规定，对我国刑事诉讼强制措施的改革具有积极的指导意义。

我国宪法第 37 条第 2 款规定："任何公民，非经人民检察院批准或者决定或者人民法院决定，并由公安机关执行，不受逮捕。"这一规定是我国有关刑事诉讼强制措施的最高立法。该款规定明确了逮捕的批准、决定和执行机关，对限制任意逮捕有一定的作用。然而在我国，根据刑事诉讼法的规定，强制措施是指公安机关、人民检察院和人民法院为了保证刑事诉讼活动的顺利进行，依法对犯罪嫌疑人、被告人所采用的暂时限制或者剥夺其人身自由的各种法定强制方法，包括拘传、取保候审、监视居住、拘留和逮捕。因此，宪法对强制措施的规定具有局限性。尤其需要注意的是，国际人权公约所称的逮捕与我国宪法和刑事诉讼法所规定的逮捕并不是一个概念。国际人权公约所说的逮捕是指抓捕嫌疑人或被告人的措施，实际上包括了我国的拘留和逮捕。同时，国际人权公约所说的逮捕并不意味着拘禁的后果，而我国的批准逮捕实际上就是准予拘禁。

按照《公民权利和政治权利国际公约》第 9 条第 2 款的规定，对被逮捕的人，司法机关必须立即告知逮捕理由及对其提出的指控，但我国刑事诉讼法没有这方面的规定。也就是说，我国司法机关在拘留或逮捕犯罪嫌疑人或被告人时，不需要告诉他理由，而且拘捕以后也不需要告知对其提出的指控。这种做法严重侵犯了被拘捕人的人权。我国立法应尽快确立司法机关的告知义务，给被拘捕人一个明确的拘捕理由。具体做法是，在拘捕犯罪嫌疑人或被告人时，应当场告知其拘捕的理由；拘捕后，至少在第一次讯问前，应告知对他的具体指控。另外，在告知义务方面，我国刑事诉讼法第 64 条和第 71 条规定，拘捕后，除有碍侦查或者无法通知的情形外，应当把拘捕的原因和羁押的场所，在 24 小时以内，通知被拘捕人的家属或者他的所在单位。表面上看来，这种规定相当严格，但实际上，公安司法机关往往把"有碍侦查"和"无法通知"做扩大化的解释。更为严重的是，有些侦查机关甚至根本就不履行这一告知义务。为解决这一问题，首先，必须以司法解释严格限定"有碍侦查"及"无法通知"的范围，防止公安司法人员钻法律漏洞；其次，必须明确不履行告知义务的法律后果，包括公安司法机关的国家赔偿责任及公安司法人员的内部行政责任。根据《公民权利和政治权利国际公约》第 9 条第 3 款、第 4 款的规定，对被拘捕的人应当迅速进行司法审查，审前羁押不能作为一般规则，同时被拘捕、被羁押的人有权申请人身保护令。从我国的立法看，即使将我国的批准逮捕程序视为一种司法审查，在批准逮捕之前，公安机关可以拘留犯罪嫌疑人最长达 37 天，这与国际人权公约的要求明显不符。而且，我国并没有真正的司法审查，检察机关作为侦查机关自行决定逮捕更是违背了司法审查原则。为解决这一问题，我国应当建立由法院审查强制措施的机制，也就是在拘捕方面实行"令状主义"。另外，除拘留、逮捕外，我国还规定了拘传、取保候审、监视居住三种强制措施，但这并不表示它们在实际上经常使用。在我国，审前羁押事实上是一种通常状态，而被取保候审、监视居住的人只是少数。因此，我国应尽快扩大取保候审、监视居住的适用范围，同时还要防止变相羁押。例如，监视居住原本应当在犯罪嫌疑人或被告人的住所或居所执行，但公安机关往往指定其他场所并限定被监视居住人的活动区域，这种监视居住实际上是一种变相羁押。另外，我国法律应明确规定被拘捕的人有权以诉讼方式要求法院审查拘捕的合法性，从而建立起人身保护令制度。《公民权利和政治权利国际公约》第 10 条要求已决犯和未决犯应当分开羁押，但我国刑事诉讼法第 213 条第 2 款规定："……对于被判处有期徒刑的罪犯，在被交付执行刑罚前，剩余刑期在 1 年以下的，由看守所代为执行。"由于看守所是负责监管未决犯的，将已决犯放在看守所执行，显然违背了已决犯与未决犯分开羁押的要求。而且，在我国，看守所的条件一般都比监狱差，因此，适应国际人权公约的要求，我国一方面应取消看守所代为执行刑罚的规定，另一方面也要改善看守所的条件，提高其监管水平，使其不低于监狱。

（四）刑事辩护方面的改革

被追诉人有权获得辩护作为刑事诉讼的一项基本原则，已由国际人权公约予以明确规定。《世界人权宣言》第 11 条规定："凡受刑事控告者，在未经获得辩护上所需的一切保证的公开审判而依法证实有罪以前，有权被视为无罪。"该条规定确立了无罪推定原则，同时也规定了被追诉人的辩护权。《公民权利和政治权利国际公约》第 14条第 3 款规定："在判定对他提出的任何刑事指控时，人人完全平等地有资格享受以下的最低限度的保证：……（乙）有相当时间和便利准备他的辩护并与他自己选择的律师联络……（丁）出席受审并亲自替自己辩护或经由他自己所选择的法律援助进行辩护；如果他没有法律援助，要通知他享有这种权利；在司法利益有此需要的案件中，为他指定法律援助，而在他没有足够能力偿付法律援助的案件中，不要他自己付费……"

我国宪法第 125 条规定："被告人有权获得辩护。"同时，刑事诉讼法第 11 条进一步规定："被告人有权获得辩护，人民法院有义务保证被告人获得辩护。"这两条规定是我国刑事辩护制度的法律依据。我国在 1996 年修改刑事诉讼法时，对刑事辩护制度进行了比较大的改革，在适应国际人权公约的要求方面迈出了可喜的一步。例如，律师介入刑事诉讼的时间被提前至侦查阶段；公诉案件自案件移送审查起诉之日起，犯罪嫌疑人有权委托辩护人；建立了刑事法律援助制度，等等。可以说，我国的辩护制度已经日趋成熟。

然而，我国的辩护制度在贯彻国际人权公约的要求方面仍不够完全和彻底，有必要进行进一步的改革。首先，《公民权利和政治权利国际公约》第 14 条第 3 款（乙）项要求被追诉人"有相当时间和便利准备他的辩护并与他自己的律师联络"，从我国的立法看，虽然律师在侦查阶段可以为犯罪嫌疑人提供法律帮助，但直到审查起诉阶段才能为其辩护，更何况还要受很多限制。我国立法应当增加规定，在刑事诉讼的各个阶段被追诉人都有权委托辩护人。另外，虽然我国刑事诉讼法规定律师有权会见犯罪嫌疑人，但从实际情况看，律师会见犯罪嫌疑人往往要经过批准，并常常被拖延，而且在会见时侦查机关总是派员在场。为切实保障被追诉人的辩护权，应当严格防范对律师会见权的各种变相限制，并确立律师的秘密会见权。尤其要指出的是，由于诸多因素的影响，目前刑事案件中律师参与辩护的比例仍比较低。解决这个问题，一方面要扩大律师队伍，以提供充足的辩护资源；另一方面要赋予律师完整的调查取证权，以增强律师辩护的力量。其次，《公民权利和政治权利国际公约》第14条第3款（丁）项提出了为特殊的被追诉人提供法律援助的要求。从目前的情况看，我国的刑事法律援助制度存在两方面的问题：一是援助的时间太迟。根据我国刑事诉讼法第34条的规定，指定辩护即刑事法律援助的时间仅限于审判阶段。由于指定辩护人介入诉讼的时间太迟，他们往往无法为辩护做好充分准备，从而影响了辩护职能的有效发挥。另一方面，我国的刑事法律援助虽然有国家支持，但得到的国家财政资助不多，缺乏必需的经费，这使得我国刑事法律援助的实际覆盖面较窄。要解决这些问题，一是要将指定辩护的时间提到到检察机关审查起诉阶段，使其与委托辩护一致；二是要加大国家对刑事法律援助的投入，以保证符合法定条件的被追诉人能够获得法律援助。

第八届联合国预防犯罪和罪犯待遇大会通过了《关于律师作用的基本原则》。我国是该基本原则的签字国。以该基本原则为标准，我国辩护制度的改革至少需要考虑两个方面的问题：一是阅卷权问题。基本原则第21条规定："主管当局有义务确保律师能有充分的时间查阅当局所拥有或管理的有关资料、档案和文件……"然而，我国刑事诉讼法对此有严格的限制。1979年制定的刑事诉讼法允许律师在审判阶段查阅全部案卷；1996年修改后的刑事诉讼法将辩护人查阅案卷的范围界定为：在审查起诉阶段可以查阅案件的诉讼文书、技术性鉴定材料，在审判阶段可以查阅所指控的犯罪事实的材料。由于"诉讼文书、技术性鉴定材料"对辩护起不到多大的作用，而"所指控的犯罪事实的材料"的多少受检察机关移送法院的材料的限制，所以致使实际上辩护人查阅案卷的范围反而缩小了。这是立法的倒退。要解决这个问题，就应当规定辩护律师自案件审查起诉之日起就有权查阅全部案卷材料。二是豁免权问题。基本原则第20条规定：

"律师对于其书面或口头辩护时发表的有关言论或作为职责任务出现于某一法院、法庭或其他法律或行政当局之前所发表的有关言论，应享有民事和刑事豁免权。"赋予律师豁免权，可以解除律师的心理压力和思想顾虑，使其大胆地为被指控人辩护。然而，我国法律没有这方面的规定。相反，我国刑法第 306 条第 1 款规定了辩护人的毁灭证据罪、伪造证据罪和妨害作证罪。由于该罪名的解释及适用具有相当的灵活性，以致不少律师陷入这一"陷阱"中。我们认为，要切实发挥辩护人的作用，就应当废除刑法第 306 条第 1 款的规定或者对其作特别严格的限定，同时确立辩护人履行辩护职责的豁免原则。